U1075824

权威·前沿·原创

皮书系列为
“十二五”国家重点图书出版规划项目

中国社会科学院创新工程学术出版项目

温州蓝皮书
BLUE BOOK OF WENZHOU

编委会主任／陈作荣　姚高员　执行主任／张纯芳

2016年 温州经济社会形势分析与预测

ANALYSIS AND FORECAST ON ECONOMY AND SOCIETY OF WENZHOU (2016)

主　编／潘忠强　王春光　金　浩
副主编／朱康对　王　健　任　晓　陈中权

社会科学文献出版社
SOCIAL SCIENCES ACADEMIC PRESS (CHINA)

图书在版编目(CIP)数据

2016年温州经济社会形势分析与预测/潘忠强，王春光，金浩主编. —北京：社会科学文献出版社，2016.4
（温州蓝皮书）
ISBN 978-7-5097-8962-9

Ⅰ.①2… Ⅱ.①潘… ②王… ③金… Ⅲ.①区域经济-经济分析-温州市-2015 ②社会分析-温州市-2015 ③区域经济-经济预测-温州市-2016 ④社会预测-温州市-2016 Ⅳ.①F127.553

中国版本图书馆CIP数据核字（2016）第063465号

温州蓝皮书
2016年温州经济社会形势分析与预测

主　　编／潘忠强　王春光　金　浩
副 主 编／朱康对　王　健　任　晓　陈中权

出 版 人／谢寿光
项目统筹／邓泳红　张丽丽
责任编辑／张丽丽　王　颉

出　　版／社会科学文献出版社·皮书出版分社（010）59367127
地址：北京市北三环中路甲29号院华龙大厦　邮编：100029
网址：www.ssap.com.cn
发　　行／市场营销中心（010）59367081　59367018
印　　装／北京季蜂印刷有限公司

规　　格／开　本：787mm×1092mm　1/16
印　张：23　字　数：385千字
版　　次／2016年4月第1版　2016年4月第1次印刷
书　　号／ISBN 978-7-5097-8962-9
定　　价／69.00元

皮书序列号／B-2008-081

本书如有印装质量问题，请与读者服务中心（010-59367028）联系

温州蓝皮书编委会

主编简介

潘忠强 现任中共温州市委党校副校长、温州市社会科学院副院长，曾任中共温州市委政策研究室副主任。曾主持中共温州市委“十一五”规划建议、“十二五”规划建议等40余项规范性文件起草，完成“浙南沿海港湾资源开发对策研究”“温州民营企业生命周期研究”“温州企业虚拟经营研究”等省市课题50项，发表学术论文、调研报告30余篇。

王春光 中国社会科学院社会政策研究中心副主任，中国社会科学院社会学研究所首席研究员，博士，博士生导师，享受国务院特殊津贴专家。长期从事农村社会发展、农村流动人口、社会阶层和社会流动、海外移民等方面的研究。曾主持和参与国家社会科学基金课题、中国社会科学院重点课题的研究，先后出版了《社会流动和社会重构》《中国农村社会变迁》《中国城市化之路》《巴黎的温州人》《中国农村社会分化和农民负担研究》等专著，并先后在《中国社会科学》《社会学研究》《社会》《中国人口科学》等杂志上发表多篇文章。

金 浩 曾任中共温州市委讲师团团长、中共温州市委党校副校长、温州市乡镇企业局局长、温州市科学技术委员会主任。

摘 要

本书是中共温州市委党校和中国社会科学院社会学研究所合作推出的第九本温州蓝皮书，由总报告、经济篇、社会篇、文化篇、生态篇、专题篇和附录7个部分组成，共30篇研究报告。

总报告研究指出，自金融危机爆发以来，温州积极应对各种困难，着力化解“两链”危机，积极调整产业结构，尽管经济乍暖还寒，但终于艰难地迎来了复苏的曙光。与此同时，产业转型升级步伐加快。2015年地区生产总值达到4619.84亿元，同比增长8.3%，总值和增速均列全省第三。其中，第一、二、三产业分别增长3.1%、7.1%和9.9%。财政总收入677.92亿元，增长6.5%。城镇常住居民人均可支配收入44026元，增长8.7%；农村常住居民人均可支配收入21235元，增长9.5%。

总报告还指出，2015年温州金融风险处置成效明显，是全省唯一一个不良贷款双降的城市，金融危机呈现了种种探底的迹象，有望率先走出危机。2016年温州地区生产总值增长率与2015年相比将略微下降，预计在7.5%左右。温州要成为迈入全面小康社会的标杆城市，必须着眼长远发展目标，坚持稳增长、调结构、惠民生、防风险，把握转型发展机遇，做好长远和全局谋划，着力解决好经济社会发展中的关键突出问题。在“十三五”开局的2016年尤其要做好供给侧改革等六方面工作。

经济篇共10篇报告，内容涉及区域经济整体运行分析、农业、工业、服务业、外经贸、财税、投资、金融、房地产、民间金融。

社会篇共5篇报告，内容涉及基层党组织建设创新、社会治安、农村养老、无证幼儿园整治、安全生产。

文化篇共4篇报告，内容涉及文化发展、地方民俗变迁、时尚产业以及工艺美术。

生态篇由4篇报告组成，内容涉及“十二五”环境保护回顾与“十三五”

展望、“五水共治”水环境治理成效、生活垃圾分类研究、环境执法。

专题篇共6篇报告，内容涉及领导干部对温州经济社会发展状况的调查、温州农村产权制度改革、工业企业生产经营状况的调查、领导干部社会心态调查、外地人在温创业调查以及地方金融控股平台研究。

附录列出了1978～2015年温州经济社会发展的主要指标，反映了温州经济社会发展的进程。

Abstract

This book is the ninth edition of Wenzhou blue book, consisting of seven parts with totally thirty reports, including General Report, Economic Development, Social Development, Culture Development, Ecological Development, Special Topics and Appendix.

General Report points out that Wenzhou has been actively dealing with sorts of difficulties since the 2011 financial crisis, meanwhile spared no efforts to solve the "two chains" crisis and adjusted industrial structure. With structural reform now being greatly prompted, there is finally one silver lining to the economy malaise. In 2015, the GRP has reached 461.984 billion yuan, and the increasing rate is 8.3%, both figures ranking third in the whole province. The increasing rate of primary-industry, secondary-industry and tertiary-industry is respectively 3.1%, 7.1% and 9.9%. The total financial revenue is 67.792 billion yuan, which gained a 6.5% increase comparing with the previous year. Annual per capita disposable income of urban households is 44, 026 yuan, with an 8.7% increase, while Annual per capita net Income of rural households is 21, 235 yuan, with a 9.5% increase.

It also reports that the method of resolving financial risks has been proved quite effective, for Wenzhou is the only city in the whole province with both decreased NPL and NPL ratio. All signs indicate that bottom of financial crisis may be near, and economy of Wenzhou may be the first to have a breakthrough.

Based on comprehensive analyses, the report points that in 2016, the GDP growth rate of Wenzhou will slightly decrease to 7.5%, lower than the year of 2015.

General Report suggests that the Wenzhou's government and whole society should think in long term, if the goal is to complete building of a moderately prosperous society and make it a benchmark case. We should stabilize economic growth, adjust industrial structures, promote social welfare, prevent risks and seize chances of structural reform. A long-term and over-all plan shall be made and much effort should be taken to solve the key problems during social and economic development. In 2016, the beginning year of 13th Five Year Plan, there will be six aspects of reforms that should be taken into account, including the reform of the "supply side".

Economic Development is consisted of 10 reports, including analyses on regional economic operation situation, agriculture, industry, services, foreign economy and trade development, taxation, investment, finance, real estate and informal finance.

Social Development includes reports on community-level Party organization building, public security, endowment insurance in rural areas, rectification of unauthorized kindergartens and safety production situation.

Culture Development includes 4 reports. The contents range from culture development, folklore variance, fashion industry and handicraft development.

Ecological Development is consisted of 4 reports, namely retrospection on the practice of environmental protection during 12th Five Year Plan and prospect for 13th Five Year Plan, management of "A total of five water treatment", living garbage management strategies and environmental enforcement.

Special Topics includes 6 reports. They are researches by the leading cadres on the current situation of Wenzhou's economic and social development, researches on Wenzhou property rights system reform, research on production operation state of industrial enterprises, research on leading cadres' social mentality, survey on business startups founded by mobile population groups, and research on local financial holdings platform.

Main indexes of Wenzhou's social and economical development during 1978 – 2015 are listed in Appendix, reflecting Wenzhou's progress of development.

目录

Ⅰ 总报告

Ⅱ 经济篇

Ⅲ　社会篇

Ⅳ　文化篇

Ⅴ　生态篇

Ⅵ 专题篇

Ⅶ 附 录

皮书数据库阅读**使用指南**

CONTENTS

I General Report

II Economic Development

Ⅲ Social Development

Ⅳ Culture Development

Ⅴ Ecological Development

Ⅵ Special Topics

Ⅶ Appendix

总 报 告

General Report

B.1

2015年温州经济社会发展报告

课题组 *

摘 要： 2015 年温州房地产价稳量升，不良贷款双降，第三产业发展提速，工业发展出现分化，经济乍暖还寒中初呈触底回升态势，产业结构转型升级迹象明显。与此同时，各项改革继续推进，生态环境继续改善。但是应注意信贷结构对实体经济支持不足，金融风险重点从市区外移，工商业实体经营困难加剧，教育资源过度集中在中心城区，区域发展软环境仍有待改善等问题。由于整体经济环境不利，预测 2016 年温州经济的实际增长率将略为下降。温州应适度把握供地节奏，保持房地产市场健康发展；继续消化金融危机的影响，密切防范次生风险发生；加快供给侧改革，淘汰落后和过剩产能，盘活生产要素；加快交通网络建设，合理配置优质教育资源；做好妇幼医疗服务和幼儿教育资源的预先规划，迎接新的人

* 课题组成员：潘忠强、王春光、金浩、朱康对（执笔）、王健、任晓、陈中权。

口高峰；科学推进山区农村建设，确保全面小康社会建设如期完成；树立区域开放形象，营造宽松的创业环境，使温州真正成为“大众创业，万众创新”的热土。

关键词： 经济运行 社会发展 “十三五”规划 温州

2015 年是“十二五”规划收官之年，也是谋划“十三五”规划的关键之年。自 2011 年爆发金融危机以来，温州积极应对各种困难，着力化解“两链”危机，积极调整产业结构，尽管经济乍暖还寒，但终于艰难地迎来了复苏的曙光。与此同时，产业转型升级迹象明显，社会各个领域的发展和改革也在不断推进。

一 2015年温州经济社会发展情况

2015 年温州全市实现地区生产总值 4619.84 亿元，比上年同期增长 8.3%，总值和增速均列全省第三。其中，第一、二、三产业分别增长 3.1%、7.1% 和 9.9%。一般公共财政预算收入 403.07 亿元，比上年增长 7%。财政总收入 677.92 亿元，增长 6.5%。城镇常住居民人均可支配收入 44026 元，增长 8.7%；农村常住居民人均可支配收入 21235 元，增长 9.5%。尽管受全国经济增长势头趋缓影响，温州走出危机的步履仍十分沉重，但温州产业转型升级迹象明显，经济发展已初呈触底反弹态势。经济社会各个领域的改革和发展亮点纷呈。2015 年温州经济社会发展主要有以下几个方面的特点。

（一）在出口下降的不利形势下，投资增长和全省同步，消费品市场稳步回暖，原材料和机电设备进口增加

投资和全省同步增长。2015 年温州全年限额以上固定资产投资 3456.39 亿元，比上年同期增长 13.2%，和全省平均水平持平。其中，工业投资 886.76 亿元，同比增长 18.1%（其中工业技改投资 672.04 亿元，同比增长 24.0%）；房地产投资 766.29 亿元，同比下降 5.3%。民间投资 2230.35 亿元，

同比增长16.6%，占64.5%。

消费品市场稳中向好。全年实现社会消费品零售总额2674.38亿元，同比增长11.0%。2015年，消费品市场稳中向好，在消费结构升级带动下，商品零售市场保持较快增长，全年各季度社会消费品零售总额增速均高于全省平均水平。汽车消费抢眼。2015年末，每百户城镇居民家庭拥有家用汽车49.7辆，每百户农村居民家庭拥有家用汽车达到25.8辆。在2015年的消费品市场中，汽车销量仍居第一，全年温州汽车类零售额423.66亿元，增长11.3%，占限额以上消费品零售额的比重为44.4%，拉动限额以上消费品零售额增长5.0个百分点。通信器材类零售额增长64.4%，增幅比上年提高36.3个百分点；全年金银珠宝类零售额37.09亿元，增长47.6%；粮油及食品类零售额增长31.3%，日用品类零售额增长18.2%。2015年全市住宿餐饮业消费情况转好，营业额增幅稳中有升，回暖迹象明显。1~12月全市实现限额以上住宿餐饮业营业额74.87亿元，增长6.3%。其中，餐饮消费增长较快，1~12月全市限额以上餐饮业共实现营业额43.68亿元，同比增长9.7%；住宿业增速转负为正，1~12月全市限额以上住宿业营业额31.19亿元，增速由上年同期的下降0.5%，转为增长1.9%。

出口下降，进口上升。2015年1~12月，温州市进出口总值1208.26亿元人民币，较上年同期下降5.35%。其中出口1061.82亿元人民币，同比下降6.81%；进口146.44亿元人民币，同比增长6.85%。2015年，全市前十大出口商品仅眼镜出口实现增长，全年出口54.4亿元，同比增长5.42%；其余均呈下降态势，鞋、服装、箱包、阀门的降幅均在10%以上。

（二）第二、三产业发展提速，工业发展分化，农业平稳向好，产业转型升级步伐加快

2015年温州三次产业总体向好发展，结构转型升级速度继续加快。

一是第三产业比重持续提升。2015年，全市第三产业实现增加值2395.07亿元，占GDP比重为51.8%，同比提高1.7个百分点，连续三年成为第一大产业。第三产业占GDP比重居全省第2位，仅次于杭州。第三产业增长9.9%，高出全市经济增长1.6个百分点。主要原因除了房地产业和金融业逐渐脱困外，一方面，“互联网+”新业态增势强劲。全年实现信息传输、软件和信息技术服务业增加值102.29亿元，同比增长20.3%；全市限额以上批发

和零售业通过公共网络实现零售额37.45亿元，同比增长60.7%，增幅比限额以上消费品零售总额高出48.8个百分点。与网络经济密切相关的快递行业保持快速发展，全年全市快递服务业企业业务量累计3.76亿件，增长73.6%；业务收入累计实现35.47亿元，增长43.1%。另一方面，旅游市场发展形势喜人。据温州市旅游局统计，全年旅游接待人数7681.56万人次，同比增长16.8%，旅游总收入804.53亿元，增长18.1%，增幅分别比上年提高2.4个和1.2个百分点。

二是工业发展呈分化态势。全年实现工业增加值1758.50亿元，比上年增长6.3%，且呈分化态势。全市工业经济发展分化比较明显。从企业规模看，大中型企业发展好于小微型企业。2015年全市大型工业企业实现增加值211.30亿元，增长6.7%；中型企业实现增加值297.31亿元，增长6.3%；小微型企业实现增加值582.71亿元，增长6.2%。从行业发展看，在33个行业中，有30个行业保持增长，有14个行业增速高于全市平均水平。电气、鞋业、服装、汽摩配、泵阀五大支柱产业增加值540.26亿元，占全部工业增加值比重30.7%，比上年增长7.0%，高出全市规模以上工业企业增速0.7个百分点。其中，电气、汽摩配工业增加值分别增长7.9%和10.2%，两者合计占规模以上工业比重为24.9%，对规模以上工业增长贡献率达32.5%。从产业技术结构看，新兴高新技术产业发展势头迅猛。2015年全市规模以上高新技术产业、装备制造业、战略性新兴产业增加值同比分别增长8.1%、7.7%和8.5%，分别比全省平均水平高1.2个、1.4个和1.6个百分点，居全省第5、4、5位；另外电子信息制造业增加值增长9.0%，高于全部规模以上工业平均增速2.7个百分点。

三是农业生产平稳向好。2015年，全市实现农林牧渔业增加值123.24亿元，同比增长3.1%，增速比全省平均水平高1.5个百分点，居全省第3位。其中农业、林业、牧业、渔业分别实现增加值66.97亿元、3.22亿元、17.74亿元和35.31亿元，同比增长3.3%、5.0%、0.6%和4.0%。受益于良好的气候条件及产品结构优化等原因，春粮、早稻、晚稻平均亩产分别为226.1公斤、404.8公斤和460.6公斤，同比分别增长4.4%、3.6%和1.1%。

（三）商品房销售量持续回升，二手房市场成交活跃，住宅价格稳中趋升，库存去化周期缩减

2014年底以来，国家出台了一系列刺激房地产市场的政策措施。2015年

4月温州市政府出台了《关于促进房地产市场持续平稳健康发展的若干意见》（简称“温八条”），在供地把控、购房补贴、贷款优惠、公积金扩面和货币化安置等方面采取了刺激房地产市场的积极措施，鼓励市民改善型购房，房地产市场出现了“价稳量升”的良好态势，商品房库存去化周期缩短，房地产市场风险基本化解。

商品房销售量持续回升。2015年，全市销售商品房43591套，同比上升8.17%；建筑面积526.09万平方米，同比上升19.32%。其中温州市区销售商品房16944套，同比上升14.71%；建筑面积186.74万平方米，同比上升42.47%。

二手房市场成交活跃。2015年，全市完成存量房交易38899套，同比上升33.33%；建筑面积614.59万平方米，同比上升25.08%。其中，温州市区完成存量房交易20940套，同比上升34.32%；建筑面积294.79万平方米，同比上升21.72%。

住宅价格稳中趋升。根据国家统计局2015年12月公布的70个大中城市住宅销售价格指数变动情况，温州市价格指数环比已呈现持续9个月的回升态势，11月、12月均同比上升，12月新建商品住宅价格指数和二手住宅价格指数环比分别上升0.5%和0.2%，同比分别上升1.8%和1.6%。

库存去化周期缩减。截至2015年12月末，全市累计库存待售商品住房40102套，同比下降7.07%；建筑面积547.38万平方米，同比下降4.40%。其中温州市区商品住房6884套，同比下降40.88%；建筑面积94.57万平方米，同比下降36.42%。按照前12个月平均销售面积计算，全市商品住房去化周期为15.26个月，市区去化周期比上年缩短了一半，为8.2个月，商品住房库存压力得到了有效化解。

（四）社会融资规模增长加快，信贷投放企稳，不良贷款双降，金融市场投资活跃，银行业扭亏为盈，区域金融危机逐步由风险先发阶段进入风险消化阶段

社会融资规模增长加快。2015年，全市社会融资规模996亿元，比2014年增加280亿元，增长39%。2015年末，全市金融机构本外币各项贷款余额7637亿元，同比增长4.0%，比年初增加253亿元，同比多增178亿元。如果考虑不良贷款处置因素，2015年贷款实际增加654亿元，比上年多增175亿

元。在温州全市信贷投放连续三年少增（2012～2014 年账面新增贷款分别为 618 亿元、216 亿元和 75 亿元）之后，2015 年筑底企稳，同比呈现正增长。

存款增长较快。2015 年末，全市金融机构本外币各项存款余额 9577 亿元，同比增长 11.0%，比年初增加 967 亿元，同比多增 565 亿元。12 月单月存款增加 364 亿元，占全年增量的比例接近四成，年末冲高现象较为明显。剔除 2015 年存款口径调整影响，2013～2015 年存款增量分别为 351 亿元、214 亿元和 601 亿元，增速自 2012 年以来首次超过全省平均水平 0.8 个百分点，居全省第三位。

不良贷款出现双降。2015 年末，全市银行机构账面不良贷款余额 291 亿元，不良贷款率 3.82%，分别比年初下降 9 亿元和 0.26 个百分点，实现“双降”目标。温州成为省内唯一不良贷款“双降”的地区。这标志着温州逐步由风险先发阶段进入风险消化阶段，金融风险总体可控。关注类贷款余额 401 亿元，占比为 5.25%，比年初降低 77 亿元和 1.26 个百分点，这也反映了风险形势总体上是筑底企稳的。

银行业扭亏为赢。由于金融形势好转，2015 年全市银行机构实现账面利润总额 40 亿元，扭转上年全行业亏损 25 亿元的状况，初步走出谷底。其中，四大国有银行赢利 46 亿元，股份制银行亏损 52 亿元，地方法人银行机构赢利 42 亿元，其他银行机构赢利 4 亿元。银行机构账面利润实现初步好转，主要原因是 2015 年资产减值损失计提同比下降了 25.7%，减少了对利润的侵蚀。

证券交易异常活跃，保费收入增幅较大。2015 年证券交易额 5.17 万亿元，同比增长 253.8%；实现保险业保费收入 166.47 亿元，增长 15.0%。

（五）六城联创稳步推进，洞头成功撤县设区，基础设施继续改善，大都市区建设迈出坚实步伐

以全国文明城市创建为龙头，联动推进国家园林城市、国家森林城市、国家卫生城市、国家环保模范城市和国家历史文化名城的“六城联创”活动是 2010 年以来温州市委为了改变城市整体形象、提升城市核心竞争力所做的重要部署。至 2015 年底，温州相继完成了全国文明城市、国家卫生城市、国家森林城市，国家园林城市、国家环保模范城市的创建，国家历史文化名城申报已通过了技术评估。

洞头撤县设区成功获批。洞头撤县设区后，温州市区向东延伸了 50 公里，

温州市区行政区划形成了“鹿城、瓯海、龙湾、洞头四个行政区+国家级经济技术开发区”的五区模式。它在一定程度上解决了中心城区规模偏小、辐射带动能力不足的问题，为加快瓯江口区域开发建设，实现中心城区“跨江、面海、向东”发展，进一步拓展温州城市发展空间，提升城市能级，发展海洋经济，创造了良好的条件。

与此同时，温州的基础设施也在不断完善。金温铁路扩能改造工程、大门大桥等项目建成，甬台温高速复线温州段、市域铁路S1线等项目加快推进，杭温高铁、温武铁路列入国家中长期铁路网规划，市域铁路S2线一期等工程列入国家七大工程包。一旦这些项目建成，温州的交通条件将有望大大改善。与此同时，公共自行车的投放力度也得到加强。市区累计投放公共自行车2.1万辆，建成自行车道35.9公里，全年租用量达2152万人次。市区自来水供水水质综合合格率达99%以上。

（六）温州民商银行和光大金瓯资产管理公司设立，开展了农民住房财产权抵押贷款试点，康宁医院上市，龙港设市试点开始起步，各项改革稳步推进

金融体制改革有新进展。推出温州金融综合改革“新12条”——《关于进一步深化温州金融综合改革试验区建设的意见》。温州民商银行开业。温州地方资产管理公司正式落地，2015年12月29日，我国首家地级市资产管理公司——光大金瓯资产管理有限公司领取营业执照。小微企业信用保证基金运行中心、小额贷款保证保险运营管理中心挂牌开业，乐清、瑞安成为农民住房财产权抵押贷款试点县（市）。

医疗体制改革有新突破。创新药品采购机制，首批84个药品采购价格下降7.3%。公立医院混合所有制改革启动，康宁医院成功上市。分级诊疗制度有效推进，成立了31个医联体，涵盖了151家医疗机构，率先实现城市优质医疗资源下沉全覆盖。

民政体制改革有新成绩。以社区为平台，社会组织为载体，社工人才为骨干的基层治理框架基本形成。社会组织承接政府职能取得成效，首批79项政府职能已签订转移协议。养老服务、社会救助和绿色生态殡葬改革均有新的突破。

行政体制改革等其他领域也有很多新的举措，如非行政许可审批事项

“清零”。权责清单实现市级部门全覆盖。保税物流中心（B 型）通过省级预验收。龙港降低行政成本设市试点也在稳步推进中。

（七）大气优良天数上升，内河水质继续提高，环境质量不断好转，公众对生态环境满意度有较大提高

2015 年温州市大力实施生态化战略，推动绿色发展。制定了温州市环境功能区规划，确定了温州市生态红线。成功创建文成国家生态县，鹿城、瓯海省级生态区。至 2015 年底累计建成省级以上生态县（市、区）6 个，生态乡镇 109 个。“四边三化”① “两路两侧”（铁路、公路）的整治取得明显成效。

大力开展大气污染防治“六大行动”②，积极实施“五水共治”③。市区大气优良天数达到 312 天，优良率为 85.7%，PM2.5 浓度 44μg/m³。“五水共治”完成治水投资 300 多亿元，环境基础设施得到进一步完善。大力治理黑臭河垃圾河，全市河道面貌取得很大改观，平原河网水质明显提升，主要污染物氨氮含量下降 17.3%，总磷含量下降 16.0%；基本消除省控劣五类水质断面 4 个，饮用水源地水质达标率 100%，污染总量减排四项指标平均削减 18.2%。

环境建设进一步加强。开展创建国家园林城市活动以来，建成区累计新建各类城市绿地 3621 公顷，市区绿地率、绿化覆盖率分别提高 13.01 个、16.36 个百分点，人均公园绿地面积增加 6.95 平方米。其中 2015 年完成中心城区 349 公顷绿地和 48 公里省级绿道建设，建成滨水公园 220 座。

“三改一拆”力度空前。自开展“三改一拆”以来，全市完成拆违 1863 万平方米，完成“三改”4772 万平方米。推进市区生活垃圾分类覆盖面达 50% 以上，全市疏通排水管道 3137 公里，市区污水处理率达 92.8%。

由于环境质量进一步好转，环境建设成绩明显，公众对生态环境满意度比上年提高 12.7%。

---

① “四边三化”行动指由浙江省委、省人民政府提出的，在公路边、铁路边、河边、山边等区域（简称“四边区域”）开展的洁化、绿化、美化行动（简称“三化”行动）。

② 大气污染防治“六大行动”是指为了防治大气污染而开展的能源结构调整行动、机动车污染防治行动、工业污染治理行动、产业结构调整行动、城市烟尘治理行动和农业农村污染控制行动。

③ “五水共治”是指治污水、防洪水、排涝水、保供水、抓节水五个水环境治理行动。

（八）全国文明城市创建成功，农村文化礼堂建设成效显著，文化创意产业发展良好，现代公共文化服务体系建设稳步推进

2015年温州文化建设成绩喜人。2015年2月28日，温州获得了“全国文明城市”称号。温州道德馆开工建设并开始预展。建立健全了一套关于帮扶道德模范和身边好人的褒奖机制。出台了《温州市道德模范管理办法》《温州市见义勇为人员保障和奖励实施办法》；设立了全省首家“最美”公益基金——“最美温州人”公益基金；推出“道德信贷”工程；举办了感动温州十大人物评选活动和第五届温州市道德模范评选表彰活动。政府与民间共同携手举办了多场各种类型的公益道德讲坛。全年新建文化礼堂208家，累计已建成文化礼堂807家。政府购买公共文化服务规模继续扩大。温州文苑大楼、文成县文化中心投入使用，乐清、永嘉、平阳文化中心和泰顺图书馆等建设工程进入尾声。6月，温州市政府出台了《关于进一步规范温州市基层公共文化服务工作的通知》，并在40个乡镇（街道）的231个社区试点。2014年列入文化部改革试点项目的温州市图书馆事业单位法人治理结构改革取得新进展；厘清了政府主管部门、理事会和管理层三者的事权关系，较好地实现了图书馆利益相关群体的共同治理；成立了图书馆发展基金会，完成法人登记并已到位财政资金200万元。在改革的推动下，市图书馆加快组织实施城市书房、城市书站、城市书巴、城市知网“三城一网”的建设，编制了一张能够提供高效、便捷、优质服务的“城市书网”，为市民提供了全方位、强辐射的借阅服务。由政府主导，社会力量、社会资本参与建设的“城市书房”和“文化驿站”广受市民欢迎。群众文化活动和文艺精品创作成果丰硕。继电视连续剧《温州一家人》之后，反映温州人创新精神的《温州两家人》在央视一套黄金时段首播。温州作家蒋胜男创作并编剧的电视剧《芈月传》热播。2015年5月，制定了《温州文化创意产业“十三五”发展规划》（2016~2020）和三年行动计划。2015年8月，市委、市政府召开了全市文化创意产业发展推进大会。全年全市文化产业增加值达到240亿元左右，约占地区生产总值的比重为5.1%。

总之，尽管因前几年率先受到金融危机冲击，温州经济遭受重挫，但是经过几年努力，2015年整体情况有所好转。从省内11市的比较看，28项主要经济指标中有18项指标排名前移。其中2015年温州地区生产总值增速在省内的

排名逐季前移了7位，总值和增速均居全省第三，新产品产值率和民间投资的增速位列全省第一，已经出现了赶超发展的良好态势。温州金融风险处置也成效明显，成为全省唯一一个不良贷款双降的城市。金融危机呈现了种种探底的迹象，温州有望率先走出危机。此外，温州整体社会发展也呈现良好态势。

二　2015年温州经济社会发展亟待关注的问题

2015年，在全国经济形势不容乐观的大环境下，温州社会经济发展取得了不俗的业绩，同时长期以来各项重要指标在全省的排名也有了不同程度的提高，基本摆脱了排名在全省垫底的状况。我们认为，下述问题亟待关注与重视。

（一）银行信贷供求结构性矛盾突出，金融类案件收案数上升，金融风险重点区域从主城区向周边县市区转移，金融风险防控压力仍然较大

虽然不良贷款余额和不良贷款率双降，新发原发金融风险有所减缓，但是银行信贷供求结构性矛盾突出，金融风险防控仍面临较大压力。

第一，银行贷款的增速不高，供求结构性矛盾突出，企业流动性并没有明显改善。从银行贷款的增量看，与全省其他地市进行横向比较发现，温州市贷款增量少于杭州、宁波、台州、金华和嘉兴，增速比全省7.1%的平均水平低3.1个百分点，仅快于绍兴与舟山。投放结构方面，新增贷款主要投向个人和政府项目，企业贷款净减少。2015年，全市个人贷款增加316亿元，比上年多增165亿元，其中近七成是个人住房贷款。政府项目贷款增加102亿元，主要用于支持水利设施建设、瓯江口新区建设、城中村改造以及金温铁路改造等基础设施项目。一般企业贷款净减少240亿元，2013年和2014年分别净减少219亿元和255亿元，三年累计减少714亿元。企业贷款净减少，从行业来看，制造业贷款减少309亿元，其中温州十大特色行业减少205亿元；批发零售业贷款减少42亿元；从企业规模来看，中型、小型企业分别减少202亿元和77亿元，大型、微型企业分别增加4亿元和13亿元。由此可见，企业贷款减少的涉及面广，有普遍性。企业贷款净减少如果成为长期趋势，将不利于温州实体经济转型升级和供给侧改革。同时，虽然企业存款有增加，但是企业流动性

并没明显改善。

第二，虽然法院金融案件收案标的额与上年基本持平，但是收件数上升增幅明显，金融不良债务进入存量清理期。据温州中级人民法院统计，2015 年温州市金融案件收案 37848 件，其中金融借款合同 13245 件，民间借贷纠纷 17895 件，比上年同期分别增长 18.86%、24.61%、19.20%。同期金融案件收案标的额 734.97 亿元，其中金融借款合同标的额 431.31 亿元，民间借贷纠纷标的额 156.60 亿元，比上年同期分别增长 -0.07%、4.55%、-5.39%。收案数量增幅明显，收案标的额却基本与上年持平，个案均值下降，其中民间借贷纠纷标的额同比下降，可见金融不良大额债务存量有所下降，金融不良债务处置进入存量清理期，新发原发金融风险有所减缓。

第三，金融风险先发地区金融纠纷收案件数量下降，但周边后发地区收案数和不良贷款率上升明显，金融风险重点区域从主城区向周边县市区转移。从区域分布看，鹿城区法院金融纠纷收案同比有所减少（收案数下降 13.26%，标的额下降 18.02%），龙湾、瑞安等金融风险先发区域收案标的额有所减少（龙湾标的额减少 1.48%，瑞安收案标的减少 5.83%）。但除鹿城外各法院收案均出现不同程度的上升（平均增幅超过 30%），其中乐清（36.09%）、平阳（31.68%）、永嘉（34.55%）、苍南（24.89%）、泰顺（41.15%）、洞头（89.02%）增幅明显。同时，从银行不良贷款的变化可见，尽管全市不良贷款比率从 2014 年的 4.09% 下降到 2015 年的 3.82%，但是相反，原来不良贷款率很低的周边县市区，不良贷款率有明显上升的趋势。如原来温州市不良贷款率最低的县——永嘉县的不良贷款率反而从 2014 年的 0.95% 上升到 2015 年的 1.15%。可见，金融风险重点区域有从先发的主城区（金融集聚区）向后发的周边县市区转移的迹象，危机后发区域的金融风险进入高发期。

第四，信用证案件接近尾声，以金融资产管理公司为原告的案件数量大幅增加，金融次生不良债务进入高发期。从收案类型看，信用证案件数量降幅明显，与 2012 年最高收案 288 件相比，2015 年收案仅 5 件，可见因信用证表外违规融资形成的不良债务清理进入尾声。以金融资产管理公司为原告的案件数量增幅明显，收案 854 件，金额 41.58 亿元，同比增加 98.14% 和 96.40%，可见金融次生不良债务进入高发期，同时也反映了法院简化金融债权转让司法程序，鼓励金融不良债务进行市场化处置的司法政策的实施取得良好成效。申请实现担保物权（抵押）案件降幅明显，本期收案 677 件，金额 39.98 亿元，同比下降 48.28% 和 46.79%，但法院受理担保物权（抵押）案件的力度并无明显下降，可见经前期的强力推进，金融担保物权债务存量下降明显。信用卡案件收案 1917 件，同比增加 23.12%，但受法院受案负荷的局限，信用卡欠费案件收案积压严重。

另外，从结案情况看，2015 年，全市法院共审结各类金融纠纷案件 36092 件，涉及结案标的额 694.26 亿元，结案数同比增加 22.31%，结案标的同比增长 28.45%。尤其值得关注的是当前温州市新发生的不良贷款仍然较多，2013～2015 年新发生不良贷款分别为 346 亿元、377 亿元和 390 亿元，逐年略为上升。2011 年 9 月以来，累计发生不良贷款 1488 亿元，占 2015 年末贷款余额的 19.5%。可见，金融风险尚没有“止血”。

（二）传统产业产能过剩，实体商店经营困难，高端制造业成长缓慢，区域产业结构调整任重道远

改革开放以来，温州从对国有经济起拾遗补阙作用的低端产业切入，走上工业化的道路。这些投入少、进入门槛低的产业企业规模偏小，有的因其高污染、低产出、低技术等特点，被称为“低小散”。随着工业化的发展，近十几年来温州低端制造业不但污染问题严重，而且产能也严重过剩。为加快转变经济发展方式，促进经济转型升级，根据《浙江省人民政府关于进一步加快淘汰落后产能的意见》（浙政发〔2011〕75 号）、《温州市人民政府关于加快腾笼换鸟促进经济转型升级实施意见的通知》（温政办〔2013〕22 号）文件精神，温州市经信委和质监局于 2013 年 4 月 22 日制定公布了《温州市淘汰落后产能三年行动计划（2013～2015 年）》（温政发〔2013〕52 号）。该计划按照“整治非法、淘汰落后、规范提升”的总体思路，提出争取通过三年整治提升工作，超额完成省政府下达的淘汰落后产能工作目标任务，基本淘汰国家、省明令规定的落后产能，一批落后设备在升级换代方面实现新的突破，一批低效行业效能得到显著提升，淘汰提升落后产能的长效机制基本确立，产业结构水平明显提升。并且列出了 2013 年、2014 年、2015 年三年的落后产能淘汰的任务指标。经过三年的努力，温州淘汰了不少落后产能。其中，2015 年，全市共淘汰电镀产能 143 万升、造纸产能 15 万吨、炼钢产能 12 万吨、印染 1000

万米、砖瓦窑2.95亿块标砖、医化4.58万吨，超额完成国家、省给温州下达的淘汰落后产能任务。全市有50家企业列入国家、省级年度淘汰计划，涉及电镀、造纸、印染、化工等行业。经过努力，这些污染企业除少量淘汰工艺或转产外，省公告目标涉及的落后设备全部被拆除。

除上述因污染问题被列入政府淘汰产业名单的产业外，温州的制鞋、服装、合成革等传统优势产业中许多产业都面临着低水平竞争问题，产能严重过剩，有待市场出清。2014年产值位居前10名的十大工业行业的产能利用率仅为70%，处于产能严重过剩区间①。有的企业闲置的生产线达2/3。从规模结构看，2015年扣除产值超10亿元的制造业企业和新投产企业之后，其余4600余家规模以上企业产值同比仅增长2.5%，大部分中小企业生产线开工不足。从行业结构看，虽然温州市规模以上工业企业利润尚能与上年持平（增长0.7%），但主要是靠电力行业的支撑（增长22.7%），传统制造业利润普遍下降。电气、鞋业、服装、汽摩配、泵阀等五大支柱产业企业利润（占规模以上工业企业利润总额的一半以上）合计约下降2.9%。

温州传统商贸业在互联网的冲击下，实体店铺经营十分困难，普遍面临着经营危机。欧洲城、装饰城、五金城、红星美凯龙、大华文具市场、十里河灯具市场都不同程度地下调了店铺租金。为此，其他市场的店家纷纷要求房东减租。市区的东方灯具市场、广纳五金城还发生罢市和拉横幅示威活动，平阳水头和瑞安莘塍也出现了类似的商户强烈要求降租的事件。

为了促进地区产业转型升级，温州市已经出台了“机器换人”和《领军企业培育实施方案》和《高成长型企业培育实施方案》等积极措施。全市101家领军工业企业和224家高成长型工业企业获得了政府的支持。同时，由于互联网经济和高新技术产业的发展，温州的产业结构也不断得到优化。全市规模以上高新技术产业、装备制造业、战略性新兴产业增加值同比分别增长8.1%、8%和8.5%，增幅均高出规模以上工业增加值2个百分点左右，其中仅高新技术产业就拉动全市规模以上工业增加值增长2个百分点，占规模以上工业增加值比重达到34.6%，同比提高0.8个百分点。高能耗行业增速明显

① 温州市委党校中青班课题组（王健执笔）：《温州对接“一带一路”国家战略的思考》，2015年12月。

放缓，占比持续下降。在市经信委监测的重点企业中，金属冶炼（40 家）、合成革（49 家）、塑编（27）等高能耗行业增加值合计下降 3.8%，占规模以上工业比重合计约下降 0.6 个百分点。但是，尽管如此，由于新兴产业的成长毕竟不能靠一朝一夕之功，目前工业行业利润依靠极个别新增的电力企业支撑，地区的产业结构转型升级仍然任重道远。根据温州市经信委近期对各地的摸底调查，2015 年温州市新投产并纳入统计的规模以上项目约 30 个，明显少于上年同期的 68 个，且缺乏对全市起到明显带动作用的重点项目。因此，预计 2016 年，新投产并纳入统计的规模以上项目带动力将明显减弱。

（三）学前教育供给不足，优质中小学资源过度集中在中心城区，教育资源和人口流向的配置错位，影响了大都市区建设的战略布局

当前温州的基础教育资源不但总体质量有待提高，而且布局结构也很不合理。

从学前教育的资源配置看，由于学前教育不属于义务教育范畴，基本交由市场主导，因此县级政府普遍对幼儿园进行规划布局的意识不强。部分县（市、区）至今未编制专项学前教育布局规划。随着城市化进程加速，近年来行政区划调整频繁，客观上造成一些地方学前教育资源配置相对短缺。特别是一些工业园区、人口密集的大镇、新开发建设的社区缺乏相应配套幼儿园，难以满足当地日益增长的教育需求。为此，温州市政府于 2013 年出台了《温州市住宅区公建配套幼儿园管理办法》（温政办〔2013〕171 号，对城镇小区配套幼儿园提出了“同步规划、同步建设、同步交付使用”的要求。但是，除三个区（鹿城、龙湾、瓯海）外，其他县（市、区）均未很好地执行新建小区配套幼儿园建设和使用的政策。由于缺乏规划的引领和政府投入的基本保障，市场主导下的学前教育发展具有较大盲目性和随意性，催生了大量的无证幼儿园。据 2014 年上半年核查统计，温州共有无证幼儿园 421 所，占全省总数的 1/4，在园幼儿人数更是占全省的 1/3。这些无证幼儿园主要集中在乐清、永嘉、龙湾、瑞安等地，其中乐清达到 174 所。温州无证幼儿园数量曾居全省首位。2014 年以来，温州实施无证幼儿园“百日攻坚”整治行动。至 2015 年 11 月 25 日，温州整治无证幼儿园 433 所（原有 421 所，新增 12 所），其中依法取缔 114 所，撤并 140 所，整改审批 179 所，共安置幼儿 40057 人。当前，

温州整治无证幼儿园虽然已取得阶段性成效，但是，学前教育的供需矛盾问题没有得到根本解决。

受行政区划局限，优质中小学教育资源也基本集中在中心城区，周边瓯海区府区块、三垟区块以及东部龙湾区块则严重缺乏。龙湾区优质教育资源也基本集中在龙湾区府周围。优质教育资源供给不足在各个行政区划变动频繁的或行政区划边缘的区块表现尤为明显，所以只好由民办教育来补充。民办学校、民办教师、民工子弟的“三民”现象十分普遍。如市区东部龙湾区、经开区现有各级各类学校 183 所，其中民办 127 所，超过 2/3。龙湾区现有在职教师 3943 人，其中民办教师 1226 人。现有在校学生 70421 人，外来民工子弟占到 65899 人。小学生 35798 人中外来民工子弟就占 20645 人；初中生 10484 人中外来民工子弟占 3665 人。

教育资源配置的错位使得大量年轻父母，即使工作和住房已经在周边新区，为了孩子的教育也不得不到老城区购买小套学区房。这不但增加了市民的经济负担和来回折腾的麻烦，还增加了城市交通的压力，造成了新区住房的闲置，使得高端人才难以在这些区块安居，严重影响了温州大都市区建设的战略布局。

（四）到政府部门办事要找关系、程序复杂、手续繁多、效率低下等问题仍不同程度的存在，区域发展软环境有待进一步优化，区域开放度有待提高

据温州市委党校课题组对 155 名在温创业的非温州籍外地人的问卷调查，从总体评价看，大部分在温州创业的外地人对温州的投资环境表示满意。选择非常满意、满意、较满意的比例分别为 2.0%、26.8%、43.0%，共计 71.8%。

在政府公共服务供给方面，79.3% 的企业主认为，外地企业主到政府部门办事较为困难，其中有接近一半（48.2%）的企业主认为政府审批服务能力需要进一步提升。当具体问到对职能部门行政审批过程是否满意时，72.3% 的企业主选择了不满意。“办事要找关系”是企业主认为最严重的问题（66.0%）。其余问题依次是“程序复杂、手续繁多”（45.3%）、“办事效率低下”（28.3%）、“存在推诿扯皮现象”（23.6%）。关于政府提供的公共服务问题，超过一半（58.8%）的企业主选择未享受过政府提供的公共服务。享受

过服务的企业主选择最多的是“信息服务”（21.6%）。其余依次是“管理咨询服务”（12.2%）、“人才培训服务”（9.5%）、“创业服务”（8.8%）、“融资担保服务”（6.8%）、“技术和质量服务”（3.4%）、“市场开拓服务”（3.4%）、“法律服务”（3.4%）。

影响外来企业主对温州整体投资环境满意度的另一个因素是企业主的社会融入程度。总体来说，外地人对自身的社会融入与认同度持略肯定的态度，选择“很好”“较好”“一般”“较差”“很差”的比例依次为6.0%、24.8%、55.0%、12.8%、1.3%。尽管如此，外地人还是能感觉到一定程度的歧视。选择“不严重”的仅占27.7%，选择“一般严重”的占52.0%，选择“比较严重”的占13.5%，选择“很严重”的占6.8%。也就是大约3/4的人感觉到有歧视。但随着企业规模扩大，歧视程度下降。在生活方面，样本企业主最关心的是子女教育的问题（66.9%），其余依次是住房（57.4%）、社保（35.1%）、维权（20.3%）。

在温的非温州籍外地创业者是对温州创业环境最为敏感的群体，他们的感觉一定程度上较为客观地反映了温州创业环境的现状。

三　2016年温州经济社会发展预测和建议

2016年是“十三五”规划的开局之年。在国际形势中等偏差、国内金融风险更加显性化、区域经济复苏缓慢的发展环境和形势下，如何在开局之年理顺发展思路，对温州未来的发展进行科学的谋划布局，将直接影响“十三五”期间温州经济社会发展前途。

（一）2016年温州经济社会发展形势判断

从国际形势看，据国际货币基金组织（IMF）的预测[①]，由于新兴市场经济体的增长普遍减缓，中国经济正处于再平衡调整之中，大宗商品价格下跌，美国逐步退出异常宽松的货币状况，虽然2016年世界经济增长将略好于2015

① 见国际货币基金组织（IMF）《世界经济展望》，2015年10月。http://www.imf.org/external/chinese/index.htm.

年，但是和上季度的预测相比，IMF 调低了 0.2 个百分点，预计世界经济增长率在 3.4% 左右。从与温州相关度较高的几个主要经济体看，美国作为温州最大的出口国，近几年基本保持温和增长态势。2016 年的经济增长率将略好于 2015 年，为 2.8% 左右。欧元区经济将增长 1.7%。日本估计比 2015 年也有所改善，将增长 1.0%。新兴经济体各国，呈继续分化的态势，2015 年印度经济增长率上升最为迅猛，已经超过中国，达到 7.3%，成为全球经济增长最快的大国。2016 年将继续保持这一态势，增长率预计达到 7.5%。俄罗斯、巴西和阿拉伯国家经济继续衰退。俄罗斯由于连续受原油价格下降、卢布贬值等因素影响，2015 年 GDP 增长率为 -3.7%，目前已经从温州的第二大出口国位置跌落到第三位，2016 年经济增长率估计为 -1%。2015 年温州对英国出口额达到 120875 万美元，进口达 2057 万美元，分别增长 13.29% 和 194.43%。英国一跃成为温州第二大商品出口国。预计 2016 年英国经济增长率将由 2015 年的 1.2% 提高到 1.7%。

从国内形势看，2015 年中国 GDP 增长率为 6.9%。自 1990 年以来，首次跌到 7% 以下。当前中国正处在产业结构调整和发展动能转化的关键时期。中国制造业产能过剩，投资疲弱。房地产业去库存压力巨大，投资下滑。全社会固定资产投资萎靡。加上国际贸易出现衰退型逆差，通货紧缩风险和高杠杆等系统性风险并存，宏观调控难度增加，经济下行压力加大。因此，目前世界银行、国际货币基金组织等机构纷纷调低对中国的经济预期。据 IMF 预测，2016 和 2017 年中国的 GDP 增长率将继续下滑，降为 6.3% 和 6.0%。如果预测准确，则意味着 2016～2020 年中国经济年均增长将跌破 6.5% 的底线。为了稳定经济形势，中国必定会在调结构的同时，采取扩张性的财政政策和金融政策，2016 年可能会采取扩大 M2 增长率、增加贷款规模、降准、降息等强有力的刺激性政策措施。

从温州看，首先从长周期发展阶段特征观察①，经过 30 多年的快速工业化和市场化，温州已经处在工业化后期的后半段。今后温州和全国一样，将逐渐步入正常转型发展阶段。因此未来从工业化后期向后工业化的阶段转型不会长期持

① 中共温州市委党校课题组（负责人朱康对）：《温州经济发展所处阶段分析及下一步增长动力研究》，温州市人民政府决策咨询委员会课题，2015 年 9 月 9 日。

续过去突变型的跨越式发展状态。相反，速度反而会放慢，逐渐回归到正常的发展演进轨道。“十三五”末期的2020年要实现人们的预期进入后工业化阶段，仍需要更多利好的外部环境因素。但大致看，温州会和我国东部沿海地区基本同步，在“十三五”时期的末年将接近后工业化阶段。同时从人口变化情况看，随着“全面两孩”政策的实施，“十三五”期间温州年均将增加4万人。

从短周期的发展阶段特征观察，2016年正是温州逐步摆脱金融危机，走向复苏的关键时期。经过几年的消化，当前温州房地产去库存压力不大；银行不良贷款双降，金融风险压力稍缓；企业“机器换人”推进加速，技术更新加快；发明专利申请和授权量大幅增加，企业创新能力提高；第三产业比重超过第二产业，且比重进一步提高。经济转暖迹象显现。但是，由于国际发展环境欠佳，国内金融风险因素集聚，温州经济增速下调的压力仍然较大。本地金融危机余波从市区向外扩散，金融风险消化的压力仍然较大。2015年工业用电量呈负增长，银行信贷资金主要流向个人和政府项目，进入工商企业的信贷资金数量还大幅减少，产业转型升级和经济结构调整的步伐仍然比较缓慢。

因此，受国内外的环境因素和国内的主动性淘汰落后产能等因素的影响，2016年温州经济实际增长率相比2015年将略微下降，预计在7.5%左右。鉴于世界经济和全国经济形势都比较严峻的事实，温州在全国和省内的相对地位将基本能够得以维持。第三产业加快发展，第二产业继续分化，实体经济困难依旧，外贸出口形势仍将十分严峻。

（二）2016年及“十三五”期间的政策建议

“十三五”是温州全面建成小康社会的最后冲刺阶段。温州要成为迈入全面小康社会的标杆城市，必须着眼长远发展目标，坚持稳增长、调结构、惠民生、防风险，把握转型发展机遇，做好长远和全局谋划，着力解决好经济社会发展中的关键突出问题。在“十三五”开局的2016年尤其要做好以下几方面工作。

1. 把控供地节奏，稳定房地产市场，继续消化金融风险，防止危机扩散失控和引发次生风险

房地产市场是直接影响温州经济稳定的重要领域，也是经济动态的风向标。目前温州房地产市场出现了“价稳量放、库存去化周期大幅下降”的良好态势。良好的行情也促使开发商大规模拿地。以市区为例，2016年将迎来

大批土地供应，除了已有185万平方米的供应量外，上半年还可能有80多万平方米的土地供应量，两者总和近270万平方米，总体上呈供过于求的状况。2016年仍是温州楼市需要政策呵护、以去库存为主的一年。为此，政府要根据各区商品住房库存实际情况，科学把握市区住宅建设用地供应规模、区域结构和投放节奏，稳定房地产市场，延续2015年的良好态势，既要防止房价再次下跌，也要防止房价过快上涨。

消化和防控金融风险仍是2016年温州经济工作的难点和重点。2016年温州应继续加强部门联动，利用已经建立的金融监管与金融审判联席会议机制、金融纠纷多元化调处机制、民间金融纠纷协同处置机制，协同处置金融纠纷，共同破解“两链”危机。银行应调整信贷结构，支持实体经济发展。光大金瓯资产管理有限公司要积极参与金融企业不良资产的批量转让与处置，加速化解温州市企业的“两链”风险，提高金融资源的配置效率，稳定温州金融市场。当前尤其要做好周边县市区的金融风险防控工作，及时依法进行消化和处置，防止危机扩散失控。同时要关注和控制金融风险引发的次生债务，防止有的企业主把不良债务恶意向资产管理公司转移的欺诈性行为，防范次生金融风险。

2. 加强供给侧改革，继续淘汰落后产能，及时清理僵尸企业，盘活生产要素，大力鼓励技术升级和技术创新，稳步推进产业结构转型升级

虽然经过“三年行动”计划，上级下达的淘汰落后产能的任务顺利完成，电镀、印染、造纸、制革、化工、合成革等六大重污染高耗能行业的整治也顺利收官。但是区域污染行业的集中治理仍需要持续加强，过剩行业的市场出清仍有待完成。2016年，温州尤其要按照供给侧改革的思路，认真调查研究僵尸企业的市场退出机制，盘活企业闲置的土地要素，增加成长性企业的要素供给，提高有效产能。尤其像危机过程中几乎全行业亏损倒闭的造船行业，闲置的土地资源十分可观，应当进行集中专题调查研究，尽早通过产权重组，真正实现“腾笼换鸟”。

此外，在产业组织政策方面，要根据企业引领性、成长性、创新性，重点培育扶持行业领军企业和高成长型企业，确保企业的要素需求能得到满足。在当前金融危机警报尚未解除的背景下，政府要转变策略，重点从帮助小微企业，转向帮助中等骨干企业尽早脱困。在产业布局政策方面，要搭建多层次的产城联动、功能配套、环境优美的产业发展平台，鼓励大企业大项目向省级以

上园区等大平台集聚，小微企业向小微园集聚，创业创新向特色小镇和众创空间集聚。在产业技术政策方面，继续鼓励企业“机器换人”，加强知识产权保护，鼓励企业技术创新和企业技术中心建设。积极推进工业化和信息化融合，加快发展“互联网＋”新业态。加快推进智能制造。

3. 以交通网络建设为抓手，以优质教育资源优化配置为重点，优化大都市区的公共服务资源的总体布局，加快推进温州的大都市区建设

交通网络建设是拉大城市框架，推动大都市区建设的主要抓手。2016年温州要根据大都市区建设的需要和浙江省交通“5411”战略，完善温州综合交通“十三五”规划，加快城市轨道交通建设，努力构建畅通高效的现代综合交通运输体系。开展城市综合交通、都市区互联互通、城市中心和副中心交通一体化、交通物流布局、旅游交通等专项规划研究。做好杭温高铁、高铁综合枢纽和金丽温高速东延等重大交通项目的前期工作。加快推进甬台温高速复线、状元岙二期、绕城高速西南线和北线二期、104国道西过境等工程。开工建设瓯江北口大桥等项目。继续实施公交优先战略，加快建设城市轨道。大力发展空港物流、海港物流、多式联运，降低企业物流成本和市民生活成本。

优质教育资源的供给是吸引和留住人才的重要动力。优质教育资源的配置是引导城市人口合理化布局，激活区块房地产市场的重要手段。优质教育资源的培育更是提升城市首位度的重要方法。为此，要打破行政区划限制，理顺市区的教育管理体制，推进优质教育资源合理布局，优化基础教育服务提高城区的首位度。要依托温州大学的教师资源和生源优势，培育新的优质中小学校。在楼盘和人口集聚的新区，如瓯海区府区块和三垟区块，配置学前教育资源和培育新的优质学校。在教育基础最为薄弱的东部区块，一方面要大幅提升基础教育层次，培育优质基础教育；另一方面要政府和社会多元投入，努力提供多层次的教育服务，积极推进薄弱学校改造项目的实施，创建义务教育标准化学校。同时要借创建教育现代化县（市、区）建设之机，优化教育供给结构，合理配置教育资源，推进城乡教育一体化发展。

“十三五”期间，应通过交通网络建设和优质教育资源等公共服务资源的优化布局，拉开温州的大都市框架，逐步强化城市的服务功能，提升中心城区的能级，加快人口的城市化，从而向构建我国东南沿海现代化的区域中心城市目标迈进。

4. 适应人口政策的新变化，做好妇幼医疗服务和幼儿教育资源的预先规划，适应新的人口高峰的发展需要

“全面两孩”政策实施后，按照浙江省相关条例规定，2016 年 1 月 1 日以后对生育两个及以下子女的，将不再需要审批改为实行生育登记服务制度。据温州市卫计委统计，到 2015 年 10 月底，全市共有育龄妇女（15 ~ 49 岁）216. 9 万人，符合条件的潜在生育人群可增加 61. 63 万人左右。据温州市卫计委 2015 年 12 月对已有一孩的育龄妇女的抽样调查，34. 33% 的已生育一孩的育龄妇女选择了再生育，45. 24% 的人选择了不再生育，其余的还在“生与不生”中纠结。在想生育的人中，有半数以上准备在近两年再生育。预计短期内温州市的出生人口会有明显增加。“十三五”期间温州将至少新增符合政策人口 17 万人，年均约会多生 4 万人①。人口的变化将直接对温州的医院接生、妇幼保健、优生优育、幼儿教育等公共服务产生较大的压力。以医院接生为例，2015 年温州全市出生的 11. 54 万人中，有 3. 21 万人在省市级医院出生，6. 45 万人在县级医院出生，1. 51 万人在民营医院出生，0. 37 万人在乡镇卫生院出生。而省市级医院能够承受的最大接生量为 4. 67 万人，县级医院为 14. 7 万人。预计 2016 年温州会有 6 万到 7 万人到省市级医院进行生育，这就大大超出了这些医院的实际承受量。为此，要积极推动优质的妇幼健康服务资源下沉，提升基层机构的妇幼健康服务水平，持续推进妇幼保健分级管理。通过搭建联合病房、联合产房，来加强中心镇卫生院的产科服务能力建设。建立全市产科床位监测预警系统，健全“市—县—乡”一体化的高危孕产妇预约转会诊机制。同时针对当前公办学前幼儿教育资源严重不足、大量无证幼儿园存在的事实，要加强幼儿园的规划和建设，理顺发展机制，积极帮助无证幼儿园转正，满足生育高峰期到来以后的学前教育的多层次需要。

5. 经济开发、文化保护和社会治理相结合，市场化投入和公益性补助并举，科学推进山区农村的村镇规划、建设和整治，确保“十三五”期间全面小康社会建设如期完成

山区农村是全面小康社会建设的最薄弱环节。温州要打造迈入全面小康社

① 见金灵乐《市卫计委预测，“十三五”期间温州市年均将多生 5 万“两孩”》，《温州商报》2016 年 2 月 4 日第 2 版。

会的标杆城市，必须要在“十三五”期间切实破解山区农村建设的难题。

为此，首先要通过改革创新，突破阻碍城乡人口和资本双向流动的政策壁垒，撬动城市资本投资农村建设。没有城市资本和城市居民的“下乡”，山区农村的全面小康社会建设就必将是一句空话。为此，必须打破阻碍城镇居民双向流动的制度壁垒。以推进农村产权制度改革为保障，积极落实农民的用益物权。让农村居民进得了城，城镇居民下得了乡。除了政府支持新农村建设的各种政策性投入外，还要通过市场化的运作，积极引入城市私人资本，加强山区农村建设。发挥山区农村生态旅游资源和环境的优势，发展有传统地域文化特色的农家乐和民宿。

其次要严格贯彻“创新、协调、绿色、开放、共享”五大发展理念，根据当地的自然条件、人文特色和生产生活需要，做好山区村落的规划和设计。在切实做好山区村落的调查研究的基础上，进行分类规划。根据村落建筑的文化价值和发展需要，分别予以保护、改造、拆除、重建。尽可能在首先满足生产、生活需要的基础上，根据自然条件和特点，兼顾乡村的美学价值，规划建设新时代的美丽乡村。严防千篇一律的简单设计、拍脑袋的盲目决策和运动式的开发建设对乡村环境造成新的建设性破坏。

最后要根据山区农村的特点，健全社会参与机制，形成多元主体的社会化养老运作模式。要健全全社会参与机制，鼓励社会和市场力量参与养老服务事业，逐步形成以家庭养老为基础、社会力量养老为主体、政府最终兜底的多元化养老服务运作模式。要充分运用融资、税收、土地供应等优惠政策，形成公办养老机构兜底、社会力量办养老机构满足中高档养老需求的错位发展格局，以满足养老服务不同层次的需求。考虑到山区农村居民居住分散的特点，还要充分发挥社会组织的作用，构建养老服务社工（义工）支持体系，及时为散居山区的老人提供相应的志愿服务。引入中国台湾等地成熟的志工体制机制，吸纳专业社工人才，推进温州市社工制度建设，创设社工、义工、护工“三工联动”机制。探索村级老年福利制度，切实扶持村级养老服务照料中心建设，加强基层老年协会建设，充分发挥基层老年协会自我服务、自我教育、自我管理、自我监督的功能。

此外，还要着力加强山区农村的基础设施建设，大力推进山区农村的环境保护和环境建设工作。要推进山区农村道路建设和改造，做好农村垃圾和污水处理。深入推进山区农村自然环境的保护和综合改造。加强道路两侧的绿化美化，认真组织林相改造，认真落实废弃村落土地整理和废弃耕地的退耕还林相关方案。

6. 树立区域开放形象，公平对待市场主体，规范政府行为，营造能吸引各方人才的宽松环境，使温州真正成为民营经济的圣地和“大众创业，万众创新”的热土

温州要真正成为民营经济的圣地和“大众创业，万众创新”的热土，首先需要提高开放度，积极营造开放、包容、宽松的创业创新环境，吸引和聚集各方人才。

为此，在宣传策略上，要改变过度围绕“温州人”做文章的做法，也无须区分新、老温州人。要让外地优秀人真正融入当地社会，形成对温州的区域认同，在市场准入、政策待遇、办事态度、语言习惯等方面全方位地采取市民待遇原则，消除外来人才的受歧视感。树立区域开放形象，鼓励五湖四海的人来温州创业。

在发展战略上，要淡化招商引资，重视招才引智，更要重视发展环境优化。人力资本远比货币资本重要。不应把注意力过于集中在招商引资上，而要把工作重心和政策重点聚焦在留才创业、助才创新、招才引智上。为此，首先应该脚踏实地地重视区域产业发展环境和市民生活环境的优化。栽好梧桐树，引得凤凰来。

在公共服务上，要坚持依法依规，不分内外，公平对待，彻底扭转在政府和机构没有熟人就难办事的局面。没有熟人难办事是温州地方政府存在的一大顽疾。根治这一顽疾是“十三五”期间温州市委市政府的艰巨任务。通过权力清单的公开化，减少自由裁量权；通过制度设计，加强监督；建立公开化的监督机制，强化事后监督和责任追究，打击权力寻租。

在政策导向上，要降低在温创业者的生产经营成本和生活成本，鼓励外来创业者在温州安家落户。有恒产者有恒心。外来创业者在温州买房置产、安家落户，有利于避免短期行为。要形成多层次的住房供给市场，满足外来人员多元化的住房需求。开发建设公共交通配套齐全、生活服务完善、产城融合的产业园区。落实企业高级人才的子女就学政策。

经 济 篇

Economic Development

B.2

温州市经济形势分析与展望（2015～2016）

陈宣安　高顺岳*

摘　要： 2015年是“十二五”规划的收官之年，也是温州市化解金融风险、实现转型发展的艰难之年，全年实现地区生产总值（GDP）4619.84亿元，比上年增长8.3%。全市经济运行呈现分化发展、转型发展、赶超发展的新特征，第三产业对经济贡献度提升，网络经济、新兴产业、新兴业态、证券保险业等对经济拉动作用增强，房地产交易量回升，但是传统工业发展面临困难，外贸形势严峻，金融风险影响依然存在，经济回升的基础尚不稳固。2016年是“十三五”规划的开局之年，世界经济复苏缓慢，我国经济继续坚持稳中求进工作总基调，着力加强结构性改革，适度扩大总需求，去产能、

* 陈宣安，温州市统计局局长；高顺岳，温州市统计局总统计师，高级统计师，高级会计师。

去库存、去杠杆、降成本、补短板，提高经济运行质量和效率，培育新动能，发挥传统产业比较优势，增强持续增长动力，预计 2016 年温州市经济增长 7.5% 以上。

关键词： 经济形势 转型发展 温州

2015 年是“十二五”规划的收官之年，温州市委市政府紧紧围绕赶超发展战略目标，主动适应经济发展新常态，出台了一系列强有力的政策措施，在新常态下形成新的发展动力，以转型发展推动赶超发展，全年经济运行呈现分化发展、转型发展、赶超发展的新特征。但是当前世界经济复苏艰难，我国经济正处于增速换挡期，全市经济回升的基础尚不稳固，必须全力化解经济运行中的各种风险和问题，确保新常态下经济健康稳步地发展。

一 经济运行的基本情况

据初步测算，2015 年全市实现地区生产总值（GDP）4619.84 亿元，按可比价计算，比上年增长 8.3%，增速超过全省平均水平（见图 1）。其中，第一、二、三产业分别增长 3.1%、7.1% 和 9.9%。三次产业比重分别为 2.7∶45.5∶51.8，第三产业比重比上年提高 1.7 个百分点。在第二产业中，工业经济占 GDP 比重为 38.1%，建筑业占 GDP 比重为 7.4%。

1. 工业经济呈现分化发展态势，大中型企业、重点优势行业、新兴产业对工业支撑作用增强

2014 年以来，温州市以“工业强市”建设为引领，以“五一〇产业培育提升工程”为重要抓手，狠抓工业投资和技改投资，促进时尚产业发展，积极落实工业减税降费等优惠政策，化解企业风险和困难，推进产业转型升级。2015 年全年实现工业增加值 1758.50 亿元，比上年增长 6.3%。温州工业经济发展比全省“见底”早，当前发展总体情况要好于全省平均水平，但是下行压力仍然较大。

全市工业经济发展分化比较明显。一是从大中小型企业看，大中型企业发

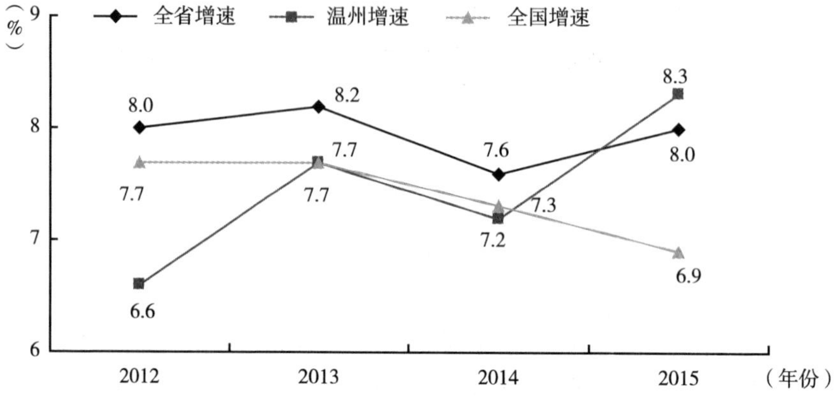

图1　2012 年以来全国、全省、温州 GDP 增速趋势

展好于小微型企业。2015 年全市大型工业企业实现增加值 211.30 亿元，增长 6.7%；中型企业实现增加值 297.31 亿元，增长 6.3%；小微型企业实现增加值 582.71 亿元，增长 6.2%。二是从行业发展看，在 33 个行业中，有 30 个行业保持增长，有 14 个行业增速高于全市平均水平。电气、鞋业、服装、汽摩配、泵阀五大支柱产业增加值 540.26 亿元，占全部工业增加值比重 30.7%，比上年增长 7.0%，高出全市规模以上工业增速 0.7 个百分点。其中，电气、汽摩配工业增加值分别增长 7.9% 和 10.2%，两者合计占规模以上工业比重 24.9%，对规模以上工业增长贡献率达 32.5%。三是从新兴产业发展看，2015 年全市规模以上高新技术产业、装备制造业、战略性新兴产业增加值同比分别增长 8.1%、7.7% 和 8.5%，分别比全省平均水平高 1.2 个、1.4 个和 1.6 个百分点，居全省第 5、4、5 位；另外电子信息制造业增加值增长 9.0%，高于全部规模以上工业平均增速 2.7 个百分点。

2. 第三产业比重持续提升，农业经济稳中趋好

2015 年，全市第三产业实现增加值 2395.07 亿元，占 GDP 比重为 51.8%，比上年同期提高 1.7 个百分点，连续三年成为温州第一大产业。第三产业所占比重居全省第 2 位，仅次于杭州。第三产业增长 9.9%，高出全市经济增长 1.6 个百分点。主要亮点为：一是“互联网 +”新业态增势强劲。温州市不断加大网络经济发展力度，全年实现信息传输、软件和信息技术服务业增加值 102.29 亿元，同比增长 20.3%；全市限额以上批发和零售业通过公共网络实现零售额

37.45 亿元，同比增长 60.7%，增幅比限额以上消费品零售总额高出 48.8 个百分点。与网络经济密切相关的快递行业保持快速发展，全年全市快递服务业企业业务量累计 3.76 亿件，增长 73.6%；业务收入累计实现 35.47 亿元，增长 43.1%。二是旅游市场发展态势良好。温州市大力促进旅游经济发展，旅游景区面积占全市土地面积的 1/5，重点景区建设力度加大，山区海岛旅游经济发展态势良好。据市旅游局统计，全年旅游接待人数 7681.56 万人次，同比增长 16.8%，旅游总收入 804.53 亿元，增长 18.1%，增幅分别比上年提高 2.4 个和 1.2 个百分点。三是房地产交易量回升。温州市积极落实房地产新政，出台房地产业“温八条”，第二季度以来新建商品房价格已连续 9 个月环比上涨，商品房销售面积保持较快增长，全年商品房销售面积 525.57 万平方米，同比增长 25.1%，增速比上年提高 5 个百分点。四是在金融行业方面，银行业扭亏转盈，证券保险业拉动作用增强。2015 年全市银行业盈利 55.8 亿元，而上年亏损 6.2 亿元。2015 年证券交易额 5.17 万亿元，同比增长 253.8%；实现保险业保费收入 166.47 亿元，增长 15.0%。

温州市农业经济以转变增长方式为目标，努力克服环境整治、13 号“苏迪罗”台风等影响，发展态势良好。2015 年，全市实现农林牧渔业增加值 123.24 亿元，同比增长 3.1%，增速比全省平均水平高 1.5 个百分点，居全省第 3 位。其中农业、林业、牧业、渔业分别实现增加值 66.97 亿元、3.22 亿元、17.74 亿元和 35.31 亿元，同比增长 3.3%、5.0%、0.6% 和 4.0%。受益于良好的气候条件及产品结构优化等，春粮、早稻、晚稻平均亩产分别为 226.1 公斤、404.8 公斤和 460.6 公斤，同比分别增长 4.4%、3.6% 和 1.1%。特色经济作物播种增势强劲，全市秋季中草药材播种面积 1.44 万亩，增长 91.3%，乐清、瑞安、永嘉、平阳等地逐步形成以铁皮石斛、栀子和温郁金（温莪术）等品种为主的中草药材生产基地。2015 年全市拥有各类农民专业合作社达 1.23 万户，同比增长 10.1%；出资总额 151.20 亿元，增长 13.6%；成员总数 7.45 万人，增长 9.1%。户均出资额为 123.0 万元，同比增长 3.2%，为温州市农业和农村经济发展注入了新的生机和活力。

3. 消费和投资协调拉动作用增强，为经济发展提供有力支撑

2014 年以来，温州市消费持续较快增长，改变了过去投资快、消费慢的“一快一慢”局面。一是消费需求持续回暖。全年实现社会消费品零售总额

2674.38 亿元，同比增长 11.0%，其中限额以上消费品零售总额 953.53 亿元，增长 11.9%，增幅比上年提高 0.6 个百分点；汽车类、家具类、建筑装潢类、机电产品类、金银珠宝类、服装鞋帽针纺织品类零售额均保持较快增长，成为新的消费热点。全年限额以上住宿餐饮业营业额 74.87 亿元，增长 6.3%，增幅比上年提高 3.5 个百分点。二是投资保持较快增长。2015 年全市完成固定资产投资 3456.39 亿元，同比增长 13.2%，增幅居全省第 3 位，仅次于舟山和金华市。工业投资完成 886.76 亿元，同比增长 18.1%，高于全省平均水平 7.1 个百分点，居全省第 2 位，其中工业技改投资 672.04 亿元，增长 24.0%，高于全省平均水平 0.4 个百分点；高新技术产业投资 175.93 亿元，同比增长 24.1%，增幅高于全部工业投资增速 6.0 个百分点；以国有投资为主的基础设施投资完成 1063.76 亿元，增长 15.4%，比全市固定资产投资增速高 2.2 个百分点；完成民间投资 2230.35 亿元，增长 16.6%，占全部投资比重为 64.5%，比上年提高 1.9 个百分点。房地产投资受前期土地有序供应等因素影响，全年完成房地产开发投资 766.29 亿元，同比下降 5.3%，增幅比全省平均水平低 3.2 个百分点；其中：住宅开发投资 518.51 亿元，同比下降 6.0%；办公楼和商业营业用房开发投资 142.29 亿元，同比增长 11.9%。温商回归步伐加快，全年全市招商引资到位资金 1110 亿元，完成年度目标任务的 111%。其中，省外回归引进项目到位资金 618.9 亿元，完成年度目标任务的 112.5%。

4. 转型升级成效显现，经济发展后劲增强

在产能过剩、市场需求不足、经济粗放型增长难以为继的大背景下，近年来温州市统筹推进“五水共治”“三改一拆”“四换三名”等重点工作，打好转型升级组合拳，加快推进经济转型升级和发展方式转变，取得积极成效。一是产业结构升级加快。第一产业增加值 123.24 亿元，同比增长 3.1%；第二产业增加值 2101.53 亿元，增长 7.1%；第三产业增加值 2395.07 亿元，增长 9.9%。第三产业增加值占 GDP 比重为 51.8%，比上年提高 1.7 个百分点，第三产业对经济增长贡献率达到 56.1%，高于第二产业 13.1 个百分点。“三二一”产业结构更加明显，第三产业对经济贡献日益增强，成为推动经济增长的强力引擎。二是创新发展能力提升。据统计，全年实现发明专利申请量 6125 件、授权量 1802 件，同比分别增长 54.0% 和 88.9%，增幅超过全省平均水平 24.9 个和 14.3 个百分点；全年规模以上工业科技活动经费支出总额

48.53 亿元，同比增长 4.4%，增幅超过全省平均水平 1.6 个百分点；创新转化为科技成果成效显著，全年规模以上工业实现新产品产值 1195.01 亿元，同比增长 27.8%，增幅比规模以上工业总产值高 22.5 个百分点，超过全省平均水平 14.0 个百分点；“机器换人”工作有力推进，企业劳动生产率明显提高，全年规模以上工业全员劳动生产率达 14.66 万元/人，按可比价计算增长 11.2%。三是节能降耗成效显著。温州市积极推进产业转型升级，加快淘汰落后产能，限制高耗能行业过快增长，节能降耗保持良好态势。预计“十二五”期间单位 GDP 能耗累计下降 22% 左右，超额完成单位 GDP 能耗下降目标任务，完成率居全省首位。四是个体私营经济活力增强。温州市不断深化行政审批制度及要素市场化配置改革，积极推动大众创业、万众创新，新的经济体大量增加。2015 年底全市在册私营企业达到 15.82 万户，同比增长 11.6%；个体工商户 54.33 万户，增长 12.8%。

5. 主要经济指标横向比较位次提升，赶超发展成效明显

温州市经济与全省及省内其他各市相比较，发展速度明显提升，全年 GDP 增速为 8.3%，超过全省平均水平 0.3 个百分点，增速居全省第 3 位，比上年前移 7 位，经济发展速度明显拉开了与甬金绍台嘉的差距。从温州市 28 项主要经济指标看，工业、农业、投资、消费等 16 项指标增速超过全省平均水平，有 15 项指标增速居全省前 3 位。一是从实体经济指标看，温州市均居全省前列。在工业经济领域，2015 年全市规模以上工业增加值增速 6.3%，超出全省平均增速 1.9 个百分点，居全省第 3 位。农林牧渔业增加值增长 3.1%，居全省第 3 位。在商贸领域，全市限额以上消费品零售总额增长 11.9%，超过全省平均增速 2.2 个百分点，居全省第 2 位。二是从经济发展后劲指标看，全市有效投资指标保持领先。全年固定资产投资增速 13.2%，居全省第 3 位，比上年提升 1 位。工业投资增速居全省第 2 位，民间投资增速居全省第 1 位。另外，新产品产值增长 27.8%，高出全省平均增速 14.0 个百分点，居全省第 1 位。

二　经济运行存在的主要问题

当前温州经济正处于转型升级和化解风险的关键时期，增长动力调整转换

机遇较多但困难也较大，经济下行压力较大，主要表现为传统产业发展难度较大，金融风险有待继续化解，投资后劲不足，出口形势仍然严峻，转型升级任务艰巨。

1. 传统工业企业生产经营面临困难

据统计，全市4779家通过网上直报的规模以上工业企业实现利润254.23亿元，仅增长1.0%，其中亏损企业456家，亏损面达到9.5%，亏损额18.80亿元，增长53.2%。据分析，市场需求不足、成本刚性上涨、产成品价格下行和企业“两链”风险等问题仍是影响企业生产经营的主要因素，而温州市多数企业仍处于制造业低端环节，竞争力偏弱，效益难以提升。对企业景气的调查显示，温州市工业主要产品生产能力利用率仍处于产能严重过剩区间。12月温州工业生产者出厂价格（PPI）同比下降3.0%，降幅比上月扩大0.2个百分点，已经连续49个月处于下降区间。同时劳动力成本不断上升也在挤压企业盈利空间，全年温州市规模以上工业人均劳动报酬同比增长9.4%。

2. 外贸出口形势比较严峻

2015年，全市出口呈现持续疲弱的发展态势，全年出口下降7.7%，增幅分别低于全国、全省平均水平4.9个和8.9个百分点，居全省第10位。企业出口订单不足、生产成本上升较快、出口产品价格偏低、汇率风险加大等，成为影响出口的主要因素。从出口市场来看，俄罗斯市场受欧美制裁影响，出口增速下降幅度较大，同比下降33.1%。从出口产品看，全市主要出口产品鞋类出口降幅较大，全年同比下降11.1%。从企业层面看，受“两链”问题困扰，停产、半停产的外贸企业增加。调查显示，65.2%的出口企业反映订单减少，16.6%的企业反映存在订单转移现象。此外，受新贸易模式影响，全市有14672笔出口通过阿里巴巴“一达通”贸易平台实现，出口金额2.67亿美元，出口数据出现分流现象。

3. 金融风险影响依然存在

2015年末金融机构人民币存款余额和贷款余额分别增长10.5%和4.2%，存款增速高于全省平均水平1.1个百分点，贷款增速低于全省平均水平3.8个百分点。温州市受局部金融风波深层次影响，目前金融存款增速有所回升，但贷款增速仍处在低位。2015年末全市有不良贷款291.45亿元，不良率为3.82%，关注类贷款余额400.97亿元，关注率为5.25%，不良率和关注率比年初分别下降0.27个和1.26个百分点，但仍处在高位，对“控新化旧”形成较大挑战。

4. 制约产业转型升级因素较多

温州经济发展在资源要素方面所受制约较多。每万人人才资源数1251人，居全省第11位。R&D经费支出占GDP比重为1.50%，居全省第8位。全市建设用地面积在省内相对居后。大资金、大项目引进难度大，短期内低、小、散的产业结构难有突破。当前温州新兴产业仍在初步发展阶段，难以弥补传统产业减速空档。全市通用航空、轨道交通、新材料等新兴产业仍处于投资建设前期，尚未形成规模，而鞋革、服装等传统产业受国内外经济环境影响发展趋缓。

三　2016年经济发展趋势预测和对策措施

（一）形势预测

从国际看，世界经济处在危机后的深度调整期，呈现低增长、不平衡、多风险的特征，地缘政治等非经济因素影响加剧，我国发展面临的外部环境更加复杂。从国内看，我国经济正处在一个调结构、转方式的关键阶段，“三期叠加”的影响持续加深，传统产业增长动力不足，新的增长引擎尚未有效形成，国内经济下行压力还是比较大。国家统计局认为，我国经济增速换挡符合发展规律，不会“硬着陆”。一系列稳增长政策，包括2014年以来多次降准、降息，以及扩投资、促改革、重创新、稳出口、扩消费等已逐步见效。

从2016年温州经济发展趋势看，预计全市经济比2015年有所回落，增长在7.5%以上，但是传统实体经济增长预计低于7%。从产业经济角度看，第一产业增长3%以上，第二产业增长6%以上，第三产业增长9%以上，第三产业对经济增长贡献突出。从需求角度看，投资、消费将会实现12%和10%以上的增速，出口稳定在上年的水平上，出口占GDP比重继续下降，内需拉动经济增长态势更为明显。

上述判断基于以下主要有利因素：一是国内发展环境比较有利。2016年是“十三五”规划的开局之年，国家与地方出台的一系列促进经济稳增长的政策措施将持续发力，尤其是有效投资力度将有所加大，有利于支撑经济发展。二是消费市场继续回暖。消费市场经历前几年的“寒冬”后，当前正处于逐步回暖的区间。三是转型发展逐步取得成效。通过产业优胜劣汰后，新兴产业、新兴业态等对经济增长贡献作用逐步增强。四是经济运行风险进一步化解。2016年国家出台的房地产去库存的举措，有利于促进房地产市场健康发展，金融风险也有望进一步化解。五是温商持续回归增强温州市经济发展后劲。

当前影响经济运行的不利因素：一是国际经济复苏缓慢，传统出口市场萎缩，出口订单下降对温州市外向型经济造成较大的影响。二是传统产业处于转型升级的艰难过程中，要经历“去产能、去库存”的阵痛，在一定程度上制约了经济发展速度增长。三是温州仍处于金融风险的化解期，“两链”风险仍困扰着经济发展。

（二）对策建议

1. 加大工业扶持力度，促进工业经济企稳回升

当前工业经济结构分化比较明显，符合转型升级时期的特征。要进一步提高五大支柱产业对工业经济的主导作用。温州市电气、泵阀、汽摩配等行业受益于国家政策和消费升级发展较快，服装、鞋类行业占全市时尚制造业产值的3/4以上，在国内具有比较优势，这是全年工业经济增速走在全省前列的关键所在，要进一步落实政策实施，加大扶持力度。要进一步发挥优势行业、企业，尤其是高新技术企业的支撑作用，做好有发展潜力企业的帮扶工作。要根据市场需要及时调整产品结构，生产适销对路的产品。工业景气报表数据显示，全市处于严重产能过剩区间。要主动淘汰一批高能耗、高污染的企业，通过优胜劣汰保持工业经济企稳回升势头。要用足国家各项减费、降税、价改等政策措施，通过减轻企业负担来抵销生产经营成本上升和价格下降对企业效益带来的不利影响，从而促进企业加快生产。充分利用国家政策层面释放的一系列跨境电商利好措施，释放温州市鞋革、服装等传统产业过剩产能，打造新的经济增长点。

2. 顺应产业升级规律，促进第三产业成为经济增长的新动力

国家统计局认为，服务业将成为新常态下中国经济增长的新动力，中国经济将由工业主导向服务业主导加快转变。发展第三产业也是扩大内需、提高人民生活质量的有效手段。但温州市第三产业发展速度在全省位次居后，因此要加快第三产业发展。一要促进服务业结构升级。温州人口数量居全省首位，居

民消费水平居全省前列，是浙南闽北中心城市，要大力发展现代物流、信息服务、医疗健康、教育科技、商务、金融等独具温州特色和具有较强辐射能力的现代服务业。要努力突破温州当前以批发零售业、住宿业、餐饮业、房地产业等传统行业为重点的服务业结构模式。二要发挥政府部门的牵头引导作用。要进一步加强服务业领导机构建设，统筹安排，形成合力。抓好发展服务业的一系列政策措施的落实，推进服务业（旅游）集聚区、重点项目建设、品牌企业培育等载体建设，从税费优惠、用地保障、财政扶持等方面入手，引导重点服务业行业发展。三要形成温州特色的服务业增长高地。从省内先进地市看，杭州有阿里巴巴、淘宝、天猫等“阿里系”企业高速发展拉动的互联网、软件和信息技术服务业这一高增长服务业，宁波有与发达港口经济相关的交通运输、装卸搬运、仓储业等行业的支撑。温州市要全力实施“五化战略”和“五一〇产业培育提升工程”，以城市化为载体，以招商引资、温商回归等为抓手，切实引进、培育一批服务业龙头企业，形成若干具有竞争优势的服务产业。四要拓展服务业发展空间。要鼓励服务业发展“互联网＋”的新型业态，不断适应快速变化的消费模式。大力加强城镇、农村基础设施建设，进一步鼓励商业、服务业向中心镇、集镇等延伸。

3. 突出精准有效投资，充分发挥投资对经济稳增长的作用

当前有效投资仍然是经济稳增长的主要抓手，要紧紧抓住国家“精准调控扩投资”的有利时机，把投资重点聚焦到重大基础设施、五水共治、产业转型升级、新型城镇化等四大领域。以市域铁路、高速公路建设为重点，全力推进一批带动性强、投资体量大的重大交通基础设施项目。以治污水为重点，进一步加大“五水共治”投入。突出产业转型升级投资，集中力量加快推进产业集聚区、开发区提升发展和小微园建设。突出新型城镇化投资，加快推进市区滨江商务区、城市中央绿轴、三垟湿地公园等三大亮点区块建设。加快温州的瓯海时尚制造小镇、苍南台商小镇等特色小镇建设，争取土地和财政方面的支持，以新理念、新机制、新载体推进产业集聚、产业创新和产业升级。以提高投资增长质量为重点，以改善投资结构为目标，切实发挥扩大有效投资在推动经济增长、促进转型发展、改善民生和城市建设中的促进作用。

4. 促进外贸稳增长，着力帮助企业解决出口困难

当前美国等国家经济企稳复苏，对温州市外贸出口有促进作用。要进一步

优化通关便利化环境，加快国际展会、电子商务、内外贸结合商品市场等贸易平台建设。稳定传统优势产品出口，支持拥有知识产权、品牌、高技术含量等产品出口，继续加大鼓励企业产品出口的政策扶持力度，促进出口企业转型升级，通过政府帮扶和企业自身努力，逐步扭转外贸出口颓势。发挥“走出去”的贸易促进作用，加快推进与“一带一路”沿线国家的贸易，推动境外经贸合作区建设，鼓励企业到境外投资，通过境外投资消化企业过剩产能。

5. 适当扩大贷款规模，支持企业扩大直接融资比重

要认清当前温州经济稳步回升的新形势，银行业要转变慎贷、惜贷的理念，继续适度扩大贷款规模，支持企业发展。同时，温州市金融监管部门要加大对企业贷款的使用审查力度，防止原用于扩大再生产的贷款资金向股市等其他领域转移，对企业生产经营产生不利影响。要结合国家鼓励企业扩大直接融资比重的新情况，积极争取相关部门政策支持，鼓励企业扩大融资渠道，降低资产负债比重，进一步优化企业财务结构，进一步减小企业财务风险。

B.3

温州市农业和农村经济形势分析与展望（2015～2016）

谢小荣*

摘　要：　2015年以来，温州市加快农业产业结构调整，全市农业生产总体保持平稳向好态势。2016年预计农业增加值增长2.5%，农村常住居民人均可支配收入增长9%以上。随着温州农村改革步入深水区，温州农业转型发展面临升级阵痛、农民收入进入缓慢增长期的叠加影响。要进一步深化农村综合改革，以“美丽乡村”建设为载体，以强农美村富民为根本，全力保持全市农业农村经济稳步发展。

关键词：　三农改革　产业结构　美丽乡村　农业

2015年是“十二五”规划实施的最后一年，也是温州在经历区域性金融危机严峻考验之后，走出困境，实现经济转型和复苏的关键之年。一年来，温州市各地认真贯彻党的十八届三中全会精神和2015年中央1号文件精神，继续加大农村改革力度，着力推进赋权活权、转型强农、治水美村、惠农增收，出台了一系列强农惠农政策，有效地调动了广大农民的创新积极性、创业主动性，农业和农村经济呈现较好的发展态势。

一　2015年温州市农业和农村经济发展状况

2015年以来，温州以稳定粮食生产为基础，以拓展农业功能为重点，以

* 谢小荣，温州市委农办（市农业局）副主任、副局长，温州市决策咨询委员会委员，温州市农村经济学会会长，浙江省农村发展研究中心特聘研究员。

转变农业增长方式为目标，加大农业生产财政扶持政策力度，加快农业产业结构调整，使得全市农业生产总体保持平稳向好态势。据统计，全年实现农业增加值123.24亿元，同比增长3.1%。农村居民人均可支配收入21235元，同比增长9.8%。从初步汇总的情况来看，温州市农业农村经济运行主要呈现以下特点。

（一）农业生产发展压力加大，态势平稳

1. 粮食生产总体平稳

据初步统计，全市全年粮食作物播种面积184.4万亩，同比减少0.8%，总产量76.0万吨，基本与上年持平，全年粮食生产基本稳定。其中：早稻播种面积38.8万亩，同比增加0.9%，产量15.7万吨，同比增加4.5%；单季晚稻播种面积69.2万亩，减少3.0%，产量32.4万吨，减少1.5%；连作晚稻播种面积38.7万亩，减少0.6%，产量17.4万吨，减少0.2%；薯类播种面积20.2万亩，减少3.1%，产量7.1万吨，减少1.9%；豆类播种面积10.7万亩，增加7.1%；小麦播种面积1.8万亩，减少19.0%；玉米播种面积4.5万亩，增加19.7%。总体而言，2015年全年的粮食生产面积约221.60万亩，其中水稻种植面积146.7万亩，总产65.5万吨，平均单产447.17公斤。

2. 畜牧业生产总体向好

受畜牧业生产转型升级和养殖效益提高等因素影响，前三季度全市畜牧业生产总体向好，其中：牛累计出栏2.0万头，同比增加20.9%；羊出栏13.6万只，增加18.7%；活家禽出栏1216万羽，增加14.5%；生猪出栏79.18万头，下降1.9%，降幅比去年同期明显收窄，达1.7个百分点。生猪养殖量减价升。三季度全市生猪存栏47.17万头，同比减少20.66%，环比第二季度存栏数减少3.6万头，环比减少7.1%，自给率下降1.28个百分点，自给率在20%以下继续下滑。生猪出栏68.93万头，同比减少0.58%。但由于目前生猪价格在约9元/斤的高位运行，每头生猪出栏增值400～500元，初步估计出栏生猪产值增加近3亿元。

3. 经济作物发展状况良好

春茶总产量3335.6吨，总产值8.18亿元，同比分别增长16.8%、29%。其中，名优茶产量2246.7吨，产值6.92亿元，同比分别增长12.6%、24.5%。前

三季度蔬菜播种面积65.09万亩，产量122.45万吨，产值32.84亿元，保持稳中有升的态势。全市秋季中草药材播种面积1.43万亩，增长91.3%。

4. 渔业生产稳中有升

前三季度，温州市水产品总产量28.68万吨，比上年同期增加5.09%；渔业产值34.30亿元，较上年同期增长11.47%，渔业生产总体上呈现产量和产值稳增长的趋势。

（二）休闲农业引领新时尚，美丽乡村建设深入开展

近年来，温州市充分发挥农业生产、生态和景观功能，积极建设美丽乡村和美丽田园，农业新型业态发展势头良好。全市已建成并认定粮食生产功能区建设面积17.8万亩。已建成并通过考核验收的市级以上现代农业园区50个，其中省级综合区4个、示范区2个、精品园6个。全市新认证无公害农产品108个，绿色食品12个。前三季度，温州全市休闲观光农业接待游客1745万人，同比增长20.9%；直接营业收入11.28亿元，同比增长23.5%；游客购物收入4732.33万元。

截至2015年9月底，温州市完成施工图设计村1640个，招投标村1620个、开工建设村1594个，接户21万户，分别占任务数的103%、102%、99.9%和76.3%。2015年计划投入资金20.6亿元，投入建设资金17.9亿元，总体态势优于上年。全市落实农村生活垃圾减量化、资源化试点村53个，其中，苍南、泰顺、洞头有8个村列入省级农村生活垃圾减量化资源化试点村。完成建设美丽乡村精品线12条、精品村107个，累计投入6.73亿元。瑞安市获全省美丽乡村创建先进县，乐清淡溪镇、永嘉岩头镇、苍南矾山镇被评为长三角最美乡村。启动83个历史文化村落保护利用续建村及122个点（项）建设，累计投入2.14亿元。

（三）农业电商发展迅猛，全产业链发展渐入佳境

农业电商发展迅猛。温州市出台了加快农业电子商务产业发展的实施意见，政策效应明显。全市累计发展农产品电商网店9977家，全年农产品电子商务销售额31.94亿元。全年完成建设农业物联网示范基地（点）14个，建成56个淘宝村，数量居全国地市之首。浙江原态农业股份有限公司成功在新

三板挂牌，乐清铁皮石斛成功进入天津电交所，实现温州大宗农产品电商交易零突破。

农业全产业链发展受到高度重视。目前已完成6个产值超10亿元的全产业链集群申报认定工作，包括乐清铁皮石斛、瑞安水产、苍南水产、平阳奶牛、瓯海花卉苗木、泰顺竹木产业等，合计年产值148.62亿元。

（四）农村综合改革不断深化，成效明显

农村集体产权制度改革进展顺利。全面推进农村集体资产股份制改革，通过将村集体经营性资产量化到人（户），明确集体经济组织成员权，从产权模糊的“共同所有”转变为产权明晰的“按份共有”，实现对集体资产产权的长久化、定量化享有。目前全市村集体经济组织股改完成率达99.2%，量化集体净资产165亿元，持股社员680.9万人，村股份经济合作社账户变更率达96.48%。按照权属合法、确权精准、登记完整、权证适用、信息管理的要求，积极推进农村土地承包经营权确权登记。目前全市完成承包地“确权登记、入册上图”的村社2552个（占50.53%），涉及农户71.99万户，面积96.76万亩（实测101.36万亩）。按照所有权、承包权、经营权“三权分置”要求，通过建立流转服务平台、健全流转程序、完善流转管理、开展流转纠纷仲裁、加强流转用途管制等方式，进一步完善适度规模经营和规范流转互相促进的扶持机制，目前全市土地经营权流转面积达128.5万亩，流转率达64.7%。农村产权交易体系基本建立。到2015年10月底，全市农村产权交易平台已完成农村产权交易1087宗，交易金额9.62亿元。自农村产权交易平台建立以来累计已完成交易鉴证1896宗，交易总金额13.09亿元。其中，涉及农村土地承包经营权流转交易813宗，面积11.89万亩，金额2.6亿元；村集体经营性资产交易1083宗，交易金额10.49亿元。

“三位一体”农村合作体系建设加快。全市新增家庭农场675家，总数1848家。市级评定示范性家庭农场90家，2015年新认定37家。农民合作社联合社51家，市级示范性合作社359家，市级示范性三位一体组织155家。农村资金互助会70家，其中57家实行了非现场监管。组建了62家农民合作社信用部。有1616家农民合作社获省级信用评价A级以上。各县（市、区）区域性“三位一体”农业综合服务中心建设积极推进，全年完成20家乡镇

“三位一体”农业综合服务中心的评定验收工作。瑞安市作为省级“构建‘三位一体’农民合作经济组织体系”改革试点单位，完成市级农合联更名换届工作，并从组织架构、运行机制等方面进行多项改革创新，让农民真正享有话语权，实现“农民自己说了算”。新增苍南、泰顺为省“三位一体”推进县。

（五）农民收入保持较快增长，绝对贫困农户基本消除

据对城乡居民一体化住户的抽样调查，2015 年前三季度，全市居民人均可支配收入为 28115 元，同比增长 8.9%。城镇、农村常住居民人均可支配收入分别为 33845 和 16638 元，增长 8.4% 和 9.8%，农村居民人均可支配收入增速快于城镇居民人均可支配收入增速 1.4 个百分点。上半年全市低收入农户人均纯收入增长 17.6%，预计全年可基本消除总数 30.6 万户 82.7 万人的低收入农户中的家庭人均年纯收入在 4600 元以下的农户 55638 户 114820 人。启动 32 个村的整村规模搬迁，完成 12794 人的异地搬迁集聚。创建 35 个市级扶贫创业就业中心，发放来料加工工资 7.77 亿元。累计成立 335 家扶贫资金互助会，发放扶贫小额贷款 2.65 亿元，发放丰收爱心卡 31253 张。已纳入低保或五保的有 51747 户 99952 人，结对帮扶 6062 户。

二　当前温州农业农村发展中面临的主要问题

当前，温州经济发展总体已进入新常态。农业转型发展进入升级阵痛期、农民收入进入缓慢增长期、农村改革步入深水区，农业农村工作正面临不少新问题和新挑战。

（一）现代农业发展面临转型升级的阵痛，实现农业增加值大幅提升的空间缩小

温州人多地少，全市人均耕地 0.31 亩，土地已成为较稀缺的资源要素，现代农业发展既面临着土地、资金等要素制约，又存在基础薄弱、农业组织化、科技化、产业化水平不高等诸多问题。农民靠天吃饭的弱势现状没有根本改变。随着“绿水青山就是金山银山”理念的深入实施，全市各地的生态保护要求更加严格，传统的种养业生产空间受到较大限制，主要农产品保供给压

力很大。近些年来，农业在全市生产总值所占份额日趋下降，农业增加值所占比重从1995年的10.3%下降到2005年的4.1%、2014年的2.7%。在全省农业增加值中所占份额也在下降，2005年温州农业增加值占全省农业增加值比重为7.5%，2010年占6.8%，2014年占6.6%。要在短期内实现农业增加值大幅增长的难度不小。2015年前三季度温州市尽管实现增加值79.41亿元，同比增长3.1%，增加值增速位居全省第2位，但增加值绝对数仍处于第8位。在新常态下，温州市农业面临的自然风险、市场风险和各种不确定因素的影响持续显现，新常态下经济下行压力加大对农业稳定发展的挑战持续增大，农产品价格接近"天花板"和生产成本接近"地板"的"双重挤压"问题持续凸显。农村劳动力步入断档期，"谁来种地"问题已非常突出。农业劳动力老化、素质较低问题依然突出，从业人员在50岁以上的比重高于60%，远超40%的全国平均水平，现代农业发展面临后继乏人的困境。

（二）城乡居民收入的绝对差距仍在拉大，保持农民持续快速增收的难度加大

2011～2014年，温州农民人均收入增加幅度分别是16.0%、11.1%、10.0%和10.5%，呈逐年放缓的态势。从2015年前三季度情况看，全市农村常住居民人均可支配收入16638元，同比增长9.8%，明显低于2014年同期的10.5%。同时，城乡居民收入比从2010年的2.73下降到2014年的2.09，城乡统筹发展成效明显，但是收入绝对差距也由19785元拉大到21116元。绝对差距缩小的同步趋势尚未出现。目前，温州市在解决农民增收问题方面还缺乏有效的手段和办法，尚未形成稳定长效的促增收机制，促进普遍较快持续增长的压力较大。特别是农村很多改革还没有取得根本性突破，农村资源资产变成资本资金的通道依然还没有全面打通，农民财产性收入缺乏有效的支撑。从农民收入的四大结构看，当前农民增收还面临农村劳动力向非农产业转移难度加大、家庭经营非农产业发展制约因素增多、农民财产性收入减少等诸多不利因素。前三季度全市农村常住居民人均可支配收入16639元，其中工资净收入9906元、经营净收入4244元、财产净收入860元、转移净收入1629元，分别占59.5%、25.5%、5.2%和9.8%。可以看出，工资性收入和家庭经营净收入是温州市农民收入的主要来源，财产净收入占比明显比较低。

（三）农村综合改革面临的棘手问题增多，“试点多，铺开少”现象比较普遍

当前温州农村改革已逐步触及对现行土地、产权、户籍等法律法规的变革与突破，深化改革压力大、困难多。产权制度改革方面，由于村股份经济合作社的法律主体地位还不明确，其工商登记和税务登记方面的“两难”问题突出。税务部门对于不同性质主体之间的资产转移要予以征税，造成大部分村不愿意将资产转移到村股份经济合作社名下，“政经分开”难以真正实现。“三位一体”建设方面，温州市的农民专业合作社虽然数量多，但组织规模较小、实力较弱、连接较松散，大多农民合作组织只开展生产合作，还没有进行信用合作，全面开展生产、供销、信用合作的基础还比较薄弱。由于农村资产产权的登记、评估、交易和收储等制度缺乏，扩大农户信贷的有效担保机制缺少市场化的手段，使得农村产权权益难以流转，产权价值价格难以体现，以致绝大多数农民合作组织在开展资金互助、评信用信、互助担保、合作增信等多种形式的信用合作方面方法不多。农村金融改革方面，农村资金互助组织作为一种地方信用创新，其法律地位仍然缺失，发展中还存在定位不清、扶持不力、管理多头的问题，加大了风险隐患和顾虑。因此，按照“试点先行，封闭运行”原则进行的温州农村改革，目前对城乡资源、要素的有序流动、平等交换，对农民增收和农村发展的拉动作用有限。

（四）美丽乡村建设滞后，全面改善农村环境的任务艰巨

近几年来，温州市按照省委省政府的部署，深入开展“千百工程”和美丽乡村建设，农村环境脏乱差的面貌得到一定改观。2014 年全省美丽乡村建设现场会在永嘉成功召开，对温州市美丽乡村建设起到了良好的推动作用。但是由于温州市村庄数量多、规模普遍较小、离散度高，农村脏乱差的局面还没有得到根本改变。村庄建设的“规划短板”明显，由于农村规划管控不够严格，一些地方建房规划五花八门、外立面杂乱无章，“赤膊墙”、“水泥墙”和“电线蜘蛛网”随处可见。村内道路、路灯、绿化、垃圾污水处理设施等的维护责任主体能力较弱，少数地方“建而不用”，个别地方甚至“用而不管”“用而不修”。一些历史文化村落还没有得到及时有效的保护，不同程度地存

在古建筑破损、传统文化消亡和民间习俗消逝等问题。农村生活用水治理任务十分繁重、农村“垃圾围城”现象依然突出、农村饮用水安全问题也没有得到根本解决。可以说，农村环境的基本现状是：点源污染和面源污染共存，生活污染和工业污染叠加，新旧污染相互交织，农村环境脏乱差已经成为城乡一体化发展中的突出问题。

（五）基层经济基础薄弱组织运转不畅，农村基层治理能力和治理体系亟待提升完善

温州农村村庄数量多，农民居住相对较为分散，集体经济基础薄弱，村级组织运作难以得到有效保障。《农经年报 2014 年》显示 2014 年集体经济无收益的村有 3546 个村，占 65.5%，即全市有 2/3 的村运作经费靠财政补贴和社会捐助。村集体经济收入 100 万以上的村仅 602 个。农民由于处在弱势地位，其合法权益往往得不到有效保障。农村基层治理也存在很多的问题，如农村基层政权组织与经济组织的职能混淆不清。村民委员会本应是农村村民的自治组织，然而由于历史的原因，它实际上还承担着改革前生产大队的经济组织的职能，管理着农村的集体资产，造成了农村政企不分和政经不分的问题，是加重农民负担和引发村级干部腐败问题的根源。另外，薄弱的村级组织管理缺位与农村的宗族干政的矛盾加剧。由于改革开放后村一级组织对于村民只有索取，没有给予，缺乏维护村民利益和为村民提供公共服务的能力，因而在农民群众心目中没有什么好的印象，村级组织缺乏应有的凝聚力。

三　2016年温州农业与农村重点工作建议

2016 年是“十三五”规划实施的第一年，温州市的农业农村工作要按照市委市政府的总体部署，继续实施“五化战略”，深化“十大举措”，坚持“六大引领”，以深化农村综合改革为动力，以“美丽乡村”建设为载体，以强农美村富民为根本，全力保持全市农业农村经济稳步发展。根据 2015 年农业农村经济运行情况分析，2016 年预期实现农业增加值增速 2.5%，农村常住居民人均可支配收入增长 9% 以上。建议主要落实以下几项工作措施。

（一）着力构建现代农业产业体系

继续深入实施“米袋子”和“菜篮子”工程，稳定粮食生产和农产品有效供给。立足资源优势，优化产业结构，实施特色农业主导产业提升计划，促进特色产业向优势产区集中，不断营造特色产业新优势。依托田园风光、农业设施、农耕文化等资源，组织实施“美丽田园”建设行动，挖掘农业的生产、生活和文化功能，大力推进农业多功能开发，有效增加农业附加值，提高农民收入。从休闲农业、农村电商、农家乐与民宿等“美丽业态”抓起，推进农业与旅游、教育、文化、科普、健康、养老等产业的深度融合，大力发展旅游度假、休闲观光、养生养老、文化创意、农耕体验、运动健康、传统工艺、乡村民宿等新业态，加快打造美丽产业带。全面提升农家乐的发展规模、市场竞争力和综合经营效益，依托农家乐融合发展生态农业、农产品加工业、农村服务业。

（二）着力推进农业生产方式转变

围绕高效生态农业发展，深化农业“两区”建设，划定永久基本农田，突出农业生态安全，强化信息科技装备，推动农业“设施增地”和“机械换人”步伐，进一步夯实农业发展基础，加快推进农业发展方式转变。重点组织实施“互联网＋”农业建设工程、科技装备提升行动、生态循环农业“一十百”示范工程和农业全产业链发展计划，着力推进农业产业化、信息化、科技化、时尚化和生态化发展。加快发展智慧农业、智慧气象，大力实施“三农”大数据工程。

（三）着力推动农业经营机制创新

全力培育发展家庭农场、农民专业合作社、农业龙头企业等新型农业经营主体，推进“户转场、场入社、社联合”，不断壮大新型农业经营主体。积极推进农民合作组织开展生产、供销和信用合作，创新发展生产、供销、信用“三位一体”农村合作体系，不断提升农民组织化、专业化经营水平。规范和推进土地流转。引导农民通过合作与联合的方式发展规模种养业、农产品加工业和农村服务业，推进多种形式的农业适度规模经营。

（四）着力提升美丽乡村建设水平

创新美丽乡村建设模式，继续推广“高端引领型”“普遍推广型”“保护利用型”“休闲旅游型”美丽乡村建设典型示范做法，走出一条具有温州特色的美丽乡村建设路子。着眼治旧控新，高度重视农村建房规划设计和外立面改造，打造一批规划统一、风格协调、视觉清新和富有诗情画意、乡愁记忆、地域特色的“瓯派民居”和风情村庄。以大力发展乡村民宿为抓手，提升乡村旅游层次，优化乡村环境，提升乡村旅游吸引力。推进清洁乡村行动，全面完成农村生活污水治理，逐步推进农村垃圾减量化、资源化处理，切实改善农村人居环境。应充分调动广大群众“我要治水、我要洁净”的主人翁意识，抓好农村生活污水项目建设的质量，严格落实运维管理的责任主体，推行农村垃圾收集分类处理工作。

（五）着力深化农村产权制度改革

根据“三权到人（户）、权跟人（户）走”要求，深入推进农村资产确权赋权活权改革，加快盘活农业农村的各类资产资源。逐步推动村股份经济合作社公司化运行，扎实推进集体资产管理规范化，规范资产处置交易行为，提升资产股份的运营效能，保障集体经济组织成员权利。全面推开农村土地承包经营权确权颁证工作。全面推进县级农村产权交易平台实体化建设，深入开展民营资本参与县级农村产权平台建设试点，进一步完善市、县、乡三级农村产权交易市场体系。同步推进农村金融配套改革，稳妥发展新型农村合作金融组织，不断完善农村金融服务体系。

（六）着力组织实施精准扶贫攻坚行动

着力推动扶贫开发工作实现战略性转变，精准发力补短板、持续给力打基础。落实精准扶贫措施，全面实施低收入农户收入倍增计划，突出抓好异地搬迁、产业扶持、金融扶贫、社会帮扶等扶贫举措，加大对革命老区、民族地区、山区、库区和海岛经济社会发展的支持力度，提升低收入农户的致富能力。扩大合作创业，大力支持能人在创业再创业中采取股份合作制形式，吸纳低收入农户入股参与创业，形成先创带后创、共创共富的合作创业局面。积极推广将政府有关扶持资金量化为低收入农户股份的做法，引导并使得低收入农户的产权流动起来，让资源变资本、农户变股东。扩大灵活就业。鼓励来料加工经纪人、农家乐经营户吸纳低收入人员从业，在家门口实现就地就近就业，进一步巩固“消除4600”成果。积极创新社会帮扶机制，广泛动员社会各方面力量参与扶贫开发，落实好“一村一计一部门”“一户一策一干部”制度。积极推进强村惠民三年计划，发展壮大村级集体经济。强化兜底思维，把解决疾病致贫返贫问题作为当前和今后扶贫工作的重点任务。把自身缺乏“造血”能力的低收入户全面纳入社会救助范围，完善医疗保险、医疗救助制度，建立医疗机构对因病低收入农户主动服务、跟踪服务的有效机制。

B.4

温州市工业经济运行分析与展望（2015 ~2016）

任 晓*

摘 要： 2015 年温州工业经济总体表现平淡，全面好转仍需要时间。年度数据表明工业经济增长减速下台阶，工业内部结构调整加快，转型初见成效，微观效益与上年持平。从供需两面看，2016 年，“供给稳，需求差”会是温州工业经济所处的“新常态”。预计温州工业经济将继续承压，调整后增速大概率位于5% 左右。工业企业利润不具备趋势性转好的充分条件。稳增长是产业政策的阶段性优先目标，政策组合的选择转向以供给扩张为主。鉴于行业间分化表现，着手短期保增速与着眼长期调结构均需通过精准发力，定向施策以提高政策安排的差别化匹配度和有效性。

关键词： 工业经济 产业政策 产业结构 新常态

2015 年温州工业经济总体表现平淡。在宏观经济增长持续减速背景下，工业经济受需求放缓和价格低迷双重打压，活跃度不够，增长动能缺乏。正如我们年初报告预测的，全年工业经济运行逻辑与轨迹与 2014 年大体一致，没有大幅反转上行条件，也没有掉头下行冲击，运行表现平稳。不过，我们不认为 4% ~6% 的工业经济同比增速是稳态增长水平，相反，这更可能反映的是工业结构转型“过渡”时期的运行特征，即映射了“老供给”动力不足，旧

* 任晓，中共温州市委党校教授。

常态模式难以为继，结构转换在途，替代引擎尚在形成中的阶段性表现。

对此，我们在2014年的报告中曾提及，温州工业经济所面临的供给端问题，要从供给侧入手从根本上解决发展方式转变问题。在“十三五”规划建议稿出台之后，国家明确了关于供给侧改革的思路。此番供给侧改革提出，要增加要素的投入数量和提高要素的使用效率。对温州工业企业的启示是，放弃等待新一轮宏观政策刺激“需求”风口的机会主义心态，“兼业化生存”模式或将难以为继，这一次面对的是不得不进行的彻底转型。2016年是“十三五”的第一年，温州工业经济增速将大概率处于5%左右的调整走廊，为了对冲宏观周期下行压力，以及防范工业结构调整“硬任务”可能释放的风险，仍然需要通过系列政策安排以强化“稳增长”底线。

一　工业经济增长减速下台阶，结构转型适应新常态

工业结构倚重消费品制造业的格局面临挑战，低技术密集产业与轻资产主导的增长模式不再能够支撑工业高速增长。这一结论可能不受周期性因素的影响，而只是趋势性的判断。根本的原因是传统消费品工业的下游需求正在逐渐萎缩，国外订单随着代工成本上升而转移，国内市场消费品质迭代速度加快，消费品工业的量产阶段正在成为过去，而且将不再回来。这就限定了未来通过规模扩张再次获得超高速或高速增长的机会，相反，存量产能将面临程度更深的一轮挤压，虽然未必就在2016年，但为时不会太远。

此前，消费品的“温州制造”综合效率提升不足，尚可能通过强大的“营销”能力，依托国内市场进行消化，但现在可以看到这一页已经翻过去了。由于长期未能在信息化融合、工业制造设计，或市场渠道转型方面取得创新，温州工业经济结构转换在途，而消费品工业的弱增长表现也确认了工业经济主引擎低速换挡的事实。2015年温州服装、制鞋两大行业分别增长6.3%、3.3%，前者与工业经济整体增速持平，后者则落后3个百分点。不过，下游消费品工业总体具有逆周期属性，增长拉动乏力，却有托底工业经济增速效应。基于消费品工业产能弹性更大、调整更迅速的理由，如能坚持以价换量，通过策略性降价加快产能出清，将会促使行业整体尽快探底到位。一旦2016年第三季度消费品能出现价格企稳回升状况，消费品工业便将迎来增速回弹。

相反，2016年，电气、汽摩配、化工、通信、泵阀等准装备及材料制造行业所归属的资本品工业在总体上行的趋势下，将有较明显的行业分化特征。其中，电气、汽摩配行业从在手订单、库存结构等指标看发展情况稳定向好，而化工、通信、泵阀等将因需求疲软颓势难改而处境困难。部分上游行业以及个别中游行业或将不得不在更深度的收缩调整和高库存之间进行艰难抉择。

工业的实际增速已经从2008年之前的20.0%以上降至2013年二季度以来的4%~6%，这基本上是30多年来的最低水平。工业经济贡献下降，2015年工业经济拉动GDP增长2.0个百分点，同比下降0.9个百分点，低于服务业1.9个百分点，对GDP的贡献率为38.1%，低于服务业13.67个百分点。

二　工业生产探底运行，回弹预期有待强化

从2015年规模以上工业产出同比增长水平看，增速上行的态势在进入二季度后初步形成，尽管月度增速起伏较大，但进入四季度后产出增速上行势头有所强化。不过，这一上行态势还是只能在一个很低的水平上得到数据确认。3月和7月工业产出出现了环比增速的明显低点，一季度经历了增速下滑第一次探底，随后在外围稳增长政策呼应下，增速开始恢复，然而终究是大势偏弱，随后三季度再次出现减速波动，直至年底才显现全年弱回弹态势。全年整体比较低迷的运行态势符合我们年初的预期，即因产出增长缺乏内生性正向增长因素支撑，2015年内总体呈现大势弱上行的运行轨迹，并伴随个别月度可能出现的失速表现。

工业生产增长数据以7月为界，表现出较为清晰的低位上行走势，主要受价格因素影响。一方面，进入下半年后，PPI持续下行，以现价计算的产出规模偏小；另一方面，上半年能源及大宗商品与原材料价格的持续下降使得产成品库存增加。而7月后，能源的原材料价格进一步滑落预期增强，存货增长节奏开始放慢。

因为从季节调整后的产出环比增速波动水平看，虽然数据给出了较充分的支持工业经济延续底部运行的证据，也可以从2015年全年工业经济的平均环比增速为3.23%，较上年同期高出0.49个百分点中看到工业生产呈现恢复性初步上行走势，但这显然并不是一个有力的指标性强化数据，产出稳定向上增

长趋势还需要进一步观察确认。我们预期未来6～9个月内产出将延续2015年的惯性上行轨迹。从季调月环比运行轨迹看，工业生产已迈入上行通道，如无外生负向冲击因素作用，料将延续回弹至2016年三季度。此外，2016年全年工业经济运行态势演绎还有赖宏观经济政策的走向。

工业产品销售率持续跌落，反映生产景气度弱化偏向。2015年工业产品销售率累计值从2月底的97.0%下降至12月末的94.0%，趋势近似呈现明显下行。上述情形反映的是多重产出目标下的综合效应。导致工业产品销售率下滑的逻辑指向，外围市场需求萎缩，产能阶段性过剩，以及产成品库存加速回补等多因素复杂作用机制。

温州工业经济曾经经历多轮杠杆迭加和产能扩张，相对基础产能（维持正常运营状态最低的产出），工业经济产出缺口仍然较大，这也为工业经济增长"守得云开见月明"等来恢复性补涨埋下希望的种子。然而，那些被升级后新的需求结构所抛弃的存量产能或将再无重启可能。因此，温州工业增长回暖的速度与幅度很大程度上与去杠杆、去产能能否在节奏和强度上跟上需求结构转换进程有关，在新的市场需求结构仍未达到稳定状态前要将结构调整到位。

三　结构调整加速，转型初见成效

2015年延续上一年结构调整的积极变化，工业结构转型速度提升，强度加大，表明驱动因素正在努力进行替代性升级。全年温州规模以上工业新产品产值累计为1195.01亿元，同比增长7.8%。工业新产品产值占同期规模以上工业总产值的26.57%，较上一年提高了5.65个百分点。剔除个别月度的离群值，从增长波动水平背后可以看出，工业新产品生产进入一个更高的稳定水平。

从数据看，与2011年以前每月高达两位数的用电量同比增长相比，目前用电量增速明显放缓，这与经济增速放缓相符，反映经济结构调整阶段增长态势趋缓。对于工业用电量增速的负增长，特别是工业生产与工业用电量"反差"表现与匹配性冲突，我们认为是结构调整取得有效进展，节能降耗和减碳减排约束效应显现的结果。这意味着低能耗产业的活力正在增强，工业内部结构正在持续改善。

2015年全年温州工业用电量同比增长水平为-3.9%，而且这一数据一季度末和三季度初分别跌落至-6.1%和-5.0%。2015年全年都将处在负增长状态，如此低的增速水平，和过去超10%的平均水平相差甚大。这一看似不符合常识性认知的矛盾，对应逻辑是工业经济运行的新特点，呈现工业内部增长结构快速转换。

首先，2015年全年规模以上工业产值累计同比增速变动方向与工业用电量累计同比增速变动方向在趋势运行上保持了较高的一致性，两者相关性没有变。

其次，反映处在经济下行弱景气时期中的高电力弹性行业在面临更大下滑压力下，不得不加快产能去化速度。那些高耗能的行业能耗占比高，但产值在温州工业结构中占比却不高，工业用电量持续下滑主要受高耗能工业生产快速收缩影响。市经信委监测发现重点企业中高能耗行业增速明显放缓，占比持续下降。其中，金属冶炼（40家）、合成革（49家）、塑编（27家）等高能耗行业增加值合计下降3.8%。2015年第二季度温州八大高耗能行业能耗同比下降0.9%，降幅比第一季度缩小9.6个百分点。其中化学纤维和造纸行业能耗同比下降5.8%和4.5%，降幅比第一季度分别扩大0.3个和3.3个百分点；黑色金属和化学原料行业能耗同比下降27.0%和6.8%，降幅比第一季度分别缩小6.0个和8.3个百分点；非金属行业能耗同比增长7.2%，增速比第一季度回升5.0个百分点；石油加工、电力热力和纺织行业则由第一季度的同比分别下降18.9%、8.9%和4.0%，转为分别增长12.6%、6.8%和0.8%。

最后，最重要的原因在于，本地工业结构调整加快、工业过程改造优化、制造手段方式升级、节能技术应用深入、技术迭代创新、节能减排力度加大等多种驱动机制的综合效应的影响。2015年，规模以上口径高新技术产业、装备制造业、战略性新兴产业增加值同比分别增长8.1%、7.7%和8.5%，增幅均高出规模以上工业增加值增长水平1.4~2.2个百分点。

截至2015年12月，全市规模以上工业产出单位能耗为0.119千瓦时/元，较前11个月略微下降了0.009千瓦时/元，从趋势上看规模以上工业的单位能耗降幅在持续缩小。33个行业大类中，有22个行业的单位增加值能耗下降。八大高耗能行业单位能耗同比下降7.9%，降幅比一季度缩小9.2个百分点。

其中黑色金属、石油加工、化学原料、非金属、化学纤维和电力热力行业单耗同比分别下降23.9%、17.8%、17.7%、3.5%、2.7%和2.3%，环比降幅分别缩小1.5个、7.5个、2.9个、7.3个、11.7个和15.6个百分点；造纸行业单位能耗同比下降6.5%，环比降幅扩大2.0个百分点；纺织行业单位能耗则由一季度的同比下降2.6%，转为同比增长0.9%。总之，产值能耗数据显示，工业结构调整进展积极，产能的集约化效率渐进提高。

不过，上述基于规模以上口径的统计数据并不能涵盖为数较多的小微制造企业，而这部分在温州最有活力的企业不仅整合创新资源能力缺乏，而且面临成本上升、竞争风险加重等困境，因而对于小微规模企业，结构转型压力还在持续加大，而不是相反。尽管我们已经从结构调整力度与速度上观察到了代表工业经济结构转型的风向标，但仍然难以肯定此番转型范式之于本地包括大量小微企业在内的全体工业企业的引领价值、示范意义，或复制借鉴作用。

四　价格弱势延续，营收压力持续

2015年1～12月，温州规模以上工业企业实现利润总额254.23亿元，同比提高1.0%，增幅比1～11月收窄1.6个百分点。2015年市场需求持续低迷，主营业务收入下滑至负增长，工业企业整体利润持平稳定，赢利能力稍有改善。

我们认为利润水平与上年基本持平或微幅改善的主要原因是原材料购进价格降幅逐月加大。也就是说，现阶段多数工业企业利润增长并非来自工业内生性赢利能力的改善，而主要是因为全球经济衰退阴影下国际大宗商品价格大幅下降带来了输入性通缩，导致工业生产原材料价格下滑，降低了生产成本，放大了利润数据。

不过，从动态数据看情况正在发生变化。2015年全年的生产者购进价格指数环比增速为100.5%，较此前1～12月环比增速提高0.3个百分点。数据显示2015年1～12月PPI的环比水平为99.8%，高于1～11月水平，与1～9月水平持平，而外围需求萎缩趋势将持续一段时间，大宗商品价格低位徘徊的局面仍在延续，加之多数工业产品价格面临全行业“去产能”竞争压力，PPI转正仍长路漫漫。毕竟PPI最近两个月处于－2.5%的此轮价格波动最低值，已经连续46个月呈负增长。因此，就工业经济整体来看，利润改善条件不够充分。

对于2016年工业企业生产经营收入与利润的基本展望是，未来6~9个月内工业企业利润难以有趋势性的转好，却也能够在可预期的外生性宏观“稳增长”政策作用下，维持目前利润水平不下滑。10月，工业企业主营业务收入同比下降0.2%，是近32个月来首次下降，表明企业生产经营困难加剧，PPI短期内仍有下行压力，难以对主营业务收入形成价格的支撑。工业企业利润总额等总量数据均难有明显改善。

尽管企业绩效表现整体疲软，但分行业看，短期生产者购进成本降低对工业生产企业利润的转移效应对不同行业存在差别化影响。效益分化的行业间格局是：第一，电气机械和器材制造业，计算机、通信和其他电子设备制造业，农副食品加工业等行业利润增幅居前。由于这些行业价格竞争激烈，在当前宏观经济景气不足的大背景下库存周期缩短，产能扩充积极性不高，行业总体生产能力释放不充分，营收缺乏看涨基础。第二，纺织服装、鞋帽制造、皮革制品等行业开工不足、成本刚性，销售低迷，利润增长大体与上年持平。行业总体产能利用率仍未见企稳，一些企业仍在努力调整经营战略与持续进行去产能，企业在继续消化产能和库存的同时，后续生产保持紧缩的预期不减，主营业务收入会出现小幅萎缩。第三，通用设备、化工制品、电气机械等行业有机会借上下游价差拉大时机，保持利润增速稳定。所属行业的多数企业面对行业账期拉长，需求波动较大等不确定性，总体经营战略保守，且看且行，行业营收难有增长。第四，上游或靠近上游的金属冶炼、金属制品、专用设备、建材等行业利润下滑，越接近产业链上游的产品价格降幅越大，供给侧产能过剩去化任务重，对企业的运营冲击大，企业正在压缩产出，放慢生产经营节奏，短期经营业绩难有起色。

另外，制造业实体企业利润水平将保持相对平稳。低利率水平这一最重要的“利好”因素将托底工业企业利润数据。利率不断下行将持续降低企业财务成本，工业企业利息支出累计同比相对于市场融资平均利率走势滞后4~6个月，而当前利率水平仍处于下行区间，企业利息支出及财务费用的下行趋势还将延续，这将持续提高多数高负债水平企业的利润率。此外，分企业规模来看，国际大宗商品价格持续下降之于企业利润存在传导的门槛效应，中小型企业利润更可能因此相对上升，而大型企业则可能受到相反方向的冲击利润水平走低。

五　供给侧调整加快，需求侧疲弱萎靡

在供给端，制造业生产投入动力持续不足。生产投入方面，2015 年 1～12 月温州限额以上工业固定资产投资累计 886.76 亿元，占全市同期限额以上固定资产投资累计值的 25.66%，投资额较上一年同期增长 13.2%。不过上行势头趋于平缓，增速高点出现在三季度的七八月份，进入四季度后有较明显回落。以上数据的走势表明，工业的生产投入总体表现为节奏放缓的状态。

依据前文判断，温州工业经济探底基本到位，尽管仍然面临宏观经济增速趋缓下行压力，但行业去杠杆化初见成效，且结构转型投入正在加大。温州工业投资中的技术改造投资增幅领先投资平均增幅 4.7 个百分点，温州实施“百项百亿”技改项目以来，“机器换人”投资增幅高出浙江全省平均水平 2.1 个百分点，继 2014 年后再次列全省第一，规模以上工业企业科技活动经费支出增幅高出浙江省平均水平 4.3 个百分点。工业投资活动景气度行业分化明显，通信、电子、汽摩配、食品饮料制造业等行业投资表现积极。中央供给侧改革的提出或将加速结构调整进程，而短期内工业内部面临分化表现，一方面不适应需求结构升级的产能收缩加速，另一方面创新转型将获得融资等多重鼓励。

另外，从财务数据看，2015 年 1～12 月，规模以上工业企业负债水平同比下降 2.8%，较 1～11 月进一步收缩 30.3 个百分点。从运行趋势看融资杠杆收缩明显，验证了我们在年初报告中对于 2015 年的工业投资速度将回归惯性增长，全年投资增速将呈现稳中趋降的判断。截至目前累计债务规模为 2468.98 亿元，仅相当于 5 年前同期的规模，整体负债处于低位可控水平，具备了财务上轻装上阵、扩大投入的条件。我们预计 2016 年工业固定资产投资增速不低于 2015 年水平。

在需求侧，内需放缓，销售低迷，需求水平持续走弱，前文已有述及；外需萎缩加速，下滑速度与降幅既快且大。2015 年全年规模以上工业出口产值累计为 731.71 亿元，同比下降 2.8%，连续 6 个月呈负增长，而且跌幅逐月扩

大，出口需求对工业经济的拉动作用继续减弱。内外需持续低迷制约温州工业增长发力。需求不足既令产能去化不畅，又拖累复苏进程。

展望2016年，温州工业经济处在“底部徘徊，反弹预备”的盘整阶段，工业经济增长依然处于潜在增长水平下方，未来“供给稳，需求差”将是一个常态组合。

六 稳增长调结构协同，政策组合精准发力

中央将去产能作为2016年重点经济任务之首，意味着工业经济下行将是“新常态”，鉴于经济仍在底部运行，按照保持经济增速在合理区间平稳运行的逻辑，稳增长优先预期得到强化。温州工业经济“维稳”短期目标主要着眼于防止工业部门增长引擎从要素驱动、投资驱动向创新驱动转变所可能引致的工业经济增长失速过快风险，重视资源在再调整和优化配置过程中的替代效应和转移效应发挥。

第一，在长期产业政策管理视角下，2016年作为“十三五”规划的起始之年，应更为重视结构调整优化和促进产业升级而不是保证稳增长。从更开阔的视野和更长期的周期理解经济运行态势，平衡处理短期增长和长期结构调整关系，以循序渐进、定向调整的策略解决面临的问题。也就是说，产业政策基调应当趋向于实质中性，注重中长期结构调整，而非对短期高增长速度的单向追逐。这样虽然短期对于传统工业而言是一个利空，但长期来看利于产业机构的调整，有利于保障经济的健康持续增长。

第二，加快供给侧结构性调整，将需求管理的一维政策升级为需求管理和供给管理的二维政策体系，并将政策组合的选择转向以供给扩张为主。供给侧政策扩张的政策选项分成本导向型和技术进步型两类。成本导向型政策有利于企业降低成本：降低生产经营中的交易成本、削减企业税费负担、降低社会保险费等；技术进步导向型政策包括：技术改造、设备更新、产品升级、技术转移以及严格的智慧产权司法保护。在举措上前者针对“稳增长”，后者则强调“调结构”。根据行业运行特征和政策目标合理安排实施力度和节奏。

第三，由于工业子行业众多，在宏观经济走势模糊的背景下，预计异质行业的运行表现将出现持续分化，单一政策存在明显门槛效应。因此需要政府决

策抛开“精英思维”，进一步加强对具体行业增长潜力与运行形态的研究，以提供完备的产业政策“精准化”管理方案和策略组合，通过精准发力，定向施策。告别产业政策在一般口径下统一“放水”、同步“筑坝”的传统管理模式，转向坚持差别化“滴灌”，以清晰的政策组合安排达到预期的效果。另外，面对工业增长可能出现的掉头下行，政策组合应有助于托底工业需求，且如果增速总是处于“低位磨底”，则需要设计后续政策的继续补位和发酵。

B.5 温州市服务业发展形势与展望（2015～2016）

郑黎明*

摘　要： 2015年，服务业已经从经济的“新动力”发展为经济的“重要支撑”。在经济新常态下，温州要打造迈入全面小康社会的标杆城市，服务业经济将是重要的增长点。温州市要将发展服务业提升至重要位置，着力加强服务业发展平台建设，积极引导现代服务业与制造业融合发展。大力发展物流业、科学研究和技术服务业等生产性服务业；加快改造提升旅游休闲、养老服务业等生活性服务业。以“三新”经济为服务业发展注入新动力，与经济转型、城市转型、社会转型互动发展，促进服务业发展提质增效。

关键词： 服务业　运行形势　温州市

2015年，温州市经济发展稳中向好，初步核算数据显示，全年实现地区生产总值4619.84亿元，按可比价计算，比上年增长8.3%。其中，实现服务业增加值2395.07亿元，增长9.9%，增幅比上年提高3.7个百分点。服务业增加值占GDP比重为51.8%，比全省平均水平高2.0个百分点，比重居全省第2位，对GDP增长贡献率达56.1%，拉动GDP增长4.6个百分点。在工业经济增长相对乏力的情况下，服务业的增长无疑发挥了“压舱石”的作用。服务业已经成为温州市经济企稳回升和赶超发展的主动力，已基本成为温州经济发展的第一拉动力。

* 郑黎明，温州市统计局党组副书记，副局长，高级会计师。

一　服务业发展总体特征

（一）服务业规模继续扩大

2010～2015年，温州市服务业增加值从1331亿元增长到2395亿元，与2010年相比，年均增长8.7%，高于同期GDP增长0.9个百分点。近几年来服务业总体呈现稳定增长态势，服务业增加值总量一直稳居全省第3位。2015年温州市服务业实现增加值同比增长9.9%，增幅低于全省平均水平1.4个百分点，居全省第8位。对照《温州市服务业发展“十二五”规划》目标——“服务业增加值年均增长12%以上，到2015年，全市服务业增加值达到2400亿元，占地区生产总值的比重力争达到50%”，至“十二五”期末，服务业占GDP比重已达到规划要求，但总量与增速均未完成“十二五”发展目标。

（二）服务业占GDP比重具有优势

“十二五”期间，温州市服务业得到长足发展，服务业占GDP比重从“十一五”期末的45.6%，提高到2015年的51.8%。服务业占比高于全省平均水平2.0个百分点，仅次于杭州（58.2%），居全省11个城市的第2位。2011～2015年温州市服务业增加值占GDP比重逐年走高，分别为：46.7%、48.2%、49.6%、50.1%和51.8%（详见图1）。

（三）消费结构逐步升级

汽车类、家具类、建筑装潢类、机电产品类、金银珠宝类、服装鞋帽针纺织品类零售额均保持较快增长。一是汽车消费保持平稳增长。1～12月全市汽车类零售额423.66亿元，增长11.3%，占限额以上零售额比重为44.4%，拉动限额以上消费品零售额增长5.0个百分点。二是鞋服类增势良好。得益于部分鞋服企业电子商务业务的增长拉动，服装、鞋帽、针纺织品类零售额增长26.5%。三是智能手机销售旺盛。在智能手机火爆销售的带动下，通信器材类零售额增长64.4%，增幅比上年同期提高36.3个百分点。四是金银珠宝类受

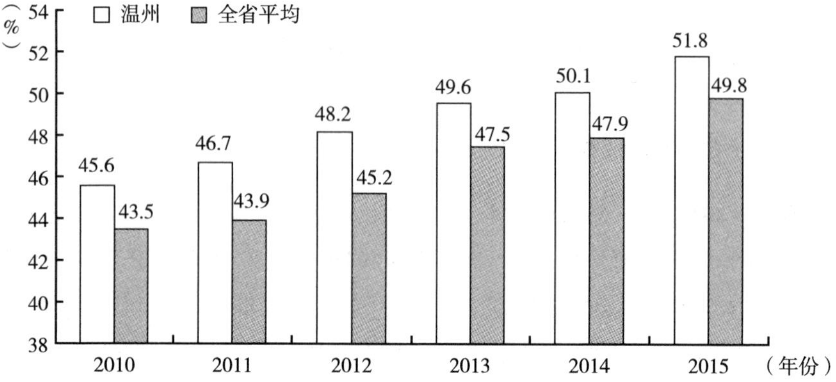

图1　2010～2015年温州服务业增加值占GDP比重与全省比较

大众追捧。全年金银珠宝类销售37.09亿元，增长47.6%。五是生活饮食用品类保持较快增长。粮油、食品类零售额增长31.3%、日用品类增长18.2%。

（四）“三新”经济拉动温州市服务业发展

2015年，在“大众创业、万众创新”的大环境下，温州市服务业新兴产业、新型业态和新商业模式等“三新”经济不断涌现，成为拉动温州市服务业发展的重要力量。一是“互联网+”新兴产业高速发展。软件开发、数字内容服务等新兴行业增长迅速，全年规模以上互联网、软件和信息技术服务业企业实现营业收入5.5亿元，比上年增长129.7%，增幅比全省平均高70.5个百分点。二是网上零售新型业态蓬勃发展。全市全年限额以上批发和零售业通过网络实现零售额37.5亿元，增长60.7%，增幅比限额以上消费品零售总额高48.8个百分点。三是个性化服务等时尚服务业新模式发展动力强劲。温州市大力实施时尚化战略，时尚服务业快速发展，时尚消费动力强劲。2015年全市实现时尚服务业增加值167.4亿元，占服务业增加值比重为7.1%，同比增长12.6%，高出同期服务业增速2.7个百分点。

（五）服务业固定资产投资加快增长

“十二五”时期，投资产业结构进一步优化，第三产业投资比重有所提高。2015年，全市服务业投资2442.47亿元，增长10.6%，增幅低于全省平均水平 3.5 个百分点，也比全市固定资产投资平均水平低 2.6 个百分点。占固定资产投资比重为 70.7%，比“十一五”末期提高 5.3 个百分点。与 2010 年相比，年均增长 36.9%。生产性服务业固定资产投资 680.26 亿元，比上年增长 22.2%，其中交通运输、仓储和邮政业 382.92 亿元，同比增长 36.4%；租赁和商务服务业 96.17 亿元，同比增长 27.8%；科学研究和技术服务业 13.76 亿元，同比增长 137.8%。生活性服务业固定资产投资平稳增长，现代批发零售服务设施建设进入“跃升期”，华润温州万象城、大西洋购物中心、平阳万达广场等城市综合体的建设营运，将进一步释放消费潜力。

（六）服务业从业人数持续增多

服务业已成为吸纳新增劳动力就业的主渠道，2015 年全市服务业就业人员 226.76 万人，占全社会从业人员的比重为 40%，比“十一五”末期提高 2.4 个百分点。同期第一产业从业人员比重从 2010 年的 13.5% 下降为 2015 年的 11.3%，第二产业从业人员略下降 0.2 个百分点。从服务业内部看，批发和零售业从业人员 121 万人，占第三产业从业人员的比重超过一半。另外超过 10 万从业人员的行业还有住宿和餐饮业、居民服务业、教育业，就业人数分别为 22.56 万人、17.36 万人和 15.16 万人。

二　服务业主要行业发展现状

（一）消费品零售市场稳中向好

2015 年，温州市消费品市场稳中向好，在消费结构升级的带动下，商品零售市场保持较快增长。全年温州市实现社会消费品零售总额 2674.38 亿元，同比增长 11.0%，其中限额以上消费品零售总额 953.53 亿元，增长 11.9%，增幅比上年提高 0.6 个百分点。全市人均消费品零售总额从 2010 年的 16690 元攀升至 2015 年的 29413 元，年均增长 12.0%。从累计增速看，全年各季度社会消费品零售总额增速始终高于全省平均水平。温州市一季度社会消费品零售总额增长 9.8%、上半年增长 9.7%、前三季度增长 9.4%、全年增长 11.0%。

（二）住宿餐饮消费实现恢复性回升

1～12月，全市实现限额以上住宿餐饮业营业额74.87亿元，增长6.3%，增速比上年提高0.9个百分点。一是餐饮消费较快增长。人们外出聚餐消费需求持续增长，特色酒店、品牌休闲餐饮等发展较快。1～12月限额以上餐饮业营业额43.68亿元，增长9.7%，增速比上年提高4.3个百分点。二是住宿业营业额增长速度由负转正。限额以上住宿业营业额31.19亿元，增速由上年的下降0.5%，转为增长1.9%。

（三）网上零售等新兴业态蓬勃发展

作为一种新兴业态，网上零售迅猛发展，它改变了传统的商业模式，是消费市场的大势所趋，逐渐形成为新的消费增长点。据省商务厅统计，2015年温州市实现网络成交额（包括工业、商贸等单位的零售、批发业务）893.55亿元，同比增长50.3%。网络成交额占全省比重为11.7%，居全省第3位。与网络经济密切相关的快递行业保持快速发展，全年温州市快递服务业企业业务量累计3.76亿件，增长73.6%，快递业务量居全国各大城市第13位；业务收入累计实现35.47亿元，增长43.1%，业务收入居全国各大城市第15位（详见图2、图3）。

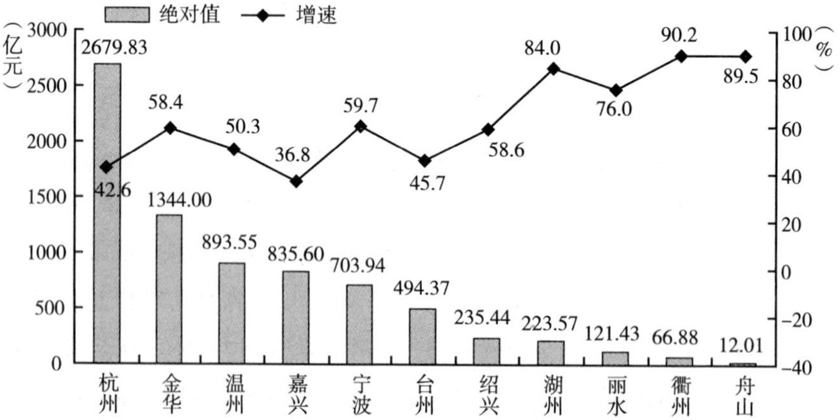

图2　2015年浙江省各市网络零售情况

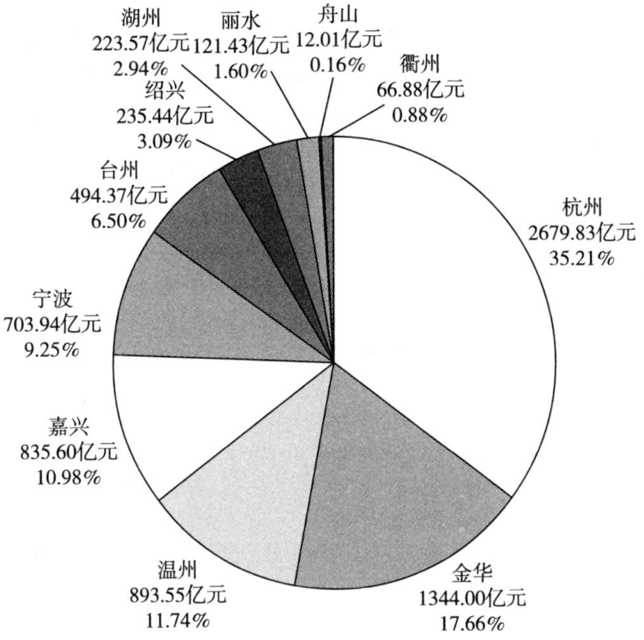

图3　2015年浙江省各市网络零售额及占比情况

（四）房地产市场回暖明显

2015年，国家出台了个人住房营业税免征期限下调规定，温州市出台楼市“新八条”等政策，进一步激发了温州房地产刚需释放和居民的改善性住房需求。新建商品房价格稳步上涨，商品房市场交易活跃，房地产市场总体呈现“价稳量升”的态势。全年商品房销售面积525.6万平方米，比上年增长25.1%，增幅比上年提高5.0个百分点，成交量创新高。房地产开发投资有所减少，全年房地产开发投资766.3亿元，下降5.3%。市区房地产去库存化进展良好，年末去库存化周期为6.5个月，为全省最短。

（五）金融证券业相对好转

温州市金融业在经受局部金融风波的数年冲击后，2015年整体情况明显好转。一是金融风险释放明显，年末不良贷款余额与不良贷款率连续两年实现

“双降”。2015 年全市规模以上银行业营业利润近三年来首次实现正增长，而全省其他地市由于金融风险集中凸显、不良贷款拨备激增，营业利润下降 17.7%。二是存贷款指标明显改善，全市金融机构人民币存贷款余额分别增长 10.5%、4.2%，增幅分别比上年提高 8.4 个、2.3 个百分点，增幅分别居全省第 3 位、第 9 位。三是证券保险业实现高速增长。证券业呈现爆发式增长，全年实现证券交易额 5.2 万亿元，增长 1.5 倍，占全国总交易额的比重达 2.0%。保险业快速增长，全年保费收入增长 15.0%，增幅比上年提高 4.6 个百分点（详见图 4）。

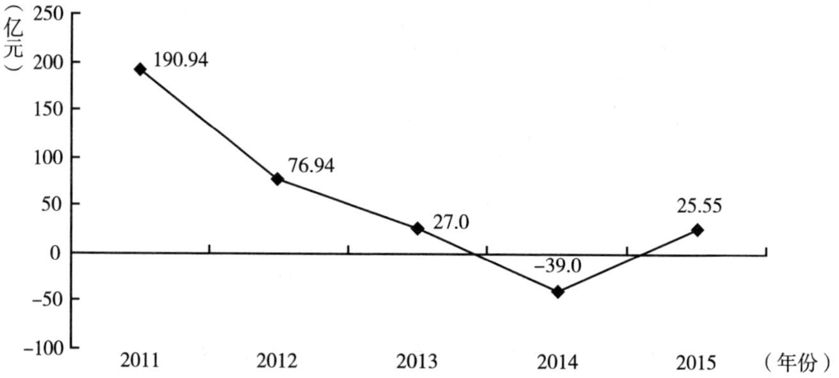

图 4　2011～2015 年温州市银行业利润总额增减情况

（六）旅游经济增势良好

全市积极推进旅游功能区建设，乡村旅游投资热情高涨，旅游新业态新产品不断涌现，旅游经济增势良好。全市实现旅游总收入 804.5 亿元，比上年增长 18.1%。接待旅游总人数 7681.6 万人次，增长 16.8%。其中国内旅游收入和国内旅客人数分别增长 18.3% 和 16.8%。旅游外汇收入和入境旅客人数分别增长 14.5% 和 17.5%。旅游市场的繁荣，带动规模以上旅行社全年实现营业收入比上年增长 6.6%。

（七）商务服务业发展平稳

2015 年温州市规模以上商务服务业企业实现营业收入 48.0 亿元，比上年增长 9.6%。其中，以市场管理、会展服务等为主的其他商务服务业，受部分市场管理企业高增长拉动，实现营业收入增长20.8%；以会计、审计及税务服务和市场调查等为主的咨询与调查业营业收入增长15.3%；法律服务业、人力资源服务业、安全保护服务业实现营业收入分别增长14.9%、12.1%、9.7%。

（八）科技服务业稳中有增

2015年，全市科技服务业企业营业收入稳中有增，其中，软件开发、信息技术咨询服务、数字内容服务等新兴的计算机网络技术相关行业增长迅速，成为发展亮点。统计监测数据显示：2015年国家重点科技服务业企业实现营业收入135.99亿元，增长4.1%，增幅居全省第4位，较上年前移6位；合计资产296.93亿元，增长7.4%。从内部六大行业看，电信等信息传输服务业实现营业收入111.83亿元，占全部科技服务业的比重为82.2%，增长2.1%；工程技术等专业技术服务业实现营业收入13.12亿元，占全部科技服务业的比重为9.6%，下降6.5%；信息技术服务和数字内容服务业合计实现营业收入5.54亿元，虽增长1.3倍，但占比仅为4.1%，比重有待提高。

三　服务业发展中值得关注的“短板”

（一）服务业发展与省内先进城市相比仍有差距

2015年，温州市实现服务业增加值2395.07亿元，居杭州、宁波之后，居全省第3位，总量仅相当于杭州的40.9%、宁波的63.0%。尽管2015年增加值取得9.9%的增速，但是相对省内先进城市仍然较慢，增幅比全省平均水平低1.4个百分点，居全省第8位，比杭州、宁波分别低4.7个、2.6个百分点。全省11个城市中，有3个城市服务业增加值增速高于全省平均水平，分别是杭州（14.6%）、宁波（12.5%）和湖州（11.9%）。从省内先进城市看，由阿里巴巴、淘宝、天猫、支付宝、菜鸟等组成的“阿里系”企业已经组成了杭州、全省乃至全国的一个互联网经济发展中心。宁波基于港口优势创造的贸易、跨境电商、物流、仓储等服务业产业优势明显。而温州市服务业以批发和零售、房地产等传统行业为主，缺乏明确的新增长点和动力。2015年，规模以上企业实现的营业收入仅相当于杭州的0.3%、宁波的17.4%。

（二）服务业可持续发展面临一定压力

从温州市服务业经济结构看，2015 年，占温州市服务业增加值比重前三位的行业分别为批发零售业、房地产业、金融业，分别占 27.4%、12.1%、8.8%，2015 年三大行业分别增长 7.0%、12.6%、8.9%，合计对服务业增长贡献率为 40.0%。但从各行业增长的可持续性看，批发和零售业受工业经济放缓影响仍然较大；房地产市场整体仍面临消费需求不足和供地等因素影响；金融业在连续实现不良贷款余额和不良贷款率“双降”后风险犹存，2015 年金融业的高增长在很大程度上得益于证券市场不可长期持续的高增长。

（三）交通运输业发展缓慢

交通运输业在持续数年低迷后于 2015 年实现恢复性增长，全年铁路、公路和水路货物运输总量和货物周转量分别比上年增长 4.1%、2.5%。交通运输、仓储和邮政业实现增加值 157.59 亿元，仅增长 6.5%，低于第三产业增速 3.4 个百分点。

（四）电信传输、科技服务业发展缓慢

电信传输服务业发展相对停滞。受市场饱和、同业竞争激烈、前期促销费用投入巨大等因素影响，2015 年移动、电信、联通等几大通信运营商实现营业收入增长 2.1%，营业利润下降 1.6%。科技服务业负增长，随着固定资产投资增速相对放缓，建筑设计、工程监理、招标、造价等各类工程技术业务量相应减少，全年规模以上科技服务业企业营业收入、营业利润分别下降 4.7%、19.7%。

（五）养老服务业问题凸显

随着温州市人口老龄化进程进一步加快，高龄化、空巢化程度进一步加深，养老服务需求快速增长。2015 年末温州市居民消费者信心指数调查数据显示，19.3% 的市民对养老服务问题表示关注。这是继 2014 年后养老服务问题再次进入热点关注排行前十，并且关注度由上年的第 7 位攀升到第 6 位。三成居民对所在社区的居家养老服务不太满意，认为当前社区提供的养老服务专业化水平低，基层养老机构硬件设施差，专业人员缺乏，居家养老服务项目

少、收费高，期盼政府加快推进养老管理体制改革，加强养老专业人员培养，不断完善温州市社会养老服务体系建设，满足人们快速增长的养老需求。

四　2016年服务业发展展望与建议

（一）将发展服务业提升至重要位置

2016年是“十三五”开局之年，是温州打造迈入全面小康社会标杆城市的关键时期。在供给侧结构性改革的大背景下，服务业也应从提升企业创新水平、提高服务业科技含量以及加快推进金融改革等方面入手，为服务业后续发展提供强大动力。一是要打破将服务业作为工业附属配套的传统工业经济发展思维，全面推进服务型经济。二是创新服务业发展方式，改变简单依靠土地、税收、投融资等培育发展服务业的方法，遵循服务业发展规律，创新服务业发展方式和管理模式，实施“一行一策”“一企一策”的扶持方式。

（二）推进服务业和优势制造业融合发展

制造业是温州市“立市之本”。一是要大力发展基于优势制造业的研发设计服务、检验检测服务、供应链管理服务、节能环保服务、会展、专业中介服务、培训教育服务等制造服务业，促进先进制造业与现代服务业的融合发展。二是要基于温州特有的轻工制造业等产业和产品优势，改造生产销售流程，发展电子商务。三是借助浙南闽东交通枢纽优势，发展航运物流业。四是以金融综合改革为契机，打造更具竞争力的现代金融体系。

（三）大力发展物流业

突出交通枢纽优势，重点发展现代物流业，着力打造区域性现代物流中心。一是加快推进物流园区和货运站场建设，完善物流节点工程。物流园区是货运的枢纽，货运站场是物流的重要节点，两者在现代物流业发展中具有重要的地位。按照《温州市现代物流业发展规划（2014～2020年）》提出的工作进程，落实好政策，加大土地、资金等要素整合力度，充分发挥物流园区投资主体的积极性，加快推进物流园区建设，尽早形成物流业发展强有力的支撑平台。二是加快温州港深水码头建设，打造综合型港口。加快建设深水泊位。强化“以港兴市、以港强市”意识，充分发挥温州港作用。积极推进公路与港口、铁路货运枢纽、机场、大型物流园区的衔接。要把温州港建设成浙南闽东地区及腹地地区的物流中心，就必须使温州港具有满足国际大型集装箱船舶全天候进出要求的泊位。因此，要加快对乐清湾、洞头岛屿深水泊位的建设，加大对现有泊位的改造和升级。三是建设先进的港口公共仓储设施。目前温州港仓储功能相对单一，与综合的、能动的可提供加工、配送、分拨物资服务的先进公共仓储设施存在不小的差距，提供增值服务能力有限。

（四）加快改造提升专业市场

一是推进市场集群建设。通过新建、整合、搬迁、关停等方式，逐步引导主城区专业市场向城市外圈转移，推进市场集群建设。二是完善市场整体配套功能。完善仓储、货运代理、物流配送、交通运输等各类配套设施服务。促进专业市场与各类产业集聚区、物流园区、电子商务园区的融合互动发展。三是健全市场监督机制。加强对市场准入与运作的规范化管理，加强对经营户的管理和教育，坚决打击和杜绝假冒伪劣商品和市场欺诈行为，保护消费者合法利益，维护市场公平竞争。

（五）以“三新”经济为服务业发展注入新动力

经过几年的快速增长，温州市的服务业经济总量、占GDP比重持续攀升，但支撑服务业发展的批发零售业、房地产业、金融业等面临一定压力。一是要以当前快速发展的服务业新兴产业、新型业态、新商业模式为契机，加大服务业创业创新扶持力度，出台配套扶持政策。二是抓住当前政府部门推进产业创新、机器换人等机遇，促进“互联网+”、网络经济、城市商业体及文化创意产业、信息软件产业的发展。三是努力突破温州市当前以批发零售业、房地产业等传统行业为重点的服务业结构模式，为服务业发展注入新动力。

（六）大力发展养老服务业

一是深化全国养老服务业综合改革试点。健全健康养老服务体系，结合良好自然条件和丰富旅游资源，发展养老养生服务业。二是提供适合老年人的教育、文娱、医疗、理财和保险服务。以“瓯海生命健康小镇”为核心，打造浙南闽东区域性养老养生和医疗保健服务业中心。三是支持社会资本举办养老服务机构。努力建设以养老服务为中心，集护理康复、个性化健康检测评估、健康保健咨询等为一体的养老服务机构。

（七）着力打造旅游休闲名城

要大力发展旅游休闲产业，以旅游业带动消费市场发展。在全市“一北一南”组成以山水海和山海林为特色的两个旅游“金三角”。“一北”包括北雁荡山的峰峦、楠溪江的溪流和洞头岛的海色；“一南”包括南雁山的洞壑、南麂岛的波涛和乌岩岭的古林。另有百丈漈、江心屿、梅雨潭等景点享誉海内外。一是加大旅游配套设施建设，延长旅游产业链。未来温州市急需加大旅游配套设施建设，以休闲游为龙头，带动住宿、餐饮、购物等旅游的二次消费。旅游局调查数据显示，2015 年温州市接待过夜游客仅占全市游客总量的 7.5%，仍有较大提升空间。二是加快产业融合，开发新型旅游产品。大力推进旅游与文化、农业、体育、医疗、工业、教育等产业的融合发展，重点加大商业、休闲、健康、探险等旅游新产品、新业态的开发力度，紧紧抓住全省特色小镇建设契机，积极做好旅游特色小镇规划与申报，争取政策支持，实现旅游产品创新发展。三是优化旅游产业布局。加快实施乐清雁荡山和永嘉楠溪江跨区域旅游一体化，打造“中国山水诗故里”品牌景区。推动平阳、文成、泰顺、苍南融入浙皖闽赣“国家东部生态旅游实验区”建设。利用文成、泰顺国家主体功能区、省级旅游度假区和生态旅游示范区等优势条件，积极争创环飞云湖流域国家公园。优化鹿城、龙湾、瓯海、瑞安等地的都市旅游功能，支持发展时尚消费、滨水旅游、月色休闲等特色旅游业态，推进洞头旅游休闲岛建设。

B.6 温州市外经贸形势分析与展望（2015 ~2016）

林 俐　耿 颖　翟金帅*

摘　要：　2015 年，温州市对外经贸运行总体平稳，出口“高开低走企稳”，引进外资完成上级下达的指标，对外投资快速发展。作为“十三五”开局之年的 2016 年，我们初步预测，温州对外贸易将继续平稳运行，引进外资方面在政策调整下或有增长，对外投资快速增长。最后，结合本市的实际情况，本文提出相关的政策建议。

关键词：　温州　外经贸

一　温州外经贸发展情况

（一）对外贸易：高开低走企稳

根据杭州海关数据统计，2015 年，温州累计进出口 196.88 亿美元，同比下降 5.25%，其中出口累计 173.25 亿美元，同比下降 6.59%；进口累计 23.63 亿美元，同比增长 5.95%，增幅分别居全省第 9 位、第 10 位、第 2 位。全年的出口贸易走势是“高开低走企稳”。2015 年 1 ~2 月，总体是高开的，2 月出现大幅增长，3 ~7 月保持低走，尤其是 3 月出现大幅下降，同比下降

* 林俐，温州大学商学院，教授，副院长，研究方向为区域开放与企业国际化；耿颖、翟金帅，温州大学商学院硕士研究生。

43.69%，8 ~12 月逐渐企稳，到 12 月，温州当月出口转负为正。12 月当月，温州进出口 18.9 亿美元，同比增长 5.85%。其中，出口 17.19 亿美元，同比增长 10.64%；进口 1.71 亿美元，同比下降 25.94%（见图 1）。

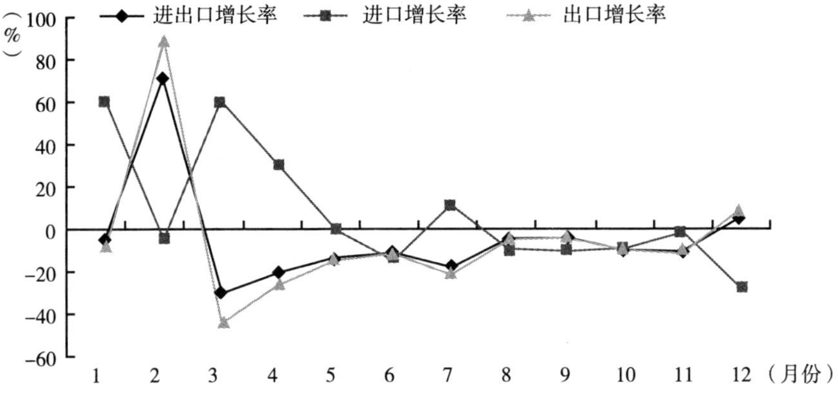

图 1　2015 年温州进出口增长率

资料来源：根据杭州海关数据计算整理所得，http：//hangzhou.customs.gov.cn。

横向比较看，2015 年，浙江省累计进出口 21566.2 亿元，同比下降 1.1%（全国下降 7%）。其中出口 17174.2 亿元，增长 2.3%（全国下降 1.8%），增速在沿海各外贸大省（市）中保持明显优势，领先居第二位的广东 1.5 个百分点；进口 4392 亿元，下降 12.5%（全国下降 13.2%），降幅连续 3 个月收窄，进出口增速均快于全国平均水平。出口贸易方面，全省 11 个市（地区）中有 5 个市（地区）出现不同程度的同比下降，其中温州降幅居全省第二；进口贸易方面，9 个市（地区）出现了不同程度的同比下降（其中绍兴市降幅最大），温州进口贸易有所增长，涨幅仅次于湖州，居全省第二位（见图 2）。

1. 出口商品结构

出口商品结构分化明显，部分商品出口持续向好。2015 年，温州主要出口商品累计出口 131.72 亿美元，同比下降 8.41%。一方面，主要出口商品中出口份额较大的鞋类、服装及衣着附件，通断及保护电路装置，纺织纱线，织物及制品，汽车零件等商品 12 月当月出口分别同比增长 8.12%、9.65%、4.97%、13.93%、8.40%，但全年累计出口仍低于上年同期，降幅分别为

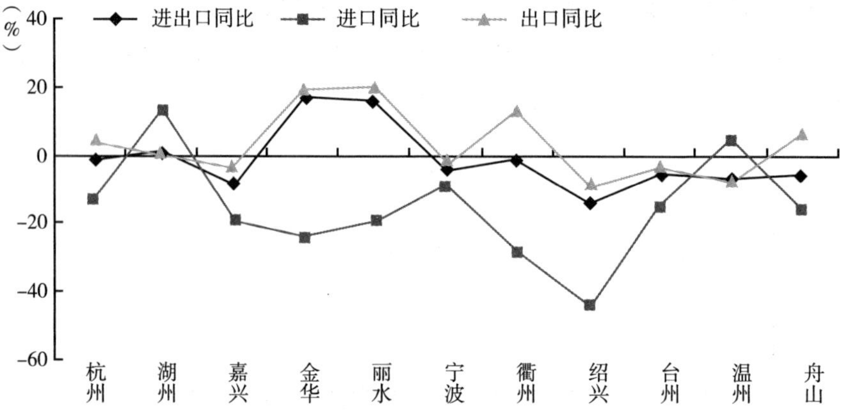

图2　2015 年浙江省 11 地市进出口增长率走势

资料来源：根据杭州海关数据计算 http：//hangzhou. customs. gov. cn 整理所得。

11. 06% 、16. 35% 、1. 24% 、6. 61% 、0. 17% 。另一方面，眼镜及其零件、医疗仪器及器械、床垫及类似品等商品出口 2015 年以来持续向好，全年累计出口分别增长 4. 32% 、6. 51% 、44. 69% 。

2. 贸易市场

欧美日市场冷暖不一，新兴市场稳定增长。受“一带一路”国家战略的利好刺激，2015 年温州对新兴市场出口向好。对东盟、东南亚、南亚国家出口实现增长。对东盟出口 11. 84 亿美元，同比增长 3. 93% ；对“一带一路”沿线的东南亚国家出口 12. 33 亿美元，同比增长 4. 02% ；对沿线的南亚国家出口 9. 55 亿美元，同比增长 14. 87% 。对欧、美、日等市场的出口出现分化，对美国、英国、墨西哥等出口增长，分别增长 5% 、13. 31% 、3. 44% ；对欧洲、俄罗斯、韩国、日本出口分别下降 15. 05% 、33. 07% 、14. 65% 、4. 86% 。对中国澳门、台湾地区的出口分别为 928 万美元、11405 万美元，分别同比增长 7. 28% 、8. 78% 。

3. 贸易主体

民营企业保持主力军地位，进出口增长出现微弱下调，国有企业和外资企业进出口下行压力较大，进出口值和所占比重均有不小的下滑幅度。2015 年，温州市民营企业进出口值 148. 88 亿美元，同比下降 5. 27% ，占同期全市外贸进出口总值的 75. 62% ；国有企业进出口值为 12. 15 亿美元，同比下降

26.54%，占同期全市外贸进出口总值的6%，相比2014年占比下降2.5个百分点；外资企业进出口值为15.84亿美元，同比下降13.16%，占同期全市外贸进出口总值的8%，相比2014年占比下降1.6个百分点。

（二）引进外资：先抑后扬

2015年以来，全市商务系统紧紧围绕年度外资目标任务，进一步加大招商引资力度，实际利用外资取得较好的成绩，圆满完成省、市下达的目标任务。从全年走势看，呈现“先抑后扬”态势。2015年前三季度，因各种原因，全市仅完成省下达年度外资任务的不足一半，新批项目24个，同比减少4%；合同外资17030万美元，同比减少26.11%；实际利用外资10067万美元，同比减少70.82%。第四季度，在严峻的形势面前，全市上下努力追赶，加快落实前期意向项目，最终顺利完成省下达年度任务的100.4%。全市新批外商投资企业44家，合同外资29782万美元，实际利用外资30123万美元，总投资在1000万美元以上的项目达13个，合同外资在500万美元以上的项目达9个。具体可以从以下三方面分析。

一是从投资来源看，香港、投资性公司依然是温州外资的主要来源，德国成为温州外资来源的生力军。香港、投资性公司、德国实际到资总额28090万美元，占全市总数的93.25%。其中实际利用港资15590万美元，实际利用投资性公司投资9143万美元、实际利用德资3357万美元，分别占全市总数的51.8%、30.4%、11.1%。

二是从投资产业看，第三产业项目实际利用外资占主导地位。第二产业、第三产业项目实际利用外资分别为10112万美元、19986万美元，分别占全市总数的33.6%、66.3%。其中，第三产业项目以水利环境和公共设施管理业、房地产业、批发零售业为主，实际到资分别为14273万美元、1921万美元、1561万美元，分别占第三产业项目实际到资总额的比重为71.4%、9.6%、7.8%。

三是从投资区域看，鹿城、苍南、平阳、经济开发区利用外资所占比重较大。2015年，鹿城区实际到资14634万美元，占全市总数的48.6%；苍南县实际到资3264万美元，占全市总数的10.8%；平阳县实际到资2092万美元，占全市总数的6.9%；温州市经济开发区实际到资4783万美元，占全市总数的 15.9%，鹿城、苍南、平阳、经济开发区均超额完成了年度任务。文成县实际到资 200 万美元，也超额完成了年度任务。乐清市、瑞安市、龙湾区、瓯海区、永嘉县实际到资分别为 1921 万美元、1168 万美元、977 万美元、737 万美元、347 万美元，合计 5150 万美元，占总数的 17.1%。

（三）境外投资：加快布局“一带一路”沿线

受“一带一路”国家战略的利好刺激，2015 年温州市境外投资步伐明显加快。2015 年以来，温州市新批境外投资项目 22 个，增资项目 2 个，对外投资总额达 9.4 亿美元，不仅超额完成全年目标任务，更是超过历年对外投资额总和。其中，17 个项目位于“一带一路”沿线，主要涉及制造业、房地产业、贸易批发等行业，分布在荷兰、土耳其、意大利、印度尼西亚、乌兹别克斯坦等国家和地区。温企布局“一带一路”，成为拉动温州境外投资快速增长的有力引擎，对外投资合作驶入快车道，境外投资形势向好。2015 年正式获批的青山钢铁投资印度尼西亚镍铁冶炼项目总投资额 8.2 亿美元，中方投资额 7.7 亿美元，实现温州市超 5 亿美元特大境外投资项目零的突破。乌兹别克斯坦鹏盛工业园正式申报国家级园区，塞尔维亚商贸物流园启动境外跨境电商海外仓储基地项目建设，成为浙江省首个商贸物流园区项目。此外，海外并购同样是温州境外投资的新亮点。2015 年温州共有 4 个并购项目，涉及销售渠道、渔业捕捞并购等。例如，森马服饰在韩国投资 1876 万美元，收购韩国电商 ISE，扩充线上销售渠道，是温州海外并购形式的一次创新。奥康集团收购我国跨境电商平台的领头羊兰亭集势，实现了线上线下、境内境外、出口进口的全面布局。

二 温州外经贸发展的现存问题

在“十二五”的收官之年 2015 年，6.9% 的经济增速表明我国经济步入新常态。在“十三五”的开局之年 2016 年，复杂的国内外经济形势和经济下行压力依然存在。作为市场经济先发早发地区，温州在较早享受市场红利的同时也提前迎来发展困境，传统竞争优势弱化，出口企业竞争力削弱，转型升级迫在眉睫。此外，国际经济形势颓势仍存，经济增速放缓，全球复苏之路崎岖不平。严峻的国内外经济形势对温州外经贸的发展产生诸多不利影响，具体表现如下。

（一）国际市场需求不足

全球经济复苏依旧乏力，受美联储加息、欧元区主权债务危机后的通货紧缩风险、日本“安倍经济”动力衰退、其他发达国家受制于大宗商品价格走低等因素的影响，发达经济体步履艰辛，与此相对应的是新兴经济体的增速也有所放缓，经济转型正在进行。2015 年全球货物贸易增速为 2.5%，低于 3.1% 的全球经济增速，短时间内国际贸易难有起色。同时，低迷的市场需求助长了一些国家的贸易保护主义，又进一步加剧了国际贸易的不利局面。2015 年华交会、广交会等重要展会到会采购商和成交量呈双降态势，温州外贸企业同样遇冷，出口订单景气指数和出口信心指数双双下滑。

（二）传统商品出口有所下降

出口贸易是拉动经济发展的主要动力，但是温州外贸出口商品主要为劳动密集型产品，以鞋类、服装等低附加值产品出口为代表，品牌竞争优势不足，技术含量不高，利润空间狭小，而且市场需求的波动因素不断增多。此外，受 TPP 协定的影响，中国的传统商品出口市场将收窄，沿线国家如越南会得到更多的出口订单，其传统产业的竞争优势会不断加强。而温州出口产品构成中约一半是劳动密集型产品，TPP 协定无疑会强力倒逼温州调整商品出口结构，温州短时间内的阵痛感明显。同时，国内的产业梯度转移也给温州的外贸发展带来了竞争压力，外贸企业的订单量将进一步缩减。

（三）引进外资动力不足

除了明显的区位劣势和相对落后的交通条件等，温州固有的产业结构也在一定程度上对外资引进产生影响。劳动密集型产业是温州的支柱产业，而以轻工产品为主导的产业结构制约了引进外资的规模，外商投资意愿不强。开发区利用外资的主平台作用仍未有效发挥，实到外资偏少。同时家族式的企业管理模式使温州本土企业家对引进外资的积极作用尚未形成共识。此外受土地价格因素制约，具有带动性的外资项目如医乐园、时尚新天地、汽车城等进展缓慢。

（四）对外投资困难重重

虽然温企对外投资热度有增无减，但仍面临地方扶持政策力度不足、国际化人才缺乏以及融资难等问题。境外投资造成资金流出，对本地的经济没有拉动作用，因而地方对于对外投资的政策扶持力度仍显不足；作为一项复杂的系统工程，跨国经营涉及国际投资、国际金融、国际会计、国家法规惯例以及东道国的政治法律、社会制度、文化风俗等许多领域的知识，温企大多缺乏此类人才，以致其在跨国投资经营过程中经常处于被动地位；金融机构的服务和产品单调、境外资产担保机制不健全使温州民营企业存在融资难问题，也限制了温州企业“走出去”的产品升级和模式创新。

三　2016年温州外经贸发展态势预测与政策建议

根据发布的商务部《2016 年中国对外贸易发展态势分析》，2016 年全球贸易缓慢增长的局面预计很难得到彻底的改变，当前世界经济存在的最严重的问题仍然是缺乏新的强劲增长点，全球劳动生产率增长缓慢且增长速度一直在下降，经济的潜在增长率也在不断跌落。在此前提下，政府出台一系列政策，转变经济发展方式，培育新的竞争优势，使外贸顺利渡过转型升级关键期，这些都将对温州未来外经贸发展产生积极的影响。然而出口转型并非一朝一夕的事，需要稳步转变，打实基础，同时 TPP 协定中相互实行低关税或零关税及严格的原产地规则等要求的落实，也将给温州外贸经济造成一定的压力，据此我们预计：2016 年温州外经贸将在继续保持稳步发展的基础上有所增长，吸引外资在 2015 年基础上或有回升，境外投资将继续保持良好态势。为完成以上目标，对策建议如下。

（一）对外贸易

1. 推进开发新市场，扩大国际份额

政府要研究出台新的促进措施，巩固和扩大国际市场份额。针对具体问题采取综合性措施，在继续发展美日欧等传统市场的基础上，鼓励新兴市场的开拓。不断完善进口工作，降低进口难度，扩大进口来源，不断提高能源资源、

高新技术设施、核心零部件和消费品在总进口中所占的比重。举办国内外进口商品展览会，组织安排跨境贸易合作。建立政府联保平台，为成长型出口企业保驾护航，鼓励企业联合走出去，加大企业在国际市场上的竞争力。优化通关服务、退税服务，联动推进跨境贸易人民币结算。

2. 加强出口企业品牌建设，提升产品附加值

制定和完善相关的法律法规，提高企业研发的积极性，推动细节方面政策的落实，提高企业自主创新的能力和信心；设立企业发展基金项目，发挥政府资金、政策的引导作用；推进企业品牌建设的进一步发展，充分挖掘国家级与省级出口基地产业与政策优势，做实做强出口基地，发挥出口基地的出口带动与积聚作用；通过加大对国际技术认证、境外商标注册和高端生产设备、技术和紧缺原材料进口的支持力度，引导企业创建自有出口品牌，并组织企业积极逐级申报高层次出口名牌。

3. 创新营销模式，大力发展跨境电商

电子商务是一个正在逐渐崛起的经济增长点，也是对外经贸未来发展的重要趋势所在，必须要引起重视。具体而言，继续推进跨境电子商务综合改革的试点工作，向专业领域人才咨询促进跨境电子商务发展的可行性意见和建议。要利用跨境电子商务示范平台培养和带动一批龙头企业，为温州企业参与跨境电商提供具有可操作性的指导。引导成立一批综合性的外贸服务企业，不断提高它们在通关、物流、退税、金融、保险等领域的综合能力。注重信息基础设施的完善，充分利用云计算、大数据、物联网等高新技术，提高跨境电商的效率和安全保障。

（二）引进外资

1. 多元吸引外资，改善源头渠道

继续利用港澳台等传统外贸来源，同时重点开拓两个新区域：一是日韩市场，利用中韩签署自贸协定以及日本向外转移高端技术的机遇，鼓励广大企业引进日韩高端制造、电子产品研发等先进技术并力争发展合作业务。二是欧美市场，利用好当前欧美经济复苏的局势，不断扩大对外宣传力度，努力引进高新技术产业，发展高端技术产业项目，同时利用欧美大型跨国公司在世界经济中的影响力，吸引其他国家和地区的投资，扩大可利用外资的选择范围和提高

可利用外资的质量。

2. 加强政府引导，促进优选外资

建设招商选资信息互通平台，明确各责任单位招商工作分管领导，落实信息源，及时汇总招商信息；积极着力引进境外优质资本投资现代服务业和全市重点支持的其他产业，进一步发挥境外先进技术、管理模式和高层次人才在全市转型升级中的积极作用；加快温州与韩国等区域的经贸合作，促使有益于温州产业转型升级的外资项目尽快落地；坚持全市招商引资“一盘棋”，紧盯“温商领头雁”，充分发挥温州商会的影响力和号召力，将招商引资精确到点对点，不断促进贸易、总部和高端项目三者的回归。

3. 拓宽外资领域，平衡产业分布

拓宽外资领域，加大外资在第一、三产业中的投资比重。一是提高现代农业的引资力度，以当前农村土地实行“三权确立”改革为契机，推进扩大招商引资，组织农业产业的规模化经营，实现农业现代化，积极引进外资建设一批农业产业化项目；二是提升服务业的引资力度，重点引进有利于现代化服务业发展的外资，并将此作为优化外资结构的关键步骤。根据当前出台的服务业发展规划细则，鼓励外资投入服务外包业、现代物流业、电子信息产业、零售批发业等服务业领域，促进现代服务业主体的培育与发展。

（三）境外投资

1. 紧抓战略利好，推动温企“走出去”

积极参与“一带一路”、长江经济带等国家战略，加快温州立体交通建设，对接“义新欧”铁路线，提升港口国际航运能力，加大空港覆盖范围和航运频率，打好温州联动世界的交通基础。利用海内外温州人资源，在境内外共拓市场；进一步推动温州企业“走出去”，在“一带一路”沿线国家布局产业基地、商业园区，强化“抱团”发展模式，发挥资本集群优势；充分整合利用海内外温州人资源，广泛联系海外的温州商会、行业协会等组织，建立起庞大的温州资源网络。

2. 鼓励主体创新，实现对外投资多元化

加强政策研究，一方面关注生产型实体企业发展，避免产业空心化；另一方面，注重培育新型产业，寻找竞争新优势。引导企业海外投资由制造向研发和市场销售两端延伸，打造国际供应链，力争画出一道“微笑曲线”；抓住跨境电子商务发展的契机，发挥产业优势，在收购或投资境外电商方面取得更大进展，打造跨境电子商务示范城市；同时加快个人境外直接投资试点审批，实现个人境外直接投资管理便利化，促进投资项目、投资方式和投资渠道的多元化。

3. 加强平台建设，促进双向信息沟通

政府牵头组建境外投资信息综合平台，及时更新发布国内外经济动态、境外国别政策、投资信息，为企业“走出去”提供良好的信息平台；建立境外投资的金融服务平台，切实帮助企业解决融资难问题；推进境外营销平台建设，对接南非浙江商会、南非非洲集团，完善南非温州商品城项目。此外，要重视外贸风险监测预警机制的建设，对境外投资地区的综合投资态势进行动态评估，并完善风险系统防控的实施预案，以确保温州境外资产和人员的安全。

B.7
温州市固定资产投资分析与展望（2015~2016）

孙福国　邹向阳　虞臣肖*

摘　要： 2015年温州市固定资产投资总体上延续前两年的增长态势，总量稳定增长、增速有所回落，增速位列浙江省第三位。2016年由于经济增长将延续“减速换挡”的态势，政府性投资支撑作用减弱、要素保障压力加大、PPP项目推进困难等成为温州市固定资产投资面临的问题。建议投资安排考虑：一是三年超万亿投资目标，二是防止投资过快下滑，三是与优化投资结构相衔接。

关键词： 固定资产投资　有效投资　经济增长

2015年以来，温州市认真贯彻落实全省扩大有效投资暨重点建设推进大会精神，深入实施“温州赶超发展三年超万亿投资计划”，狠抓项目开工和督查推进工作，切实把扩大有效投资作为全市“八大攻坚”的重中之重，加快推进一批重大基础设施和民生项目。全市固定资产投资总体上延续前两年的增长态势，增速位列全省前三。

一　固定资产投资运行情况

（一）投资呈现量增速减态势

2015年1~12月，全市完成固定资产投资3456.4亿元，完成年度投资计

* 孙福国，温州市发改委投资处处长；邹向阳，温州市发改委投资处副处长；虞臣肖，温州市发改委投资处副主任科员。

划的 101.06%（完成年度投资分解任务的 98.75%）①，同比增长 13.2%，增速较上年回落 3.4 个百分点，为近 5 年来最低。由于全省投资增速普遍放缓，温州市增速与全省增速持平，同嘉兴并列全省第 3 位，次于舟山和金华（见图 1、图 2）。

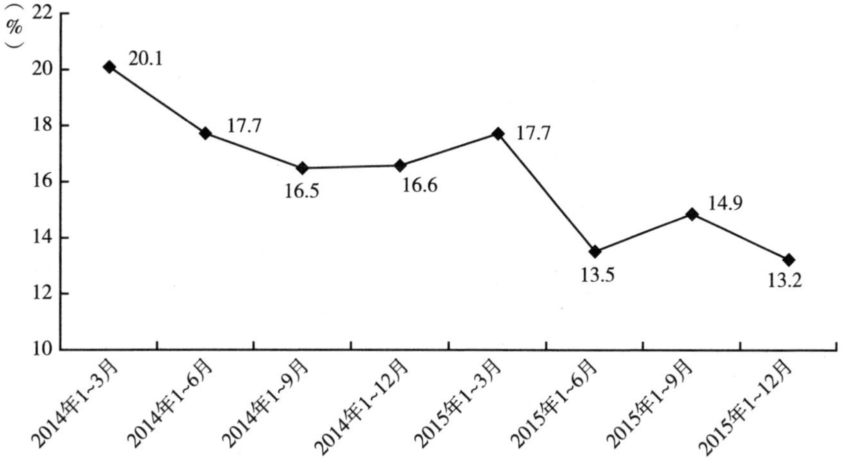

图 1　2014 ~ 2015 年温州市固定资产投资增速变化情况

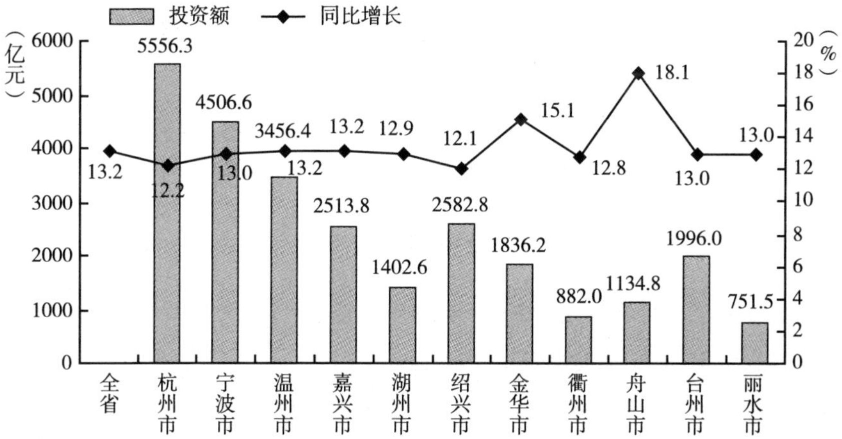

图 2　2015 年全省各地投资情况

① 2015 年全市年度投资计划数为 3420 亿元，年度投资分解任务数为 3500 亿元。

（二）第二、第三产业齐头并进

从产业投资结构看，2015 年第二、第三产业分别完成投资 905.2 亿元、2442.5 亿元，同比增长 19.1%、10.6%。其中，工业投资完成 886.8 亿元，同比增长 18.1%，工业技改完成投资 672 亿元，同比增长 24%。第三产业尽管整体增速低于固定资产投资增速 2.6 个百分点，但扣除房地产外共完成投资 1676.2 亿元，同比增长 19.8%，高于固定资产投资增速 6.6 个百分点，对全市投资增长贡献率达到 68.6%，仍是增长的主要动力。

（三）民间投资回升态势明显

1～12 月，全市民间投资 2230.4 亿元，占全部固定资产投资比重为 64.5%，占比较上年同期提高 1.9 个百分点。民间投资各领域呈现新变化。项目投资增势强劲，全年共完成投资 1503 亿元，同比增长 29.4%。基础设施领域完成投资 206.3 亿元，同比增长高达 55.1%，其中水利、交通运输、教育、文化等领域完成投资同比分别增长 75.4%、33.5%、78.1%、51.8%。房地产领域对民资的吸引力有所减退，房地产领域民间投资共 727.3 亿元，同比下降 3 个百分点。

二　2015年投资运行值得关注的问题

总体上 2015 年温州市固定资产投资呈现平稳增长态势，和全市经济增长速度相匹配，在全省排名靠前，但仍存在一些需要重点关注的问题。

（一）缺乏大项目支撑，投资后劲不足

一是新开工大项目减少。2015 年新开工总投资 1 亿～10 亿元的项目 185 个，完成投资 183.75 亿元，较上年同期减少 21.7%；计划总投资 10 亿元以上项目仅 14 个，完成投资 42.45 亿元，较上年同期减少 28.5%。二是各地普遍缺乏产业类大项目。目前，各地总投资较大的项目基本是以政府性投资为主的基础设施类项目，社会投资的产业类大项目较为缺乏。以经开区为例，目前温州超 20 亿元的重大项目，特别是装备制造业项目相比省内兄弟城市严重缺乏。三是企业项目落地难。企业观望态度越发强烈，不少大项目推进滞后。省重大

产业项目库部分项目开工意愿较弱，出现开工后停工现象。温州市列入年省重大产业项目计划的平阳县年产 5000 吨纳米银塑料项目、年产 250 万平方米光学膜生产基地建设项目、浙江纵横新创投资集团浙闽台现代商贸服务业产业基地项目等至今仍未开工。

（二）投资要素面临的保障压力较大

一是资金压力突出。经初步梳理，市、区两级（不含经开区）共有实施类政府投资项目 648 个，项目总投资 4312.06 亿元，项目资本金总计 1810.62 亿元。对应项目工期（3 年内）未到位的项目资本金需求（含财政全额拨款）为 1309.39 亿元，其中市级财政需出资和保障出资 233.27 亿元，区级财政需出资和配套出资 557.68 亿元，项目自筹出资 518.44 亿元。而在国发 43 号文件出台后，地方政府举债投资的传统模式已越走越难，但 PPP 等新型投融资模式仍处于探索之中，同时，土地出让收入大幅下降，后续政府投资项目面临的资金压力较大。二是用地指标供需矛盾突出。2015 年市重点项目计划年需农转用土地指标 30697.2 亩，其中需省解决农转用土地指标 28667.6 亩，市解决农转用土地指标 1244.8 亩，县解决农转用土地指标 784.8 亩。如竹桥养生养老健康城项目、传化公路港（一期）、温州市域铁路 S2 线一期工程等项目土地指标均未落实。三是耕地占补平衡问题突出。根据目前“占优补优、占水补水”政策，温州市许多项目无法报批和落地，即使落地项目成本也大幅提高。四是政策处理难度大。如苍南雾城旅游度假一期工程、甬台温高速公路复线、瓯江治理工程（永嘉段）、浙闽台现代商贸服务业产业基地等省“411”项目，都是由于征地拆迁等政策处理困难造成项目进度缓慢。

（三）房地产下行压力依然较大

一是投资增速由正转负。2015 年，房地产开发投资呈持续下行态势。1 ~ 12 月，全市房地产开发投资 766.3 亿元，增幅由上年同期的 10.1% 降至 -5.3%，较 2014 年上半年、前三季度分别下降 5 个、2.4 个百分点，是除 2013 年外近 8 年来房地产开发投资又一次负增长。房地产开发投资占全部投资比重从上年同期的 26.5% 降至 22.2%，降幅达 4.3 个百分点。其中，一季度住宅投资 518.51 亿元，同比下降 6.0%。二是房地产开发商投资意愿降低。1 ~ 12 月，全市房地产开发企业土地购置面积88.23万平方米，同比下降39.9%，建设用地费同比下降28.1%。三是房地产后市仍存在下行压力。根据国家统计局对70个大中城市房价监测，2015年温州新建住宅价格稳中略升，12月新建商品住宅价格指数和二手住宅价格指数同比分别上涨1.8%和1.6%，房地产新政效果开始显现，全年温州销售商品房43591套，同比上升8.17%；建筑面积526.09万平方米，同比上升19.32%，房地产市场总体呈现“价稳量放”态势。但随着政策效应的逐渐消退，后市仍不明朗，下行压力依然存在。

三 2016年固定资产投资展望

2016年是温州实施“赶超发展三年超万亿投资计划”的最后一年，也是“十三五”的开局之年，经济发展进入新常态的特征更为明显，经济增长将延续“减速换挡”的态势，投资形势也随之出现深刻调整和重大变化。

2016年，经济增长动力和下行压力并存的局面将进一步延续，全球经济虽在缓慢复苏，但国际金融市场依然动荡，美国经济虽有好转，但是欧洲及日本经济增长缓慢，通缩压力较大，经济持续复苏仍面临不少制约因素，欧洲还面临着难民潮等诸多问题，全球经济面临的不确定性较大，外部需求增长乏力。国内经济发展虽然从中长期来看向好，但短期仍处在“三期叠加”的阵痛时期，去产能、去杠杆、去泡沫任务艰巨，产业结构调整和转型升级还未完成。国内房地产市场需求增长逐年放缓，去库存压力较大，对经济构成改善和政府收入提高造成较大压力。从温州市看，经济运行的突出矛盾和重点问题仍然存在，市场需求和企业投资信心不足，金融风险仍未消除，“两链”风险化解、信用体系重建任务艰巨。传统制造业仍面临经营困境，产能过剩、劳动力成本上涨、出口市场萎缩等将进一步压缩企业利润，影响企业投资意愿。但随着全面深化改革的加快推进，特别是温州民营经济优势的发挥，借助“大众创业、万众创新”东风，为转型赶超发展提供动力、释放红利。

（一）面临的挑战与风险

1. 政府性投资支撑作用减弱

在2016年市级政府投资项目计划申报工作中，各单位上报的2016年度实施项目 417 个，较上年减少 48 个。计划投资自报数 371.4 亿元，较 2015 年减少 82.9 亿元。续建项目、新开工项目与前期项目从项目数量和投资计划上都有不同程度降低，续建项目 281 个，较上年减少 7 个，年度计划投资 282.6 亿元，较上年减少 110.9 亿元，减少近三成；新开工项目 136 个，较上年减少 41 个，数量减少 23.2%，年度计划投资 88.8 亿元，较上年减少 4.2 亿元；前期项目 102 个，较上年减少 45 个，减少三成多。13 家市级国资公司实施类项目 240 个，“二报”计划数 219.7 亿元，较 2015 年减少 40 亿元，同比减少 15.4%。

2. 要素保障压力加大

用地方面，十大重点领域项目新增用地需求超过 6 万亩，其中能源、水利、交通等重大基础设施用地需求 3.5 万亩可通过省重点工程解决，其余 2.5 万亩城建、产业用地需通过省分解下达指标、低效用地再开发等途径解决。目前，温州市交投集团的甬台温高速公路复线温州灵昆至阁巷段、温州瑞安至苍南段、龙丽温高速公路文成至瑞安段工程以及温州绕城高速公路北线二期等项目用地指标尚未落实，项目无法全面动工，影响项目进度。资金方面，受收入来源、债务率等条件限制，政府性项目融资压力增大，政府性项目融资需求和政府财力不匹配矛盾突出。温州市政府对国资公司进行分类监管，将负债率列为对国资公司考核的重要内容，加大了国资公司融资压力。122 个市级财政出资项目，申报 2016 年财政资金需求 100 亿元，而市财政初步安排资金 18.2 亿元，缺口约 82 亿元。

3. PPP 项目推进困难

为缓解政府项目融资压力，温州市积极探索 PPP 模式，取得了较大突破，瓯江口市政一期、中心片污水处理厂等一批重大项目引入社会资本，有效推进了温州市的城市发展。但由于 PPP 模式是一种新型模式，在理论和实践中还处于缓慢完善和推进过程中，面临着诸如盈利预期好的项目民资抢着做、国企不肯放和缺乏盈利空间的项目“大声吆喝”却无人问津的两难境地。相当多的项目因为前期工作尚未完成，无法开展招商洽谈工作。如温州机场枢纽交通中心及公用配套工程（含 S1、S2 机场段）最终决定放弃采用 PPP 模式。

（二）2016年投资计划安排

2016 年固定资产投资计划安排总体上要突出投资可持续性，注重稳步增长，突出投资有效性，注重项目建设。在计划安排总体思路上，一是要考虑“温州赶超发展三年超万亿投资计划”的顺利实施，按2015年完成投资3440亿元测算，2016年全市投资只需完成3510亿元，即可实现三年超万亿目标；二是与经济增长放缓的新常态相适应，防止投资过快下滑，仍需保持适当的投资增长以支撑经济平缓持续增长；三是与优化投资结构相衔接，在“三产超二产”格局形成的情况下，加大对工业企业的帮扶力度，特别是在高新技术产业和战略性新兴产业领域，要培育一批拿得出、叫得响的龙头企业，工业投资占比力争达到全省平均水平。在投资总量上，投资计划以2015年实际完成数为基数，按增长10%以上，预计绝对额在3780亿元左右。从主要领域来看，基础设施投资计划增长12%左右，完成投资1180亿元；工业投资计划增长10%左右，完成投资950亿元；房地产开发投资计划增长5%，完成投资850亿元。从结构调整来看，民间投资占比和工业投资占比不再下达计划目标，而是通过科学设置考核办法来加以引导。完善工作机制，推进重大项目建设。

（三）扩大有效投资对策建议

1. 全力打造“温州制造”升级版

振兴实体经济仍将是2016年扩大有效投资的重要内容。要继续加大科技投入，打造智能制造型工业，提高劳动附加值。启动温州浙南科技城建设工作，举全市之力建设浙南科技城，以“一年启动、三年初见成效、五年基本成型、八年争取建成”的进度，打造全省具有较大影响力和竞争力的科技创新平台，以创新发展推动转型发展。以工业技改为抓手，加大对“机器换人”优惠政策的宣传强度和落实力度，大力推广传统产业“机器换人”过程中出现的优秀成果，建设一批智能制造样板工程。促进工业与服务业融合，加速向服务型制造转变。引导工业企业积极运用互联网思维，利用“大数据”，促进工业的智慧化和服务化，重视与电子商务的结合，鼓励企业采用第三方平台及自建、外包等模式开展电子商务营销，充分利用好当前互联网线上经济井喷式发展的契机。

2. 强化项目建设推进机制

加强综合协调。继续实施项目建设重大问题分级协调机制，对项目推进中遇到的问题，特别是征地拆迁及政策处理等难题，由温州市政府分管领导每周协调，市委、市政府主要领导每月协调，各地各部门也对涉及本地本部门的问题加强协调，形成上下联动的工作局面。通报排名。按月定期将各县（市、区）、市级功能区和市级国资公司投资任务完成情况在市主要媒体上发布，并向市四套班子领导、市相关部门通报，加强有关地区和单位的紧迫感和责任感，在全市范围内形成“比学赶超”的竞争氛围。领导约谈。温州市委、市政府主要领导负责对投资及项目建设推进缓慢的县（市、区）、市级功能区、市级国资公司主要负责人和分管市政府领导进行约谈，有关工作涉及谁，就由谁负责到底，形成层层传导的压力链。检查督促。重点对投资进展缓慢的县（市、区）、市级功能区、市级国资公司和应开工未开工重大项目进行督查，要求报告原因、落实责任人、倒排进度计划表，对滞后项目按照“一项目一册”进行跟踪落实，掌握动态情况，并将督查情况作为考核的重要依据。

3. 夯实项目建设要素保障

解决好日益加剧的土地等要素资源制约问题，是推进具体投资项目的关键环节。着力优化增量，把用地保障与重点项目推进结合起来，积极争取省级重大产业项目用地支持，优先支持投资强度大、产出效益好、成长性高、带动性强的好项目、大项目。加快盘活存量、腾出空间，把小微园与城镇化建设结合起来，用好城镇低效用地再开发试点，盘活低效土地；把“转而未供、供而未用”土地清理与项目安排结合起来，提高供地率。创新投融资体制改革。积极探索实施政府和社会资本合作（PPP）项目。进一步理顺和完善 PPP 的实施流程，充分利用在外温商、区域合作等资源渠道推介温州市前两批的 PPP 项目，继续梳理编制温州市 PPP 项目，引导更多社会资本参与公共服务项目建设。

4. 加大重大项目前期谋划储备

紧紧围绕《温州“十三五”重大项目规划》，突出海洋经济、产业集聚区、战略性新兴产业、现代服务业、小城市（中心镇）培育等战略部署，加强前期研究和项目储备，建立和完善重大建设项目储备库，尽早谋划一批事关温州市未来发展的重大项目，尤其是高端产业项目，努力形成建设一批、储备一批、谋划一批的良性格局。加大“国批”“省批”项目的前期工作力度，在合法合规的前提下简化手续、缩短流程。完善招商引资项目服务协调机制，落实重大招商引资项目领导挂钩联系制度，建立健全温商回归重点项目服务员制度。认真做好土地报批、政策处理、招投标等各项准备工作，确保项目早落地、早开工、早建成、早投产。

B.8 温州市金融形势分析与展望（2015～2016）

陈斌杰*

摘　要： 2015年，温州市金融运行较为平稳，金融系统社会融资规模增长加快，信贷投放筑底企稳，全市本外币贷款余额7637亿元，新增253亿元，同比多增178亿元。不良贷款实现双降，截至2015年末，全市不良贷款额、不良率分别为291亿元、3.82%，比年初下降9亿元、0.26个百分点。金融市场投资活跃，货币政策得到有效落实，利率市场化稳步推进。但银行信贷供求结构性矛盾突出，风险防控压力仍然较大。2016年，全市金融机构应沉着应对各种风险和市场不确定性，增加信贷投入，优化信贷结构，保持灵活适度，化解金融风险，进一步提升金融服务实体经济的效率。

关键词： 金融　社会融资　风险防控　温州市

一　2015年温州金融运行基本态势

2015年，温州市社会融资规模增长较快，各主要融资渠道更加均衡；信贷投放显现筑底企稳，但结构性问题仍较突出，对实体经济发展较为不利；全市银行机构不良贷款实现“双降”目标，但风险防控和化解压力仍较大，银行经营压力并未有效缓解。

---

* 陈斌杰，中国人民银行温州市中心支行，经济师。

（一）社会融资规模较大，各渠道融资增长均衡

2015年，全市社会融资规模995亿元，比2014年增加280亿元，增长39%。其中，银行贷款融资（含不良贷款处置）654亿元，比上年增加174亿元；银行表外融资118亿元，比上年增加114亿元；企业直接债务融资137亿元，发行股票融资32亿元，比上年增加15亿元；保险赔付54亿元，比上年增加8亿元。从总量上看，温州市2015年社会融资规模比较充足，逐步接近2011年以前的高位水平，基本能够满足社会需求；且各渠道融资规模均比上年有所增加，融资结构比较均衡。

（二）信贷投放筑底企稳，信贷结构对实体不利

2015年末，全市金融机构本外币各项贷款余额7637亿元，同比增长4.0%，比年初增加253亿元，同比多增178亿元。如果考虑不良贷款处置因素，2015年贷款实际增加654亿元，比上年多增175亿元。在温州市信贷投放连续三年少增（2012～2014年账面新增贷款分别为618亿元、216亿元和75亿元）之后，2015年筑底企稳，同比多增。但是与全省其他地市横向比较看，温州市贷款增量少于杭州、宁波、台州、金华和嘉兴；增速比全省7.1%的平均水平低3.1个百分点，仅快于绍兴与舟山。

投放结构上，新增贷款主要投向个人和政府项目，企业贷款净减少。2015年，全市个人贷款增加316亿元，比上年多增165亿元，其中近七成是个人住房贷款。政府项目贷款增加102亿元，主要用于支持水利设施建设、瓯江口新区建设、城中村改造以及金温铁路改造等基础设施项目。一般企业贷款净减少240亿元，2013年和2014年分别净减少219亿元和255亿元，三年累计减少714亿元。从行业来看，制造业贷款减少309亿元，其中温州十大特色行业减少205亿元；批发零售业贷款减少42亿元。从企业规模来看，中型、小型企业分别减少202亿元和77亿元，大型、微型企业分别增加4亿元和13亿元。可见企业贷款减少的涉及面广，有普遍性。企业贷款减少的主要原因：一是不良贷款处置出表，三年来共处置企业不良贷款约1000亿元，因此贷款减少的结构与产生不良贷款的结构基本上吻合。二是健康的企业主动降低杠杆率，新增信贷有效需求不多。企业贷款

净减少如果成为长期趋势，将不利于温州市实体经济转型升级和供给侧改革。

专栏1　温州市贷款企业的变化情况

对公贷款特别是制造业企业贷款减少，是温州市银行信贷增长乏力的主要原因。根据对征信系统中温州市贷款余额在100万元以上企业的全口径调查，当前温州市贷款企业存在如下变化态势。

贷款企业户数和金额连续下降。2015年底，征信系统显示温州市有贷款的企业（不含个体工商户）共13756户，约占全市企业总数的15%，贷款企业户数连续三年下降，目前户数比2012年历史高点减少21%。2013～2015年，退出贷款的企业分别有2651户、3234户和2562户，分别占当年末贷款企业总户数的15.2%、20.8%和18.6%。三年贷款企业退出贷款金额分别为191亿元、272亿元和210亿元。

同时，贷款新进企业规模急剧萎缩。2011年贷款新进企业户数和金额分别为4509户和316亿元，达到历史峰值；2012年开始逐年下降，2015年萎缩至785户和86亿元，比2014年急剧下降46.1%和56.1%，仅为退出企业户数和金额的30.6%和41.0%。

此外，2015年贷款余额减少的企业户数为9128户，占总贷款户数的66.4%；贷款余额增加的企业户数为3495户，为贷款余额减少企业户数的38.3%。

贷款企业退出的主要原因：一是企业因有效需求下降而主动退出，这是贷款企业退出的最主要因素；二是银行为防范风险要求企业退出贷款；三是贷款企业破产倒闭；四是国有企业地方债置换。

（三）存款增长情况好于往年，企业流动性并未改善

2015年末，全市金融机构本外币各项存款余额9577亿元，同比增长11.0%，比年初增加967亿元，同比多增565亿元。12月单月存款增加364亿元，占全年增量接近四成，年末冲高特征较为明显。剔除2015年存款口径调整影响，2013～2015年存款增量分别为351亿元、214亿元和601亿元，增速

自2012年以来首次超过全省平均水平0.8个百分点，居全省第三位。

存款结构上，住户存款增长较快，非银行金融机构存款增长平稳，政府存款增速放缓，企业存款由下降变为上升。住户存款全年增加392亿元，同比多增260亿元，12月活期存款增长明显加快，调查反映在外温商资金回流时间有所提前。非银行金融机构存款增加367亿元，同比多增60亿元，温州市银行向货币市场基金吸收同业资金增多。广义政府存款增加56亿元，同比少增95亿元，其中财政性存款减少25亿元，机关团体存款增加81亿元。企业存款全年增加141亿元，与2014年减少192亿元相比，增长较为明显。

但企业存款增加并不表明温州市企业流动性有明显改善。企业存款增加的主要原因，一是结构性存款虚增较多。部分企业为赚取结构性理财与票据贴现利差收益，增加结构性存款并进行质押开出票据，造成全市结构性存款增加84亿元。二是部分优质企业直接融资增长较快。2015年全市企业股市及债市融资共169亿元，其中两到三成暂时沉淀为存款。三是近期人民币汇率贬值，外汇掉期业务收益扩大，企业投资性外币存款增加。2015年全市企业外币存款增加54亿元。四是新增贷款派生存款。政府融资平台贷款派生存款较多；个人按揭贷款进入房地产开发企业，使一些房地产开发企业存款增加，据不完全统计，年末房地产企业预售监管账户余额同比增长36%。

（四）不良贷款实现“双降”，化解压力仍然较大

2015年末，全市银行机构账面不良贷款余额291亿元，不良率3.82%，分别比年初下降9亿元和0.26个百分点，实现“双降”目标。目前温州市是省内唯一实现不良贷款“双降”的地区，逐步进入风险消化阶段，金融风险总体可控。关注类贷款余额401亿元，占比为5.25%，比年初降低77亿元和1.26个百分点，也反映了风险形势总体上是筑底企稳的。但也要看到，当前温州市新发生不良贷款仍然较多，风险没有“止血”的明显迹象。2013 ~2015年新发生不良贷款分别为346亿元、377亿元和390亿元，逐年略为上升，2011年9月以来，累计发生不良贷款1488亿元，占2015年末贷款余额的19.5%。

全市不良贷款处置进度不断加快。其中2015年处置不良贷款401亿元，比上年增加5亿元，约占全省总量的1/3。2011年9月以来，全市银行机构累

计处置不良贷款1224亿元，其中出售给资产管理公司的占40.1%、不良核销的占23.5%、现金清收的占18.5%、上划给上级行的占10.9%。

专栏2 网贷平台参与处置不良资产的模式

近年来，温州市银行机构不良贷款处置力度不断加大。截至2015年末，全市累计通过资产管理公司处置不良贷款490亿元，并在实践中形成了“互联网+不良资产处置”的新模式。

以温州市某P2P网贷平台参与不良资产处置为例，通过四大AMC或浙商资产管理公司、民间资本管理公司、P2P网贷平台三方合作来处置银行不良资产包。具体运作模式：由于除国内四大AMC和浙商资产管理公司以外的机构尚未被许可处置不良资产，民间资本管理公司向四大AMC或浙商资产管理公司支付约3%的通道费，向银行购买不良资产包，并通过P2P网贷平台，以不良资产未来处置的预期收益作为保证，向平台投资者进行融资，作为优先级来补充购买的资金缺口，以满足其短期流动性要求，期限以一年内为主，年化利率约为12%。在风险承担方面，若发生逾期违约现象，P2P网贷平台的风险保障金先予偿债，再对民间资本管理公司进行追偿。

截至2015年末，P2P网贷平台为民间资本管理公司购买不良资产包融资约9亿元，暂未出现逾期违约情况。利用P2P网贷平台处置不良资产，可能有利于资产处置和清收，加快处置进程。

（五）银行账面扭亏为赢，经营压力仍然巨大

2015年，温州市银行机构实现账面利润总额40亿元，扭转上年全行业亏损25亿元的状况，初步走出谷底。其中，四大国有银行赢利46亿元，股份制银行亏损52亿元，地方法人银行机构赢利42亿元，其他银行机构赢利4亿元。银行机构账面利润实现初步好转，主要是因为2015年资产减值损失计提同比下降了25.7%，减少了对利润的侵蚀。

但银行经营压力仍然巨大，利润空间继续受到挤压。一是银行存贷息差收入趋势性收窄。2015年全市银行机构存贷息差收入266亿元，同比下降8.8%，利率市场化的影响效应进一步显现。其中地方债置换降低了银行利息

收入，全市地方债置换银行贷款规模 51 亿元，债券与贷款利率相差约 3 个百分点，预计导致收入下降约 1.5 亿元。二是信贷风险对效益的影响仍较突出。2015 年银行新增不良贷款增长较快，对损失准备的消耗作用继续显现，削弱银行赢利能力。

二　温州市金融市场运行情况

2015 年，我国股票市场波动巨大，温州市部分投资者损失较大，企业资本市场融资增多；保险市场平稳增长，险资的投融资功能得到有效发挥；外汇收支回落，跨境人民币业务继续增长；直接债务融资增长较快，地方债置换有序推进；民间借贷量缩价跌，民间金融乱象仍较突出。

（一）股票市场波动巨大，企业资本市场融资增多

2015 年，我国股票市场波动巨大，年末上证综指报收 3539 点，比年初增长 9.4%，其中 6 月中旬创下 5178 点的高位，下半年快速下挫至最低 2850 点，最大跌幅达 45%。温州市证券交易各项指标总体增长较快。年末证券总开户数 108.2 万户，增长 44.2%；全年证券交易额 51701 亿元，增长 253%，占全国证券总交易额的 2.4%。全年资金净流入股市 342 亿元，比上年增长 110%；资金流出入的波动性较大，其中第三季度净流出 121 亿元。全年全市股民累计账面盈利 345 亿元，户均盈利 3.2 万元。但因踩错市场节奏而亏损的股民也不在少数，如 6 ~8 月全市证券投资账面亏损 604 亿元，上半年牛市利润亏掉一半有余，股民户均亏损 6 万元，相当于温州职工的年平均收入。股票配资活动也一度非常活跃，年中股市暴跌，导致半数以上场外配资账户被强制平仓，损失巨大。

企业上市和股改工作有效推进。全市新增境内外上市公司 3 家，累计已达 17 家；新增新三板挂牌企业 24 家，累计挂牌企业达 31 家；新增区域性资本市场挂牌企业 415 家，累计达 551 家；新增股份有限公司 207 家，累计达到 694 家，在全省的占比由股改工作启动前的 4.5% 上升到 15% 以上，工作成效走在全省前列。

（二）保险市场平稳增长，发挥了险资投融资功能

全市保险机构保费收入166.5亿元，全省排名第三，增长15.0%。原保险赔付支出53.9亿元，同比增长17.1%。市政府出台了进一步发挥保险功能作用、促进温州市经济社会发展的实施意见，并且推动保险资金在温运用、大力发展保证保险和创新信用保险模式等。保险业积极发挥险资融通功能，一是保险资金存放银行金额平稳增长，全年保险业存放金额增加9.7亿元；二是积极开展保单质押贷款业务，全年累计发放保单质押贷款28.4亿元，增长23.1%；三是探索开展小额贷款保证保险，2015年相关保费收入883万元，促进银行贷款发放4.4亿元。此外，保险资金还助力温州城市建设，2015年累计吸引保险资金35.88亿元，主要投资基础设施建设及不动产。

（三）外汇收支回落，跨境人民币业务继续增长

受外贸形势等影响，2015年温州市外汇收支有所回落。全市涉外收支规模364.3亿美元，比上年下降11.5%。其中，涉外收入253.6亿美元，下降17.3%；支出110.8亿美元，增长5.4%。全市结售汇总额227.5亿美元，同比下降12.5%。其中，结汇185.3亿美元，下降16.5%；售汇42.2亿美元，增长11.3%。由于下半年境内外人民币汇率波动，市场上通过不落地结汇、转口贸易套汇等活动套利的情况一度增加，带来跨境人民币业务逆势增长。全年跨境人民币结算620亿元，比上年增长18.7%。近年温州市跨境人民币业务发展较快，人民币跨境循环使用渠道逐步建立，近期政策导向是“限流出、宽流入”。

专栏3　人民币贬值对温州市市场主体的影响

2015年，我国对人民币汇率做了政策调整，10月人民币加入SDR，人民币汇率面临各种各样的情况。12月以来，人民币掀起新一波贬值，12月31日人民币对美元汇率跌至6.4936元，温州市各市场主体行为发生了一些变化。

一是配置美元资产的客户明显增多。8～12月，温州市个人美元购汇月均0.74亿美元，同比增长22.5%。2016年购汇额度清空重启，1月上中旬购汇火爆，日均购汇651.6万美元，环比增长40.2%。国家出台个人财产对外转移

政策13年后，1月，温州市外汇局办理了全市第一笔财产对外转移的业务。据了解，该客户已入外籍多年，他觉得近期汇率变化较大，便将自己境内房产处置后所得154万元全额购汇汇出，近期该类业务咨询人员较多。

二是企业不收汇或推迟结汇，缩减美元负债规模。出口不收汇现象突出，出口收汇率86%，同比下降6.3个百分点。部分出口企业推迟收汇或推迟结汇，另外境内外人民币价差加大，辖内部分企业通过出口转收款模式转向境外结汇。部分企业美元贸易融资到期不愿续贷，或申请提前还贷，逐渐由外币贷款转向人民币贷款。8月起全市外汇贷款连续下降，12月末比7月末减少28.6%。

三是个人特别是侨眷抓住机会突击结汇。温州个人外汇存款以欧元侨汇为主，8月11日汇率改革后，人民币对欧元汇率同时贬值，侨眷抓住人民币贬值的机会突击结汇。8～12月，温州市个人结汇16.4亿美元，同比增长92.7%。12月末，全市个人外币存款为30.9亿美元，比7月减少21.1%。

四是银行加强外汇流动性风险管理。8～12月，温州13家法人机构均未发生自身结售汇业务，12月31日持有的外汇头寸已达3503万美元，较8月10日增长20.5%。由于远期类客户的违约风险攀升，银行加强了客户风险监控，经测算可能发生风险的，要求企业追缴保证金或扣减授信额度，以防范风险。

（四）直接债务融资增长较快，地方债成为有力补充

2015年，温州市直接债务融资增长较快，全年融资总额192.4亿元，其中非金融企业债券融资137.4亿元，包括国有企业债券融资95.9亿元，民营企业债券融资41.5亿元，另外，超短期融资券等创新产品取得突破。“三农”专项债、小微专项债和二级资本债券等金融债共计发行55亿元，占金融改革以来金融债发行量的71%，有效拓展了地方法人银行机构支农支小资金来源。地方债的发行成为温州市城市建设资金的有力补充，全市共获得省政府发行的地方债258.8亿元，其中置换债券203.3亿元，新增债券金额26.5亿元，在建项目后续融资债券资金29亿元。

（五）民间借贷量缩价跌，民间金融乱象仍较突出

“温州指数”监测结果显示，12 月全市民间融资综合利率为 18.65%，同比下降 1.03%，比金融改革以前的 25.44% 下降了 6.8 个百分点。监测到的民间融资规模 2015 年连续 12 个月同比萎缩，全年各监测点累计发生的民间融资规模比上年下降 23%。小额贷款公司、融资性担保公司、典当行等几类传统民间金融组织的业务均出现不同程度的萎缩，其中全市小额贷款公司贷款余额下降 21 亿元。民间金融市场的乱象仍然比较突出，非法吸收公众存款、集资诈骗等民间金融领域的案件层出不穷，2015 年全市公安系统两类案件立案 99 件，涉案金额 37 亿元，分别比上年增长 22% 和 20%。P2P 平台市场混乱，2014 ~2015 年温州市已有 16 家网贷平台因涉嫌非法集资而被立案，涉案金额 3 亿多元。

三 2015年温州市货币政策执行和金融改革情况

（一）加强货币信贷政策窗口指导

为进一步强化金融保障，促进温州经济平稳发展、创新发展，2015 年中国人民银行温州市中心支行加大窗口指导力度，重点就扩大区域信贷投放、加大首套房信贷支持、构建利率协调机制、规范财政性资金招投标活动等重点事项加强指导。认真落实合意贷款政策，基本实现辖内地方法人金融机构信贷投放趋近合意贷款的目标。2015 年全市地方法人金融机构新增人民币贷款 191 亿元，占全市贷款增量的 72%，较好地支持地方实体经济发展。

（二）创新货币政策工具定向支持

2015 年以来，中国人民银行温州市中心支行创新货币政策工具运用方式，探索货币政策工具与信贷政策落实的有效联动，促进各项信贷政策在温州有效推进。年末再贷款限额 31.76 亿元，比年初增加 6.18 亿元；全年办理再贴现 9.12 亿元，比上年增加 6.05 亿元。单列 3 亿元的支小再贷款额度定向支持科技金融发展，对科技型企业票据优先办理再贴现。给予乐清农商

行和瑞安农商行支农再贷款 2.5 亿元和 2 亿元，定向支持两家银行积极参与农房抵押贷款试点，推动业务增量扩面。截至 2015 年末，全市农房抵押贷款余额 82.8 亿元。

专栏 4　温州市农房抵押贷款业务发展情况

2015 年 12 月 28 日，第十二届全国人民代表大会常务委员会第十八次会议决定，授权国务院在天津市蓟县等 59 个试点县（市、区）行政区域暂时调整实施《中华人民共和国物权法》《中华人民共和国担保法》关于集体所有的宅基地使用权不得抵押的规定。并公布了“农民住房财产权抵押贷款试点名单”，温州市乐清、瑞安入选。这意味着温州市从 20 世纪 90 年代开始的农民住房财产权抵押贷款民间探索正式得到国务院的试点批准，也标志着温州在全国农村宅基地制度改革试点领域迈出了重要一步。

近年来，温州市农民住房财产权抵押贷款业务保持平稳增长，业务规模走在全省前列，不良贷款保持低位。截至 2015 年末，全市农民住房财产权抵押贷款余额 82.8 亿元（其中乐清和瑞安两地占全市的 92%），贷款不良率 1.34%，平均贷款抵押率约为 55%。农房抵押贷款有效盘活了农民的固定资产，解决了农民的融资难题。

下一步，中国人民银行温州市中心支行将会同有关部门，以国务院“两权”抵押贷款试点为契机，稳妥推进农民住房财产权抵押贷款试点，指导试点地区金融机构在贷款模式、机制、利率、期限、额度、担保、风险控制等方面加大创新力度，推动业务从集镇向农村发展。加强部门沟通协作，进一步完善确权登记颁证、流转平台搭建、风险补偿和抵押物处置机制等配套保障政策，推动业务“提质扩面”，确保试点取得实效。

（三）加大力度落实房地产信贷政策

为进一步稳定温州市房地产市场发展，中国人民银行温州市中心支行从需求侧入手，认真贯彻落实房地产信贷政策，加强房地产信贷窗口指导，切实落实房地产信贷新政，开展现场核查，对首套房贷款发放较多、利率下浮幅度较大的地方法人金融机构给予再贷款支持，引导加大对购买首套房的支持力度。

全市累计发放首套房贷款291亿元，其中基准及以下利率的首套房按揭贷款占全部首套房贷款的98.5%，有力地支持了温州市房地产市场去库存。

（四）推动金融机构利率定价能力建设

随着存款利率浮动上限放开，我国利率管制已经基本放开，利率市场化进入新的阶段。为更好地适应利率市场化改革，中国人民银行温州市中心支行积极指导辖内法人金融机构加强利率定价能力建设，合理定价，降低社会融资成本。加快试点各种利率市场化创新产品，温州银行发行省内首批大额存单，12家地方法人金融机构全部具备大额存单发行主体资格。全年共发行大额存单19.3亿元，发行同业存单157.5亿元，拓展了主动负债渠道。加强与地方政府和财政部门的沟通，对财政性资金招投标问题予以规范引导，避免无序竞争。2015年12月，全市一般贷款加权平均利率为6.04%，同比下降1.22个百分点。

专栏5　当前温州市银行机构利率定价及竞争情况

2015年10月，存款利率浮动上限取消，利率管制基本放开，利率市场化改革进入新阶段。在利率市场化进程中，温州市金融机构的资金定价能力不断提升，辖内定价秩序基本稳定，基本形成分层有序、差异化竞争的存款利率定价格局。

存款利率上限放开后，温州市银行机构存款利率牌价均低于利率调整前水平，且呈现分层有序、有序竞争的存款定价格局。以一年期以内定期存款为例，辖内21家地方法人金融机构中有14家机构存款利率为基准利率上浮50%，6家机构存款利率为基准利率上浮40%，1家机构存款利率为基准利率上浮30%。2015年12月，全市一年期存款加权平均利率为2.08%，较基准利率上浮38.7%，比上年同期下降1.11个百分点，基本上跟随存款基准利率下调而下降。

但资金招投标报价总体偏高，盲目报价现象偶有发生。2015年第四季度，温州市区共开展6次资金招投标活动。大部分银行机构较好地落实中国人民银行温州市中心支行的窗口指导意见与自律机制对资金招投标的行业约定，但仍有少部分银行盲目报价，恶性竞争。2015年12月，浙江省下发利率定价自律机制会议纪要，约定存款招投标中利率报价不得超过自律机制约定的最高利率水平，且不得通过捐赠等方式变相提高存款利率进行不正当竞争。但此后的财政资金招投标中，仍有机构出现捐赠行为，违反自律约定。

（五）平稳实施存款保险制度

2015 年 5 月 1 日存款保险制度正式实施，由此，温州市存款保险制度推出并运行平稳。建立了存款保险工作联系机制和应急处置机制，统一开展存款保险知识宣传，开展辖内法人银行机构培训。规范办理投保手续，目前辖内 21 家法人银行机构已顺利办理完成 2 期投保手续及保费缴纳工作。率先开展法人机构存款账户变动监测，从 50 万元以上存款账户变动情况看，法人机构对私、对公存款账户数量和余额都呈小幅上升态势，没有出现因存款保险制度实施而导致存款明显分流现象。

（六）深化外汇管理体制“转型”和改革

加快推进外汇管理“五个转变”，落实各项改革试点措施，促进贸易投资便利化。推动跨国公司本外币资金集中运营业务扩面发展，正泰集团、青山控股实现本外币双向资金集中运营。推进个人贸易外汇管理改革，引导有贸易背景的个人通过个人外汇结算账户办理个人贸易项下外汇收支，全市个人外汇结算账户结汇 9.7 亿美元。深化外商投资企业资本金意愿结汇改革，全年累计为 26 家外资企业办理外汇资本金意愿结汇业务，金额 2536.8 万美元。推进直接投资外汇政策及业务的平稳过渡，全市共有 10 家银行办理了共计 84 笔直接投资外汇登记业务。

四　2016年形势预判和政策导向

（一）形势预判

2016 年，全球经济仍将表现出分化和动荡，复苏进程中面临诸多不确定因素。美联储启动加息周期对未来经济走势增添变数。在美元强势而大宗商品弱势的背景下，俄罗斯、巴西和南非等新兴经济体汇率持续贬值，经济出现明显衰退。就对我国的直接影响来说，至少从年初情况来看，人民币汇率问题将是下一阶段工作的重点之一。

从国内形势看，当前我国经济发展处于阶段更替、结构转换、模式重建、风险释放的关键期。2015 年全国人民币贷款增加 11.7 万亿元，比上年多增 1.81 万亿元，创下历史新高，广义货币（M2）增长 13.3%，高出目标值 1.3 个百分点，但金融对实体经济支持效率下降，GDP 增长 6.9%，CPI 仅增长 1.6%，PPI 已连续 46 个月下跌。经济运行面临库存压力增大、制造业产能过剩、潜在金融风险显性化、人民币贬值加剧资本外流、企业债务负担较大等诸多问题，经济周期性与结构性问题叠加，2016 年经济仍有下行压力。

温州市经济总体筑底企稳回升，地区生产总值增速加快，但微观经济主体的实际体验和市场表现与经济指标反映的态势存在较大偏差，特别是制造业仍持续低迷，去杠杆加速、综合经营成本压力不减、转型升级总体较慢等问题比较突出，对经济增长的带动效应弱化。而网络经济、时尚产业等新兴产业培养尚待时日，短期内难以承接传统行业所扮演的角色，新旧动力切换的过渡期将长期存在。从需求方面看，外贸出口仍将面临惯性下跌，人民币贬值对出口的拉动作用有限；消费短期内对经济增长的贡献仍较为中性；投资更多依托政府基建项目，房地产投资有望低位回暖，但民间实业投资没有太大起色。总体来看，2016 年温州市经济运行压力依然较大。

温州金融运行逐步走出局部金融风波以来的低谷，信贷实际投放将延续 2015 年恢复性增长的态势，债券和股票等直接融资有望加速，社会融资结构有望进一步优化。温州市企业股改继续稳步推进，注册制的实施，以及监管部门对发债融资监管趋于放松，为企业直接融资提供宽松的外部环境。银行信贷投放在房价逐步企稳、担保链风险趋于减弱、信贷营销力度加大的情况下，将有力支持实体经济发展。但企业有效需求总体疲弱、信贷投放结构有待优化、地方债置换存量贷款等问题可能制约银行信贷可持续增长，仍需引起关注。

专栏 6　温州市地方债置换情况及存在问题

目前，地方债置换工作有序推进，优化了地方政府债务结构，降低了融资成本，减轻了利息负担。2015 年，温州全辖政府债务置换规模 203.3 亿元，其中市区143.3亿元，县域60亿元；公开发行债券131亿元，以定向方式发行债券72.3亿元。截至12月21日，公开发行的债券资金已全都拨付到位，中国人民银行温州市中心支行国库地方债转贷收入186.68亿元（其中债券置换131亿元），债务置换支出68.79亿元，置换债券结存资金62.21亿元，约占全部置换债券资金的47.5%。

在地方债认定与置换实操过程中，主要遇到以下几个问题：一是债务边界不清晰。地方债务认定标准过于机械化，实际认定范围过窄，没有将相当部分由平台公司承担政府职能的债务划归地方政府性债务，而是转嫁给平台公司，不能如实反映地方政府债务现状。二是债务置换不精准。在债务具体置换过程中，由于被认定为一类债务的相对较少，相应债务置换规模占比不高，后续还本付息压力较大。置换的债务更多的是国开行等成本低、期限长的贷款，信托等高息债务置换较少，导致置换效果大打折扣。三是财政双重付息现象。目前置换债务结存资金占比将近五成，部分非银行债务如信托融资，无法提前解除或协调时间较长是资金结存的主要原因。四是投融资机制不协调。政府融资平台公司投资任务较重，项目资本金短缺问题突出，债务置换效果尚未完全显现，后续融资压力较大，债务风险有所上升。

温州市金融风险防控压力仍较大，但继续扩散的势头有望得到遏制。2015年全市新增不良贷款再创金融风波以来新高，逾期贷款与不良贷款的“剪刀差”仍在扩大，新出险的企业仍在增多，社会信用环境并无实质性好转，2016年银行信贷风险仍面临趋势性暴露问题。但关注类贷款存量首次大幅下降，房地产市场回暖基础有所巩固，大的风险点和突发性风险事件较少，风险化解和处置工作有序推进，控新化旧能力进一步提升，这都将有助于遏制金融风险的继续扩散。

（二）建议与要求

针对以上情况，温州市金融系统要正确认识新常态、适应新常态，全面把握新方针，谋划新举措，以提高服务实体经济效率为目标，以支持供给侧结构性改革为主线，贯彻落实稳健的货币政策，促进温州市经济社会持续发展、创新发展。当前及2016年重点要做好以下工作。

1. 准确把握资金运行规律，切实加强流动性管理

2016 年元旦以来，我国银行体系流动性出现了紧张趋势，根据往年经验，预计春节前后银行体系流动性需求还会持续上升。温州市银行机构特别是地方法人银行机构要准确把握资金运行规律，充分预测可能出现的流动性缺口，特别要考虑到春节前现金投放、到期贷款无法收回、票据转贴无法出手等情况，打足提前量，防止出现流动性风险。要落实存款准备金平均法考核方案，及时加强与中国人民银行的联系，一旦出现流动性困难，可及时向中国人民银行温州市中心支行申请常备借贷便利，不得在市场上高息融入资金。中国人民银行温州市中心支行对合格的中小金融机构的短期流动性需求，将发挥常备借贷便利利率走廊上限的作用，无条件给予全额满足。从长期看，银行机构要切实把握好信贷节奏，避免年初集中突击放款和年末人为地做资产业务，管理好流动性。

2. 贯彻稳健货币政策，促进融资总量合理增长

2016 年，各金融机构要根据稳健货币政策的总体要求，保持信贷总量合理增长，争取实现新增社会融资规模大于 2015 年。2015 年全市共有 9 家银行机构账面信贷增量为负值，2016 年要确保所有机构账面信贷增量实现正增长。要进一步支持企业在银行间市场直接融资，扩大债券发行规模，推进信贷资产证券化试点。2016 年，中国人民银行总行对合意贷款管理机制进行了升级和完善，构建了宏观审慎评估制度。中国人民银行温州市中心支行将根据中国人民银行总行宏观审慎政策要求，做好对地方法人金融机构的宏观审慎评估，使用差别准备金利率等激励约束措施，促进地方法人银行机构信贷合理投放，保持货币信贷和社会融资规模平稳适度增长。

3. 按照供给侧改革总体要求，调整和优化信贷结构

近年来，温州市投放实体经济特别是制造业的信贷资金明显偏少，部分银行机构实际停止了对民营企业的新增授信，这在长期内非常不利于供给侧改革。在经过一段时间去杠杆之后，有必要及时调整和优化信贷结构，支持实体经济发展。当前各金融机构要根据地方产业布局，重点支持浙南产业集聚区、浙南科技城、特色小镇、小微园区等建设，开展产业园区厂房按揭贷款业务。加大对工业经济“机器换人”技改融资的配套支持，深化科技金融合作，推广专利权、商标权质押融资，增加企业转型升级资金支持。完善创业担保贷款

政策，加大对“大众创业、万众创新”的金融支持，助推“小微企业三年成长计划”。切实履行社会责任，发放扶贫小额信贷、扶贫贴息贷款，实现精准扶贫。

4. 相机调整优化房地产信贷政策，促进市场平稳发展

2016 年，中国人民银行温州市中心支行将在认真做好房地产市场走势和库存监测分析的基础上，相机调整和优化房地产信贷窗口指导意见。各金融机构要认真落实差别化住房信贷政策和预调微调的窗口指导意见，以稳定住房消费、支持自住和改善住房需求为导向，调整个人住房贷款的优惠力度，既防止房价再次下跌，又防止房价过快上涨。要认真执行按揭贷款的首付比例要求，防范高杠杆风险，认真落实预售资金监管制度，全面实施商品房预售和按揭贷款手续同步受理的政策。加大对县域房地产“去库存”的信贷支持力度，支持有条件的农民工进城购房。推动辖内房地产企业进入上级行房地产开发贷款授信名录，为符合条件的房地产企业直接提供房地产开发贷款，逐步实现期房预售向现房销售的转变。

5. 开展农房抵押贷款等试点，深入推进金融创新

各银行机构都要积极参与推进乐清、瑞安农房抵押贷款试点，力争两地农房抵押贷款年末余额达到 100 亿元，创新和推行农房抵押贷款业务的专属信贷产品，简化审批程序，减低贷款利率。争取通过三年时间的努力，规范抵押担保登记，明确标的物处置流程等，切实增强农房融资功能，并推广到其他县区，提升贷款覆盖面。金融系统要结合温州金融改革重点项目，利用好政府增信机制的引导作用，发展信保基金担保的贷款业务，发展小额保证保险贷款业务，推广试点互助增信还贷机制等。要支持温州本地的光大金瓯资产管理公司运行，开展不良资产转让的业务合作。

6. 加强利率自律和管理，降低社会融资成本

存款利率浮动上限放开后，利率市场化改革已经进入新阶段。全市地方法人银行机构要继续试点发行大额存单和同业存单，扩大利率市场化创新产品规模。各银行机构要认真执行浙江省利率定价自律机制自律公约，加强自身利率定价能力建设，充分沟通，理性定价，杜绝过分抬高存款利率水平和付息成本的现象。中国人民银行温州市中心支行将进一步加强对银行机构利率定价行为的窗口指导和监督管理，探索建立利率定价同业协商机制，探索形成新时期利

率管理的“牙齿”，对扰乱利率市场秩序的行为坚决采取制裁措施。根据浙江省自律机制规定，在各种存款招投标中，银行利率报价不得超过自律机制约定的最高利率水平，不得通过捐赠等方式变相提高存款利率进行不正当竞争。

7. 关注汇率波动，落实好外汇和跨境人民币政策

汇率管理是近期金融工作的重点之一，各金融机构要加强调查研究，强化自身风险防控，围绕“扩流入、控流出、严打击”的工作重心，配合中国人民银行温州市中心支行、外汇局落实好外汇与跨境人民币的相关政策。加强对跨境资金流出的真实性审核，采取进一步便利和规范外汇收支的措施，加大对外汇流出重点行业、重点领域、异常违规交易行为的监测，维护正常有序的外汇市场环境。加强跨国公司外债比例自律管理、个人“关注名单”管理、个人分拆结售汇管理等。探索跨境电商运作模式，引导个人贸易通过个人外汇结算账户办理业务。以资金池业务监测为突破口，探索本外币联动监管。正确宣传人民币汇率走势和政策，以人民币资金池业务门槛下降为契机，推动跨境人民币资本业务平衡发展。加大力度打击地下钱庄，坚守风险底线。

B.9

温州地方财税运行形势分析与展望* (2015～2016)

余中平**

摘　要： 本文对2015年温州地方财税运行的总体情况做了分析，特别对2015年温州财政收入和支出情况加以剖析，并结合2016年国家和地方经济形势，对2016年财税运行趋势进行了展望。为确保实现全市财税平稳运行的总体目标，从培育财源、组织收入、优化支出、深化改革等方面提出了建议。

关键词： 财税运行　温州市

一　2015年温州地方财税运行态势及评价

1～12月，全市一般公共预算收入完成403.1亿元，可比①增长7%（同比增长8.1%），完成年初预算的101.5%，全省排名第8位。全市一般公共预算支出569.4亿元，同比增长9.7%，完成年初预算的111%。

地税部门数据显示：全市地税部门共组织各项收入619亿元，同比增长12.4%。其中：税收收入303亿元，同比增长3.9%；非税收入316亿元，同比增长22%（其中，社保基金收入287亿元，同比增长24.5%）。

---

* 本文如无特殊说明，数据采集均采用公共财政预算收入口径。

** 余中平，温州市财政（地税）局局长。

① 根据财政部规定，2015年起，原纳入政府性基金预算管理的11项基金转列一般公共预算。为确保上下年之间同口径比较，作为过渡期，本文采用了调整2014年基数的“同比增幅”和按新口径计算的“可比增幅”。市级同比增幅也因体制调整原因对上年基数做了相应调整。

（一）收入方面特点

1. 总体看，财政收入增速低位运行

全年财税运行总体平稳，一般公共预算收入圆满完成年初预算任务。从收入增幅来看，2015 年受经济增势整体趋缓因素影响，增收趋势偏弱且呈波浪形前进，全年中只有一个月份累计增幅为 7%，其余月份都保持低速增长，说明支撑财政收入持续走高的动力不足（见图 1）。

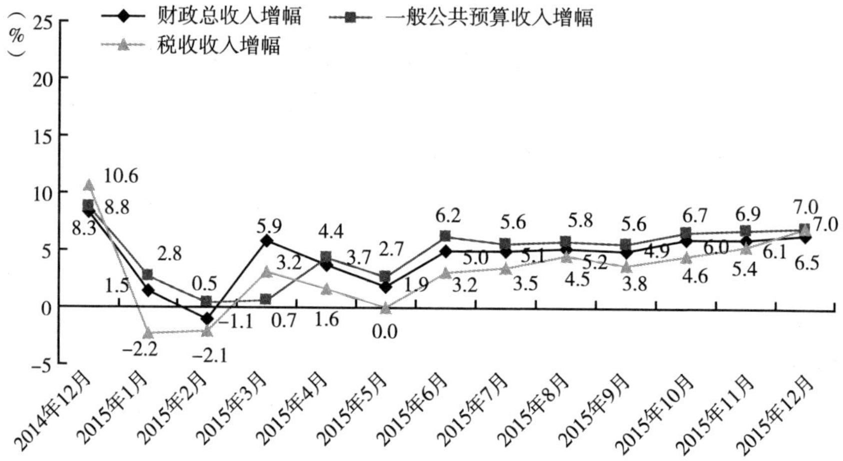

图 1　温州市一般公共预算收入分月累计增幅

2. 分部门看，收入结构不断好转

2015 年，国税部门实现收入 89.85 亿元，增长 9.3%；地税部门实现收入 246.52 亿元，增长 6.2%；国、地税部门税收收入占一般公共预算收入比重分别为 22.3% 和 61.2%，与上年同口径相比分别提高 0.5 个和下降 0.5 个百分点。财政部门及其他收入受 11 项基金转列一般公共预算影响，占比从 2014 年的 10.8% 提高到 16.5%。2015 年一般公共预算收入占财政总收入比重为 58.1%，比上年同期提高 0.5 个百分点，主要得益于地方税种收入增长快于共享税种。其中，税收收入占一般公共预算收入的比重达 91.7%①，税收收入占

① 根据财政部规定，2015 年起一般公共预算收入中包含原 11 项政府性基金。为方便上下年之间同口径比较，此处将全市 2015 年财政总收入中地方收入占比 59.5% 和一般公共预算收入中税收收入占比 86.7%，分别调整为老口径的 58.1% 和 91.7% 以用于比较。

比高为收入持续增长提供了重要保障。

3. 分税种看，主体税种增长缓慢

2015 年，企业所得税、增值税、营业税、个人所得税四大主体税种增长 3.2%（上年同期增长 9.2%），增幅低于全省平均水平 6.3 个百分点。主体税种增长较慢主要受市场需求不足、生产销售不旺、企业利润微薄、产业有待转型影响。同时受前些年“国五条”高基数和 2015 年土地成交萎缩影响，契税下降 4.6%，随着近期房地产市场回暖降幅有所收窄。当前支撑收入增长的动力主要是加强土地增值税等小税种征管和非税收入集中缴库，预计后续增长难以为继。土地增值税等小税种和非税收入合计占收入总量的 35.6%（见图2），贡献了增收额的 78.9%；特别是土地增值税和房产税分别增长 65.6% 和 12.9%，贡献了税收增收额的 52.5%。

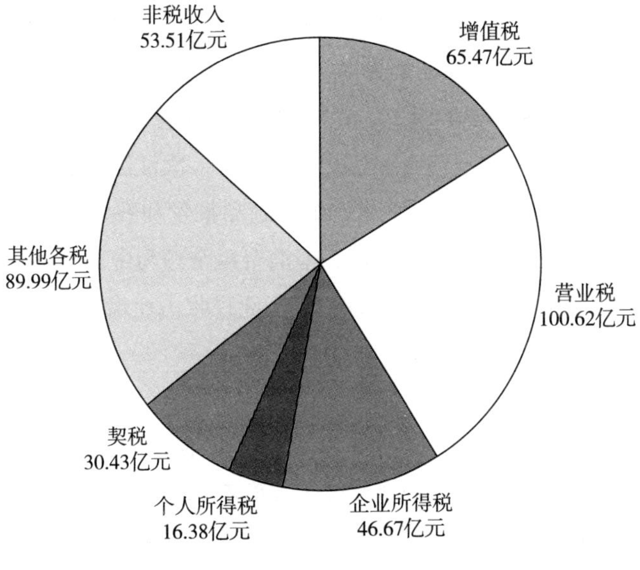

图 2　2015 年全市一般公共预算收入主要科目执行情况

4. 分区域看，区域发展总体平稳

2015 年，各县市区较好地完成了全年收入任务，大部分区域增幅超过全省 7.8% 的平均水平。分县（市、区）看，瓯海（16.1%）、洞头（11.1%）、开发区（10.0%）增长相对较快，特别是瓯海近三年持续较快增长，总量和增幅居各区首位，而且差距还与其他地区有拉大趋势。从增收因素来看，各区域收入增长较快主要还是受新城建设和基建投资带动的房地产业和建筑业税收的增长。主要呈现特点是县市增长好于市区：一是收入增幅高，财政总收入和一般公共预算收入，县市分别高于市区 1.5 个和 1.7 个百分点；二是收入结构好，国、地税税收增长，县市分别高于市区 4.7 个和 3.0 个百分点，2015 年市区增长主要靠非税收入集中入库拉动。

5. 分产业看，第二产业税收增长快于第三产业

2015 年全市第二、三产业税收分别完成 141.9 亿和 203.5 亿元，同比分别增长 10.1% 和 4.5%。第二产业中，制造业增长 7.2%，主要靠加强房产税等小税种征管，以及增值税免抵调库增长和法人股解禁等一次性增收因素支撑。建筑业增长 15.9%，受益于“大投入大发展”战略，税收收入近年保持较高增长，但同比增幅有所回落。第三产业中，房地产业全年增长 9.7%，主要得益于加强土地增值税征管，土地增值税增收 9.13 亿元，行业贡献率为 113.1%。下半年受房屋交易回暖影响，住宅、商业用地出让加快，近期房地产业税收有回升态势。金融业增长 5.1%，主要受益于上半年证券市场的火爆，以及递延税款入库和限售股解禁转让所得等一次性因素。批发和零售业增长 5.1%，其中零售业增长相对平稳，烟草制品批发和石油及其制品批发业在国家提高消费税率的推动下增长较快，但消费税全额为中央收入，对地方收入贡献较小。2015 年 1～12 月温州市各主要行业税收占比情况如图 3 所示。

（二）支出方面特点

2015 年，全市各级财政加强预算执行管理，在加快支出进度、优化支出结构、促进支出均衡性和提升资金绩效等方面不断取得突破。全市一般预算支出可比增长 9.7%，高于收入增幅 2.7 个百分点，有力地保障了各项稳增长、调结构、惠民生政策的实施。

1. 强化支出监管，压缩行政成本

深化节约型政府建设，坚持勤俭办事，反对铺张浪费，严格执行八项规定等有关要求，一般性支出得到持续有效的控制。公务支出管理进一步强化，会议费、培训费、差旅费、因公临时出国经费等开支标准进一步完善。市级一般公共预算拨款安排的“三公”经费支出下降 19.4%。2015 年在机关事业单位

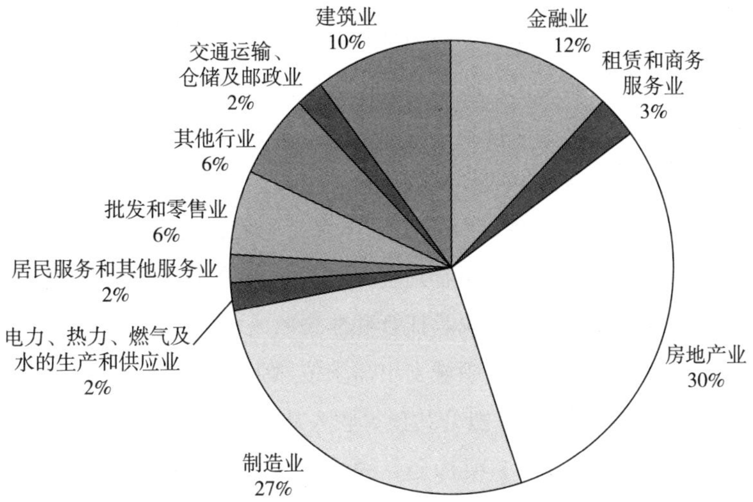

图3　温州市2015年1～12月地方收入中各主要行业税收占比情况

工资调整和养老保险制度改革的情况下，全年一般公共服务支出增长9.2%，低于平均支出增幅0.5个百分点。

2. 支出结构优化，重点保障有力

全市用于民生支出437.66亿元，同比增长10.8%，占总支出比重为76.9%，占比高于上年同期0.7个百分点。其中：住房保障支出12.74亿元，增长88.3%；城乡社区事务支出31.08亿元，增长22.1%；医疗卫生及计划生育支出55.57亿元，增长20.1%；节能环保支出9.12亿元，增长17.8%。从支出增量（50.42亿元）来看，支出投向高度集中。新增支出主要投向教育、医疗卫生、住房保障、城乡社区事务、一般公共服务，五个科目的新增支出总计占比71.3%，分别是18.7%、18.4%、11.9%、11.2%、11.1%。同时，2015年和地区生产总值核算非营利性服务业相关的8项财政支出409.66亿元，可比增幅10%。

3. 深化财税改革，规范财政管理

以完整规范、透明高效为要求，推进财政预算编制、执行与监督等各环节的管理改革。一是加强全口径政府预算管理，全面反映政府收支总量、结构和管理活动。强化支出预算约束，建立跨年度预算平衡机制。二是推进“数字财政”建设，夯实预算信息基础，实现业务规范化、数据集聚化、管理精细化。三是积极盘活财政存量资金，助推积极财政政策。完善政府性债务管理办法，做好存量债务置换工作，防范和化解财政风险。四是推进财政大监督，开展市级预算单位财政支出项目和市级财政专项资金绩效评价及结果运用，对科技等部分专项资金实施竞争性分配改革。

2015 年，全市财政地税运行情况总体保持平稳态势，较好地完成了全年财政收支目标。但是，我们也应看到全年财政收入增速偏低且呈波浪形，收入较快增长主要依靠加强小税种税收征管和非税收入集中入库的支撑，收入后续增长面临很大挑战。同时，各领域支出需求依然强烈，收支矛盾仍很突出。

回顾“十二五”，全市一般公共预算收入从 2011 年的 270.9 亿元，增长到 2015 年的 403.1 亿元（含 11 项基金金额，不含的为 381.2 亿元），年均增长 9.7%。全市一般公共预算支出从 2011 年的 370.4 亿元，增长到 2015 年的 569.4 亿元，年均增长 11.5%。

二　2016年财税形势影响因素分析

2016 年是实施“十三五”规划的开局之年，更是深化财税改革的关键之年。展望新的一年，财税改革力度加大，财税运行机遇与挑战并存、困难与希望同在。

中央经济工作会议指出，认识新常态、适应新常态、引领新常态，是当前和今后一个时期中国经济发展的大逻辑，这是中央在综合分析世界经济长周期和中国发展阶段性特征及其相互作用之后做出的重大判断。一方面，中国经济发展基本面是好的，潜力大、韧性强、回旋余地大；另一方面，也面临着很多困难和挑战，特别是结构性产能过剩问题比较严重。对于温州来说，前些年发展比较困难，是因为这一波全球性的需求萎缩，首先传导到终端市场的轻工产品上，而温州以轻工产业为主，所以最先受到冲击；此后逐步传导到各种设备制造环节、原材料环节，一道一道向上传导，使得一些地区和行业的发展遇到很大困难。对这些情况，我们要清醒认识温州所处的阶段和环境，找准解决问题的路径和办法，努力掌握经济工作的主动权。

（一）不利因素

一是经济下行压力仍然存在。从宏观看，当前全球经济的不确定因素在增多，全国全省经济逐步进入新常态，外部经济增长放缓带来的驱动力、拉动力减弱问题将难以避免。从税收数据来看，当前和经济密切相关的增值税等四大主体税种增长3.2%，若剔除免抵调因素仅增长2.0%，国税部门统计的制造业企业销售收入同比下降4.2%。2015年1～12月全市工贸业国地税税收累计增幅（剔除国税调库后）为4.9%，较上年同期略有增长。从经济数据来看，1～11月工业用电量下降3.5%，出口总额下降9.1%，规模以上工业利润总额增长0.7%，重要经济指标表现并不理想，财政收入的基础并不稳固。

二是“两链风险”化解压力依然较大。2015年，全市不良贷款额和不良率实现了连续第二年“双降”，但仅比年初分别下降8.76亿元和0.27%，呈现平稳筑底状态，出险企业数、银行不良贷款额（率）、企业司法破产数等指标低于2013年的峰值，但仍高于2012年的水平。关注类贷款余额和比重呈下降趋势，但仍居高位，存在较大的向下风险；资产管理公司收购后资产处置缓慢，各地不良贷款反弹影响处置措施的支持力度等，都导致企业风险化解压力不减。

三是持续推进的减税降费将进一步影响收入。在当前宏观经济下行的大背景下，中央明确要加大力度实施积极的财政政策，实行减税政策，以减轻企业负担，激发社会创新创业的热情。而且近两年营改增后减税叠加效应明显，一再扩围的小微企业减免税也对收入增长形成冲击［从财税〔2011〕117号到财税〔2015〕99号文件，受惠小型微利企业范围不断扩大（年应纳税所得额6万元以下扩大到20万～30万元），减税优惠力度持续加码］。2015年1～12月，全市财政地税系统已为企业和个人减轻各项税费负担约54.1亿元。此外，2016年免抵调和其他一次性增收因素较少。如近两年通过加强对小税种征管，土地增值税等增长较快，但当前大部分已清缴完毕。另据国税部门分析，2015年全市增值税调库收入（财政总收入口径）增长26.5%，达到58.36亿元，为近8年最高值。在近几年出口低增长的情况下，可用免抵调资源下降较快，免抵调对收入的贡献将难以持续。

四是收支矛盾仍很突出。各领域、各部门支出需求依然强烈，各项民生、刚性支出增长迅速，特别是机关事业单位养老保险制度改革和工资调整，涉及面广、利益调整幅度大（2016 年市级净增支约需 5.6 亿元，全市需 32.8 亿元），将对地方财政带来巨大的支出压力。由于近年来连续扩面提标，社保基金收支形势日益严峻，支付风险加速显现，社保的可持续性问题值得关注。同时，新《预算法》规定，市县政府举借的债务，只能由省、自治区、直辖市政府代为举借，且地方政府举债不得突破批准的限额。地方政府债务实行预算管理，只能用于公益性资本支出和适度归还存量债务，不得用于经常性支出。随着"十三五"时期各项建设的推进，有效投资力度将进一步加强，而当前土地市场不活跃，政府融资趋紧，将进一步加大收支平衡压力。

（二）有利因素

一是有效投资保持较快增速。2013 年、2014 年和 2015 年，温州市限额以上固定资产投资增速分别为 24.1%、16.6% 和 13.2%，始终处于全省增速的第一方阵；2015 年全年投资规模接近"十一五"期间的投资总和，全市完成固定资产投资 3456.39 亿元，"十二五"期间投资总量是"十一五"期间的 3.8 倍；特别是全市工业投资 886.76 亿元，增长 18.1%，增幅居全省第二位。基础设施投资 1063.76 亿元，增长 15.4%，对全市投资增长的支撑作用增强。PPP 项目推进步伐加快，征集梳理第一、第二批 PPP 项目共 71 个，首批 10 个重点推介项目中，入选国家和省级示范项目 4 个，完成社会投资人采购项目 4 个、投资额度 177 亿元，被评为全省 PPP 示范城市（瑞安是全省 7 个县级示范城市之一）。

二是转型发展成效显现。在产能过剩、市场需求不足、经济粗放型增长难以为继的大背景下，近年来温州市统筹推进"五水共治""三改一拆""四换三名"等重点工作，打好转型升级组合拳，加快推进经济转型升级和发展方式转变，取得积极成效。实施"百项百亿"技改工程，"机器换人"投资增幅连续两年居全省第一，技改投资增长 24%，新增高新技术企业 133 家，"企转股"210 家。五大支柱产业和战略性新兴产业增加值增速分别高出规模以上工业增加值 0.7 个和 2.2 个百分点；大力发展旅游、电商、物流等服务业，积极培育新的消费热点，社会消费品零售总额增长 11%。

三是房地产市场发展趋于平稳。在国家系列房地产新政的带动下，2016

年温州市房地产市场“量升价稳”态势有望得到进一步巩固。截至2015年11月末，温州市区累计待售商品住房6467套，同比下降41.02%；建筑面积87.59万平方米，同比下降37.04%。按照前12个月的平均销售面积计算，市区商品住房库存去化周期为7.22个月，商品住房库存压力得到有效化解。同时，市区土地出让市场有所回暖，2016年中央绿轴等地块将陆续贡献税收。

四是体制机制的“改革红利”进一步释放。改革是最大的红利。温州市委十一届十次全会提出打造迈入全面小康社会标杆城市，各项重点改革将加快推进，为财源建设打下坚实基础。国家《深化财税体制改革总体方案》提出到2020年基本建立现代财政制度，2016年要基本完成深化财税体制改革的重点工作和任务。《深化国税、地税征管体制改革方案》提出到2020年建成与国家治理体系和治理能力现代化相匹配的现代税收征管体制。这些都将给财税改革和发展带来更大的机遇。2015年市地税部门在门征委托代征等领域与国税开展合作，净增税费1亿余元。下一步，通过国地税部门的密切深入协作，税收收入将会有所增加。浙江省政府《关于加快建立现代财政制度的意见》提出到2020年基本建立具有浙江特色的、有利于“加快发展、优化生态、改善民生、强化统筹、讲求绩效”的现代财政制度。从2015年开始，浙江省对市县将实施新一轮的财政体制，温州市对区财政体制和城市建设的管养体制也将进一步完善和落实，这些都将释放更多“改革红利”和经济活力，带动区域经济更好更快发展。

三　2016年温州财税运行情况展望

对于“十三五”和2016年的财政收入目标，我们预计今后一段时期财税收入中低位增长将成常态。因此“十三五”期间全市一般公共预算收入暂按年均增长7%测算，到2020年预计达到557亿元，五年累计预计达到2445亿元；全市一般公共预算支出按5%测算，到2020年预计达到655亿元，五年累计预计达到2978亿元。

考虑到2015年国家结构性减税、“营改增”、中央可能调整与地方收入划分对地方收入产生减收影响、市国税部门免抵调库收入下降、市地税部门初步预计相关收入增幅仅5%左右、主体税种增幅持续走低及缺乏其他一次性增收等综合因素的影响，2016 年全市和市级一般公共预算收入增长安排 7%。具体预算数据按增长 7% 预计如下：2016 年全市一般公共预算收入预期为 433.71 亿元，比上年调整后执行数增长 7%；2016 年全市一般公共预算支出安排 575.33 亿元，比上年同口径增长 5%。

（一）建立科学预算制度，提高预算管理水平

完善政府预算体系，国有资本经营预算调入一般公共预算比例提高到 19%。加大政府性基金预算、国有资本经营预算与一般公共预算的统筹力度，将水土保持补偿费等五项政府性基金转列一般公共预算。探索建立跨年度预算平衡机制，滚动编制三年财政规划，强化中期财政规划对年度预算编制的约束。深化部门预算改革，完善支出标准定额体系和公用经费定额，加强部门预算项目库和专项资金项目库建设，强化“三公”经费预算约束。扩大国库集中支付改革覆盖范围，正式推行预算单位分类分级管理，强化预算执行动态监控。

（二）深化财税体制改革，再创体制机制优势

密切关注“营改增”及中央和地方收入划分调整动态，关注资源税、环境保护税、房地产税、个人所得税等一系列国家重大税制改革动向。完善市区财政体制和城市建设及管养体制，做好洞头县改区体制平稳过渡，完善瓯江口、科技城财税管理体制。加强棚户区改造专项资金（资本金）的管理和贷款申请工作，建立市、区两级“借用分离、权责相应”的融资机制和还贷保障机制。对地方政府债务实行限额控制，提高债券资金使用效率。推进政府投资平台分类管理，出台加强债务管理的工作意见。加强社保资金保值增值，打通财政沉淀资金与政府债务的通道，解决“政府高成本融资”与“低收益理财”的矛盾。

（三）发挥财税杠杆作用，助推经济平稳发展

加大专项资金整合力度，改革采取先确定专项总额再安排具体项目的办法。按照“五张清单一张网”的要求，建立市级财政专项资金管理清单动态调整机制，并向社会公开。继续推进专项资金竞争性分配。做好政府产业基金运作，完善基金风险控制机制，实现财政支持经济发展方式转变。落实“大

众创业、万众创新”财税配套政策。充分利用PPP、政府购买服务等方式引导社会资本投入，放大财税杠杆“四两拨千斤”的乘数效应。优化纳税服务流程，继续推行重点税源企业和成长型企业清单式服务，组建纳税人学校师资团队，为企业发展营造良好环境。

（四）注重财政资金统筹，加快重点支出进度

优化财政资金资源配置，加强财政资金统筹使用，严格控制新增存量，建立财政结余资金定期清理收回制度。严格控制一般性支出，合理安排民生占总支出的比重。健全文化、社保、卫生、就业、生态、政法等重点民生事业保障机制，及早对接和落实“十大民生实事工程”“五水共治”等重点领域资金安排。完善市级财政支农政策体系，建立三类财政支农政策清单，规范财政支农资金分配。抓好各项重点支出预算执行，加快GDP核算八项财政支出进度。

（五）加强重点领域监管，推进依法理财治税

发挥财政大监督职能作用，突出做好上级财税政策落实、严肃财经纪律等方面的监督检查及部门预算、政府投资及政府采购监督。加强预算绩效管理，突出抓好项目预算管理，做好绩效评价结果应用。加强混合所有制改革、行政管理体制及司法体制改革和办公用房制度改革中的国有资产管理，探索科技成果处置权收益权改革，组织行政事业单位资产清查和考核。加大对政府采购投诉的查处力度，规范PPP政府采购。加强案例收集与分析，增强法制宣教效果，推进依法行政。建立财税信用应用体系。

B.10 温州市区住房市场运行分析与展望（2015～2016）

金 瓯*

摘 要： 2015年温州市区住房市场高成交量的态势得以持续，新建商品住房库存量环比下降，住房存量的去化时间缩短，需求的释放促使商品房价格下行的空间收窄并趋向稳定。2016年，从温州市区住房市场的供需来看，住房市场及住房价格波动的风险仍然存在。如果“去库存”的政策基调能产生一系列较为全面且长效的机制，那么，2016年温州市区住房市场及住房价格可能保持平稳向上的发展态势。

关键词： 温州 房地产 住房市场 住房价格

2015年温州市区住房市场运行与我们2015年初报告预测的结论基本一致：高成交量的态势得以持续，新建商品住房库存量环比下降，住房存量的去化时间缩短，需求的释放促使商品房价格下行的空间收窄并趋向稳定。2015年来自中央和地方的政策调整是住房市场的一大亮点，不过，温州市区住房市场运行的供需基本面并未随之发生根本性的改变。

一 温州市房地产市场运行情况

（一）房地产开发指数回落

2015年温州市房地产开发投资766.29亿元①，同比下降5.3%，较上年同

---

* 金瓯，中共温州市委党校副教授。

① 本文数据不包括洞头区。

期回落15.3个百分点，主要源于2014年土地出让面积的大幅下降。同期固定资产投资同比增长13.2%，房地产投资占固定资产投资比重为22.17%，同比下降5.15个百分点。[①] 保障性安居工程开发投资81.22亿元，同比下降11.92%，保障性安居工程开发投资占房地产投资比重为10.5%，同比下降0.9个百分点。[②]

（二）商品房销售面积销售显著回升，各项指标基本同比上升

2015年温州市房屋施工面积为4650.82万平方米，同比下降0.5%；房屋竣工面积为597.72万平方米，同比增长10.7%；商品房销售面积525.57万平方米，同比增长25.1%，其中，住宅销售面积456.95万平方米，同比增长19.2%。[③] 由于商品房销售面积的增幅较施工及竣工面积的增幅分别高出25.6个百分点和14.4个百分点，供应相对不足，库存去化的速度加快。2015年12月末，温州市金融机构房地产本外币贷款余额1255.8亿元，同比增长21.37%，其中，房地产开发贷款191.5亿元，同比增长2.79%，购房贷款1062.7亿元，同比增长25.26%。[④] 2015年12月末，全市住房公积金贷款余额达266.57亿元，同比增长22.03%。

二　温州市区住房市场运行情况分析

（一）住宅土地市场

1.住宅用地成交面积同比增加113.2%

2015年温州市区成交住宅用地（包括商住用地）22宗，合计990亩（见图1），同比增长33.4%。土地成交量的增长，一方面是由于供应量的增加。2015年市区住宅用地供应量为1067亩[⑤]，较2014年同比增长17.64%。实施供应的1067亩住宅用地中有773亩住宅用地来自2015年土地出让计划[⑥]，与

---

① 数据来自《温州市统计月报》。

② 文中市区房屋交易的相关数据均来自温州市住房建设委员会。

③ 数据来自《温州市统计月报》。

④ 文中全市金融机构住房贷款相关数据均来自中国人民银行温州市中心支行。

⑤ 已经实施公告的土地计划。

⑥ 指由土地联席会议制度确定的出让计划。

2014 年实施供应的住宅用地中有 700 亩住宅用地来自当年的供地计划相比，增长 10.43%；其余的 294 亩不在计划之列，这部分较 2014 年的 207 亩增长了 42.03%。另一方面是由于逐渐宽松的政策环境使开发商对市场的预期有所提高，竞拍土地的积极性提高。2015 年市区住宅用地供应 1038 亩，实际成交 990 亩，成功率为 95.4%，较 2014 年的 81.68% 提高了近 14 个百分点。2015 年市区住宅用地最高溢价率为 62.5%，而 2014 年的最高溢价率为 22.59%。2015 年，多个开发商竞拍一宗市区土地的情况并不鲜见，甚至出现了多个开发商经历 5 个小时 48 轮竞价的状况。

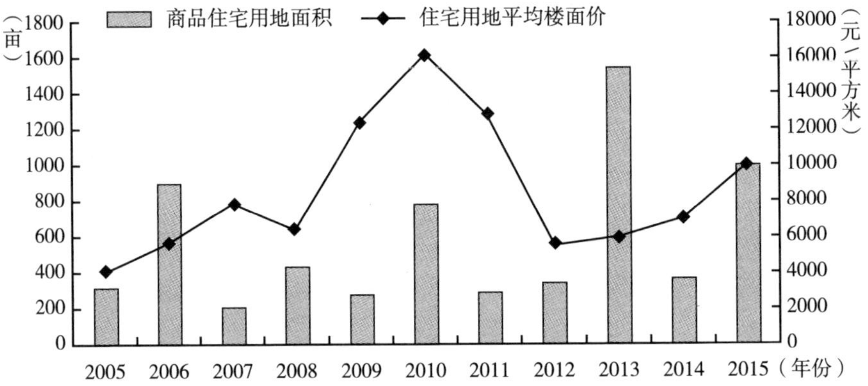

图 1　2005～2015 年温州市区住宅用地面积与出让价格

2. 成交土地区位的变化导致土地露面均价同比提升33.68%，各区地价走势分化

2015 年温州市区住宅用地平均成交楼面价为 10000 元/平方米，同比上升 44.38%（见图 1），均价提升的主要原因是成交土地区位的变化。市区土地供应在鹿城区、瓯海区、龙湾区及经开区的分布比例为 34.4%、38.8%、26.8% 及 0，鹿城区占比较上年同期提升 23 个百分点。鹿城区住宅用地平均楼面价为 13613 元/平方米，分别是瓯海区和龙湾区的 1.89 倍和 2.43 倍。鹿城区住宅用地平均楼面价较上年 3398 元/平方米提升了 300%，原因是 2015 年鹿城区供地区间较 2014 年有较大变化，2015 年成交的 8 宗土地均位于中央绿轴区域，土地价格相对较高，8 宗土地中最高楼面价为 15192 元/平方米，最低楼面价为 9328 元/平方米，平均为 13613 元/平方米，而 2014 年位置相对偏僻的仰义

林里地块占比 89.3%，其平均楼面价为 1967 元/平方米。

根据土地评估机构的评估，2015 年市区住宅用地均价同比上涨 3.76%，但是各个区地价走势情况存在分化。从近三年相邻地块的成交价来看，鹿城区年均涨幅约为 10%，瓯海区年均降幅约为 8%，龙湾区年均降幅约为 14%。①

3. 住宅用地供应在各季度的波动较大

一方面是市区范围内的住宅用地供应总量在各时段的波动较大。市区住宅用地供应量第一季度为 72.89 亩；第二季度为 124.45 亩，环比增长 70.74%；第三季度为 600 亩，环比增长 382.12%。鹿城区中央绿轴合计面积为 255 亩的 8 宗地块均于 7 月供应，因此，第三季度住宅用地供应量与前两个季度形成鲜明对比。土地供应总量的波动容易造成后续商品房供应总量的波动。另一方面是供应总量在各个区的分布比例波动较大。第一季度鹿城区、瓯海区、龙湾区及经开区面积占比分别为 48%、52%、0% 及 0%，第二季度鹿城区、瓯海区、龙湾区及经开区供地面积占比分别为 0%、90%、10% 及 0%，第三季度鹿城区、瓯海区、龙湾区及经开区供地面积占比分别为 42.6%、23.8%、33.6% 及 0%。行政区经济导致城市的地理和产业机理无法自由延伸，阻碍了协同发展，导致各区域市场的相对独立，因此，供应总量在各个区分布比例的波动，可能带来后续新建商品住房项目在某个时段、某个区域的集中供应，在土地项目容积率相差较小、住房项目市场定位相似的前提下，各项目之间产生较激烈的价格竞争，导致区域市场的波动。

（二）新建商品住房市场

1. 商品房供应量减少，成交量增长

2015 年温州市区批准预售商品住宅面积 85.37 万平方米，同比下降 37.23%，之所以下降幅度较大，是因为 2014 年市区商品住宅用地同比减少 51.54%，并对商品住宅市场产生了滞后性影响。2015 年温州市区新建商品住房成交面积及金额为 150.16 万平方米和 273.97 亿元，同比分别增长 43.36% 和 34.06%。2014 年以来，中央及地方对房地产市场的政策调整，包括税收、信贷、财税以及公积金等渐趋宽松，这对重塑市场信心有积极作用，在一定程

① 经开区近三年出让的住宅土地较少，已出让土地中没有相邻地块可进行比较。

度上释放了需求，政策的宽松促使了成交量的逐渐增加。

2. 存量同比减少

截至2015年12月31日，温州市区可供销售的商品住宅约为104万平方米，同比下降29.96%，可供销售面积回落至2013年的水平。根据2015年成交量来计算，104万平方米的去化时间为8.32个月，而上年末库存的去化时间为17个月①。市区新建商品住房库存中，预售证日期在2012年以前、2012年、2013年、2014年及2015年的占比分别为4.08%、15%、17.28%、19.83%及38.42%，呈现了开盘日期越早、余量越小的常态性规律。

鹿城区和龙湾区库存去化压力偏大。根据近五年各区的年成交量来计算，鹿城区、瓯海区、龙湾区及经开区库存的去化时间分别为15个月、10个月、17个月及8个月。鹿城区库存中100平方米以下、100~144平方米、144平方米以上户型分别占比28%、22%及50%，去化时间分别为13个月、9.7个月及24个月，从结构上看，鹿城区库存主要是144平方米以上户型。龙湾区库存中100平方米以下、100~144平方米、144平方米以上户型分别占比44%、37%及19%，去化时间分别为10个月、19个月及23个月，由于144平方米以上户型占比较少，龙湾区库存主要是144平方米以下户型。

（三）二手住房市场：成交量同比增长，交易集中于鹿城区

2015年温州市区二手住房成交面积及金额分别为196.38万平方米和172.76亿元，同比分别增长32.14%和13.38%。市区二手住房成交量较大幅度地超过新建商品住房成交量。2012~2015年的48个月中，二手住房成交量与新建商品住房成交量比值小于1的仅8个月，其余40个月份的比值均超过1（见图2），48个月的平均比值为1.48，即2012~2015年温州市区二手住房成交面积是新建商品住房成交面积的1.48倍。一般而言，住房市场的发展先经历以新建房成交为主的阶段，再经历以存量房成交为主的阶段，一个成熟的房地产市场往往会以存量房交易为主。虽然温州市区以存量房交易为主，但是市区的住房市场并未进入成熟的阶段，新建商品住房供应的不足导致住房需求更多地通过存量住宅来满足。

① 根据上年成交量来计算。

市区二手住房成交量在各个区域的分布非均衡。2015 年鹿城区新建商品住宅成交量与存量住宅成交量的比值为 0.25，而其他各区的比值均高于 2；鹿城区存量住宅成交面积占市区存量住宅总成交面积的 73.6%。鹿城区住宅市场起步于 20 世纪 80 年代，发展相对成熟，2010 年以前已经基本完成了对旧城住房的全面更新改造，城市化率达到 75.86%，城市发展已经处于相对稳定的阶段，其他三个区的住房市场起步较晚，仍处于土地城市化过程中。同时，从小学和初中的生均公共财政预算教育事业费支出、千人拥有医院（卫生院）床位数、公共图书馆总藏书量、公交场站数量等公共服务及配套的指标（见表 1）的比较可以看出，鹿城区的宜居性显然最好。公共资源配置的非均衡也较大程度地导致了二手住房交易在各个区域分布的非均衡。

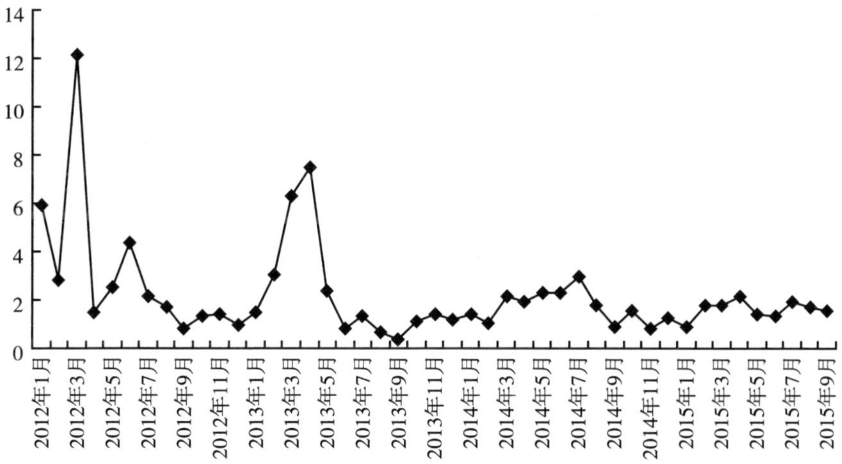

图 2　2012～2015 年温州市区二手住房成交套数与新建住房成交套数的比值

（四）需求的变化引导供应结构调整

2015 年末市区已登记城镇私有住宅中，非政府开发主体建设的商品住房约 16%，其余主要有三类：新中国成立以前建设的住房、20 世纪 80 年代的集资联建房和 20 世纪 90 年代以来建设的各类安置房（包括保障房）。存量住房的同质化现象突出，随着住房需求从生存型到舒适型的转变，消费者对住宅的面积和品质提出了更高的要求。2015 年市区成交的新建商品住宅中

100 平方米以下户型的比重较上年下降了约 12 个百分点，而 100～144 平方米户型的比重较上年提升了约 12 个百分点。相应地，2015 年市区新建商品住房供应中，100 平方米以下和 100 平方米以上户型的比重分别较上年降低 17 个百分点、提高 16 个百分点。

表 1 温州市区（四个区）相关指标比较①

	鹿城	龙湾	经开②	瓯海
生均公共财政预算教育事业费支出(小学)(元)	9198.38③	8594.26		8595.94
生均公共财政预算教育事业费支出(初中)(元)	17212.08④	12519.81		13994.26
千人拥有医院(卫生院)床位数(张)	17.47	3.66		2.02
医生数(人)	5999	1153		1228
公共图书馆总藏书量(千册)	6146	472		473
公交场站⑤(个)	51	20	4	31

注：①不单独加以说明的数据均来自《温州统计年鉴》且为 2014 年数据。②统计年鉴中，经开区的数据包含在龙湾区的统计数据内，一部分数据无法单独统计，此表中仅列示了经开区可以单独统计的数据。③2015 年度数据，数据来自浙江省教育厅。鹿城区小学的“生均公共财政预算教育事业费支出”不包含温州市本级的小学，市本级小学的生均公共财政预算教育事业费支出达 19447.43 元，而市本级的小学位于鹿城区，如果把位于鹿城区范围内的所有小学考虑在内，鹿城区小学的生均公共财政预算教育事业费支出会更大。④2015 年度数据，数据来自浙江省教育厅。由于历史的原因，鹿城区范围内的初中隶属于市本级，市本级初中的“生均公共财政预算教育事业费支出”达 19711.38 元，如果把位于鹿城区范围内的所有初中均考虑在内，鹿城区初中的生均公共财政预算教育事业费支出会更大。⑤包括截至 2015 年末的公交车首末站、枢纽站、停保站，该数据包括了正式场站和临时场站，数据来自温州市交运集团。

（五）住房价格小幅上涨

新建商品住宅和二手住宅价格同比分别增长 1.8% 和 1.6%。根据温州市住建委的统计资料，2015 年温州市区新建商品住宅成交均价为 18246 元/平方米（包含区位因素），较上年同比下降 6.47%，较年初上涨 34%；2009 年至今，市区新建商品住宅的成交均价走势呈现倒 U 字形，价格最高点是 2011 年，之后回落，目前的价格低于 2009 年的 22042 元/平方米。根据统计部门的监测，剔除区位因素及其他因素的影响，2015 年 12 月新建商品住宅和存量住宅价格同比分别增长 1.8% 和 1.6%，住宅价格相对稳定。2015 年 5 月温州市直属和鹿城区“小升初”招生政策的变化，引起相关学区房价格同比上涨约 10%，其余学区房的价格较稳定。

三 温州市区房地产市场展望

2015年底中央提出化解房地产库存，促进房地产健康发展，对温州住房市场产生了一些利好的影响，住房市场价格走势相对稳定，同时，2015年成交地块区位优越使得出让土地价格上涨。2016年市区新建商品住房成交价格可能随之提高。但是，温州市区住房市场运行的供需基本面并未随之发生根本改变，住房市场及住房价格波动的风险仍然存在。

潜在库存不容忽视。截至2015年末，温州市区已出让土地未来2～3年将提供约320万平方米的新建商品住宅，包括：2013年前出让的土地可供住宅约30万平方米、2013年出让的土地可供住宅近60万平方米、2014年出让的土地可供住宅约70万平方米、2015年出让的土地可供住宅约160万平方米，这其中将有一部分形成2016年的实际供应量。2013年出让的土地可供住宅229万平方米，其中的25%、40%以及10%已于2013年、2014年以及2015年上市，其余25%将有较大可能于2016年上市；2014年出让的土地可供住宅118万平方米，于2014～2015年完成上市的比例达40%，将于2016年上市的规模不会小于2014～2015年的年平均量，那么两者合计至少80万平方米。同时，2015年出让的土地可产生的住宅约160万平方米，其中近17%已于2015年上市，从项目的前期准备来看，至少将有100万平方米将于2016年上市。因此，存量土地可供的320万平方米商品住宅中，至少将有180万平方米形成2016年的实际供应量。除了存量土地，2016年市区新增住宅用地也将有一部分形成当年的实际供应量，现有政策环境下，2016年土地成交量至少保持2014年的规模，按照2014～2015年成交土地的开发节奏①，2016年成交土地将会有约20万平方米的住宅上市。由此，2016年市区至少将有200万平方米的新建商品住宅上市，可能创历史新高。除了存量土地，2016年新增住宅用地也将于当年形成住宅的实际供应量。另外，温州市区范围内城中村改造于

① 2014年出让土地可提供的住宅118万方，第一年形成实际供应量23万平方米；2015出让土地可提供的住宅160万平方米，形成实际供应量为27万平方米，从2014～2015年数据来看，当年出让土地形成当年实际供应量的比例为18%。

2015 年竣工的安置房达到 7190 套，面积为 95 万平方米，2016 年竣工的安置房数量将不少于 2015 年度，这些安置房在解决安置户自住需求后必然有一部分进入市场，不可避免地产生“未来住房供应量充裕”的预期，加大市场去库存的压力。从总体上看，买方市场中的供给方失去了涨价的主导权。

需求方更为谨慎与理性。从目前来看，投资需求爆发式增长的可能性不大，住房市场仍将以消费需求为主。消费需求主要源于城镇化、结婚、改善性需求等，城中村改造会分流部分住房需求，区域经济结构的调整以及区域经济下行的压力会抑制住房消费需求的释放。

总体来说，政策对住房市场的影响是趋于扩张的。经济增长放缓刺激着中央和地方出台促进住房市场发展的政策措施，如果“去库存”的政策基调能产生一系列较为全面且长效的机制，这些改革的措施将会进一步改善住房市场预期、整体提振需求，并促进住房需求的释放和住房市场的持续增长，那么，2016 年市区住房市场及住房价格可能将保持平稳向上的发展。

B.11

当前温州民间资本的新动向和政策建议

张震宇　柯园园　杨　勇*

摘　要：　充裕的民间资本、活跃的民间金融对温州企业的资金融通和地区经济发展发挥了积极作用，但其盲目无序特征和逐利性也蕴含了较大的风险。课题组对2011年局部金融风波以来温州民间资本的动向和特点进行了调研，发现民间资本规模有所增加，增速有所下降，民间融资市场规范化程度有所提升；互联网金融等金融领域成为民间资本流向的重点领域；通过调研，发现民间资本运行存在资金外流、投资无序、新业态风险、监管机制未有效发挥等问题。最后，本文从建设金融特色小镇、政府引导基金、资本市场、制度建设等方面提出了引导民间资本服务实体经济的相关建议。

关键词：　温州　民间资本　民间融资市场

2011年9月，温州爆发的局部金融风波，拉开了企业“两链”风险序幕。从本质上看，这是在“三期叠加”的宏观环境下，前期民营企业盲目扩张和盲目投资累积的金融风险集中爆发的结果。风险爆发的路径首先由投机性更强、杠杆率更高的民间金融领域开始，集中扩散后逐步传递到银行业金融机构。因受互保联保影响企业关停比例趋升，目前仍处于后金融风波时期的“两链”风险处置过程中。因此，研判民间资本的新动向和特点，对温州市金融、经济的发展和稳定具有重要意义。

---

* 张震宇，温州市金融办主任，高级经济师；柯园园、杨勇，温州市金融办。

一　温州市民间资本流向的现状

（一）据测算，2015年6月末，温州市辖内企业民间流动性资本规模已经近5700亿元，比2010年底增加近900亿元，年均增长3.9%

我们对全市各县（市、区）220家①企业的抽样调查表明，温州市的民间资本规模在几个调查节点逐期递增，但增速在2011年局部金融风波过后急速下降。从调查期看，2010年是民间资本增速的分水岭，2010年以前，全市民间资本年均增速都超过10%。2008年10月末至2010年底，民间资本年均增速为17.7%，加权平均后为14%左右；而2010年以后，民间资本增速仅为4%左右。2010年底至2015年6月末，辖内企业民间资本年均增长3.9%，比2008年10月末至2010年底的年均增速低13.8个百分点。如果把这几年的不良贷款处置金额还原回来，那么2015年6月末的民间资本规模和年均增速分别为7468亿元和8.8%（见表1）。

表1　企业民间资本规模及其年均增长率

单位：亿元，%

调查截止时间	2006年末	2008年10月末	2010年底	2015年6月末	2015年6月末（还原后）
民间资本规模	2200	3370	4800	5695.52	7467.61
年均增长率	11*	26.2	17.7	3.9	8.8

*与2005年9月末民间资本规模相比计算的年均增速。

（二）2015年6月末，在中小企业的资金来源中，自有资金、银行贷款、民间融资三者的比例约为61∶35∶3，民间融资仍是企业融资的补充

抽样调查表明（见表2），2015年6月末，中小企业民间融资占比为3%，比2008年10月末的占比下降了3个百分点，民间融资占比继续萎缩。2008年和2015年是历次调查中民间融资占比最低的两个年度，这主要是由外部经济环境导致的。2008年和2011年，分别受全球金融危机和温州局部金融风波影响，温州中小企业经营状况恶化，互保联保影响蔓延，民间融资规模相应大幅萎缩。此

① 实际收回有效调查问卷209份。

外，中小企业在经营过程中，除自有资金、银行贷款、民间融资“老三样”外，企业债等直接融资方式也逐步得到运用，占比约为1%，虽规模不大但意义重大。

表2　中小企业自有资金、银行贷款、民间融资的比例

时间	2006年末	2008年10月末	2010年第一季度	2015年6月末	2015年6月末（出险企业）
比例	56:30:14	64:30:6	39:33:28	61:35:3	53:39:8

为研究民间融资对企业经营的影响，我们对全市部分出险企业的民间融资状况进行了调查。2015年6月末，抽样调查的乐清、瑞安两市的79家出险企业的自有资金、银行贷款、民间融资比例为53:39:8，外源融资（银行贷款、民间融资）占比比一般企业高9个百分点，民间融资占比比一般企业高5个百分点。这从一定程度上说明民间融资具有风险放大作用，由于温州经济的开放性和民间融资的投机性，外部经济风险经由地方经济传导到金融业，具有“过桥拆借”作用的民间融资被推上前台，最终未能挽回企业资金链紧张乃至断裂的局面。

（三）民间金融主体数量和规模有所萎缩，规范化程度提升

近年来，温州民间融资市场主体趋向多样化，一些借贷主体开始借助典当商行、担保公司、投资咨询公司等各种合法的组织形式走向公开或半公开，并且打着“投资理财”的旗号来吸引民间资本的投入，再以帮助个人和企业解决资金需求的名义高息向外借款，从中赚取高额利差。同时，民间单笔的借贷金额明显上升，金额上百万元甚至上千万元的单笔借贷也有出现①。这种情况在2011年达到顶峰。据统计，2011年末，全市共有担保公司、投资（咨询）公司、寄售行、典当行、旧物调剂行等各类民间金融市场主体1900多家，其中大部分参与了借贷活动。局部金融风波爆发后，民间借贷市场急剧萎缩，活跃度下降，再加上监管措施日趋严格，挤压了非法金融的空间，使得市场主体规模萎缩。目前，温州市正常营业的各类民间融资市场主体减少至680余家，大量不规范的投资（咨询）公司、寄售行等停止了营业（见表3）。

① 张震宇、柯园园：《温州民间资本调研报告》，《温州论坛》2009年第2期。

表 3　温州市部分民间融资市场主体数量变化情况

单位：家

名称	2011 年末	2015 年末	增量
投资(咨询)公司	1088	260	-828
寄售行(旧物调剂行)	557	3	-554
非融资性担保公司	139	7	-132
融资性担保公司	47	29	-18
典当行	59	73	14
小额贷款公司	26	44	18
民间融资信息服务企业(P2P)	0	134	134
农村资金互助会	0	57	57
民间资本管理公司	0	10	10
民间借贷服务中心	0	7	7
应急转贷资金管委会	0	18	18
商业保理公司	0	3	3
票据服务公司	0	5	5
合　计	1916	650	-1266

民间融资利率总体呈下降趋势，价格趋于理性。从温州指数数据来看，2015 年 12 月民间融资综合利率为 18.65%，比金融改革以前的 25.44% 下降了 6.79 个百分点。这是从 2014 年第三季度出现阶段性高位以来，连续第六个季度下降，2015 年 12 月的民间综合利率也是温州指数编制以来最低的季末交易价格。

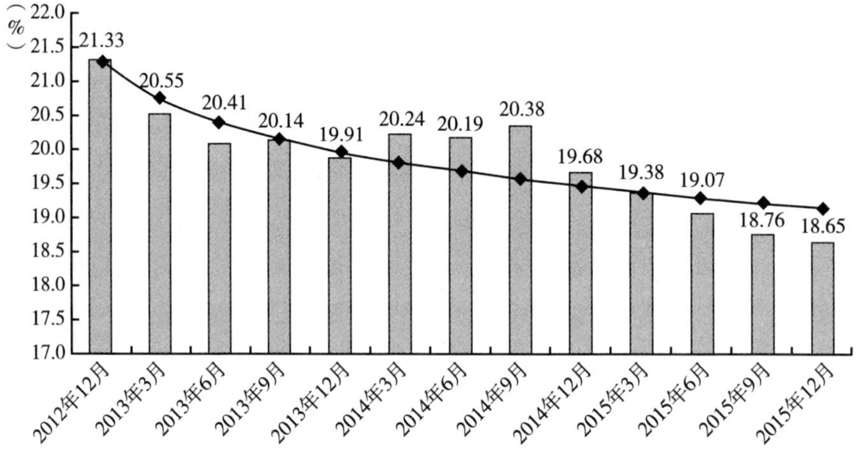

图 1　2012 年 12 月起温州指数按季变化情况

二　民间资本流向的新动向

（一）金融领域是民间资金抢滩的重点

能得到相对较高的投资回报是民资进入金融领域的主要原因。“两链”风险爆发以来，地方法人银行相对较低的不良贷款率和稳定的盈利水平使其成为民资的投资重点。截至2015年末，温州民资已经进入金融领域的资金规模合计超过420亿元，自2012年3月金融改革以来新增近150亿元，增长53.9%（见表4）。其中，进入银行业的民资达到278.52亿元，占65.4%。2015年3月末，温州民商银行开业，20亿元的注册资本金全部来自民资，全国首批5家民商银行中，温商大股东参与的就有4家，持股金额超过40亿元，占注册资本的比重达到26.7%；温州银行增资扩股，农村合作金融机构的股份制改革等都成为民资进入金融领域的良机。

表4　民间资本进入金融领域情况

单位：亿元

机构	2012年3月末			2015年12月末		
	总股本金	其中:民资持有股本金	涉及民间资金	总股本金	其中:民资持有股本	涉及民间资金
温州民商银行						20
村镇银行	7.48	4.9	5.27	9.23	—	5.16
温州银行	15.08	7.88	23.25	25.08	18.37	72.56
农商行	45.14	45.14	130.89	68.81	68.81	171.46
农信社	4.67	4.67	9.34	4.67	4.67	9.34
农村资金互助社			0.05			0.05
小额贷款公司	28家		72.2	45家		108.42
民间资本管理公司	1家		1	10家		8.45
其他	—	—	34.73	—	—	30.42
合　计	—	—	276.73	—	—	425.86

（二）线上P2P和场外配资等成为民间资本汇聚的新阵地

随着互联网技术的普及和P2P借贷平台的兴起，P2P平台数量爆发式增长，成为民间融资的新形态。截至 2015 年 6 月末，全市共备案民间融资信息服务企业 124 家，其中线上 P2P 平台 36 家，分别比年初增加 45 家和 12 家。这些 P2P 平台行业差距明显，注册资本从 3 万元到 2 亿元不等；最高的累计成交额超过 200 亿元，而最低的平台成交额仅为几十万元；4 家机构获得风险投资和战略投资。28 家经营正常的 P2P 网贷平台 2013 年以来在温州地区已经累计撮合融资 262.69 亿元，超过全市民间借贷累计登记备案量的总和，发展速度极为迅猛。场外配资业务风生水起。2015 年上半年，证券市场震荡活跃，温州市配资公司大量涌现。据调查，全市前十大配资公司平均配资规模为每家 10 亿元，是 2010 年的 10 倍，全市进入配资的资金总规模可能在 300 亿元以内，杠杆率普遍在 1～5 倍。

（三）民间借贷逐步从“熟人社会”向契约化转变

自《温州市民间融资管理条例》实施后，民间借贷公共服务平台因其信息公开和风险救济措施而逐步得到借贷双方的认同。民间借贷逐步突破了“亲缘、地缘、业缘”的三缘关系，向契约化转变。借贷双方在“交易”时往往手续齐全，借款协议或借条逐步格式化。目前全市已设立 7 家民间借贷登记服务中心和 5 家独立的备案中心，引进 43 家融资中介机构入驻，提供民间借贷登记、合约公正、资产评估登记等服务。鹿城区还将民间借贷备案服务有效延伸至街道、社区和企业，为民间借贷双方提供更高效、便捷的备案服务。截至 2015 年末，全市共备案民间借贷 20672 笔，总金额 287.43 亿元，其中 2015 年备案 11962 笔，备案金额达到 170.69 亿元，备案笔数和金额分别同比增长 87.73% 和 78.02%，速度明显加快。备案中心累计登记借入借出需求 5 万笔，成交金额 234.9 亿元，借贷撮合成功率超 50%；民间借贷的“契约”撮合资金占全部民间借贷的比重从金融改革前的不到 5%，提高到 20% 左右。

三　新常态下温州市民间资本运行需关注的问题

（一）民间资本外流

受要素制约、产业结构等因素影响，温州区域资金外流现象一直比较突出。据中国人民银行温州市中心支行对银行业贷款流向的调查，2012 年温州银行业贷款流向区外的达到 27%；从贷款和 GDP 的比值来看，温州的比值高于全省和全国水平，这也说明贷款资金外流的常态。调查发现，近期至少有两拨资金没有回到温州。一是温商在外投资的收益和在能源投资领域退出的资本。如退出山西煤矿的投资，很多滞留在杭州等大城市，多则几十亿元，少则几亿元。上半年股市大幅上涨时一部分民间资本流入股市，目前在观望退出，投资方向不明。二是温州部分龙头企业组织了一定规模的民间资本到辖外投资。如从正泰、奥康等温州市知名民企旗下基金（产业基金、股权投资基金等）的投向看，这两家企业共出资超过 15 亿元（总募资金额近 75 亿元，差额部分为辖外企业出资），但目前都是投向温州市外的项目。上市公司华峰氨纶旗下的华峰民间资本管理公司，在温州市内募集的定向集合资金 4000 万元，全部投资于杭州的某创投企业；某文创基金首期在温州募集的 2000 万元，也投向辖外项目。

相当规模的民间资本作为经营资金或投资流向区外。电商协会调研发现，在部分商铺中大量异地 POS 机被用来付款收单，也就是说本地消费者刷卡消费之后，资金并未留在本地银行金融机构，而是流向外地，造成温州区域资金大量流失。据统计，每 10 家商铺中约有 7 家使用异地 POS 机。2013 年至 2015 年 6 月，在温州市 28 家 P2P 网贷平台的成交资金中，在温州区域内流转使用的为 143.35 亿元，占 54.9%，有 45.1% 的资金被移用到了温州辖外；从年度变化来看，辖外使用的比例逐年增加，2015 年上半年已超过辖内使用金额（见表 5）。

表 5　温州地区 P2P 网贷平台资金运用情况*

单位：万元，%

	辖内使用	辖外使用	辖内占比
2013 年撮合成交额	429984.1	204849.3	67.7
2014 年撮合成交额	684413.7	652533.5	51.2
2015 年 1～6 月撮合成交额	319093.8	336006.7	48.7
合　计	1433491.6	1193389.5	54.6

* 温州辖内资金主要是指借入方为温州区域内的企业或者个人，资金在温州区域内流转；温州辖外资金主要是指资金借入方在温州区域外，资金在温州区域外流转。

（二）民间投资无序

民间资本投资仍存在较大的盲目性，羊群效应和投机性突出，与产业资本对接不到位。经历房地产市场下行和国家全面整顿规范矿产资源开发秩序后，部分游资转而投向民间借贷、场外配资、股市等领域。随着场外配资被叫停和股市的震荡调整，又有相当的游资从股市撤出，回流至银行或闲置。2014年底股市行情启动上涨以来，民间资本大规模流向股市，对银行存款产生了一定程度的分流。2015年上半年股市资金净流入达到305.4亿元，6月末温州市股民股票资产（股票市值+保证金）已达2251亿元，为住户存款余额的48.2%。尤其是上证指数在3月、4月分别达到13.22%和18.5%的涨幅高位，相应地，股市资金净流入在4月、5月达到高峰（滞后1个月），银行存款在5月出现了较大的单月减幅。6月起大盘走低，股市资金马上出现净流入减少，甚至净流出，银行存款增量也逐步回升（见表6）。逐利性是民间投资无序的根源。登记备案的民间借贷年化利率在10.8%～18%，小额贷款公司投放利率约为年化17%，其他市场主体利率约为年化26%，都远高于工业经济5%～6%的平均利润率（见表7）。

民间投资盲目无序的结果是，“先天不足”的小微企业融资处于民间资本、信贷资本和直接融资“三个对接难”的状况，结构性融资难融资贵问题突出。2012～2015年，全市累计新增各类直接融资699.7亿元，连续保持快速增长。但从结构来看，国有平台项目达到64.8%，民营企业直接融资规模偏小，若再剔除大型民营集团企业IPO融资或定向增发融资，则中小民营企业直接融资仅162.09亿元，仅占23.2%。

表6　2015年1～12月存款、股市资金情况

单位：亿元

序号	指标名称	1月	2月	3月	4月	5月	6月
1	银行存款增量	263	176.8	23.4	-255.5	83.8	254.9
2	股市资金流入	336.5	272	545.5	798.8	986.2	1337.1
	股市资金流出	331.3	267.8	512.9	691.6	864.4	1302.7
	股市资金净流入	5.2	4.2	32.6	107.2	121.8	34.4

续表

序号	指标名称	1月	2月	3月	4月	5月	6月
3	上证指数月末收盘涨幅(%)	-0.75	3.11	13.22	18.5	3.83	-7.25
4	股市保证金增幅(%)	8.60	-5.9	65.50	13.3	62.8	9.10
序号	指标名称	7月	8月	9月	10月	11月	12月
1	银行存款增量	57.5	120.1	94.5	-63	-151.7	363.7
2	股市资金流入	882.8	557.4	384.8	437.2	588.7	826.3
	股市资金流出	927.7	564.5	453.7	395.8	522.2	777.5
	股市资金净流入	-44.9	-7.1	-68.9	41.3	66.5	48.7
3	上证指数月末收盘涨幅(%)	-14.3	-12.5	-4.78	10.8	1.86	2.72
4	股市保证金增幅(%)	-11.4	371.78	190.65	191.25	191.27	-48.63

表7 温州地区民间融资综合利率周指数（2015年12月28日至12月31日）

温州地区民间借贷综合利率指数				年化利率(%)		
按主体分	民间借贷服务中心利率	小额贷款公司放款利率	民间资本管理公司融资价格	社会直接借贷利率	其他市场主体利率	农村互助会互助金费率
	17.50	16.78	12.72	15.28	26.12	13.30
按期限分	一月期	三月期	六月期	一年期		一年以上
	19.51	18.33	14.56	14.86		12.61

资料来源：温州指数网站。

（三）线上P2P等新型业态存在潜在风险

非法集资等借网贷平台还魂，风险快速外溢，进一步加剧了民间金融与实体经济的分离，造成了实体企业的融资困难。目前，全市累计已有15家P2P平台出险并被公安部门立案调查，比年初增加8家，涉及投资者人数达到3800多人，涉案金额达到2.7亿元左右。部分网络平台承诺高息回报和本息保证，利用第三方平台进行推广宣传，非法吸收公众存款，造成全国范围内的众多投资者损失。此外，非法集资、呈会等传统民间金融风险形态也有所返潮，如2015年元旦洞头县发生以民间高息“呈会”为主要表现形式的民间金融风险，泰顺县的立人集团非法集资案件等，参与人数众多，金额巨大，给当地处置和维稳带来较大挑战。2015年共立案查处涉及一般主体债务的非法集资案件96起，同比上升10.34%，涉案金额26.47亿元。除P2P外，一些打着“互助”“高息”幌子的互联网非法金融形态也隐藏了极大的风险。如涉嫌“金融传销”的MMM互助金融社区，以“慈善互助”和月息30%为诱饵，吸引“会员”入局和发展下线，并通过互联网工具迅速跨区域扩张，是明显的庞氏骗局，风险隐患很大。场外配资叫停后的风险隐患和监管压力不容忽视。一些配资主体认购的信托资金因业务无法开展而闲置在账户上，每月要承担8%左右的利息支出，如提前退还信托资金则还要承担6个月的罚息。据调查，部分配资主体基本上已处于“利润回吐”阶段，有的甚至存在破产风险。在这种背景下，个别配资主体极有可能将未清退的借款人保证金抽逃，进而引发区域性、系统性风险。此外，场外配资叫停后，将会导致更多的业务潜入“地下”，给监管带来困难。

（四）创新常态下的民间金融监管体系尚未有效形成

法规政策不健全。民间金融主体多元，分属多个主管部门，其监管理念、标准和目标不尽一致，存在职能交叉或监管空白。虽然中国人民银行等十部委发布《关于促进互联网金融健康发展的指导意见》（银发〔2015〕221号），但对于具体的日常业务监管该由哪个部门来具体负责尚未明确。例如，一些非法集资平台冒充P2P，成为民间金融风险的“重灾区”。如果银行贷款被用来偿还P2P模式下的债务，将导致民间金融风险再次向正规金融传导。但是，商业银行由银监部门监管，民间金融大部分属于政府监管范畴，两者交互就容易出现监管“真空”地带。《温州市民间融资管理条例》仅在对民间融资信息服务企业的机构备案等方面做了规定；而2012年出台的《关于加强地方金融监管工作的实施意见》只是温州市政府的文件，没有上升到法律层面，与部委规章规定也存在一定的不协同，而且地方金融管理部门队伍建设跟不上需求，民间融资有效监管缺失。此外，监管上下联动机制不顺畅。地方金融监管配合“一行三会”的监管发挥作用的有效机制尚未形成，地方其他相关部门与地方金融机构部门之间缺乏持续稳定监管协调配合机制和信息共享机制。如果缺乏对资金流向监测的权限和手段，地方政府对民间金融的监管就缺失了重要一环。

四 政策建议

（一）以金融特色小镇建设招选辖外民间资本回归

要注重“引资”和“引智”相结合，优化高端人才招引政策，使人才“引得来、留得住、用得好”。加快规划和建设温州万国（财富）小镇、瓯海汇富小镇、南麂基金岛（小镇）等市级金融特色小镇，推动金融、文化、旅游、商业等多产业融合、集聚、创新和升级。优化特色小镇投资环境，加快完善民间投资领域税费鼓励引导政策，通过优化创新财税体制改革、金融体制改革等，更好地发挥政府的引导、服务、管理职能，切实激发民间投资的动力和活力，把民间资本的投资需求与企业实体的融资需求切实对接起来，把招商引资与产业转型升级结合起来，推动特色小镇早出形象、早出效益，并以点带面，推动温州市经济创新特色发展，提高资金运作效率和区域经济发展水平。

（二）以政府引导基金平台等引导民资对接实体经济

改变政府引导的产业投资基金“只叫好不叫座”的现象。改变政府出资设立产业投资母基金“只打雷不下雨”的局面，加快在产业投资母基金下设立若干产业投资子基金，吸引政府、金融机构、民间资金等各类资金参与，作为股权投向温州市域范围内的重点项目。积极发展股权投资引导基金，以政府信用吸引机构投资者的资金以及民间资本、金融资本等社会资金聚集，构建资本与企业对接机制，培育一批以市场为导向、以自主研发为动力的创新型企业。通过公私合营等模式促进民间资本规范运作。加大优质项目库建设，推进 PPP 项目进展和实施，吸引民间资本参与“一带一路”的基础设施建设和产业园区建设等，服务温州“五化”发展。打通民间资本进入成长性强、发展前景好的产业领域的通道，鼓励民间资本等各类资本投向高新技术产业和先进制造业，进一步提升民间资本投资的组织化程度，真正将温州民间资本雄厚的优势转化为经济转型发展的推动力。

（三）以多层次资本市场夯实产业转型升级基础

要优化金融结构，加快非银金融业发展，重点建设多层次广覆盖的资本市场，真正在拓宽民间资金投资渠道、推动新兴产业发展、推进并购重组等三个方面发挥更大作用。推进企业股改、上市重组，引导企业到“新三板”等各类场外交易市场挂牌融资。发挥好本地股权、产权、金融资产等各类要素交易市场的作用，推动各类股权（产权）交易中心、金融资产交易平台、中小企业金融服务中心、民间财富管理中心等发展壮大，使它们成为引领带动整个非银金融行业发展的大平台和知名品牌。同时，加快建立现代企业制度，优化企业产权结构，综合各类融资工具，夯实实体经济发展基础。

（四）以法治理念推动民间金融规范运行

完善民间金融监管法律体系。深化实施《温州市民间融资管理条例》，修改完善条例并使其在浙江全省范围内推广实施。以权力清单和协调机制为抓手，推动依法行政，探索监管负面清单制管理，探索地方金融监管新模式。探索建立健全民间金融组织运行和发展监管协调机制，明确和更好发挥政府、行业协会、民间金融组织、社会、司法等领域的地位和功能，引导和规范民间金融健康发展。完善民间信用法制环境，加大违约成本，健全完善涉及司法、公安、工商、税务等部门的信息共享机制，如民间借贷信用系统、失信“黑名单”等信息库，形成信用综合评价体系，最大限度降低民间融资风险。规范民间金融市场机制。破除民间投资制度“偏见”，切实落实各级各部门鼓励民间投资的政策意见，给予民间投资公平的市场环境和配套机制，以及公平、合理的准入和退出机制，消除民间资本投资顾虑，切实保护民间投资的合法权益。探索金融纠纷多元解决机制，提高民间金融案件审判效率，加大案件执行力度。

参考文献

张震宇、柯园园：《温州民间资本调研报告》，《温州论坛》2009 年 2 月。

杨福明：《民间金融脆弱性及其治理研究——基于温州的案例》，《中国流通经济》2014 年第 5 期。

社　会　篇

Social Development

B.12
温州实施“红色系统工程”研究报告

缪来顺*

摘　要：　温州开展的“红色系统工程”为强化基层党组织建设、完善基层治理体系做了积极的探索，并取得了实实在在的成效。实施“红色系统工程”的现实逻辑是：信息有效传递是基础，及时解决问题是关键，激励监督机制是保障，服务队伍建设是保证，后两者正如车之两轮、鸟之两翼，缺一不可。本文最后对进一步推进“红色系统工程”还需关注的问题进行了探讨，并提出对策建议。

关键词：　基层治理　基层党建　红色系统工程

温州市委自2013年提出“红色细胞工程”建设以来，不断深化拓展其内

---

* 缪来顺，中共温州市委党校副教授。

涵与外延，形成红色细胞、红色阵地、红色基金、红色旋风“四个红色”的系列红色工程。“红色系统工程”打通了党的政策下达民情上传的渠道，有效解决群众反映的问题，第一时间化解基层矛盾，将可能发生的群体性事件扼杀在萌芽状态，赢得了基层老百姓的掌声和支持，党员在关键时刻总能带头示范，社会动员能力也得到前所未有的加强，这些都为探索基层治理体系和治理能力的现代化奠定了坚实的基础。

一 实施“红色系统工程”的背景及目标

1. 基层组织服务群众能力弱化

自 2011 年温州市开展村级组织设置改革试点工作以来，全市 5405 个村通过“转、并、联”整合成为 798 个农村社区，基层组织的管理幅度与管理半径日益增大，其中最大的农村社区合并了 33 个村，所辖地域面积达到 104 平方公里，管辖的常住人口达 5.9 万人①。村级组织设置改革整合了农村土地、人才、资金、信息等各种资源，强化了农村社区的组织功能。但与此同时，也产生了基层组织、基层力量、工作重心等“三个上浮”和基层组织管理幅度过大等问题，这显然不利于基层组织了解掌握基层群众所思所想，帮助群众解决实际困难，及时化解基层矛盾。

2. “三宗”势力抢占农村基层阵地

由于历史文化等原因，宗族、宗教、宗派等“三宗”势力在温州农村影响力较大，抢占农村基层阵地现象渐渐显现。一是农村宗教势力强大，信徒众多，影响面广。从信徒人数看，温州天主教徒人数约占全省的七成，基督教徒人数约占全省一半，其中农村信徒占绝大多数，极个别农村信徒超过村总人数的 50%。从宗教场所来看，接近 70% 的村有宗教场所②。二是宗教组织经常开展公益服务吸引村民加入宗教组织。调查中发现，村民生病住院，宗教组织会去医院探望；村民生活有困难，宗教组织也会主动提供些力所能及的帮助等。三是村民精神生活相对匮乏，宗教文化“乘虚而入”。随着温州农村经济的发

① 数据来源：温州市委办公室内部资料《温办通报》2014 年第一期。

② 同上。

展，村民的精神文化生活需求日趋强烈，然而由于社会主义核心价值观等主流意识形态没有及时占领农村阵地，宗教文化乘虚而入，大行其道。四是宗族宗派势力影响基层党组织建设。个别农村党支部书记为了牢牢掌控村级党组织，在发展党员时，“家族化”“近亲化”倾向严重。五是宗族宗派势力左右基层民主选举。“一荣俱荣、一损俱损”的宗族宗派利益捆绑，绑架了农村的民主选举，使得政治坚定、素质高、能力强的村民不一定能在选举中获胜。

3. 做群众工作的方式不能完全适应信息社会的发展

温州正处于社会转型期、利益分配格局调整期，农村社会存在各种矛盾冲突是不可避免的。在信息社会，基层矛盾冲突的相关信息已不可能被束缚在当地狭小的区域内。加之，温州作为改革开放的前沿，社会各界对其关注度较高，通常处于社会舆论的风口浪尖。一些村民在解决基层矛盾冲突时，往往会利用互联网传播速度快、范围广、成本低以及温州易被社会舆论关注的特点，通过网络媒体造势，获得社会舆论的支持。而基层党组织由于缺乏与群众面对面的沟通交流机制，难以在第一时间掌握基层群众矛盾纠纷的相关信息，往往要等到网络上闹得沸沸扬扬后才获悉，再介入解决矛盾纠纷，使调解工作失去最佳时机而陷入被动状态。同时，随着移动终端技术的发展，农村群众获取信息的渠道发生了根本性改变，互联网成为获取信息、知识的主要渠道。然而，互联网信息泥沙俱下，基层群众由于缺乏相关知识，难以甄别信息的真实性而易被误导。一些基层党组织跟不上信息社会的发展，缺乏教育引导群众的有效手段，党的方针、政策、路线在向基层群众传递的过程中往往出现“梗阻”，导致群众被网络上的负面信息蒙骗、误导。

4. 部分基层党员的“党员意识”薄弱

总的来看，温州农村大部分党员的“党员意识”较强，但也有一些农村党员宗旨意识弱化、工作方法简单粗暴、组织纪律性差。由于党员的退出机制不健全，对落后党员或不合格党员，党组织往往是以批评教育为主，少有采取劝退、除名等严厉的处罚措施，警示效果不理想。“出口”不畅，导致不合格党员长期滞留在基层党组织肌体内，败坏党的风气，成为“一锅粥里的老鼠屎”。

面对上述问题，如果不重视加强基层党组织建设，发挥党员先锋模范作用，密切党群关系，基层执政基础就会受到严重削弱和侵蚀，基于此，温州市委提出“红色系统工程”，强化基层党组织建设，发挥每个党员的“红色细胞”作用，保持党同基层群众的血肉关系，巩固党的执政基础，实现农村社会长治久安。

二 实施“红色系统工程”的现实逻辑与成效

“红色系统工程”有效运行的一条主线是党的方针政策能够准确、及时地传递给群众，群众的诉求能全面及时地被收集上来，被收集上来的信息能够快速有效地得到处置，做到事事有回音，件件有落实。而使得这条主线顺畅运行的根本保障是科学合理的激励监督机制。只有甄别出先进党员、后进党员，奖优罚劣，才能更好地引导广大党员向优秀党员看齐，唾弃不合格党员。激励监督机制是保障“红色系统工程”持续、高效运行的根本。高素质的党员队伍是保证党的政策下达、民情上传、为民排忧解难的核心力量。离开了高素质的党员队伍，为民服务就成了一句空话。科学合理的激励监督机制和高素质的党员服务队伍，犹如“车之两轮”“鸟之两翼”，二者缺一不可才能保障“红色系统工程”的主线落地。

（一）前提：信息有效传递

由于信息具有不对称性，一方面，党的惠民政策基层群众不一定能了解透彻，导致基层群众可能并没有得到最大限度的实惠；另一方面群众的利益诉求、碰到的问题和困难等基层党组织可能并没有完全掌握，导致基层党组织不能及时采取有效措施予以解决。长时间累积下来，可能会引发更为激烈的矛盾和冲突。突破信息不对称的制约，打通政令下达、民情上传渠道，成为党员干部服务群众的前提条件。

“红色系统工程”编织了一张党员面对面联系若干户群众的“红色细胞网”。这张网有如下特点：一是网络全覆盖。“红色细胞网”覆盖了整个村的所有村民，即任何村民都有一名党员与他保持紧密联系。二是网格大小适中。一名党员联系服务群众的户数在 15 户左右。适中的服务户数，保证党员有能力和精力顾及所有群众。三是网格内党员与群众搭配科学合理。原则上，按照地缘相近或相邻、具有血缘或亲缘关系、曾在一起生产合作或彼此较熟悉的原则，将党员和若干名群众搭配在一起。四是不同层级网格上下联动。按照县级四套班子领导联系片区、机关部门领导联系社区并兼任第一书记、乡镇领导班子联系村的模式，编织“红色细胞”服务大网。通过引进行政资源、整合社会资源、提高资源调配能力真正把党员服务群众工作落到实处。在收集信息的手段方面，充分运用互联网技术组建党员联系群众的微信群，建设“民情E通”平台，搭起民情上传下达的无障碍通道。

党员干部服务群众工作主要体现在两个方面：一是使党的政策能在第一时间迅速传递给每一位群众，让群众享受政策带来的实惠。二是党员干部能够第一时间将群众的利益诉求、反映的问题和困难及时收集上来，并予以解决。

（二）关键：解决实际问题

群众最关心的是切身利益能否得到保障，实际困难能否得到解决。“红色系统工程”有效运行的关键是及时将收集上来的民情予以处置，让群众满意。只有这样，群众才会将心里话告诉党员，党员才有进村入户的底气，从而形成党员与群众之间的良性互动。群众的事无小事。习近平总书记在党的十八届二中全会第二次全体会议上的讲话指出，“群众生产生活遇到了什么困难，要千方百计加以解决，能解决的要抓紧解决，暂时不能解决的要创造条件加以解决”。“红色系统工程”就是按照习近平总书记的指示精神，充分发挥党员的先锋模范作用，切实服务广大群众，创造条件解决群众实际困难。

一是统筹谋划服务群众。根据党员进村入户调查摸底的情况，结合村党支部自身优势与可利用的社会资源，统筹谋划村党支部为群众服务的年度工作。这种基于群众需求的服务工作，解决了供给与需求相脱节问题，给群众带来看得见、摸得着的实惠，深受群众欢迎。如瓯海区丽岙街道杨宅村，根据华侨村老人较多的特点，每月安排温州鼓词、温州戏曲、温州历史文化讲坛等活动，丰富村民的精神文化生活。同时，村党支部根据村民反映的问题，梳理出事关整村发展的重大问题，并将这些亟待解决的问题列入村党支部年度工作计划予以统筹解决，强化村党支部工作的针对性、有效性。

二是分级分类处理民情。一个党员就是一个红色细胞，根据党员进村入户排查摸底收集的民情，按照群众需要解决问题的复杂程度、难易程度进行分类，简单的事由入户党员直接予以解决，如政策解释、代办市民卡等；如果仅靠党员自身力量难以解决，便上报到村党支部，由党支部书记负责，通过调配社会资源予以解决，如将群众的“微心愿”收集上来后，村党支部将这些“微心愿”放在党员微信群里，让大家根据自身特长、能力进行认领解决；如果村级仍难以解决，则上报到乡镇（街道），由乡镇党委书记负责，通过召开定期研判分析协调会，统筹乡镇资源予以解决；如果乡镇（街道）难以解决，则上报到县民情处置中心，由县领导牵头，联合有关部门，通过整合县级资源，予以解决。通过逐级解决问题，化解矛盾，实现“小事不出村、大事不出乡镇，疑难事不出县”，全方位、多层次确保群众的利益诉求得以实现。

三是建立“红色基金”，提高服务群众能力。解决群众生活生产上的困难需要财力的支撑，各个县（市、区）通过建立“红色基金”筹集帮扶资金，以解决群众的燃眉之急，应一时之需。通过财政出一点、党费拨一点、社会公益人士捐一点、党员特殊党费交一点等途径，募集和壮大“红色基金”，创造条件解决群众实际困难。目前，县乡村“红色基金”已达7000多万元，在关爱党员、教育培训、困难帮扶、特殊救助、阵地建设等方面发挥了积极作用。

四是建设“红色阵地”，打造为民服务大平台。根据各地群众的实际需求，建设村民中心，2015年已建成村民中心391个。完善相关配套设施，如设立便民服务大厅、医疗服务室、理发室、居家养老服务室、图书阅览室、文体活动室、党代表工作室等，打造党员联系服务群众的公共平台。通过村文化礼堂建设，开展一系列村民喜闻乐见的文体活动，丰富群众的精神文化生活。

（三）保障：激励监督机制

党员联系服务群众要靠党员的主观能动性，更要靠有效的激励监督机制。“红色系统工程”通过制定党员服务群众责任清单，明确党员的职责，解决党员要干什么的问题；通过建立科学评价体系，客观公正有效地评价党员联系服务群众的实际效果，解决如何甄别优秀党员、落后党员的问题；通过建立奖罚制度，充分运用评价结果，奖励优秀党员，剔除不合格党员，解决如何激励引导党员全心全意为民服务的问题。

一是制定党员联系服务群众责任清单。责任清单包括两类：一类是必须完成的事项，如党员必须每月走村入户，了解群众实际需求，帮助解决问题；每月必须参加固定日党员学习活动；参加村党支部组织的义务劳动；在入党日过一次“政治生日”，为群众做一件好事或帮助群众完成一个“微心愿”等。另一类是发挥党员自身特长，明确为群众提供义务服务的事项。如有一技之长的党员（如电器修理工、医生、教育工作者），利用业余时间为群众免费提供相应的服务。通过制定责任清单和划定责任区，明确党员应该为谁服务、提供哪些服务，帮助党员树立服务群众第一责任人意识。

二是建立科学的评价制度。通过随机抽查群众、随机抽调下基层调查人员的“双随机调查机制”，强化对党员服务群众的事中和事后监管，公正、客观地调查群众对党员的“知晓度”、对党员服务的“满意度”，真实反映党员服务群众的质量，有效甄别党员先进与否，使优秀党员和先进事迹显现出来，解决由于信息不对称而产生的先进的激励引导作用不强的问题。

三是引入有效的奖罚机制。评价结果只有被有效运用，才能真正发挥其激励党员服务群众的作用。一方面，对经科学评价选出来的优秀党员、先进事迹在党员大会、基层党员微信群、基层党组织公众号、基层单位工作报刊上及时予以宣传，号召广大党员向先进看齐，激发正能量。同时，通过引进党员服务群众积分制，将党员的服务量化为相应积分，年终时按积分多少予以适当的奖励。以精神奖励为主、少量物质奖励为辅的方式，激励引导党员服务群众的积极性。另一方面，将经考核评定为落后的被亮“黄牌”的党员，列为警示党员，以乡镇（街道）为单位，统一安排警示党员到学习班学习，并将他们的组织关系转到乡镇（街道）单列的党性教育支部。通过理论学习、谈心谈话、结对帮扶、参加志愿服务等教学活动，对他们进行思想教育、行为整改。警示党员在教育期满后，经过综合考评，定为合格党员的，将其组织关系转回原党支部。对教育后，经综合考核，仍不达标的党员予以劝退或直接除名。此外，根据《中国共产党纪律处分条例》，结合当地实际，制定简明易记、符合基层实际的党员不可触碰“十条红线”。对触碰“十条红线”的党员予以劝退或除名，加大警示、惩戒力度，使“红线”真正成为带电的“高压线”。

（四）保证：服务队伍建设

“红色系统工程”高效运转的根本保证是要有高素质的服务队伍，要着重抓好四支队伍建设。

一是村党支部书记队伍建设。调查发现，凡是村党支部书记重视抓党建工作，工作能力强，村级党组织的战斗力、凝聚力就强，“红色系统工程”就开展得有声有色。加强村党支部书记队伍建设主要做法如下：首先是把好村党支部书记的入口关，挑选理想信念坚定、工作能力强、敢于担当的党员担任村党支部书记。其次是通过教育培训、经验交流、挂职锻炼、结对帮扶等多种形式，提高村党支部书记的综合素质，拓宽他们的发展思路，提高他们解决问题的能力。最后，在解决实际问题的过程中锻炼培养村党支部书记。“红色系统工程”排摸出来的社情民意纷繁复杂，涉及经济发展、社会矛盾化解、民生建设等方方面面的工作，这无疑为锻炼提升村党支部书记的能力提供了一个广阔的大舞台，促使他们“干中学、学中干”，在解决实际问题中不断丰富基层工作经验，提高带领群众致富的能力与化解基层矛盾的能力。

二是普通党员队伍建设。广大基层党员是联系服务群众的核心力量。首先，通过业务培训，把基层党员打造成“百事通”。县级组织部门应组织专家、领导干部将涉农的审批事项、农村常用政策文件、常用办理事项流程等编辑整理成册，并将此作为培训教材。通过举办专题培训班、党支部学习会、党小组专题研讨会等形式培训党员，使党员个个成为懂政策、能办事的“百事通”。其次，组建基层党员微信群，打造相互探讨、相互提高的经验交流平台。最后，建立乡镇（街道）干部联系指导普通党员制度，提高党员的能力素质。在党员碰到实际困难时，乡镇（街道）干部及时伸出援手，利用自身丰富的经验，手把手教会党员妥善处理问题的方法，提高办事效率。

三是民情处置中心队伍建设。县级民情处置中心承担着收集基层上报的民情、分派任务给相关部门、监督落实民情处置情况等任务，因此民情处置中心工作人员的素质直接影响到民情处置效率。各县（市、区）通过配置素质高、能力强、懂政策、精业务的专职工作人员，提升民情处置效率。

四是组建群众服务群众队伍。党员联系服务群众是“一对多服务”，终究受党员自身精力、能力的约束，难以完成“一对一”或“多对一”的全方位、精细化的服务。因此，“红色系统工程”非常注重挖掘群众服务队伍。由党员和若干户群众组成一个非物理特征的“四合院”，通过党员的先锋模范示范带动，引导“四合院”内群众尤其是那些热心肠、有一定特长的群众加入服务队伍，实现“群众服务群众”，有困难大家一起帮忙的服务格局。

“红色系统工程”实施以来，基层群众真切感受到新变化，党员参与社会治理、服务群众的意识更加强烈，党组织的凝聚力向心力更强，基层社会矛盾冲突更能及时得到化解，社会动员能力得到有效提升。如文成县2014年10月25日发生里氏4.2级地震，全县13760名党员干部在县委的统一指挥调度下，按照“红色系统工程”所划分的党员联系服务群众的网络，迅速到群众家中，第一时间收集民情、安抚群众、组织转移群众、搭建临时避灾帐篷等，并及时上报灾情。地震当天，党员干部收集上报各类信息1300条，为抗震救灾决策奠定基础；帮助解决群众各类问题500多件，及时为群众排忧解难；自发组织动员群众建立了156支抗震治安巡逻队，维护社会秩序①。

三　进一步推进“红色系统工程”的问题和建议

（一）进一步推进“红色系统工程”存在的问题

“红色系统工程”自开展以来，取得了实实在在的效果，赢得了老百姓的口碑。但“红色系统工程”尚处于“摸着石头过河”阶段，需要在实践中不断完善。深入推进“红色系统工程”还需要研究以下问题。

1. 如何保障“红色系统工程”持续运行

“红色系统工程”是市委做出的重大决策部署，是一种强制性的制度安排，其推进的方式是自上而下的。在领导力推、绩效考核引导等外力作用下，基层有十足的动力推进“红色系统工程”。然而，假如由于某些特殊原因，如工作重心转移、领导的转岗调任等，造成上层外力减弱或消失，“红色系统工程”能否进入持续的自运行状态？自上而下的外力如何激活“红色系统工程”系统内部自发的内生动力，使基层党员干部密切联系服务群众成为一种自觉行为，保障“红色系统工程”持续健康运行？

2. 薄弱村如何有效开展“红色系统工程”

从调研来看，还存在着部分村“红色细胞”力量单薄，政治引领、服务群众能力较弱的现象，主要表现为：一是部分村在家党员少，长期在外党员较

① 文成县委组织部：《文成县“红色细胞工程”在抗震减灾实践中成效显著》（内部资料）。

多，在党员数量上难以保证“党员联系群众”全覆盖。如洞头区大门镇下属的 17 个行政村，共有党员 434 名，其中外出半年以上的党员有 161 名，占 37%；其中有 7 个村外出半年以上的党员约占 50%①。二是部分农村党员文化水平较低，联系服务群众能力较弱。三是部分村党支部书记自身素质能力较低，难以发挥“领头羊”作用。对于这些基础较弱的基层党组织，应该采取哪些举措来推进“红色系统工程”？

3. 普通党员如何承载基层群众的托付与期待

一方面，普通党员统筹运用社会资源能力欠缺，难以赢得群众信任，以至于群众遇事可能跳过与他联系的党员，直接找村支部书记或其他更有能力的人帮忙解决。几个来回下来，普通党员入户联系群众的积极性便大受打击。另一方面，群众的需求与普通党员提供的服务有一定程度的脱节。群众的服务需求往往涉及征地补偿、创业帮扶等凭党员一己之力难以解决的问题；普通党员所能提供的服务大多为代为办证、办社保卡等细碎事情，而这些事宜大多数群众自己能处理。供给与需求的脱节，导致部分党员认为“群众要求办的事办不了，自己能办的事群众不需要”，进而滋生了畏难情绪。

4. 党员如何在日常工作与为民服务之间找到平衡点

党员作为一个社会人，通常需要工作赚钱养家糊口。他们平日里忙于工作，如何挤出时间为自己联系的群众服务？即便是那些专门为村民提供服务的农村社区工作人员，往往为了应付上级考核，把大量的精力花费在制作台账、陪同领导上，也难以确保有足够的时间精力花在为民服务上。

（二）建议

针对上述问题，本文认为温州市还需从以下几个方面着手加强“红色系统工程”建设。

1. 持之以恒推进“红色系统工程”

“红色系统工程”为新形势下加强基层党组织建设、巩固基层政权、推进基层治理体系和治理能力现代化找到了一条成效明显、特色鲜明的新路径，因此，应持之以恒按照一张蓝图画到底、一任接着一任干的政治定力抓好“红

① 数据来源：洞头区委组织部提供数据。

色系统工程”，避免因为政绩工程的创新需要而创新，防止基层党的建设“口号化”“运动化”“庸俗化”。在外力的持续推动下，使党员在参与“红色系统工程”实践中，不断接受教育、得到锤炼。经过岁月的催化，密切联系服务群众将慢慢由口号演变成党员自觉自发的行为，“红色系统工程”也逐渐被固化为党内的一种文化。

2. 多措并举解决薄弱村“红色细胞”党员力量不足问题

一是加大选派优秀干部到薄弱村担任村党支部“第一书记”的力度。二是扩大薄弱村党支部委员的选人视野，动员当地具有党员身份的退休教师、退休医生、退休干部等将党组织关系迁回村里，作为村党支部委员人选。三是未雨绸缪，尽早谋划村党支部书记后备力量的梯队培养，尽可能将优秀的群众吸纳到党组织中。四是实行挂职锻炼制度。选派薄弱村党支部书记或支部委员，到政治民主、经济富裕、社会和谐的强村挂职锻炼，学习先进经验。

3. 摸清群众的“痛点”，借力民间智慧予以解决

在社会转型时期，基层治理中必然存在许多群众不满意的地方，即“痛点”。而解决好这些“痛点”正是基层党组织赢得民心、取得民众支持的关键所在，也是巩固基层政权的关键所在。“高手在民间”，基层党组织要学会借助民间力量、民间智慧，创造性地解决群众的“痛点”。如瓯海新桥街道金蝉社区党组织动员有威望、有能力、热心公益事业的群众负责牵头解决社区停车难问题。他们通过腾挪可用空间、科学设计停车位、规范有序管理，实现社区交通微循环，完美解决社区停车难的“痛点”，深受群众欢迎。因此，“红色细胞”党员联系服务群众不应该只局限于自身的力量，而应着眼于学会组织发动群众，齐心协力解决基层社会治理中出现的疑难问题，回应基层群众的关切。

4. 党员联系服务群众的方式注重统分结合

党员联系服务群众既要落实网格化管理，每一名党员联系服务若干户群众，责任到人，也要根据党员的自身特长、闲暇时间，结合群众的需求，统筹安排党员服务群众的各种志愿者活动。如由乡镇（街道）负责牵头组织送戏下乡、送医下乡、夏日送清凉伏茶、金秋送知识讲座、政策咨询解读等志愿服务活动，统筹安排有特长、有时间的党员参与活动，解决日常工作与为民服务时间冲突问题。

B.13 温州市社会治安形势分析报告（2015～2016）

黄建春*

摘　要：近年来，温州刑事案件发案数连续递减，公共治安环境不断改善。同时伴随着社会环境的变化，近一年来社会治安呈现新的特点，社会治安民众的关注度下降，两抢、重大恶性案件发案数得到遏制，经济维稳渐显成效，政治性专项整治占用一定的治安防控资源，非正常死亡维稳处置成为治安防控的难点。基于此，当前治安防控应树立平衡理念、强化综合整治力量整合，提升个体意识在治安防控中的作用。

关键词：社会治安　治安防控

一　温州社会治安形势分析

2014 年以来，温州通过平安温州创建这一载体，使得社会治安趋向平稳。然而，随着社会的发展变化，新情况、新问题不断涌现，社会治安领域也呈现了新的特点。

（一）社会治安基本情况

1. 社会治安民众关注度

根据温州市统计局连续数年开展的温州市民最为关注的十大社会热点问题

* 黄建春，中共温州市委党校法学教研部副教授。

问卷调查，社会治安的民众关注度在逐渐下降，社会治安问题从2006年开始就是市民最关注问题的“前三强”，2008年、2009年、2010年则连续三年占据市民最关注的十大问题榜首，而在2014年和2015年社会治安关注度都仅位于第十名，这一变化也从侧面反映出近些年民众对温州社会治安状况是相对满意的。

2. 盗窃类案件

2015年温州盗窃类案件发案呈现以下特点：一是盗窃车内物品案件呈多发态势，团伙作案、流窜作案较多。仅2015年上半年盗窃车内物品案件发案数就有3863件，同比增加了8.5%。这些案件多为团伙作案，盗窃团伙内部分工相对明确，有专人驾车、专人望风以及专人盗窃。盗窃实施者多为青壮年男性，且往往来自同一地区，多为惯犯或累犯。作案时间一般选择上半夜或清晨。作案手法除了暴力性敲砸汽车车窗玻璃“速战”以外，也有通过专业性工具破坏锁芯打开车门或后备厢盗窃的。二是入户盗窃发案形势严峻。2015年上半年温州市共发生入户盗窃案件8781起，同比上升9.45%。其一个特点是入户盗窃案件时间相对集中，主要分布在两个高峰期：一个高峰是凌晨时段，0～3时发案数占24.6%；还有一个高峰是午后时段，12～15时发案数占14.8%。另一特点是入户盗窃的作案手段大都是从门侵入，占比达75.5%，从窗侵入的占21.7%，攀爬侵入的占2.8%，而从门侵入通过技术性开锁盗窃的占到了35.8%。三是公交领域扒窃发案数量下降，2015年1月至11月中旬，温州市区公交领域发生634起扒窃案，其中车厢内发案数占77.4%，公交站点发案数占20.7%，客运站场内发案数占1.9%，总体发案数比上年下降了25.67%。这些扒窃案件作案时间一般集中在上下班高峰期。

3. 诈骗类案件

近年来在诈骗案件中，通信（网络）诈骗案件发案数占了绝大多数比例，2015年上半年，此类案件就占总诈骗发案数的79.2%。从2014年12月21日至2015年12月20日，温州共发生通信（网络）诈骗案案件数17468起，被骗金额达2亿元。这类诈骗案呈现以下特点：一是受害者年龄“低龄”化。2015年的通信（网络）诈骗案中，受害者年龄在21～30岁的占44.13%、31～40岁的占21.22%、50岁以上的只占3.46%。二是QQ诈骗和网购诈骗案件多。网络诈骗案件的高发与当前火爆的网络购物市场密不可分，骗子通过开设虚假购物网站或网店，一旦受害者下单购买商品，便冒充客服以各种理由，欺骗受害人填写账号、银行卡号、密码及验证码等信息，转走受害人银行卡上的资金。三是求职和（网络）订票诈骗案件发案数逐年上升。仅 2015 年 4 月温州以“网络兼职”为幌子进行诈骗的案件有 102 起，同比上升 67.21%。该类诈骗案件呈逐年递增态势，2012 年 109 起（占当年诈骗总发案数的 0.82%）、2013 年 351 起（占当年诈骗总发案数的 2.53%）、2014 年 633 起（占当年诈骗总发案数的 3.95%）。受害群体多为在校学生（以高校学生为主，共 26 人，占 25.49%）及务工人员，女性占比高达 72.54%。而订票通信类诈骗案件则主要是以机票类诈骗为主，不法分子大多依托网络媒介发布各类订票信息，以丰富的票源和低廉的价格吸引购票者的眼球，并且在与受害人沟通时均以“400”“9501”等开头的企业客服专用号作为联系电话，具备一定的迷惑性，易使受害者通过银行 ATM 或网上银行汇款，从而达到诈骗目的。

4. 两抢类案件

温州“两抢”案件的高发态势得到了有效的遏制，发案数连续八年大幅下降，2015 年“两抢”案件共发案 845 件，与 2014 年相比减少了 493 件，日均发案数从 2007 年的 56 起下降到 2014 年的 3.67 起。2015 年上半年发案数更降至日均 1.82 起，同比大幅下降 28.22%；出现了连续 14 天零发案的良好状态。

5. 重大恶性案件

近年来，温州发生的严重威胁群众安全的命案、五类案件等重大恶性案件数大幅度下降，命案发案数从 2008 年发案数最高的 190 起下降至 2015 年的 72 起；爆炸、放火、强奸、绑架、劫持等“五类案件”受理数从 2012 年的 346 起下降至 2015 年的 244 起（见表 1）。

表 1　2008～2015 年温州命案及五类案件数最变化

单位：起

年份	命案	五类案件
2008	190	344
2009	158	374
2010	134	339
2011	126	397

续表

年份	命案	五类案件
2012	97	346
2013	82	329
2014	90	279
2015	72	244

（二）社会治安新态势

1. 非法集资类案件数量明显下降

在过去的三年里，温州不稳定因素年均降幅13.6%，金融类不稳定因素年均降幅26.1%；全市发生百人以上群体性事件年均降幅70.9%，其中2012年发生7起，2013年发生3起，2014年发生1起。涉稳面最广、波及层次最深、持续时间最长的金融风波逐步走出低谷和困境（见表2），2014年非法集资案件立案数比2012年下降72.7%，出险企业数和出险企业主数比2012年分别下降73.2%、67.9%。

表2　2012～2014年温州金融风波涉稳数据

年份	非法集资案件立案数（起）	出险企业数（家）	出险企业主（人数）
2012	451	250	252
2013	413	232	236
2014	123	67	81

当前温州总体金融形势依然严峻，各类恶意逃废债案件多发频发，不良贷款和不良贷款率持续高悬。浙江银监局统计数据显示，2015年浙江银行业金融机构积极防控风险，资产总量稳步增长，不良贷款上升趋势逐季放缓。截至2015年末，浙江银行业金融机构本外币不良贷款率为2.37%。截至2015年9月，温州不良贷款率为3.86%，比年初下降0.23个百分点；关注类贷款占比为6.25%，比年初下降0.26个百分点。虽然全市不良贷款和不良贷款率实现“双降”目标，但是2015年新发生不良贷款250亿元，金融风险化解压力仍然较大。而且温州非法集资的易发性、逃废债的多发趋势和新型金融犯罪的先发

性特点非常明显，加上金融风波衍生的次生违法犯罪，使得有效打击各类金融违法行为，维护金融生态健康显得尤为关键。有效打击金融违法行为是促进温州社会治安稳定的基础。当前，温州在经济维稳领域已取得一定的成效，具体表现为：一是打击传统非法集资犯罪。从民间借贷源头入手，严厉打击非法吸收公众存款、集资诈骗犯罪。2012 年以来，全市共立案查处非法集资犯罪 291 起，占全省的 18.36%，抓获犯罪嫌疑人 354 名，涉案金额 233 亿元，涉及参与集资人员 2 万余人。二是严查逃废债犯罪。温州将打击逃废债行动作为公安年度十大重点项目，并纳入市考核内容予以强势推进。2012 年以来，全市共立案查处涉及银行债权的逃废债案件 1435 起，涉案金额 15 亿余元。三是追踪新型金融犯罪。互联网金融领域如 P2P 网贷、电商平台高额充值返利模式的风险隐患不可小视。2014 年，全市共立案侦查互联网金融犯罪案件 11 起，占全省的 27.5%；抓获犯罪嫌疑人近 70 名，涉案金额 10 亿元。四是重视次生违法犯罪。针对金融风波衍生的暴力讨债、非法拘禁、破坏生产经营问题，特别是民间债务引发的恶性刑事案件、插手民间借贷活动的涉黑涉恶违法犯罪是近年来经济维稳的一个重点。2012 年以来，全市共破获民间借贷引发的次生案件千余起，其中破获非法拘禁案件 128 起，抓获犯罪嫌疑人 251 名，破获拒不支付劳动报酬案件 78 起，抓获犯罪嫌疑人 114 名，破获故意伤害案件 796 起，抓获犯罪嫌疑人 1460 名，努力实现以治安平稳助推金融改革环境的改善。

2. 政治性专项整治占据一定的治安防控资源

（1）配合“五水共治”，打击破坏生态环境违法行为。2013 年末，浙江省启动“五水共治”。作为“五水共治”护航行动，打击环境污染违法犯罪被温州作为维护环境安全和公众环境权益的中心任务来抓。除了对河道开展常态的巡查、排摸外，还提升了对环境污染案件的查处力度和办案能力。2014 年以来，温州共破获环境污染犯罪案件 401 起，刑拘 706 人、逮捕 563 人。其中，2015 年查破的水污染案件，同比上年上升 25%，刑事打处数占全省总数的 1/3 以上，居全省第一位。

（2）常态化打击“打黑除恶”，确保建设项目顺利推进。温州城市发展建设领域一直存在着村霸、地霸、工程霸、霸王搬运、村官犯罪等各类阻碍工程建设的违法行为，且一直以来整治效果并不理想，民众反应较为强烈，这些涉黑恶等违法行为也成为威胁温州社会治安的顽固点。2014 年以来，为从源头上解决项目建设难、工程施工难等问题，温州持续开展专项“拔钉清障”“除恶治霸”等行动，特别是针对重点工程、重点企业、在建房地产项目进场施工、生产经营过程中出现的强迫交易、敲诈勒索等涉恶违法行为进行了严厉打击。2015 年 7 ~9 月共打掉重大黑恶团伙 24 个，抓获涉黑恶团伙成员 343 名，侦破涉黑案件 128 起。截至 2015 年 9 月，全市面上黑恶警情数同比分别下降 4.4% 和 27%，黑恶类案件信访数同比分别下降 16% 和 100%。

3. 非正常死亡维稳处置成为治安防控的难点

近年来，温州非正常死亡事件逐年增加，围绕非正常死亡事件而引发的扰乱社会治安行为主要有以下类型：一是医疗事故型。主要是病人在抢救或治疗期间突然死亡，死者家属对医疗方案、治疗过程、医护人员服务态度有异议，从而引发死者家属采取停尸、设置灵堂等过激行为闹事。二是安全事故型。主要因生产或工作过程中，因安全防范措施不到位或违规操作致人员死亡，其亲属对企事业单位处理态度、赔偿标准等不满，引发不稳定因素。参与闹事的主要以死者直系家属为主，但死者老乡、朋友等非直接利益群体也积极参与。三是交通事故型。主要是事故双方对责任认定存在分歧，赔偿金额不能达成一致，肇事车主不积极主动解决赔偿问题，甚至故意躲避。死者家属一般会纠集亲属、朋友、老乡等群体，到公共场所或车辆所属单位甚至党政机关进行闹事，主要采取聚众拦车、悬挂横幅、阻碍交通等手段。四是意外死亡型。主要是当事人溺死、猝死或因触电、高坠等意外原因死亡，其家属对死因有疑义或对死因责任认定和死亡赔偿有诉求，引发不稳定因素。五是自杀型。由于自杀事件中死亡人员、死亡地点等具有敏感性，社会关注度高，极易引发网络热议和舆论炒作。以上行为发生后如果处置工作开展不当就会进一步激化矛盾，引发新的不稳定因素和群体性事件。而且由于非正常死亡事件突发性强、涉及面广、社会影响大，一直是社会矛盾纠纷排查调处工作中的一个难点，也牵涉了不少社会治安防控资源。2013 年以来，仅瑞安市处置的因非正常死亡引发的群体性事件就高达 80 余起。

二　温州社会治安对策建议

（一）树立治安防控平衡理念

近年来社会维稳压力日益增大，平安温州创建指标日益细化，各项考核与责任利益紧密联系等因素的存在，导致当前各地的治安防控都越来越追求“极致”，这种追求防控的“完美”也是身处高风险社会环境下相关官员的一种本能的自然反应，这样的追求也确实带来了特定区域治安状况的改善。然而，当前的全面而又细致的防控本身也存在缺陷：一是防控的极致也意味着权力的无限；二是防控极致必然要以民众特定权利的让渡为代价；三是防控的极致需要巨大的社会投入。因此，在确立治安防控理念时，要承认出现违法犯罪行为是社会不可避免的现象，任何社会都没有完美的治安状态，一旦追求极致就会走向极端，反而会产生新的治安隐患。此外，在部署治安防控措施时，应避免以牺牲部分人的权利来保护另一部分人的安全。再则防止基于治安防控的名义，让治安防控权力超越法的约束，即任何权力的运行都必须在法律之下。近年来，温州在治安防范领域有不少创新并取得一定的成效，如推行“警灯工程”“物联网治安管控”，但在肯定这些举措的同时应留有空间对社会资源的付出与效果、权利的保护与忽视、权力的扩张与法律约束等关系范畴进行客观评估，让治安防控措施在适度与成效中找到平衡。

（二）强化综合整治力量整合

当前温州社会治安的总体形势呈现命案、暴力案件数量逐渐下降的趋势，而多发性的大都是侵财案件和通信（网络）诈骗案件，此类案件几乎可以占到刑事案件发案数的1/3。而基层的公安机关在面对此类案件时，侦破的难度大、成本高，因为此类案件往往地域分布较广，甚至涉及其他国家，如2014年7月10日，温州发生一起通信（网络）诈骗案，涉案金额高达111万余元。该案引起上级公安机关的高度重视，公安部牵头成立专案组，历时近8个月，辗转北京、上海、广东、四川、福建、江西等省市，远赴非洲肯尼亚开展相关工作，最终成功打掉一个特大跨境诈骗集团，抓获86名犯罪嫌疑人，破获诈骗案件近百起，涉案资金高达数千万元。由此可见，此类案件的破获难度很大，所以当前主要的工作重心还是应当立足于防范，形成部门齐抓共管，社会各界广泛参与的打防格局。一是深化源头治理。移动、联通、电信等通信公司，应严格落实手机入网实名制登记制度，加强对各自经销商的监督、检查，对存在违规、违法经营的经销商要严肃处理，规范经营市场，切实减少电信“黑卡”的流通，从源头上防控通信（网络）诈骗案件。二是优化交流机制。

加强线索信息交流，建立由相关政府职能部门和通信公司参加的打防通信（网络）诈骗微信群，及时沟通信息、传递线索。三是强化终端防控。严格执行金融机构防范通信（网络）诈骗六项措施，落实金融网点“广播滚动提醒、ATM 操作提醒、储户短信提醒、大堂经理安全提醒”等“四提醒”举措，全力堵截通信（网络）诈骗关键卡口。对多次发生通信（网络）诈骗的网点和 ATM，落实社区民警和保安力量重点做好盯防、拦截工作。四是由银行、公安以及其他相关单位联合设立专门的接警电话，接警后联系相关单位马上联动，对涉案账户进行快速冻结，采取应急措施对账户进行锁定和止付，最大限度地减少民众损失。

（三）提升治安防范宣传的实效

提升个体防范能力是最根本、最有效的一种治安防控方法，它会使作案者增加成本。要达到人人都是治安防控主体的目的，首先要运用各种宣传媒介如微博、微信、各类媒体 APP 等进行全时空、全方位、全动员的宣传活动，轮番发布防范提示和建议，减少宣传盲点。这不仅可以提高民众防范意识，也可以提高群众的防范技能。以入户盗窃为例，从数据研判中可以看出，当前通过技术性开锁侵入盗窃是入户盗窃的主要方式，因此，应提醒民众尽量为自己的家门安装超 B 锁芯。其次要以特定人员为抓手，提高宣传的针对性。针对企事业单位财务人员掌管财物这一特殊岗位职责，应采取会议、上门宣传等方式开展针对防范网络诈骗的相关宣传。2015 年温州龙湾区就发生 3 起冒充企业老板诈骗财会人员的案件，涉案金额达 200 多万元。再则，宣传场所不应拘泥于某一特定区域。可以利用基督教、天主教信徒集中做礼拜时机开展宣传；利用广场人群聚集如跳广场舞等时机设摊宣传；利用伏茶点及早上人们集中买菜的时段开展宣传；借助警灯岗亭、社区、村、住宅小区、酒店、娱乐场所、商场、店铺等 LED 屏幕开展宣传；利用网吧、旅馆等开展宣传。最后，以校园教育阵地为抓手，提高宣传的前瞻性。联合教育局组织学生开展各项治安防范知晓率调查和以宣传为主题的社会实践活动；组织社区民警进老年人大学开展防范电话诈骗知识讲座。

B.14
温州无证幼儿园整顿成效与政策建议*

刘 辉**

摘 要： 由于外来人口集聚、学前教育投入不足、教育规划滞后等原因，温州无证幼儿园数量曾居全省首位。无证幼儿园普遍存在办学条件差、安全隐患大、办学不规范等问题，是政府重点整顿对象。2014 年以来，温州实施无证幼儿园“百日攻坚”整治行动，至 2015 年 11 月 25 日，温州整治无证幼儿园 433 所，安置幼儿 40057 人。至此，温州实现学前教育“零无证”。但是，在资源总量未快速扩张满足基本需求的前提下，无证幼儿园问题极易反弹，迫切需要在强化政府保障、妥善解决“临时办园点”问题、建立“零无证”长效机制等方面持续努力。

关键词： 温州 无证幼儿园 学前教育

学前教育是基础教育的“基础”，其重要价值、公益性已成为世界各国政府的共识，应被列入政府公共服务体系。但是，在全国各地，学前教育普遍处于政府投入最少、发展最薄弱的窘境，是基础教育的“短板”。温州亦如此，由于县级政府投入长期不足、教育规划滞后等原因，学前教育一直处于“低、小、散、乱”发展状态，“双无证”比例（即未持有办学许可证的幼儿园比例、未持有教师资格证的幼儿教师比例）高居不下。

---

* 如无特别说明，本文数据来自《温州市教育事业统计资料》（2014）、《温州市教育经费统计资料》（2014）。

** 刘辉，硕士，温州市教育局科员。

一 基本概况

据2014年上半年核查统计，温州共有无证幼儿园421所，占全省总数的1/4，在园幼儿人数更是占全省的1/3。这些无证幼儿园主要集中在乐清、永嘉、龙湾、瑞安等地，具体分布见表1。

表1 2014年上半年温州无证幼儿园分布情况

单位：所，人

地区	无证幼儿园数	在园幼儿数
鹿城区	19	1279
龙湾区	55	4079
瓯海区	6	563
乐清市	174	17066
瑞安市	50	5795
永嘉县	57	4017
文成县	2	567
平阳县	5	486
泰顺县	23	1057
苍南县	5	411
经开区	25	4700
合计	421	40020

据各县（市、区）教育局调查发现，无证幼儿园多是举办者通过租用他人场地、改造自用民房或商品房等形式举办的，以低廉的价格吸引低收入家庭子女、进城务工人员子女等群体。无证幼儿园多以获取经济效益为直接目的，低投入、低水平办园，缺乏明确的办学目标和必要的管理措施，普遍存在四方面问题。

（1）办学条件差。大部分无证幼儿园通过租用民房、闲置厂房或老人协会等活动场所办学，面积狭小拥挤；园舍不通风、日照差，阴暗潮湿；多数没有户外活动场地，幼儿体育锻炼活动和户外运动无法开展；周边环境差，有严重的噪声或空气污染等。

（2）消防隐患大。无证幼儿园的校舍安全出口通道不足，楼道狭窄，教室一般只有单门出入，快速疏散不便；厨房普遍没有独立设置；园舍管理人员消防安全意识淡薄，不按要求配置消防设施器材，随意搭建活动室，改变通道、阳台、走廊的功能等。

（3）卫生保健不合格。无证幼儿园卫生条件简陋，设施设备缺乏；未办理《食品卫生许可证》；没有配备卫生保健专兼职人员，卫生保健制度缺失。

（4）办园行为不规范。无证幼儿园教师素质不高，幼儿园教师基本上没有上岗证，一般来自劳务市场；教学秩序混乱，存在着“小学化”或“放羊式”的现象；财务管理混乱，账目不清，大多数通过降低收费标准竞争生源，学额超标，投入成本低。

二　问题与成因分析

无证幼儿园在相当长一个时期客观存在，概括而言，其成因主要有以下四个方面。

（一）人口增速快、流动性强，学前教育资源供求矛盾突出

截至2014年底，温州市共有幼儿园1515所（不包括无证幼儿园），在园幼儿30.7万人。其中，民办幼儿园1383所，占幼儿园总数的91.29%；公办幼儿园132所（173个园区），占幼儿园总数的8.71%，公办幼儿园在园幼儿覆盖率仅占13.48%。

温州一直是浙江省进城务工人员数量最多的地区，近年来全市进城务工人员子女人数已占全省的1/5。特别是近年来，随着新一轮人口出生高峰的出现，城市建设速度的加快，人口流动的增速，以及外来学龄前儿童数量激增，学前教育资源供求矛盾日益突出，极大地刺激了无证幼儿园的产生和发展。据温州市统计局发布的《2014年温州市国民经济和社会发展统计公报》，2014年末，全市常住人口为906.8万人，五年增长12.3%。据温州市教育局专项统计结果，2014年，全市仅义务教育阶段进城务工人员子女就达到24.3万人，五年增长12.6%，在校生占全市的近三成。在公办幼儿园比例超低的现实背景下，政府未能为进城务工人员子女和城市低收入家庭子女提供低价、优质的普惠性学前教育资源，必然导致“入公办园难、入民办园贵”现象的出现；

无证幼儿园靠较低的收费占领部分“市场”，客观上缓解了正规幼儿园供给不足的矛盾，有其存在的必然性。

（二）缺乏立法保障，政府投入不足、规划滞后

当前，学前教育缺乏刚性立法，政府在公共政策制定过程中，过于强调学前教育的非义务性，未将学前教育真正纳入公共服务范畴，使学前教育被推向市场，政府公共服务缺位。2014 年，全市公共财政教育支出中学前教育经费支出占比为3.47%，与第二轮学前教育三年行动计划中要求的7%的目标相差甚远，仅鹿城、龙湾、泰顺、温州经济技术开发区学前教育经费支出占比稍高，为5%。按照省市文件规定，各县（市、区）每年在教育费附加中应按不低于20%的比例、在土地出让金收入中扣除土地开发成本等支出后应按不少于0.5%的比例安排用于学前教育，但各地均没有做到。政府将有限的学前教育经费主要投向了公办幼儿园。公办幼儿园有政府、幼儿家庭的双收入来源优势，多为省一级、二级幼儿园。近年来，温州市实施民办教育综合改革，通过以奖代补政策扶持民办幼儿园，但经费有限且惠及的多为优质民办幼儿园。大部分民办幼儿园难以享受财政补贴，办学成本主要由幼儿家庭负担。在这种投入机制和市场供求调节下，公办幼儿园常常提供高标准的教育服务，公益性的学前教育服务只能有赖于市场提供。

规划滞后下的过度市场化，导致幼儿园布局无序。学前教育由“市场主导”，县级政府对幼儿园规划布局意识不强，部分县（市、区）至今未编制专项学前教育布局规划；特别是随着城市化进程加速，近年来行政区划调整频繁，客观上造成一些地方学前教育资源相对短缺，一些工业园区、人口密集的大镇、新开发建设的社区缺乏相应配套幼儿园，难以满足当地日益增长的教育需求。温州市政府于2013 年出台了《温州市住宅区公建配套幼儿园管理办法》（温政办〔2013〕171 号），对城镇小区配套幼儿园提出了“同步规划、同步建设、同步交付使用”的要求。但是，近年来除三个区（鹿城、龙湾、瓯海）外，其他县（市、区）均未很好地执行新建小区配套幼儿园建设和使用政策。由于缺乏规划的引领、政府的基本保障，“市场主导”下的学前教育发展具有较大盲目性和随意性，催生了大量的无证幼儿园。

（三）准入门槛提高，基础薄弱地区幼儿园全面达标难

根据《行政许可法》，仅有国家法律法规和地方性法规可以设定行政许可事项。为满足实际需要，政府规章和行政规范性文件（例如《浙江省幼儿园准办标准》）可在上位法赋予的自由裁量权内，对行政许可的条件、标准、程序等做出具体规定，即对行政许可事项具体化。民办幼儿园审批属于《民办教育法》规定的行政许可项目，属于县级教育行政部门的法定权限，但在实施中必须遵循国家和省市有关幼儿园的审批条件和标准。合法举办一所幼儿园，在向教育部门申办办学许可证前，举办者必须先获得公安消防部门的消防安全许可，住建部门的房屋安全认可，如果开办食堂还必须获得卫生部门核发的卫生许可。《浙江省幼儿园准办标准》自2008年实施以来，由于设置的准入门槛较高，基础薄弱地区很多无证幼儿园知难而退，缺乏主动改善条件报批的积极性。

在县级政府整治无证幼儿园过程中发现，幼儿园常因以下问题而“无证”：一是消防审验标准难达标。由于2008年之前幼儿园审批未将消防审验作为幼儿园申办的必要条件，如果严格按照现有消防法律法规程序备案抽查或审核验收，多数民办幼儿园难以达到消防标准。二是幼儿园园舍功能不符合要求。绝大部分民办幼儿园的房屋功能性质既不是教育用房，也不是商业用房，而且多数幼儿园土地证和房产证不齐全。三是部分幼儿园消防隐患整改难度大。在消防通道上，多所无证幼儿园疏散楼梯与同楼居民公用，如果外架楼梯，又不符合周边环境条件。在室内消防设施方面，很多幼儿园搭建有木质阁楼，整改难度大，难以通过消防检验。

（四）日常监管难，无证幼儿园整治陷入“运动式”执法困境

在整治过程中，各地主要依靠政府牵头、部门联合执法，面临三大困境。

一是联合执法需要政府协调，涉及面广，工作量大，行政成本高，难以长效管理，非法办园行为屡禁不止。在日常监管中，与其他地区一样，温州市各地均无教育执法大队，且因人员编制问题，县级教育部门人员执法证持有率普遍偏低，大部分不到10人，无证幼儿园整治只能依赖部门联合执法。这种临时性应对措施，因多部门参与，在时间安排、人员安排、执法力度、部门配合

度等方面受到牵制，收效不佳。

二是无证幼儿园违法成本低，常出现“查处人员前脚刚走，非法办学后脚又来”的尴尬局面。由于无证幼儿园开办简便，对举办者来说，取缔的损失远小于重新开办的收益。明确被列为取缔类的无证幼儿园，一般办学条件简陋，违法成本低，常常出现取缔、重办反复现象。特别是联合执法过后，一些举办者擅自撕毁封条，各部门因取证难而难以对其进行处置。再如退费，举办者常常借口学费已投入教育教学设施设备为由，不愿退费，而公安部门认为只有举办者携款潜逃，方可对其采取强制措施。对此类顽固的非法办园者，靠联合执法、“运动式”执法难以制止和予以惩罚。例如瓯海辖区曾有 5 所无证幼儿园，多次取缔后又“反弹”，“电被断去隔壁接，水被停用水桶提”，整治难度很大，当地教育部门联合街道相关人员持续半年多时间才彻底完成整治。

三是学前教育资源不足，安置幼儿压力大。一般无证幼儿园较为集中的地区，其教育资源多不足。例如乐清柳市镇（拥有户籍人口 22 万人，外来人员 24.5 万人），在实施整治前，该镇无一所公办园，曾被投诉辖区内有 100 多所无证幼儿园。无证幼儿园多在招生后才被发现，为了保障幼儿的合法权益，对无证幼儿园不能“一查一封”了事，既要防止举办者卷款潜逃，又要妥善分流幼儿、安抚家长，排除不稳定因素，因此比一般无证无照经营机构整治难度大。

三　整顿成效与政策建议

至 2015 年 11 月 25 日，温州整治无证幼儿园 433 所（原有 421 所，新增 12 所），其中依法取缔 114 所，撤并 140 所，整改审批 179 所，共安置幼儿 40057 人。至此，全市各县域实现辖区内“零无证”。在专项整治“百日攻坚”行动，温州明确县级政府为整治责任主体，并确立“三个为了”意识，采取“三个倒逼”行动：一是为了安全，通过整治倒逼当地政府落实学前教育的管理责任；二是为了规范，通过整治倒逼相关部门推进幼儿园审批管理规范化；三是为了发展，通过取缔等措施倒逼各地加快标准配套幼儿园的规划建设。

（一）分类分阶段整治，突出针对性和有效性

一是突出无证幼儿园的差异，实施“四个一批”分类整治行动。在专项

整治行动中，县级政府均根据无证幼儿园现状，按照“整改审批一批、规范改造一批、取缔停办一批、规划新建一批”的原则分类处置，消除非法办学的安全隐患，维护社会稳定。特别是，全市基于实际，对于符合基本办学条件和教育规划布点要求，但尚未办理校舍建筑质量评估、消防和卫生安全合格意见等手续的幼儿园，可将其规范登记为“临时办园点”。

特别是在此次整治中，对于可整改的幼儿园，为切实掌控其动态，使监控与整治并重，各地确定1所准办级以上幼儿园作为可整改幼儿园的日常挂钩联系单位，承担挂靠管理、业务指导、支教等工作，指导帮助可整改幼儿园进行限期规范改造。这不仅解决了“临时办园点”量多面广难以进行“一对一”监管问题，而且解决了“有证园”对“临时办园点”帮扶工作的载体问题。

二是突出地区差异，分类下达整治目标任务。根据无证幼儿园数量和地区差异，以县域为界，分类、分阶段下达整治任务，并发布整治周报、定期进行实地督查等。例如市政府文件要求：至2014年底，一类地区（乐清、永嘉、龙湾、瑞安）无证幼儿园数量减少85%，二类地区（经开区、泰顺、鹿城）减少90%，三类地区（瓯海、平阳、苍南、文成、洞头）保持或实现辖区内“零无证”。因目标明确，时间清晰，为整治建立了良好的基础。

（二）鼓励基层务实创新，为无证幼儿园“转正”探路

在整治中，各地应从实际出发，以安全为底线，实施整治“登记制”“核查制”“消号制”（即整改一个、核查一个、消号一个），开展有针对性的整治工作。例如，瑞安先后召开由分管副市长、常务副市长、市长主持的专题协调会就幼儿园整治工作进行研究部署。对于幼儿园符合基本办学条件，但因土地、场所建筑权证不全等导致无证的“老大难”问题，瑞安基于发展现实，在确保安全底线基础上，总结经验，创新机制，以政府会议纪要形式明确进行分类处置。例如：虽然办园场所土地不违章，但由于客观原因未能办理土地证的，由瑞安市国土资源部门及其基层站所出具证明（该证明仅供幼儿园换证审批用），有关部门予以认可。办园场所属于村集体所有，土地违章的可参照执行。对办园场所不属于村集体所有，土地违章的幼儿园予以取缔搬迁。办园场所建筑不违章，但由于各种客观原因未办理房产证的，由各镇街出具证明（该证明仅供幼儿园换证审批用），有关部门予以认可。办园场所建筑违章的，

由各镇街出具违法建筑证明和登记时间（该证明仅供幼儿园换证审批用），有关部门予以认可。幼儿园须出具承诺保证书，在办学过程中违章建筑如需拆除，幼儿园必须无条件配合。

对于无证幼儿园最难通过的“消防”关，各地从实际出发，由消防部门针对现行的消防疏散楼梯和部分幼儿园搭建木质阁楼的实际情况，实事求是地提出具体可行的消防整改意见，主动指导帮助举办者发现问题、解决问题，创造条件达标。这些既创新又务实的举措，不但为无证幼儿园“转正”探路，也大大提升了幼儿园举办者的安全意识。因无证幼儿园整治成效显著，一些地区已将整治经验推广至无证养老机构等其他无证社会机构专项整治中。

（三）着眼长远，加快促成学前教育资源扩张

温州加快实施学前教育发展行动计划，推进公办幼儿园扩容增量、提升民办幼儿园普惠性等，从源头遏制无证幼儿园。2015 年 4 月，温州出台学前教育第二轮三年行动计划（2015～2017 年），明确提出学前教育设施的总量目标、布局原则、建设项目等。同年 7 月，温州出台《温州市普惠性民办幼儿园管理办法》，通过限价收费、资金奖补等政策，引导民办幼儿园提供普惠性服务。

在持续整治和督查中，县级政府、乡镇政府逐步转变认识，强化学前教育保障责任。例如，乐清柳市镇为加快转变落后面貌，近两年新创办两所公办幼儿园，对上等级的有证园、考取教师资格证的教师分别给予一定奖励。2014 年，温州新增公办幼儿园 24 所，新增学位 5000 余个；2015 年，温州新建 40 所幼儿园（公办园 14 所，民办园 26 所），新增学位 8000 个。同时，全市鼓励引导优质民办幼儿园通过举办分园、兼并无证幼儿园或与之合办等方式扩大规模。近两年促成爱绿、心桥、实艺、小童洲等优质学前教育品牌输出，成功组建市级民办教育集团，实现扩张办学，共新创办 10 所以上优质幼儿园。

无证幼儿园整治是“攻坚战”，更是“持久战”。据《钱江晚报》（2015 年 11 月 12 日）报道，2015 年，浙江省社会科学院公共政策研究所对浙江省内 6 个城市及对应的区、县和乡镇的 1200 名 18 周岁以上的居民进行了问卷调查。调查结果显示，民众对学前教育的满意度仅为 44.5%，有 14.3% 的民众对学前教育直接表示不满意。在温州，“入园难”也是让老百姓头痛的问题，甚至有家长发出了“上幼儿园难，难于上大学”的感慨。当前，温州整治无

证幼儿园虽然已取得阶段性成效，但是，在资源总量未快速扩张满足基本需求的前提下，极易“反弹”，迫切需要政府关注并切实履行保障责任。

（四）加快地方立法，强化政府保障是解决无证幼儿园问题的根本之策

《国务院关于当前发展学前教育的若干意见》明确提出：发展学前教育，必须坚持公益性和普惠性。但因缺乏国家立法保障和具体要求，县级财政对学前教育的投入长期严重不足。目前，温州公办幼儿园占比过低且收费较高。2014 年，杭州公办在园幼儿人数占总在园幼儿人数比例为 64.3%，而温州仅为 13.48%。低收入家庭，特别是进城务工人员需要的普惠性幼儿园远远不足。

基于此，建议：一是大力提高公办幼儿园比重，重点建设普惠性幼儿园，避免公共财政投入建设超标准豪华幼儿园。近年来，许多人大代表、政协委员也多次呼吁：政府应在幼儿园建设中唱主角，加大投入建设普惠性、公办幼儿园，将“跑偏”的市场化倾向逐渐拉回社会保障层面，为人民群众提供廉价的、满足基础需求的幼儿园。

二是以“政府购买服务”形式补助民办幼儿园，鼓励民间资本兴办优质幼儿园，提高民办学前教育质量。加快实施《温州市普惠性民办幼儿园管理办法》，通过限价收费、资金奖补等政策，引导民办幼儿园提供普惠性服务。同时，要继续鼓励和支持优质民办学前教育集团跨区域扩张办学，快速提升优质教育总量。

三是建议温州尽快将学前教育立法提上日程。目前，温州已获得地方立法权，应尽快出台学前教育地方法规，将学前教育投入比例、配套幼儿园规划建设、民办幼儿园规范管理等重要问题以法规条文形式加以确定，提升刚性执行力，切实推动政府保障学前教育发展，为温州百姓提供普惠、优质的教育资源，彻底消除无证幼儿园。

（五）40%的“临时办园点”问题亟待解决

当前，温州完成整治无证幼儿园 433 所，实现“零无证”，但是，其中整改登记为“临时办园点”的占比高达 40% 以上，且主要集中在乐清、龙湾等

整治任务较重的地区。作为过渡阶段的整改措施，“临时办园点”有其合理性，但不能无限期，还应列出时间表，力争使其两年内彻底达标。这一过程中，一要特别关注“临时办园点”规范办学问题，加强日常监管。二要列出分类改造计划。无证幼儿园“转正”难多因为办学场地不符合条件，对整改到期后仍不能达标的应明确要求举办者限期更换场地或者关停，彻底整改到位。温州市政府已在《温州市发展学前教育第二轮三年行动计划（2015～2017年）》（温政发〔2015〕33号）中明确提出：“各地要将幼儿园建设纳入政府民生工程，充分利用中小学布局调整后的富余校舍，综合考虑新住宅开发、农房集聚、低效土地利用、企业‘退二进三’等，优先安排新建、改扩建幼儿园。”各地政府应该为“临时办园点”的举办者提供政策便利，指导他们通过“改、扩、建”解决场地问题；对于办学条件与要求差距较大的，且无整改意愿的“临时办园点”，应向其举办者明确停办时间表，到期强制取缔。

（六）促成“零无证”幼儿园长效机制

长期以来，政府整治无证幼儿园陷于“运动式治理”状态，无力且无效，“百日攻坚”促成的“零无证”仅是阶段性成果。加大对无证经营的处罚力度，或减少无证经营的收益，都能有效提高幼儿园正规经营的概率。当前，温州已启动城市综合行政执法体制改革，由教育部门承担的“对社会组织和个人擅自举办民办学校的进行处罚”职责已被纳入综合执法范畴，今后将由城管与执法局负责监管包括无证幼儿园在内的非法办学行为，此举将彻底解决部门联合执法效力低的问题，有效降低幼儿园无证经营的概率，真正整肃学前教育市场。

参考文献

周晓唯、白芸：《规范我国学前教育市场无证办园行为的经济学分析》，《学前教育研究》2012年第3期。

孙美红、庞丽娟：《扩大我国学前教育资源的思考——基于“无证办园”现状及治理的分析》，《学前教育研究》2013年第6期。

B.15

温州农村养老问题研究

陈春柳　陈光富*

摘　要：　温州农村老年人口基数大，纯老家庭及高龄、失能、半失能老年人数比例高。传统家庭养老依然是温州农村最主要的养老方式，但其养老功能呈弱化趋势。近年来，温州养老政策体系日渐完善，社区养老服务网络逐渐成形，养老机构进一步健全，社会组织积极发挥作用，养老服务信息系统已建成。但社会养老政策惠及农村老人的主要是基本养老金、新农保、低保、五保、居家养老服务补贴等基本养老保障。在解决农村养老问题方面，政府、社会、社区、村集体、家庭、个体还没形成合力，存在养老投入力度不足，效率、效益不高；老龄工作体制不顺，主体职能不清；养老、医疗保险保障功能弱；养老服务综合水平低等问题。为此，应加大财政投入，调整财政补助结构，提高效率、效益；构建大老龄工作格局，提供多元化养老服务；养老保障和医疗保障双管齐下，提高农村老人的保障水平；多点开花，全面优化农村养老服务。

关键词：　老龄化　农村　养老

截至2015年底，温州市户籍总人口数809.5万人，60岁及以上老年人口为132.6万人，占总人口的16.38%，比上年同期增加5.11万人，增长

---

* 陈春柳，中共温州市委党校副教授；陈光富，温州老龄办副主任。

4.01%。温州农村老年人口92.19万人，占全市老年人口的69.5%。① 在农村人口城市化和流动性增大的背景下，农村养老问题比城市更为突出和复杂。

一　温州农村老龄化现状

（一）农村老龄人口状况

截至2015年底，温州市城镇老年人口为40.40万人，农村老年人口为92.19万人，分别占老年人口总数的30.5%和69.5%。纯老家庭人口数16.79万人，占全市60岁及以上的老年人总数的12.66%，其中农村10.19万人。失能老人2.88万人，占全市60岁及以上的老年人总数的2.17%，其中农村2.25万人。半失能老人4.26万人，占全市60岁及以上的老年人总数3.21%，其中农村3.46万人。80岁以上高龄人口数20.85万人，占全市60岁及以上的老年人总数的15.72%，其中农村14.42万人。90岁以上的高龄老人4.64万人，占全市60岁及以上的老年人总数的3.5%，其中农村3.84万人。

（二）农村人口老龄化基本特点

（1）农村高龄人口比例高。截至2015年底，农村80岁以上老年人口占全市80岁以上老年人口的69.2%，占全市老年人口的10.87%；农村90岁以上老年人口3.84万人，占全市90岁以上老年人口的82.8%，占全市老年人口的2.9%；农村100岁及以上老人351人，占全市百岁老人的79.95%。

（2）农村纯老家庭、失能、半失能老年人口比例高。截至2015年底，农村纯老家庭老年人口占全市纯老家庭老年人口的60.7%，农村失能、半失能老年人口分别占全市失能、半失能老年人口的78.1%、81.2%。

二　温州农村养老事业发展情况

在城市化加速，人口流动性增加，生产生活方式发生变化的社会背景下，农村空巢率上升，农村传统家庭养老方式面临挑战。为此，近年来温州积极发

① 《温州市2015年老龄事业统计公报》（温老办〔2016〕4号），文中数据如无特殊说明，来源同前。

展农村社会化养老，尤其是2014年7月温州被列为“全国养老服务业综合改革试点”后，养老政策体系日渐完善，各项工作得到进一步推进，已初见成效。

（一）社区养老服务网络逐渐成形

一是居家养老服务照料中心数量日渐增长。截至2015年底，全市已建成居家养老服务照料中心2243家，其中，社区级761家，行政村级1482家。建成农村社区星光老年之家（居家养老服务站）1591个，床位总数1079张；农村社区居家养老服务照料中心650个，床位总数8254张；村级居家养老服务照料中心1488个，2015年新增924家，床位总数约14137张。① 二是老年协会队伍逐渐壮大。全市行政村建立老年协会4656个，占行政村总数的86.09%。建会率最高的是鹿城区、龙湾区、瓯海区、瑞安市、经开区、洞头县建会率均为100%。老年人入会总人数79.05万人，占行政村老年人口总数的83.07%。三是居家养老志愿服务队伍和老年食堂发挥作用。全市建立居家养老志愿服务队伍2227支，参与志愿者29056人。全市建有老年食堂1370个，为19743名老年人提供了配、送餐服务，享受服务的对象主要是高龄、失偶、失能、半失能等老人。政府购买居家养老服务试点平台已投入试运行，全市统一平台建设正在筹备，2015年全市投入购买资金3000万元，惠及25498名老人②。

（二）养老机构进一步健全

截至2015年底，温州市共有养老机构451家，其中国办17家，乡镇（街道）敬老院153家，民办281家，机构床位总数为57105张，2015年新增养老床位7029张，平均每百位老年人拥有床位数达4.5张，居全省首位，在院老人数39871名。其中乡镇街道敬老院床位11458张，护理型床位20433张。农村“五保”供养机构157家，床位数11599张，全市5360位五保对象中有5211位得到集中供养，集中供养率为97.2%，集中供养标准各县（市）区在

① 数据来自温州市民政局社会福利处《2015年养老机构情况统计表》。

② 《温州市民政局关于印发〈2015年工作总结和2016年工作思路〉的通知》（温民办〔2016〕22号）。

500～1000元/月不等。① 持续推进敬老院社会化改革，永嘉县作为敬老院公办民营改革试点地区重点推进此项工作，鹿城、瑞安等地的7家敬老院由专业养老服务企业承接运营，机构运营主体由单一性向多元化转型。②

（三）社会组织初步发挥养老参与作用

截至2014年底，温州市共培育了金夕福老年服务公司、“雨花斋”等30余家专业养老社会组织（企业）。有近2亿元社会爱心资金捐赠给全市养老机构，如平阳县水头镇企业家捐赠5000多万元建设水头敬老院，乐清市雁荡镇商会捐资100万元专门成立居家养老爱心基金，帮助乐清市辖内照料中心食堂正常运营。全市居家养老服务照料中心食堂运营资金中社会捐赠达2000多万元。③

（四）建成全市为老服务信息系统

近年来，温州市陆续投入600多万元，重点推进全国为老信息服务平台试点建设，逐步健全集信息统计、管理、上报等功能于一体，市、县（市、区）、镇（街）、社区（村）四级共建共享的信息系统。截至2014年底，共录入1134616条信息。④

三　温州农村养老存在的问题

传统家庭养老是温州农村最主要的养老方式，但其养老功能呈弱化趋势。在全社会的重视下，温州农村社会化养老形势总体向好，但社会养老政策惠及农村老人的主要是基本养老金、新农保、低保、五保、居家养老服务补贴等基本养老保障。在解决农村养老问题方面，政府、社会、社区、村集体、家庭、个体还没形成合力，依然存在不少问题。

---

① 数据来自温州市民政局社会福利处《2015年养老机构情况统计表》。

② 《温州市民政局关于印发〈2015年工作总结和2016年工作思路〉的通知》（温民办〔2016〕22号）。

③ 温州市政府：《关于社会养老服务体系建设审议意见落实情况的报告》，http：//www.wzrd.gov.cn/art/2014/12/25/art_ 15674_ 213954.html。

④ 数据来自《2013年温州老龄事业统计公报》。

（一）财政投入力度不足，效率、效益不高

1. 财政投入力度不足

2014 年温州市养老专项资金在 7500 万元左右，若平均到每位老人则每年不到 60 元，补助效果微乎其微。目前，养老专项资金用途主要分三块：一是机构养老补贴。从 2013 年开始，市本级财政每年安排 2000 万元作为奖补资金，主要用于机构养老重点项目一次性奖励、新增护理型床位补助、收住本市户籍失能或半失能老年人运营资助、从业人员培训奖励、贷款贴息补助等①。但因为养老产业从投入到产出周期长、利润低，政府的补助对民间投资产生的吸引力并不强。二是居家养老服务资助。目前，每个居家养老照料中心，可从市、县（市）区级层面获得 6 万元设施补助，从县（市）区级获得 1.2 万元运营补助，每年从省、市、区三级能够获得的补助和奖金总共不超过 10 万元。但每年中心的运营成本远高于此，平均大约为 30 万元，政府补助只是杯水车薪。三是养老服务补贴。在满足独居空巢、失能、低保等困难老人养老需求的基础上，实行适度普惠，对全市所有一类对象实现应补尽补。但温州农村老人养老保障水平低，覆盖范围约 2% 的养老服务补贴不能大幅度提高老人的服务购买力。

2. 财政投入效率、效益不高

主要表现为：①养老基础工作投入少，降低了养老项目投入产出的效率和效益。一是温州市基层养老工作人员配备和经费投入力度小。2015 年温州市老龄办事机构工作人员编制总数 175 名（含行政、事业），年末实有工作人员 282 名（含行政、事业、其他），其中专职 96 名、兼职 179 名、其他 7 名，年度经费总额 1267.87 万元，比上年度减少 316.59 万元。有限的管理经费投入直接影响管理工作的效率。二是养老服务专业人才培育机构少，起步晚。目前仅有温州市民政局与浙江东方职业技术学院合作共创的温州市民政管理学院设置了老年服务与管理专业，且刚在 2014 年 9 月招收第一批学员 54 人。三是老年人能力评估机构、评估队伍欠缺。②机构和居家投入力

---

① 温州市政府：《关于社会养老服务体系建设审议意见落实情况的报告》，http://www.wzrd.gov.cn/art/2014/12/25/art_15674_213954.html。

度不均降低了投入效率和效益水平。2013 年以来，温州市规定对于投资额在 5000 万元、1 亿元以上的新建民办养老机构建设项目，可一次性分别给予 50 万元、100 万元投资奖励以及相应的贷款贴息补助。民办养老机构自建和租用新增护理型床位，根据比例和床位总数区间，按核定床位数一次性分别给予每张床位 3000～5000 元和 800～1000 元不等的补助等。相比补助力度大、补助项目细的养老机构，温州市对居家养老服务的支持力度要低，只有常规设施补助和运营补助。根据 2012 年浙江省推进的“9732”养老服务布局（即实现 97% 的老人居住在家庭接受各种社区服务，约 3% 的老人到养老机构接受服务；不低于 2% 的老人享受政府提供的服务补贴）来看，政府目前的资金投入产出效率和效益并不高。

（二）老龄工作体制不顺，职能不清

现行老龄工作体制和机制不够顺畅，老龄办缺少强有力的执行手段，部门协调难度大。一是各级老龄部门虽属牵头单位，但作为民政局的内设机构，没有相应的行政执法权和处罚权，监督权也因缺少配套权力而力度不足，使老年人权益保障工作与现实需求相脱节。二是涉老部门众多，政策落实渠道不一。养老服务工作综合性极强，协同单位包括发改委、国土资源局、规划局、住建委、财政局、人力资源与社会保障局等部门及各级政府。相关部门均设置了各自的惠老政策，并通过各自独立的工作流程贯彻各自的政策，老龄机构的协调难度大，许多老人面临的难题不能及时得到解决。

养老服务主体职能不清。在家庭养老功能弱化的背景下，政府成了社会化养老的发起者。养老服务作为公共产品或准公共产品，它的生产被政府垄断。但在促进社会化养老的过程中政府又存在职能缺位与越位情况；养老产业投入大、利润低、周期长，对民间资本吸引力小，影响市场化供给；社会组织发展晚，力量弱，机构不健全，在养老服务方面定位模糊；社区行政化趋势严重，缺乏服务的创新性和针对性；村集体经济水平发展不均衡，发挥养老作用不一；城镇化建设使大量年轻人进城或到外地谋生、做生意，空巢比例上升，家庭养老功能弱化；老年协会是草根社会组织，目前主要凭个人自觉性和责任感参与组织、管理，作用发挥不稳定；养老个体观念落后，养老方式较传统，自我养老能力弱。

（三）养老、医疗保障功能弱

温州农村受城镇化建设、生产方式、人口政策等因素影响，家庭和土地养老保障能力降低。社会救助覆盖面有限，2015 年全市仅 66360 名老人得到救助，占总老人数的 5%，且救助金有限，平均每人每年只有 2556 元。目前，虽然温州 60 周岁以上农村居民基础养老金享受率达到 100%；低保农户实现应保尽保，但农村“个人缴费、集体补助、政府补贴”的社会保障筹资模式刚开始实施，积累少，缴费率低。老年农民养老金远低于其他人群，老年农民养老金的养老保障作用相对较弱。

医疗保险保障功能弱。2013 年、2014 年温州市城乡居民基本医疗保障全年门急诊（含门诊大病）就诊人次分别为 1792.1 万、2137.34 万，统筹基金支付分别为 5.97 亿元、7.03 亿元；住院人次分别为 49.15 万、56.13 万，统筹基金支付分别为 30.44 万、36.74 亿元①。从以上数据来看，城乡居民就诊、住院人次，统筹基金支付均呈上升趋势，但人均享有金额依然偏低。与养老保险相似，温州市社会医疗保险制度同样公平性不足。四类人群的医疗保险筹资额度之比大约为——农民：城镇居民：企业职工：公务员 =1∶1∶8∶12②。农村老年人是老年性疾病、慢性病多发的群体，由于农村医疗保障功能弱，医疗条件等相对较差，“因病致贫”“因病返贫”问题较为严重。

（四）养老服务综合水平低

1. 服务内容简单，社区养老发展不均衡

温州各县（市）区地形地貌丰富多样，生产形式不一，经济发展不均衡，社区养老发展水平也不一致。目前，村级居家养老服务照料中心大多依托村委会大楼、老年活动中心建设而成。部分建筑年代久远，设施简陋陈旧，服务内容普遍简单。在人口集中、经济水平较好的村落，社区养老服务在开展助餐活动的基础上初步触及文化教育、娱乐阅读等领域，精神慰藉、医疗康复、日间照料等有

① 《温州统计年鉴（2014）》第 11 页，《温州统计年鉴（2015）》第 11 页。

② 《2013～2014 年浙江老年保障现状评估与分析》，《2014 年浙江发展报告》（社会卷），第 130 页。

偿性服务开展比例低。位于偏远地区的村庄，尤其山区农村，有的村庄只有几个老人，养老服务工作难以全部开展，主要集中在失能、半失能、失智、高龄老人的一日三餐和生活照料及探视服务上。有部分乡镇社区照料中心仅仅在上级来人检查考核时安排几次活动，摆摆样子，走走形式，以领取建设和运营补贴。

2. 服务功能弱，村养老机构问题多

温州农村养老机构很多是公办敬老院，占全市养老机构总数的33.9%，主要供养弱势的“五保”老人。① 这些敬老院始建于20世纪50年代，大都由陈旧闲置的宅院改造而成，规模小、设施简陋，不按标准化和规范化要求建设，服务内容单一，入住率低下。如平阳腾蛟镇下辖6个社区，48个行政村，3个居民区，全镇60周岁以上老人10475人，但全镇现仅有两个敬老院，且设施陈旧，总共床位仅82张，目前入住68人，入住率83%。瓯海区丽岙街道敬老院建筑面积1050平方米，床位43张，入住五保老人13名，入住率仅30%，工作人员3名［1名院长（主要负责资金管理），1名炊事员，1名门卫］，服务内容仅限于助餐②。而近几年刚建的几所民营养老机构，规模大、投入多、设施好，但因农村老人经济水平低和观念落后等，这些养老机构入住率低、资金回笼慢、利润没保障。若类似问题得不到解决，会打击后续民资介入养老的信心和积极性。

3. 医疗条件差，护理型床位比例低

目前，温州农村社区和村级居家照料中心及养老机构医疗配备情况不佳，社区卫生服务中心（站）没有开设专门的老年病科，很少建立专门为失能老年人服务的家庭病床，上门诊视、健康体检、保健咨询等项目开展也不普遍，医疗条件好的大医院一般在市区。公办敬老院缺乏内置医疗机构，医疗设施一般，没有就诊绿色通道。农村老人要面对看病难、看病贵的难题。养老机构护理型床位比例低，温州每千名老年人拥有机构养老床位45张，护理型床位占机构总床位的比例为35.78%，护理型机构床位占机构总床位的比例为13.9%，护理型机构占总养老机构的比例为5.1%③，与温州市民政局《关于下达2015年度社会养老服务体系建设重点工作任务的通知》中提出的“到

① 数据来自温州市民政局社会福利处《2015年养老机构情况统计表》。

② 2015年温州市委党校中青班课题“温州市农村养老问题”调研数据。

③ 数据来自温州市民政局社会福利处《2015年养老机构情况统计表》。

2020年，每千名老年人拥有机构床位数不少于50张；护理型床位占机构床位比例不低于40%”存在一定差距。

4. 专业人员少，养老服务水平低下

截至2015年底，温州全市居家养老服务站1502个，专职护理人员2637人，托老床位30122个，平均每个服务站专职护理人员1.76名，每张托老床位专业护理人员0.09名。目前居家养老服务站从业人员主要由40～55岁的本地农村妇女和外来民工临时组成。他们年龄结构老化，学历普遍偏低，缺少专门护理技能，只能应对老年人的饮食料理、日常起居料理等，达不到对老年人突发意外的应对和对失能老人进行监控干预、康复护理、临终关怀等长期照料的要求。

5. 信息反馈慢，养老管理方式落后

温州市于2014年6月刚开始着手建设全市统一的老年人基本信息数据库。近几年，农村老人基本状况、养老现状，养老需求、社区机构发展、资金管理等数据都散在基层，所以只能选其中某几项数据通过各部门工作人员逐级统计、上报汇总。一般一年一次的统计工作信息反馈速度慢，不能及时反映养老需求和养老形势的动态变化，造成资源错配、效能低下等。

四　展望和建议

针对温州农村养老服务存在的突出问题，建议应重点从以下三个方面入手加强农村养老服务。

（一）加大投入，调整财政补助结构，提高效率和效益

保障财政投入逐年增长。市委市政府应把养老服务事业纳入对县委、县政府的考核体系，要将老年事业发展经费纳入财政预算，建立与人口老龄化和养老服务发展需求相适应的财政投入增长机制。要将福利彩票公益金每年留存部分按不低于50%的比例，集中使用于社会养老服务体系建设。基于农村老人养老保障水平低的现状，各项财政投入要适度向农村倾斜。

调整政府财政补助结构，提高财政投入产出的效率和效益。调整投入方向，由重项目轻基础转向基础与项目并重；调整扶持重点，由补机构为主转向机构与居家养老发展并重。

（二）构建“大老龄”工作格局，提供多元化养老服务

必须以《老年人权益保障法》为指导，对现有老龄工作机构和服务资源进行统筹、整合、规范，构建“大老龄”工作格局。进一步完善党政领导、老龄机构主导、相关部门协助、社会参与的体制与机制。认真落实成员单位责任制和联席会议制度，扎实做好老年文化、卫生、服务等体系建设工作。赋予老龄机构相应的行政执法权和行政监督权，以提高执行力，从而更好地维护老年人合法权益。

确立“多元化”责任主体。第一，政府发挥兜底、主导作用，社会和市场发挥参与、主体作用，社区发挥信息传递和服务协调功能。政府的责任主要是为农村老人的基本生活提供制度和政策保障，落实财政资助和困难补助，做好农村养老公共服务的规划，确定服务提供的种类及服务规范，同时进行协调监管。要健全社会参与机制，形成社会化养老运作模式，逐步使社会力量成为农村养老服务业的主体。要成立养老社会组织孵化基地，充分培育社会组织。农村社区要成为服务接受者和提供者之间的桥梁，成为整合各种资源，协调各主体职能的平台。政府可通过社区实现养老服务管理、资金补助管理等职能；养老机构、社会组织可通过社区这个平台提供养老服务。第二，村两委承担“大家长”职责。要探索村级老年福利制度，经村民代表大会通过，以“村规民约”的形式固化下来；要切实扶持村级养老服务照料中心的各项工作；要积极接洽社会组织和养老产业，结合村集体经济实际和养老需求适度发展社会化养老等。第三，家庭是不可动摇的“养老基础”。家庭所提供的“精神慰藉”“情感交流”等是社会化养老不能替代的。要制定相关促进家庭养老的规章制度和政策，营造“孝养”“敬养”“亲养”氛围。强调养老社会化背景下家庭养老的基础性地位，是应对温州农村人口老龄化的战略举措。第四，老年协会是养老服务活动的组织者、管理者。健全基层老年协会，让老年协会管理老人，是促进农村养老的一项基本举措。要通过登记、备案，逐步使老年协会组织成为合法组织，充分发挥其自我服务、自我教育、自我管理、自我监督的功能。第五，要解放思想，鼓励老人自主养老，倡导集中居住式、合住式和互助养老等新方式。

（三）养老保障和医疗保障双管齐下，提高农村老人的保障水平

一方面，提高农村各项养老保障水平。政府要加强养老保障制度的设计，统筹各类与养老有关的社会保障制度，要重点解决针对农村土地被征用人员的社会保障政策与其他社会养老保险制度的衔接问题，建立养老金、社会救助金与社会福利待遇之间的衔接和协调机制；要保护农业用地，鼓励农业生产，积极探索农村土地承包经营权反向抵押的做法，进一步发挥土地保障功能；要逐步扩大救助范围，提高救助标准，稳步提高农村基本养老保障水平。

另一方面，提高农村医疗保障水平。要按照公平、可持续和资源优化配置的原则，积极推进城乡居民基本医疗保险制度，稳步提高居民保障待遇水平和筹资水平。要努力提高门诊报销水平，尽快实现住院与门诊同比例报销。要适度扩大基本医疗保险报销范围，将符合医疗服务条件的养老机构、私人诊所等纳入医保定点单位范围，将针对老年人需要的家庭病床相关费用支出纳入基本医疗保障范围。还要加大对新农村合作医疗政策的宣传力度，激发老人参加合作医疗的积极性。

（四）多点开花，全面优化农村养老服务

1. 推进“统分结合”的居家养老

（1）多措并举，统筹实施。在硬件改造上，要充分利用现有村（居）基础和资源，升级换代，按老人特点做好改造工作；在功能设置上，不讲形式但求实效，必须配备三项基础功能，即便民食堂、医疗保健、文化生活。同时，力争将居家养老服务照料中心建设和美丽乡村建设相结合，建设一批环境优美、服务优质的样板照料中心，并发挥其示范引领效应；在建设标准上，实行有标准、可调整的原则，统一服务内容、伙食标准、经费管理、运行机制和建设标准等五大要点，允许情况特殊的地区以为老年人提供优质服务为准绳，适当调整相关标准；在服务内容上，加强需求调研，按需开设活动项目，随时调整无偿服务和有偿服务的活动开展比例。

（2）分类分层，试点先行。一是做实居家养老“基本版”。在村集体经济水平偏低，村落位置偏僻、居住分散、空巢率较高的地方，现有的社区和村级

照料中心运营模式不能发挥实际作用。可实行补助转型方式，将原定场所设施补助资金转为项目补助，将原定补助供方转为需方“人头”补助，切实解决养老基本难题，满足老人基本养老需求。如文成、泰顺、苍南的一些农村、山区，重点是保障高龄、贫困、空巢、失能、半失能老人得到基本服务，帮助其解决最迫切的吃饭、洗衣等日常生活护理问题，相应的补助力度就可转到助餐、日常照料项目方面，做实“基本版”养老服务。2014 年文成百丈漈镇下石庄村尝试“老年灶”试点，“老年灶”的点设在村干部、公益人士等闲置的私人宅院里，由民政局承担装修、基础设施配置、管理经费等，餐费一般是老人自己出一点、政府补一点、爱心人士捐一点。目前，全县已有 9 个“老年灶”，为困难、空巢、高龄老人等提供日间照料、就餐等服务，老年人反应非常好。二是推广居家养老“完善版”。在人口集中、条件具备的村庄，要注重挖掘、整合农村养老机构、医疗机构、村文化宫、村民学校、老年人活动室等各种服务设施用于居家养老服务。以老年人需求为导向，搭建各类养老服务平台，拓宽养老服务中心的内涵，完善养老服务中心的服务功能。如永嘉县黄田街道千石村 100% 的老人都选择居家养老。近十年来，千石村养老服务工作主要由村老年协会负责管理。老年大学、免费体检、免费理发、爱心食堂、生病困难探望、“医养结合”等工作均已陆续开展，老人帮扶队、爱心组织发挥作用也很大。养老活动中心的设施较完善，现设有图书室、老年学校教室、信息共享室、休闲护理室、保健医务室、电影放映室、休闲麻将室等，平均每天共有 150 多位老人到养老活动中心活动。这种居家养老服务发展较完善的模式可以向全市农村推广。三是打造居家养老“升级版”。村集体经济相对发达、养老条件更趋成熟的村庄可以在居家养老“完善版”的基础上更进一步，积极倡导集中居住式养老模式。如瑞安市塘下镇陈岙村借着旧村改造的契机，使得满 60 岁及以上老人以自愿原则入住村集体产权的老人公寓，实行集中居住养老，并享受社区居家照料中心的养老服务。陈岙村老人公寓由村集体提供土地，村集体和老人共同筹资建设。村集体拨付的养老资金和老人生活由村老年协会管理。社区养老服务内容包括爱心助餐、健身娱乐、免费体检、图书阅览、爱心理发、爱心缝补、司法咨询等各项业务。陈岙村集中居住养老模式是融家庭养老、集体补助、社区服务为一体的“共建、自治、村助”的养老模式，调研发现此养老模式中老人幸福指数高。

2. 开展养老机构“公办民营”的改制试点

根据温州农村机构养老现状和就近养老理念，首先要开展现有公办养老机构和镇（街）敬老院的改制试点，转型升级，扩大服务范围，实现政府职能转变。要充分运用融资、税收、土地供应等优惠政策，形成公办保障性养老机构兜底、社会力量办养老机构满足中高档需求的错位发展格局。如平阳县建立了第一家公建民营模式的医养结合型敬老院——水头镇中心敬老院（又名德榕山庄）。该敬老院于2015年10月正式开业，总投资1.15亿元，占地28.8亩，共有床位462张。要走机构标准建设途径，提高原有养老机构设施水准，提高护理床位比例，优化自然环境，提升价格优势，吸引周围城镇老人和农村有经济条件的老人有偿入住。其中失能、半失能农村老年人（含五保老人）由政府购买享受免费或低费养老服务。其次，发展养老机构要走培育、扶持、发展、规范的途径，要从小做起，分步推进，成熟一个做一个。从农村“五保”到“失能、失智、半失能”再到“高龄、空巢”，根据市场需求，稳步推进，形成养老事业通过产业来发展，通过发展养老产业实现养老事业上新台阶的良性循环。

3. 发展“医养融合”的健康养老

要以解决农村老人看病难、看病贵问题为目标，积极推进“医养融合”养老新模式，有效整合社区照料中心与社区卫生服务中心（站）资源，建立合作机制；支持社区（村级）医疗机构发展养老服务，开设老年病科，建立家庭病床；倡导社区（村级）卫生服务中心与养老机构建立“签约式”医疗服务机制，提供上门诊视、健康体检、保健咨询等服务，重点满足高龄、失能、失智老年群体要求。鼓励部分医院转型为医养融合服务机构，鼓励开通老年人就诊绿色通道，支持民营医疗机构向护理型养老机构转型，强化医保支付导向，开展医保支付向养老机构延伸试点。如龙湾区人民医院和红景天养老机构已于2014年7月开始合作，由医院提供健康检查、疾病诊治、大病康复等服务，红景天负责老人的传统生活护理。这种医养结合的有益尝试，为不少家庭解决了后顾之忧。

4. 培养“专业专职”的服务队伍

一是加强专业化培训。要借助市民政局与专业院校的合作优势，吸引年轻人就读养老服务专业；要依托院校、医院和养老机构建立养老服务实训基地，系统培养服务人才；要将养老护理员和家庭护理员统一纳入全省养老护理人员教育培训体系，定期举办护理培训班。二是提高岗位专职性。人社部门要结合用人制度，综合考虑服务需求，提高岗位专职编制比例，按工作性质将相关人员纳入不同体系，在技术职称评定、职业技能培训等方面结合职业特点开辟发展通道。三是提高养老服务从业人员的社会地位和待遇。要建立入职奖励制度，落实最低工资保障制度，完善特殊岗位津贴制度，制定实施养老服务从业鼓励政策。四要建立社会工作人才机制。通过政府购买服务的方式，在养老服务行业中设置社会工作岗位，开发公益性岗位。

5. 推行“互联网＋”的智慧养老

要在健全老年人基本信息数据库的基础上，运用互联网、物联网、云计算等技术搭建“智慧养老云服务平台”，开展养老服务和社区服务信息惠民试点。实行个人信息平台管理，养老需求平台评估，医疗保健远程服务，文娱教育远程提供的“智慧养老”。运用大数据的管理方式逐步实现政府购买养老服务、居家养老安全照料、助老公益活动储存时间银行等工作数字化管理和智能化服务，构建智慧养老新业态、新模式、新生活。如温州市龙湾区智慧养老服务平台邀请北航温州研究院的专家进行细致深入调研，2015 年底已初步形成并着手探讨智慧养老方案，根据要求，将会给 3 万多老人一一建立各自的信息数据库，在服务点上建立终端，那些被列入民政工作服务的对象，比如失能、独居、高龄老人等要建立个人家庭终端，以实现全面信息化管理。

B.16 2015年温州市安全生产形势分析报告

贾焕翔 *

摘　要：　安全生产事关人民群众生命财产安全，事关改革、发展、稳定大局。温州市委、市政府历来高度重视安全生产工作，不断提高安全生产基础条件，保持了全市安全生产形势的持续稳定。本文在分析温州市 2015 年安全生产形势和现状的基础上，研判当前存在的主要问题和薄弱环节，并提出有针对性的对策措施和建议，为温州安全生产工作提供参考。

关键词：　温州　安全生产

2015 年，全市各地、各有关单位在市委、市政府的正确领导下，锁定事故起数、死亡人数和单位生产经营活动死亡率“三下降”目标，严格落实安全生产责任制，全面组织开展消防安全“双月”攻坚行动，深化十大重点领域安全生产专项整治，集中突破安全生产事故前追刑责、安全生产行政执法自由裁量标准和社会化服务等重点项目，扎实推进安全生产标准化、诚信管理和宣传教育等工作，有效减少和遏制各类事故特别是较大以上事故的发生，实现了全市各类事故起数和死亡人数同比连续第 11 年“双下降”。

一　2015年安全生产形势分析

（一）事故情况

1. 总体情况

2015 年，全市安全生产形势总体平稳，事故总量继续下降，共发生各类

* 贾焕翔，温州市安监局局长。

事故1984起，死亡500人①，同比分别下降8.6%和9.4%。发生较大事故5起、死亡21人，同比减少1起。

2. 各重点行业（领域）情况

工矿商贸企业事故43起，死亡47人，同比分别下降24.6%和19.0%。

道路交通事故1937起，死亡449人、受伤1893人，同比分别下降7.9%、7.4%和9.3%。发生道路交通较大事故2起、死亡8人。

生产经营性火灾1656起，死亡2人、受伤8人（火灾统计口径调整，未纳入合计数据及同比）。发生火灾较大事故（民房）3起，死亡13人。

渔业船舶事故4起，死亡4人，同比分别下降60.0%和55.6%。

水上交通（内河）无发生伤亡事故（见图1）。

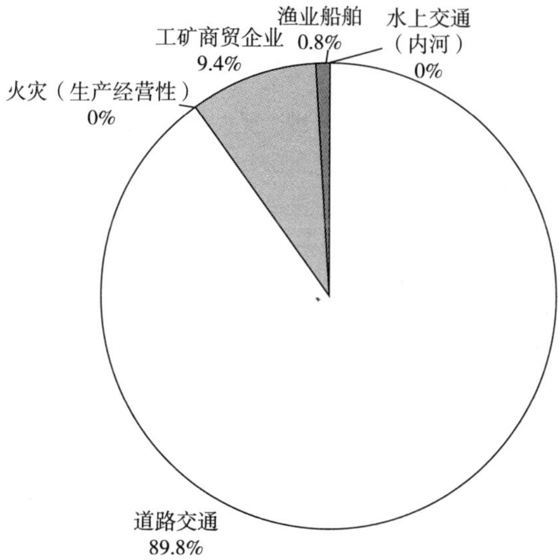

图1　温州市2015年度重点行业领域事故死亡人数所占比例

3. 各县（市、区）情况

（1）2015年全市各地安全生产形势总体稳定。除文成县外，其他县（市、区）各类事故起数、死亡人数两项指标均保持“零增长”。

（2）各地事故总量不平衡。乐清、瑞安、永嘉三地各类事故起数和死亡

① 未含市本级、瓯江口产业集聚区、浙南产业集聚区数据。

人数占全市各类事故起数和死亡人数之和的 52.2% 和 47%；洞头、文成、泰顺三地各类事故起数和死亡人数之和仅占全市各类事故起数和死亡人数的 7.1% 和 6.0%（见图 2、图 3）。

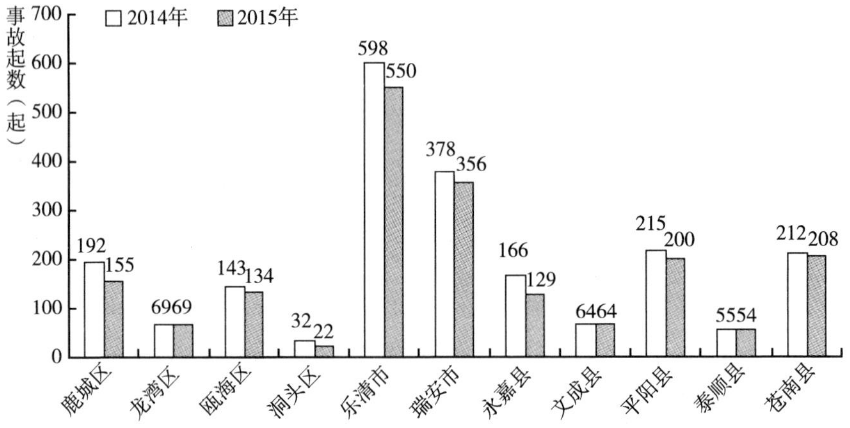

图 2　温州市 2015 年各县（市、区）各类事故起数同比情况

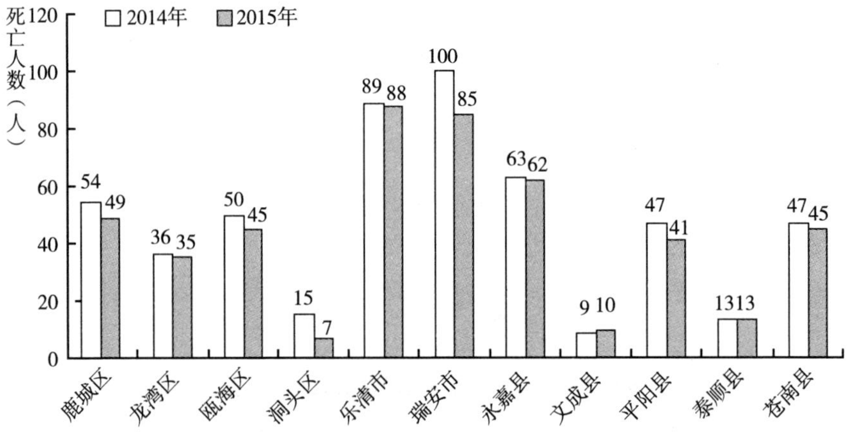

图 3　温州市 2015 年各县（市、区）各类事故死亡人数同比情况

（二）主要特点

1. 全市安全生产形势总体平稳

从纵向看，全市各类事故起数和死亡人数两项指标实现连续 11 年“零增长”（见图4、图5）。从横向看，2015年全市各类事故起数和死亡人数均位于全省第4位（位于杭州、宁波、台州之后），但下降幅度分别位于全省第2位和第1位。

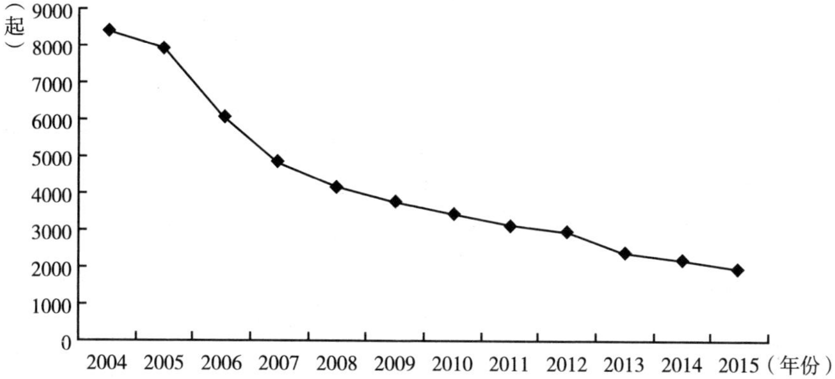

图4　温州市2004～2015年各类事故起数变化趋势

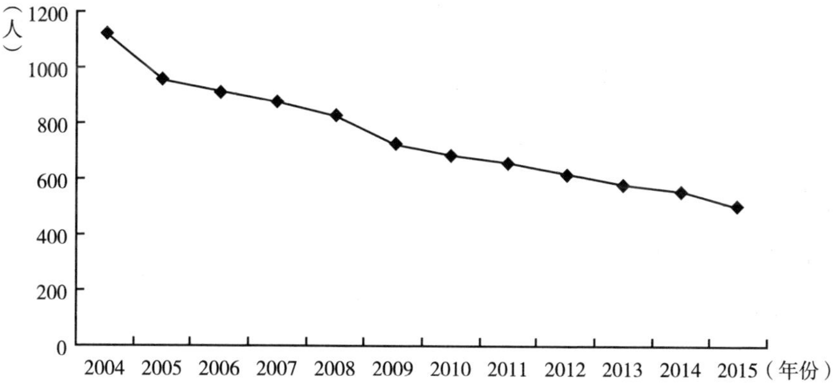

图5　温州市2004～2015年各类事故死亡人数变化趋势

2. 道路交通事故总量仍在高位运行

2015年全市共发生道路交通事故1937起，死亡449人①，事故起数和死亡人数分别占全市各类事故总数的97.6%和89.8%。

① 此处的道路交通事故起数和死亡人数为安监统计口径下的数据。下文具体分析中涉及的道路交通事故为3365起，死亡人数561人，受伤人数为3463人。

从肇事车辆类型分析：一是电动车、摩托车事故多，约占道路交通事故总量的一半。全市涉及电动车摩托车事故有1796起（2011辆），造成227人死亡，分别占道路交通事故总起数和死亡人数的53.4%、40.5%，大约占道路交通事故总量的一半。二是货运车辆事故明显下降。全市发生涉及货运车辆事故303起（316辆），死亡106人，同比分别下降20.3%、35.8%。三是客运车辆责任事故有下降。全市客运车辆发生责任事故106起，死亡21人，同比分别下降17.8%、25.0%。四是外地车辆事故有所下降。外地号牌车辆发生责任事故547起，死亡136人，同比分别下降8.2%、13.4%。

从肇事驾驶人分析：一是外籍驾驶员肇事占半数。2015年，外籍驾驶员发生责任事故1421起，死亡308人，分别占事故总起数和死亡人数的42.2%、54.9%，同比分别下降14.3%、17.0%。二是低年资驾驶员事故明显减少。驾龄不满3年的低年资驾驶员责任事故造成119人死亡，占事故死亡总人数的21.2%，同比下降30.4%。三是高龄驾驶员事故有所增加。责任驾驶员年龄在50周岁以上的事故造成76人死亡，同比上升11.8%。

从事故发生时间分析：一是晚上和早上事故多发。17~21时事故多发，这5个小时段共死亡210人，占事故死亡总人数的37.4%；从同比情况看，上半夜（21~24时）和早上（5~8时）事故增加，21~24时共死亡91人，同比上升26.4%；5~8时共死亡79人，同比上升29.5%。二是重要节假日事故有所增加。2015年7个重要节假日（累计天数28天）发生交通事故死亡52人，同比上升8.3%。

从事故发生路段分析：一是国省道形势总体平稳。2015年，国省道事故死亡123人，占事故死亡总人数的21.9%，同比下降19.1%。二是城镇街道事故同比下降，但总量仍占一半多。全市城镇街道事故死亡311人，占事故死亡总人数的55.4%，同比下降14.1%。三是农村道路事故略有减少，但碰撞行人事故和单车事故有所上升。农村道路死亡127人，同比下降3.05%。其中车辆碰撞行人事故死亡53人，同比下降12.8%；车辆碰撞单车事故死亡21人，同比上升23.5%。

从伤亡人员分析：一是中小学生伤亡下降。2015年，道路交通事故共造成中小学生共死亡4人，同比持平；受伤39人，同比下降15.2%。二是电动车、摩托车骑乘人员伤亡率极高。电动车、摩托车驾驶人和乘员共死亡181

人、受伤1509人，分别占事故死亡、受伤总人数的32.3%、43.6%。涉及事故的电动车、摩托车骑乘人员共1796人，伤亡1690人，事故伤亡率高达94.1%。三是老年人伤亡较多。65周岁以上人员死亡127人、受伤443人，分别占事故死亡、受伤总人数的22.6%、12.8%。

3. 工矿商贸企业事故中高处坠落和机械伤害事故多发

2015年全市共发生高处坠落事故12起，死亡13人，死亡人数占工矿商贸企业事故死亡人数的27.7%。机械伤害事故8起，死亡9人，死亡人数占工矿商贸企业事故死亡人数的19.1%；另外，触电、起重伤害、爆炸事故死亡人数分别占工矿商贸事故死亡人数的12.8%、8.5%和8.5%。

4. 较大火灾事故多发

2015年全市共发生较大火灾事故3起，死亡13人。从起火时段分布情况分析，夜间易造成人员伤亡，2015年发生的3起较大火灾都是在夜间发生的。

二　主要原因以及存在问题

（一）违法、违章行为仍然是各类事故发生的主要原因

从事故原因分析，道路交通事故中，无证、酒后驾驶违法行为导致事故1076起，死亡209人，分别占道路交通事故总起数和死亡人数的55.5%和46.5%；特别是无证驾驶摩托车（含超标电动车）现象比较严重，共有904人造成835起事故、138人死亡，分别占无证驾驶事故起数和死亡人数的86.5%、85.2%。工矿商贸企业事故中，因从业人员违章操作、违章指挥、违反劳动纪律等“三违”行为导致36人死亡，占工矿商贸企业事故死亡人数的76.6%。火灾事故中，违反电气安装使用规定、电器故障、生活用火不慎等是引发火灾的主要原因；另外，通天房、合用场所是导致火灾事故群死群伤的重要原因。

（二）安全生产责任落实不到位

一些地方和单位对安全生产工作仍然没有给予足够重视，安全监管责任未履行到位。企业安全生产主体责任落实不到位，安全生产自我管理的能力不

强，企业负责人和员工的安全意识还比较淡薄，安全技能基础还比较薄弱，事故防控能力不强。

（三）安全生产“两化一网”工作不到位

虽然温州市安全生产网格化管理和安全隐患信息化系统已初步建立，但一些地方的基层网格形同虚设，没有落实人员职责、完善工作制度、开展日常监管；一些地方隐患排查治理信息系统虽已建立，但还未能真正发挥作用，企业安全隐患自查自改自报率还比较低。

（四）安全隐患仍然量大面广

虽然各地、各有关单位均部署开展了安全生产隐患排查治理，但一些地方和单位仍未按照“全覆盖、零容忍、严执法、重实效”的要求开展隐患整治，工作部署流于形式，措施方法针对性不强，整治效果不明显，各类安全隐患仍然在一定范围内大量存在。

（五）群众安全意识还比较薄弱

一些地方和单位开展安全宣传教育活动力度不大，针对性不强，效果不明显，广大群众尤其是外来务工人员、老弱病残、中小学生等的安全意识仍然比较淡薄，逃生自救能力不强。

另外，随着经济发展和社会进步，安全生产新情况新问题也不断出现。一是“冷门”领域开始升温。过去，生产安全事故主要集中在道路交通、消防、工矿、建筑施工、渔业船舶等领域。现在，以往不多见的地下管网、油气化工管道、化粪池和小微型建筑工程等领域的事故也时有发生，加大了安全生产压力。二是“开关型”企业监管增压。受经济增速放缓影响，一些企业经营收益变化将影响企业对安全技术改造的投入，一大批“开关型”企业或将反复出现，在“一开一关”之间，安全生产工作就容易被忽视，埋下了大量隐患。三是新兴产业开始出现事故。当前，互联网经济的兴起，也带动了物流、仓储等企业的发展，不少网店、物流业直接租用居民住宅等民用建筑，“三合一”问题以新的形式出现，滋生了大量消防安全隐患。另外，2015

年全市发生两起社会影响较大的旅游安全事故，造成4人死亡、4人重伤，旅游安全工作应引起足够重视。

三　对策研究

安全是发展的前提和保障，没有安全，发展就是空谈。坚持以人为本，首要的是以人的生命健康为本。因此，要针对温州市当前安全生产存在的问题和薄弱环节，落实安全生产责任，夯实安全生产基础，突出工作重点，完善长效机制。具体而言，就是要求全面实施“安全监管法治化、隐患治理信息化、生产经营标准化、安全服务社会化、宣传教育全民化”安全生产“五化”工程，努力开创温州安全生产工作新局面，为打造迈入全面小康社会的标杆城市提供安全保障。

（一）推进安全生产监管法治化，进一步落实安全生产责任

坚持以法治方式抓安全，完善安全生产工作机制和责任体系，不断提高各类主体依法履行安全生产责任的能力。

一是依法落实企业安全生产主体责任。按照《安全生产法》等法律法规的规定，推动各类生产经营单位切实落实安全生产主体责任。建立企业安全生产责任清单，强化生产现场安全管理，把安全生产责任落实到班组、落实到岗位。继续推进执行事故前追刑责机制，特别是要推动高危行业企业落实安全风险等级管理、诚信管理、安全费用提取等制度，推进企业安全生产主体责任的落实。

二是完善安全生产党政同责机制。按照“党政同责、一岗双责、失职追责”的要求，制定出台《温州市安全生产“党政同责、一岗双责”规定》，进一步明确各级党委、政府安全生产工作职责。建立安全生产“尽职免责、失职追责”机制，规范事故调查和责任追究工作。严格落实安全生产“一票否决”、警示、约谈等制度，健全安全生产统计制度，加强安全生产形势的分析、研判、通报等工作。

三是进一步厘清负有安全生产监管职责单位的工作职责。按照“管行业必须管安全、管业务必须管安全、管生产经营必须管安全”的要求，进一步

明确和落实重点行业领域安全监管职责，健全工作机构，充实专业力量。

四是加强安全生产执法规范化建设。按照合法化、规范化、信息化的要求，加大安全生产行政执法力度，做到行政执法不缺位、不越位。建立安全生产行政信息系统，强化执法监督，实行监管执法信息公开制度，不断提高安全生产执法质量和效率。

（二）推进安全生产标准化，进一步提升安全生产基础条件

坚持“政府主导、部门合力、企业主体、市场推动、社会监督”的原则，推进企业安全生产标准化建设，逐步建立企业自我约束、自我完善、持续改进的安全生产管理长效机制，不断提高安全水平。

一是完善企业安全生产标准化创建责任体系。建立健全地方政府统一领导、行业主管部门组织实施、生产经营单位具体创建的安全生产标准化建设工作责任体系。积极发挥行业主管部门的督导作用，推进各类生产经营单位安全标准化创建，提升安全生产条件，提高安全保障能力。

二是完善企业安全生产标准化考评管理体系。进一步完善安全生产标准化考评管理体系，明确企业安全生产标准化创建单位、组织单位、评审单位的条件、职责、程序、经费，强化企业安全生产标准化评级的申请、管理、考评、审核、核准、公告等相关工作的全程管理。

三是健全企业安全生产标准化激励约束机制。建立和健全企业安全生产标准化激励约束机制，提高企业安全生产标准化的积极性和主动性。同时，把企业安全生产标准化建设与安全生产诚信机制建设相结合，把企业安全生产标准化建设作为企业安全生产诚信等级评估的前置必备条件，把安全生产标准化建设与企业信用等级挂钩，在银行信贷、项目核准、用地审批、工伤保险费率、知名商标评定、名牌产品认定、政府补助奖励、各类先进评选方面给予激励和约束，综合运用经济、政策、荣誉、信用等手段，倒逼企业自觉主动实现安全生产标准化。

（三）推进隐患治理信息化，进一步提高企业安全管理水平

创新安全生产隐患排查治理机制，改变企业被动接受政府部门安全监管的模式，引导企业主动开展安全管理，建立起先进适用的重预防、全过程、动态

化的安全隐患排查治理信息化系统，实现安全隐患排查治理常态化、规范化、法治化。

一是建立企业基础数据库。分地区、分行业、分领域调查摸清企业情况，建立完善的企业基础数据库，根据企业生产规模、生产经营性质、作业场所危险程度及安全生产标准化、规范化和诚信管理等级等因素，进行分级分类，突出监管重点，提高监管效率。

二是制定完善隐患排查治理标准。以企业安全生产标准化评定标准、规范为基础，突出安全生产基础管理和现场管理两大主要内容，进一步细化各类工矿商贸行业的事故隐患自查标准，使各类生产经营单位特别是小微企业在开展隐患排查治理工作时有章可循、有据可依。

三是健全隐患排查治理信息系统。以落实企业安全隐患自查、自报、自改机制为重点，建立完善企业安全生产自查自报系统、安全隐患动态监管统计分析评价等系统。同时，加强对信息系统相关数据的动态管理、统计和分析，实现隐患排查治理工作的全过程记录和管理。

四是建立隐患排查治理监管体系。按照“谁主管、谁负责”和属地管理原则，明确各地、各相关部门的安全生产监管职责，落实监管责任。完善安全生产“两化一网”体系，通过推进安全生产网格化和信息化管理，进一步落实安全生产责任，确保安全生产隐患排查治理工作措施全面得到落实。

五是加强重大事故隐患挂牌整治。认真落实重大事故隐患挂牌督办制度，指导和督促重大事故隐患单位制定整治方案，确保整治责任、措施、资金、期限和应急预案“五落实”到位，及时消除重大事故隐患。对不按要求组织治理的事故隐患单位，依法实施行政处罚；对因此导致事故发生的，依法追究相应的刑事责任。

（四）强化重点行业领域安全监管，进一步落实各类事故防控措施

一是强化道路交通安全监管。重点加强对营运车辆特别是危化品运输车辆的安全监管，严厉打击“三超”和违规运输危化品的行为。加大对重点路段、时段、恶劣天气道路交通的疏导和监管，提高道路交通突发性事件的应急处置能力。同时，创新道路交通安全宣传教育形式，提高宣传教育的针对性和实效性，在全社会形成安全行车、文明行车的良好氛围。

二是强化消防安全监管。巩固全市消防安全“双月”攻坚专项行动成果，进一步加强对出租房、合用场所和商城市场、餐饮娱乐、宾馆饭店、学校、医院等人员密集场所的消防安全检查，防止隐患反弹。同时，强化防火常识、逃生自救知识宣传，增强广大群众的火灾防范意识和应急处置能力。

三是强化危险化学品监管。危险化学品相关企业必须严格作业现场安全管理，及时消除设施设备安全缺陷和隐患，落实自动控制及连锁报警、紧急停车等安全措施，严防危险化学品泄漏、爆燃和中毒窒息等事故。

四是强化建筑施工安全监管。严格施工资质等级、安全资质审查核准管理，切实落实建设单位、施工企业、监理单位三方的安全责任。加强建筑施工现场安全监管，强化对建筑工人的安全知识和技能培训，特别是加强新员工岗前安全教育培训，切实提高相关人员对建筑施工高处坠落、坍塌、触电等事故的防范能力。

五是强化渔业船舶和海上运输安全监管。加强海上运输和渔业船舶安全监管，严厉打击无证船舶非法营运、无证渔船非法载客等违法违规行为；强化水上交通和渔船捕捞作业安全宣传教育，进一步提升水上运输和作业人员安全意识、安全操作技能；积极引导渔民编组出海，落实渔船安全救生设备配置、应急救助措施和应急值班制度。同时，加强休闲渔船安全监管，严禁超抗风力等级、超载等违法违规行为，确保休闲渔船安全营运。

六是强化旅游安全监管。加强对景区景点、危险路段、游览索道、大型游乐设施、涉水旅游项目等的安全隐患排查，完善安全措施，增强安全警示，及时消除安全隐患。做好旅游安全动态信息发布和应急预案的制订和演练工作，建立健全景区景点和游乐场所流量控制机制，及时发布流量信息，引导游客合理出行。

七是强化供用电安全监管。严查私拉乱接电线、超容量用电等违法违规行为，规范供用电秩序。有关用电单位要加强用电安全管理，落实各项安全防范措施，降低触电事故发生率。同时，加强对作业人员用电安全和应急处置知识的教育，防止应急处置不当导致事故扩大和次生灾害。

（五）强化安全生产宣传教育，进一步提升全民安全素质

重点抓好安全意识、安全常识、安全技能教育，积极传递党委政府声音、

传播安全生产知识、传授安全生产技能，不断提高全民安全素质。

一是强化安全宣传。认真组织开展“安全生产月”、《职业病防治法》宣传周、“安康杯”竞赛等活动，推动安全生产法律法规和安全知识进企业、进社区、进农村、进学校、进家庭。通过电视、报纸、互联网、手机短信、微信等多种载体，大力加强安全生产宣传教育，全面普及安全生产法规知识和基本安全常识。积极发挥“安监12350”投诉举报功能，广泛发动全社会参与安全管理。

二是强化安全培训。深化全员培训工程，重点加强对企业负责人、安全管理人员、特种作业人员、高危行业企业员工等人员的安全培训。严格落实企业安全培训主体责任和安全培训质量控制制度，改善安全培训条件，切实提高从业人员的自我保护能力。

三是培育安全文化和信仰。大力加强安全文化建设，鼓励和引导企业开展安全文化创建活动。组织开展安全生产摄影、征文、绘画、演讲等活动，建设一批安全文化主题公园、安全馆、安全角等阵地，营造“安全人人抓，幸福千万家”的良好氛围。

文 化 篇

Cultural Development

B.17
2015年温州文化发展报告

陈中权 *

摘　要：　2015 年温州文化发展态势总体较好，在全国文明城市创建、公共文化服务方式创新、文化精品创作、国家级历史文化名城创建、文化礼堂建设、文化创意产业发展等方面取得了一定成效，但也存在着文化发展战略不清晰、公共文化服务投入不足、历史文化资源挖掘不深、文化创意产业总体实力不强、文化优惠政策落地难、文化消费有待正确引导等问题。2016 年，温州文化发展应在弘扬瓯越文化、塑造温州城市精神、建设中国道德高地、打造城市文化品牌、完善公共文化服务体系、加快文化融合、扩大和引导文化消费等方面下功夫。

关键词：　公共文化　文化品牌　文化遗产　文化产业　文化政策

* 陈中权，中共温州市委党校副教授。

2015 年，国家出台了构建公共文化服务体系、繁荣社会主义文艺、建设基层综合性文化服务中心、支持戏曲传承发展等一系列发展文化的政策性文件，为文化发展营造了良好的政策环境和社会环境，温州文化建设和发展呈现较为良性的态势。

一 2015年温州文化发展总体情况

2015 年，温州文化建设和发展工作围绕“五化战略”大局，以社会主义核心价值观为指引，主动创新，积极作为，在文明城市创建、公共文化服务方式创新、文化精品创作、文化遗产保护、基层文化阵地建设、文化创意产业发展、文化跨界融合等方面取得了一定成效，推进了文化强市建设，提升了温州的城市形象，增强了温州的城市凝聚力和竞争力。

（一）培育和践行社会主义核心价值观成效较为显著

2015 年，温州在培育社会主义核心价值观和思想道德建设方面做了大量工作，取得了较为显著的成效。率全省之先开工建设温州道德馆并举行预展，展出实物和老照片数百件，道德馆的建成将成为温州成功打造道德建设高地的标志；建立健全了一套帮扶道德模范和身边好人的褒奖机制，出台了《温州市道德模范管理办法》《温州市见义勇为人员保障和奖励实施办法》等；设立浙江省首家“最美”公益基金——“最美温州人”公益基金，对“最美”行为给予经济奖励，对“最美”人群及其子女的就业、就学、生活等进行帮扶；推出“道德信贷”工程，为市级及以上道德模范提供创业贷款等；举办“感动温州十大人物评选活动”、第五届温州市道德模范评选表彰活动。

道德建设得到全社会的参与和推动。政府与民间共同携手举办多场各种类型的以传扬传统美德为主的公益道德讲坛，修订整理鹿城区驿头村程氏千年祖训等历史珍藏家训 110 份，推动 10 万户家庭传承并新立家训。开展“中国梦·温州好故事”主题宣讲教育活动，先后组织开展“讲故事”活动 800 余场，开展“七讲七进”活动 5000 余场，受教育群众达 20 万人。组织专业团队创作了《社会主义核心价值观 24 字歌》，在全市 1300 多所中小学校、幼儿园推广传唱。以制作 VCR、在电视广播滚动播出、进 KTV 等方式传唱“最美温州人”主题歌——《最美温州人》。

民间涌现出了大量好人好事。截至 2015 年 12 月，温州共有 31 人入选“中国好人榜”，9 人获“全国道德模范”及提名奖，10 人获“浙江省道德模范”及提名奖，12 人被命名为“浙江骄傲”，数量均居全省前列。

2 月 28 日，温州获得了“全国文明城市”称号，这是 14 年来历届温州市委市政府与广大人民持续共同奋斗的结果，实属来之不易，颇为振奋人心。

（二）现代公共文化服务体系建设稳步推进

2015 年，温州市根据中央出台的《关于加快构建现代公共文化服务体系的意见》精神，在建设公共文化服务体系尤其是创新公共文化服务方式方面推出了一些新举措，赢得了较好的社会反响。

2015 年 6 月，温州市政府出台了《关于进一步规范温州市基层公共文化服务工作的通知》，在全市范围内确定了 40 个乡镇（街道）的 231 个社区作为基层试点，其中推出的“五有十化”标准①、服务清单公示、第三方机构评估等举措为全省首创，尝试形成符合温州实际的公共文化服务标准化工作模式，此举有助于规范乡镇（街道）和社区的公共文化服务，提升基层公共文化阵地服务效能。

2014 年已列入文化部改革试点项目的温州市图书馆事业单位法人治理结构改革取得新进展：理清了政府主管部门、理事会和管理层三者的事权关系，较好地实现了图书馆利益相关群体的共同治理；成立了图书馆发展基金会，完成法人登记并已到位财政资金 200 万元。在改革的助力下，温州市图书馆加快组织实施城市书房、城市书站、城市书吧、城市知网“三城一网”的建设，编制了一张能够提供高效、便捷、优质服务的“城市书网”，为市民提供了全方位、强辐射的借阅服务。温州市图书馆全年读者数、借阅量分别达 305.3 万人次、395.3 万册次，新建 10 家 24 小时自助图书馆即“城市书房”，新建 10

① “五有”为有基础设施、有管理人员、有专项经费、有常态活动、有稳定团队；“十化”为设施完整化、配套完善化，人员专职化、服务专业化，保障持续化、使用合理化，活动多样化、受众普惠化，团队规范化、活动常态化。

家各具特色的城市休闲文化场所即“文化驿站”。由政府主导、社会力量、社会资本参与建设的“城市书房”和“文化驿站”广受市民欢迎。

文化礼堂建设是最近三年来温州公共文化服务建设的一大重点，作为基层综合性公共文化服务平台代表，文化礼堂的建设工作继续被温州市政府列为2015年十件为民办实事项目之一。全年新建文化礼堂208家，累计已建成文化礼堂807家，遍布全市城乡，其建设数量、推进速度、地区覆盖率均居全省第一。如何有效发挥文化礼堂的作用并使之真正成为群众精神家园一直是各界热议的问题。党委政府主管部门推出了一些新举措：一是开展“新青年下乡”活动。12所在温高校（包括独立院校）107个院系994个班级的大学生与温州市11个县（市、区）和浙南产业集聚区130个乡镇（街道）589个村居（社区）挂钩结对，到农村开展“科学理论引领、文艺送演乐民、志愿服务接力、文化传承星火、硕博服务惠农”等服务，此举成为浙江省高校思想政治工作创新样本并获“第四届浙江省宣传思想文化工作创新奖”，受到浙江省主要领导肯定并在全省推广。二是文艺社团进文化礼堂。成立于2013年10月的温州市民艺术团以农村文化礼堂为舞台，演出节目340多个，参与演职人员1690人次，观众达2万多人次。三是各地在提升文化礼堂内涵方面形成了不少值得推广的做法，如平阳县显桥村让文化礼堂成为村民精神信仰新去处、苍南县将宗祠变身为文化中心、乐清市红色文化礼堂建设等。

继续扩大政府购买公共文化服务规模，温州市本级投入240万元经费购买送戏下乡、文化进社区公益演出共163场，31个社会团体成功中标，推动了政府部门由“办文化”向“管文化”转变。全年送戏下乡2109场、送书下乡15万册（次）、送展览讲座153场、送电影下乡52071场、文化走亲72场次。市本级全年举办展览近100场，观展人数达11余万。

公共文化设施建设也有所进展。总投资1.68亿元、总建筑面积17518.6平方米、拥有设备先进的剧场和专业录音棚等功能的温州文苑大楼于2015年10月启用，解决了温州市主城区西片公共文化设施稀缺的问题。从各县情况来看，文成县文化中心投入使用，乐清、永嘉、平阳文化中心和泰顺图书馆等建设工程进入尾声，瓯海、文成博物馆陈列布展已进场施工，乐清、永嘉、平阳博物馆建设有序推进。完成2531个行政村的农村应急广播体系建设。

2015年在浙江省文化厅统计的14个文化指标中，温州有11个指标在中等偏上的位置。其中，文化事业费、文化事业费占财政支出的比重、每万人拥有群众文化设施建筑面积、文物藏品数量等 4 个指标，温州均位居全省前三位。目前温州市每万人拥有群众文化设施建筑面积达 853 平方米，实现全市公共文化设施全覆盖，人均文化事业费达到 53.6 元，每万人拥有公共图书馆建筑面积达 143.08 平方米，人均拥有公共图书馆藏量为 1.24 册，馆藏文物 41000 余件。全市公共文化综合评估成绩从“十一五”期末的全省倒数第一上升为全省第五。

（三）群众文化活动和文艺精品创作成果丰硕

三年一度的艺术节是温州艺术的一场盛会。历时五个月的第五届温州艺术节暨第三届市民艺术节是 2015 年温州举行大型文化活动的一大亮点。通过组织第十三届戏剧节、第十六届音乐舞蹈节、第九届曲艺会演、首届“墨池奖”书法作品大赛、首届“黄公望奖”美术作品大赛，展示了新创与原创作品、节目 500 多个，创作书法、美术、摄影作品 1000 余件，是温州近 3 年优秀文化成果的一次集中展示，参演人员近 2 万人次，参与市民 200 万余人次。主要演出场次采取低票价惠民方式，改变了以往拉观众看演出的状况，既培育了市场又激发了市民观赏本土文艺作品的热情。首度设立的书法“墨池奖”和美术作品“黄公望奖”两大政府奖保障了两大传统艺术强项迈上新台阶。

端午节期间成功举行的 2015 中华龙舟大赛（温州站）暨温州龙舟文化节可圈可点：参加划手达 8700 多名，创造了吉尼斯世界纪录；央视 5 套 3 个半小时直播、央视 1 套 2 个小时并机直播创造了央视直播单场体育比赛时间最长的纪录，向世界展示了中华龙舟文化和温州端午民俗的独特魅力。中华龙舟大赛（温州站）已成为国家体育总局和央视最重视的标志性龙舟赛事之一，也打响了温州龙舟城市的品牌。

继电视连续剧《温州一家人》之后，经过三年打磨的反映温州人创新精神的《温州两家人》在央视 1 套黄金时段首播并成为央视的年终大戏，5.6 亿的网络播放量在传播温州城市形象的同时也提高了温州人的自豪感和归属感，以地名构成剧名的地方剧两次登陆央视 1 套黄金档被影视界誉为“温州的文化奇迹”。与此同时，《温州三家人》也已正式启动创作。创作反映温州改革发展和温州人精神的系列电视剧为传播温州正能量、塑造温州新形象起到了积极作用。电影《暖暖的红日亭》、长篇小说《生意人陈震东的奇特之旅》和电视剧《温州两家人》等三部作品被列入浙江省第十批文艺精品扶持项目。乐清吴尧辉的《大唐盛世》系列组雕和龙湾的拼字龙表演队获民间文艺国家最高奖项“山花奖”。反映道德模范真实感人故事的纪录片《温州好人——伊凡·戴维斯》和微电影《天大的官》获第十七届全国电视外宣“彩桥奖”一等奖，为全国地市级城市最好成绩。通过舆论监督督促重大现实问题尽快得到有效解决的《电视问政》栏目获“2014 年度全国最具社会影响力栏目”称号。由温州作家蒋胜男创作并作为编剧的电视剧《芈月传》在各大电视台和乐视网、腾讯网热播。

（四）文化遗产保护成效突出

2015 年，温州文化遗产保护方面最重要的工作就是国家历史文化名城创建工作。自 2010 年开展国家历史文化名城申报工作以来，以名城保护为核心，温州在调查、研究、规划、整治、展示、传承、宣传等方面做了大量工作。出台了《温州市历史文化名城保护管理办法》《温州市历史文化街区保护管理办法》《温州市历史建筑保护管理办法》，这三大保护管理办法专门提出鼓励各种社会力量通过捐赠、认养、资助、技术服务等方式参与历史建筑的保护工作。完成了华盖山东南段城墙的考古清理，杨柳巷戚宅、七枫巷胡宅的环境整治，嘉会里巷、城西街、沧河巷、仓桥街等街区的整治，以及郑振铎纪念馆、谯楼、浩然楼、沧河巷金宅等陈列布展。永嘉屿北村、苍南福德湾村、泰顺下桥村和乐清南阁四个古村落获国家财政支持。在高速发展的城市建设中温州较好地处理了文化遗产保护与城市发展的关系。

非遗保护传承工作在克服机构不全、编制紧缺、资金投入严重不足的条件下保持浙江省前列。公布市第九批非遗名录 79 项；上报第五批国家级传承人 25 人，省级初评通过 15 人，居全省第二；雁荡山－楠溪江自然文化资源、泰顺廊桥、苍南矾矿申请世界遗产及海上丝绸之路申遗相关遗存调研工作有序进行；瓯剧、永嘉昆剧、泰顺木偶戏入选“浙江最具地域特色民间戏曲”；“瓯”系列非遗项目的保护和产业化得到重视；瓯海区开启温瑞塘河民办博物馆群建设之旅；平阳县被浙江省政府确定为省级历史文化名城。

（五）文化创意产业保持较好发展势头

当前文化软实力对提升综合竞争力的作用越来越突出，尤其是文化创意产业越来越成为经济结构调整的重要支点和转变经济发展方式的重要着力点。文化创意产业受到温州市委、市政府的高度重视。2015 年 5 月，率先制定《温州文化创意产业十三五发展规划》（2016～2020）和三年行动计划，明确了总体要求和主要任务。8 月，市委、市政府召开了温州市文化创意产业发展推进大会，专题部署了文化产业推进工作。在整体经济不景气的情况下，利用有限资源，集中力量，保持了较快的发展势头，预计 2015 年文化产业增加值达到 240 亿元，占 GDP 比重为 5.1%。

一是搭建了多个平台。举办温州国际时尚文化创意博览会，成交额 2.53 亿元，观展人数达 10.82 万人次，使其成为全省继杭州文博会、义乌文交会之后的三大文化产业交易平台之一；举办 2015 中国（龙港）印刷与文化产业博览会暨中国（华东）印刷技术展览会；组织 10 家文创企业参加第十一届中国（深圳）国际文化产业博览交易会，成交额达 2348.3 万元，参展企业数量和成交额均创历届之最，温州由此获得组织奖；温州文化金融产权交易中心正式营业。

二是重点项目建设形成了规模。引进了温州文化金融特色小镇、温州文创总部经济园、温州文创大厦项目和浙南花艺文化旅游博览园等一批招商项目；确定一批重点文化企业、重点文化产业园区、文化特色小镇，新增 10 家市级重点文化企业并使总量达到 45 家，新增 5 个市级重点文化产业园区并使总数达到 11 个，新增 13 个温州市首批文化特色小镇。梦多多小镇儿童文化创意产业园、永嘉书院、青灯山舍、米房 cei、盘运谷文化创意村、梧田老街文化创意园区、温州慢绿文化创意园区、苍南浙南海西文化创意产业园、1958 老码头（铝制品厂）工艺美术园区建设等项目或开业或启动。鹿城区获全省文化产业十强县称号，瑞安奥光动漫集团有限公司进入浙江省文化企业 30 强。

三是亚洲国际（温州）青年微电影展永久落户温州。“2015 未来影像——首届亚洲国际（温州）青年微电影展”吸引了 25 个国家和地区的 344 部微电影参展参赛；7 个国家 14 位外交使节，48 支来自全球各地的极拍团队参加。温州设立首个国际性影奖“金瓯奖”，推动了温州微电影产业发展和温州城市形象宣传。

（六）广电新闻出版业融合创新水平显著提升

受温州经济整体状况不景气以及新媒体的冲击，温州广电传媒集团和温州日报报业集团的经营业绩有较大幅度的回落，但在传统媒体与新媒体的融合发展方面取得了较大成效。

温州日报报业集团以先进技术为支撑，加快数字化、网络化、移动化转型步伐，形成融“报、网、刊、移、微、视”为一体的全媒体传播矩阵：成立融媒体新闻中心，推出网络问政、温州网络电视、掌上温州、温州辟谣等20多个融合平台，打造由微信、微博、手机报、APP客户端等构成的立体传播格局，拥有报纸、广播、网站、两微一端、阅报屏用户1146万，全年刊发各类稿件11400多条；开设温州微电影网，制作原创微电影40多部，展播本土优秀微电影200多部；《温州晚报》的《直播温州》栏目打造了全国首个跨媒介、跨区域的全媒体平台——《温晚全媒体访谈》，制作播出130多期节目，推出60多场访谈。2015年，集团获国家数字出版转型示范单位、2015～2016年度浙江省文化出口重点企业等荣誉及中国报业融合发展奖。

温州广电传媒集团还成立了全媒体新闻中心，投入3300万元建设了集电视生产、资料媒资、电视播出全流程网络化、数字化、文件化以及统一智能化管理的全条网技术平台，投入250万元建成了全媒体融合平台，创办东海微电影网并成为中国微电影网络视频平台协作战略合作伙伴，初步实现了一次采集、多种生产、多元传播。

此外，对外文化交流、浙南水乡文化建设、文化体制改革、文化人才队伍建设也取得了一些成绩。

二　文化发展存在的问题

虽然“十二五”时期可以说是改革开放以来温州文化建设发展最快的时期，并取得显著成效，但与温州经济社会发展现状不相匹配，与全面建成惠及全市人民小康社会的目标尚有不小差距，不能满足人们日益增长的精神文化的需求。当前温州文化建设与发展中的突出问题主要有以下几个。

（一）文化建设的目标定位和发展战略不够清晰

优秀文化的形成需要一个长期积淀的过程，由于多种原因，温州文化发展战略缺乏应有的连贯性。从《温州文化升位计划》、2003 年的建立“温州学”、2006 年的《关于加快建设文化大市的决定》、2008 年的《温州市文化发展“十一五”规划》（2006～2010）、2009 年的由先进文化引领发展战略、2011 年的《温州市文化发展“十二五”规划》、2012 年的《关于认真贯彻党的十七届六中全会精神大力推进文化强市建设的决定》、2013 年的《关于支持和促进文化发展的若干意见》等文化建设和发展的重大决策中，我们不难看出文化发展的目标定位和发展战略并不是很清晰，从而严重影响了文化建设和发展的可持续性。主要表现在：一是顶层设计有待加强。如塘河水系、三垟湿地、大罗山是温州非常重要的资源，目前这三处的黄金地段正处于开发的初期，但分属瓯海、龙湾、生态园区管委会等不同区域管理部门，尚缺乏市级层面的顶层设计，很有可能会出现一哄而上建造雷同项目的局面。二是难以形成合力。目前的文化管理体制“条块分割、政出多门”的问题比较突出，党委主管部门和政府主管部门各自掌握部分文化资源、各自形成自己的分管领域，经常存在着职责不清和扯皮现象；基层文广新局对下属文广站实行垂直领导，而乡镇街道政府与文广站之间则是协作关系，弱化了基层政府对文化发展的责任。三是文化品牌难以形成。温州经济方面的品牌很多，但文化方面的品牌却很少，“十二五”期间虽提出打造“四大文化品牌”，但至今仍缺乏强有力的手段。

（二）公共文化服务投入和管理力度不足

尽管这些年从纵向看温州在重大文化基础设施建设方面投入力度较大，市县两级相继建成了一批重大文化基础设施，但总体投入还是偏少。2014 年温州开始实施“温州赶超发展三年超万亿投资计划”，2014 年和 2015 年各完成 3000 亿元以上固定资产投资，但文化事业投资比重很低。据市文管新局统计，2015 年市本级完成总投资额 7616 万元，完成年度投资计划的 119%，与同属民生事业序列的教育投资 11.47 亿元、医疗卫生投资 5.54 亿元相差较大。目前，市县两级尚有不少重大文化设施没有建设，至今尚没有用于专业展示的美术馆。公共文化服务体系建设在全省排名长期靠后，虽然 2015 年全市公共文化综合评估成绩已从“十一五”期末的全省倒数第一上升为全省第五，但与温州在全省的地位相比还是很不相符。

从公共文化服务的管理层面来看，基层公共文化阵地建设和管理基础长期薄弱，尤其是广大农村和外来人口的精神文化生活相当贫乏，基层思想宣传阵地出现主流意识形态的真空状态。最近三年党委政府大力建设文化礼堂，由于采取的是大规模运动式的方法，而且重在建设，要真正管好和用好像文化礼堂这样的基层公共文化阵地尚需时日，文化礼堂尚未真正成为广大人民群众的精神家园。

（三）文化创意产业总体实力不强

温州文化产业虽然从纵向上看发展迅猛，但总体实力依然不强。表现在以下几方面。

一是与先进城市相比企业总量偏少、差距甚远。在省内，根本无法与杭州相比，即便与金华相比也颇有差距。2015 年，金华市有国家文化出口重点企业 5 家、国家文化出口重点项目 2 个，浙江省文化出口重点企业单位 13 家、省级文化出口重点项目 6 个。温州仅有国家文化出口重点企业 1 家，浙江省文化出口重点企业单位 6 家。

二是文化产业缺乏核心竞争力。缺少重大项目的撬动作用，没有出现文化产业大集团或上市公司，“低、小、散”问题还较为普遍。传统优势文化产业项目如印刷业面临巨大生存危机，市场正在逐步萎缩，新兴的文化产业尚处于模仿、赶超阶段。

三是文化政策落地难。2013 年，温州在市级层面出台了《关于支持和促进文化发展的若干意见》，在公共文化设施建设、民办博物馆建设、文化产业发展、影视动漫产业发展、文艺精品创作、文化人才队伍建设等方面做了一揽子政策规定。但时至今日，诸多优惠政策落地仍非常困难，文化产业企业在土地、税收、融资方面并没有获得实质性的优惠，只能得到来自宣传部门的精神慰藉和极其微薄的物质奖励（2015 年文化产业奖励基金由 2013 年的 2000 万元减少为 1200 万元）；优秀工业企业能得到财政的技改资金，而优秀文化企业则无法享受；优秀文化人才的住房、子女入学等问题都难以解决。

四是文化消费亟待正确引导。在现有的文化创意产业园区中，人们不难发现人气比较旺的地方大都是餐饮场所，诸如智慧谷、黎明92文创园、印象南塘，等等，这种文化消费习惯实实在在地把温州人引上了文化发展的歧路。

五是文化创意产业园区发展有待规范。最近几年温州市各地都在创建文化创意园区，由于投资主体多为民营企业，囿于资金、土地和人才的制约，场地多以旧厂房、旧建筑为主，存在着先天性的缺陷，同质化竞争现象较为突出，一些园区在严酷的经济萧条大环境下面临着倒闭的危险局面。

（四）历史文化资源挖掘利用不足

虽然温州在创建国家级历史文化名城方面做了不少工作，但温州对丰厚的历史文化资源的挖掘与利用尚不尽如人意。

温州的传统工艺美术历史悠久，拥有19个国家级非物质文化遗产，但在产业化方面尚未出现一项与省内的青田石雕、龙泉瓷器、东阳木雕相抗衡的工艺美术产业。虽然政府相当重视开发具有浓郁地域特色的“瓯”系列非物质文化遗产，但收效并不十分明显。

随着“一带一路”战略的实施，各地在文化发展方面都想搭上“一带一路”快车。温州在南宋时期设市舶务，元朝时期设市舶司，是“海上丝绸之路”的重要节点城市，但目前中国世界文化遗产海上丝绸之路预备名单中共有9个城市，温州尚不在其列，实属遗憾。

（五）社会力量参与公共文化领域建设基础较弱

温州人口基数大、历史欠账多、政府财政投入不足、民营经济活跃、社会资本丰厚，因而在公共服务领域，社会资本、社会力量扮演了比较重要的角色。目前温州已成为国家社会资本办医综合试点城市、国家民办教育综合改革试点城市。中央在《关于加快构建现代公共文化服务体系的意见》中也提出“鼓励和引导社会力量参与”。2015年，温州市文广新局投入240万元经费购买公共文化服务，温州市提供市级文保单位杨宅给温州市武术协会建温州武术博物馆，瓯海区拨出温瑞塘河的两个地块用于建设两个民办博物馆等，但在社会力量参与公共文化领域建设基础总体上还比较薄弱，远不如教育和医疗领域。

三 2016年温州文化发展若干建议

党的十八届五中全会将“中华优秀传统文化传承体系”“公共文化服务体系”“文化产业体系”“文化市场体系”一同构成文化发展全面、系统、完整的宏观体系，为全面建成小康社会决胜阶段的文化建设体系提供了明确指向。“十二五”期间温州文化发展已积累了较为雄厚的基础和较为丰富的经验，“十三五”期间将是全面提升文化发展品质、提高城市文化软实力、基本建成文化强市的攻坚期。为此，应紧紧围绕建设温州文化强市目标，充分发挥优势，努力补足短板，强化文化改革发展“十三五”规划的顶层设计，加大文化资金投入，加强对文化发展政策的扶持力度和发挥好政策的引导作用，继续改革和创新束缚文化发展的体制机制，继续完善文化法规和政策体系并落到实处，大力加强文化人才队伍建设，努力提升文化治理水平和能力，推动温州文化大繁荣大发展。建议2016年政府层面重点解决好以下问题。

（一）继续加强道德建设，着力塑造温州城市精神

温州城市精神是温州文化软实力的集中体现，是温州“赶超发展、再创辉煌”的精神火炬。从20世纪80年代至今，虽经历了风风雨雨、坎坎坷坷的历程，但敢为人先、善于创业、勇于创新始终是温州城市精神的核心。如何在经济新常态下进一步完善和提升温州城市精神，需要努力提高温州广大市民的文明素质和城市文明程度。建议深入践行社会主义核心价值观，充分发挥温州公益性组织众多的优势，充分发挥众多道德模范的正能量，建设好温州道德馆，深入挖掘温州传统人文基础，弘扬中华传统美德，深化“最美温州人”主题宣传活动，重构社会诚信体系，打响“大爱城市、道德高地、诚信社会”的品牌。建议大力推动全民阅读活动，不断提升群众思想道德素质，提高城市文明程度。

（二）发挥优势文化资源，着力打造城市文化品牌

2015年中央明确提出了振兴传统工艺、传承传统戏曲、繁荣文艺等要求，为温州塑造“瓯越文化”的区域性城市文化品牌创造了极为有利的外部环境。

建议温州借此难得之机，充分发挥自身历史文化底蕴深厚、文化遗产资源丰富的优势，尽最大努力，聚精会神打响“南戏故里”“书画名城”“歌舞之都”“百工之乡”四大在全国具有影响力的城市文化品牌。制定温州戏曲文化生态保护规划和实施方案，建设温州戏曲生态保护区；建设上规模上档次的“中国南戏城”并使之在演出市场中重新成为主力之一；努力争取国家、省对于地方戏曲创作、保护的专项资助资金；精心打造一批在全国、全省有影响力的原创优秀戏曲节目；积极建设工艺美术创意园区，培育工艺美术制造龙头企业，充分发挥工艺美术大师的作用；重点扶持瓯剧、瓯塑、瓯绣、瓯瓷、瓯菜等五大“瓯”系列，促进非遗保护传承与产业化进一步融合；努力加强历史文化遗产的挖掘、研究和保护工作，争取进入“海上丝绸之路”世界文化遗产申报城市。

（三）完善公共文化服务体系，提高中心城区文化首位度

加强公共文化设施建设。市本级要做好部分重要文化设施的改造提升工作，新建一批城市书房和文化驿站等城市休闲文化载体，努力做好国家公共文化服务体系示范项目“城市书网”建设，努力打造“15 分钟”都市文化圈；各县要继续推进县级文化设施建设和基层文化阵地建设。

深化文化体制机制改革。继续深化温州市图书馆法人治理试点工作，完善温州市图书馆发展基金会建设；继续深化市直文化事业单位内部管理机制改革，拓展事业单位改革面；推进公共文化服务供给侧结构性改革，探索市场化、多元化和社会化供给机制，逐渐形成政府买服务，社会力量参与公共文化建设，群众最终受益的公共文化服务供需模式。

加大文化平台建设。积极推进以农村文化礼堂为代表的基层综合性公共文化服务平台建设，推动基本公共文化服务均衡发展；建设“温州文化云”服务平台，整合温州全市公共文化资源，努力形成现代公共文化数字服务平台。

（四）加快文化融合发展，积极推动文化产业优化升级

推动文化产业与国民经济相关产业融合发展。充分利用温州银行文化支行、温州金融改革广场、温州文化金融产权交易中心等功能平台，扶持一批带动性强的文化科技企业，建设好一批文化与科技融合的示范基地；依托温州丰

富的文化旅游休闲景点和温州入选首批“国家智慧旅游试点城市”的契机，采用云计算、移动互联网、多媒体等智能技术发展文化旅游业；积极培育文化创意与设计服务业、网络文化与数字文化服务业、文化旅游业、文化会展业等新兴文化产业，抢占文化与相关产业融合发展的制高点。

推动文化产业结构优化升级。积极调整优化文化产业结构，走规模化、集约化、专业化的路子，逐步以文化内容创作生产传播为核心，做强、做优、做大文化产业核心层；明确文化产业发展主攻方向，促进文化资源、要素向优质企业、优势产业门类集聚，特别是向二批省市重点文化企业、重点文化产业园区和文化特色小镇集聚。

努力扩大和正确引导文化消费。借鉴北京、上海等地的做法，广泛开展公益性文化艺术活动，扩大和提升文化消费需求。鼓励有条件的公共文化机构挖掘特色资源，加强文化创意产品研发，创新文化产品和服务内容。完善公益性演出补贴制度，通过票价补贴、剧场运营补贴等方式，支持艺术表演团体提供公益性演出；鼓励文化企业开发新技术、新产品、新业态和新商业模式，提供优质丰富的文化产品和服务，吸引更多消费者购买消费，培育新的文化消费增长点；强化文化消费市场管理，坚决取缔非法营业的游戏厅，查封非法和盗版文化产品。

完善和落实文化经济政策。发挥政策的兜底保障作用，确保文化企业既活得好又走得正。

B.18 温州民俗发展调查报告

陈　秋*

摘　要： 当前温州民俗已改变了过去封闭式的发展模式，积极地融入现代社会发展，在传承发展过程中扬弃传统，增加新文化因子，呈现传统与现代、本土与外来文化整合的局面，其嬗变规律充分体现了温州区域民俗变迁传承和发展的全貌。温州民俗资源保护与开发应进一步处理好民俗保护传承和开发利用之间的关系，完善政府引导并充分体现民间主体性的民俗发展模式。随着温州市民俗、非物质遗产保护工作的进一步深入，民俗旅游业、民俗文化产业将进一步发展，温州民俗的经济效益、社会效益也将会凸显，呈现传统与现代交融的发展趋势。

关键词： 温州　民俗　节庆　民俗保护　民俗传承

民俗源于人类社会群体的集体生活，是一个民族或社会群体在长期生产实践和社会生活中逐渐形成并世代相传、较为稳定的文化事象，是一定地域中民众共同创造、享用和传承的生活小传统。民俗在特定的民族和地域中不断形成、演变、传承和扩布，是一种“地方性知识”，更是区别不同区域族群的重要符号。温州古称瓯越，有2000余年的历史①，瓯越文化延

---

* 陈秋，博士，中共温州市委党校教师。

① 战国时属越国，秦始皇统一六国后，设置闽中郡。汉惠帝三年（公元前192年）为东海王（俗称东瓯王）都地。东晋太宁元年（公元323年）设永嘉郡，唐高宗上元二年（公元675年）改置州，因气候温暖，“虽隆冬而恒燠”，故名温州。

绵至今，也形成了独具特色的地方社会风土民情，以及多元的民俗文化和生活结构。

一 温州民俗变迁传承概说

民俗的构成包括两部分：一是民俗文化，二是民俗生活。民俗生活是民俗文化的现实展示，是民众对民俗的具体参与或操作，因而考察温州民俗，除了要考察上文描述的温州民俗文化资源的开发利用以外，还需考察温州民众的民俗生活在当代社会的传承和变迁。温州民俗是温州地区民众在漫长的瓯越历史和日常生活中创造和积淀的生活智慧，是生活的文化和生活的民俗。随着时代的变迁，一些古老的旧俗势必面临着被逐渐摒弃并自觉消亡的发展趋势。如一些民间工艺面临失传问题，一些民俗用品（民具）也已经被逐渐改造，温州民众的民俗生活似乎与现代社会、城镇化的新农村建设之间形成了一种巨大的张力，这势必促使温州区域民俗生活也发生适应性的变迁，这也在一定程度上促使新民俗、新传统的产生。具体来说，有以下几个方面。

（一）民俗功能与内涵变迁

当代温州社会，一些传统民俗原有的社会功能逐渐退去，时代的发展赋予其新的内涵和意义。如温州民间的剪纸民俗，无论是乐清的细纹刻纸还是平阳的太平钿剪纸，其最早都起源于温州的民间信仰、旧时民俗。细纹刻纸最初与温州民间驱邪祈福的年节龙灯习俗相关联，源自一个非常重要的工艺民俗“龙船花”。细纹刻纸的图案设计等也体现了民间求吉消灾的民俗心理，据说其来源于元代元宵节的贴窗花，后来改为用纯白纸镂刻，刻纸高手能在一平方厘米的面积上刻出一百多个小方孔的细纹白花。太平钿剪纸最初的用途也与平阳民众的民俗生活相关，在婚丧嫁娶、年节庆祝、孩子成长人生仪礼、造新屋、老人祝寿等百姓民俗生活中，活动的场所（如屋内的门窗和墙壁）都用造型各异的太平钿剪纸装扮出民俗气氛，来贺喜的亲戚也要在贺礼包上贴太平钿剪纸表达祝福。

如今，无论是太平钿剪纸、细纹刻纸，还是温州其他民间工艺如瓯塑、黄杨木雕等，都在逐渐走向市场并进行文化产业化方向的开发，最初的作为民众民俗生活中人神交往的象征意义已逐渐淡化，慢慢地发展成为一种富有祝福吉祥平安寓意的工艺美术作品。

（二）民俗表现形式变迁传承

在温州的市场经济、工业化和城镇化发展进程中，人们的社会观、价值观随之发生变化，进而促使民众的一些生活民俗的表现形式和内容发生变迁。如温州民间的抱团、结盟（盟兄弟、盟姊妹）、商帮等民俗，起源于农业社会时期的血缘、地缘、业缘、亲缘关系，以及温州的地理环境、移民文化和渔业生产和喜食海鲜饮食习俗等①，盟姊妹、盟兄弟等民间结盟民俗，以及后来的“弹棉郎”“炒房团”等创业民俗，都在一定程度上体现了温州民众一种集群性民俗生活的建构潜能。如今温州民间的抱团、结盟等民俗，逐渐发展成形式多样的现代社会组织。1988 年成立的第一批民间行业协会是温州最早的社会组织（鞋业协会、服装协会、烟具协会等），之后，在 30 多年的温州经济社会发展过程中，各群体的民间商会、民间公益组织②蓬勃发展。因此温州社会组织中民间组织尤其发达，各样行业协会一度占领了温州市社会组织的“半壁江山”，与温州模式的产生和发展相辅相成，形成了中国社会组织的“温州特色”。

现代各行业的民营企业家自发组建的温州商会，与“抱团”“结盟”的民俗传统息息相关，相比较过去的商帮、行会，现代温州行业协会、商会以现代性的法律和行业规章制度取代传统的行业信仰，以平等互惠的合作关系取代旧时的师徒等级，以严密的行政结构取代松散的关系，可以说民间商会是温州第

---

① 邱国珍认为，温州民间的集群性习俗形成有三个原因：首先是温州的地理位置和自然环境，是集群性民俗形成的必然条件；其次是移民的历史传统，也给温州人带来结群的生存习惯；最后是温州的渔业生产和生活文化使然，味蕾的顽固性形成了温州人强烈的本土观念，交易的随处性带给温州人生活方式的随意性。（见邱国珍《趣谈温州的民俗文化与生活》，《温州商报》2010 年 7 月 8 日第 10 版）

② 温州有绿眼睛、壹加壹、快乐之本等 26 家民间公益组织，近年来迅速发展，启动了慈善总会明眸工程、绿眼睛清源行动、壹加壹属地救援基地等，把公益组织品牌复制到全国，并在全国乃至国际上产生了较大影响。

一种走出灰色地带的集群性民俗变革形式①，温州商会对“温州人”经济的发展起到了重要的作用。②

（三）旧民俗日渐式微、消失

民俗文化的变迁是随着社会的变迁而变迁，一些民俗因不适应社会发展需要而日渐式微、消失。如蓝夹缬③，20 世纪 70 年代以前，曾经是温州地区民间嫁娶装饰洞房必备的物件，是当时新娘最重要的嫁妆④，当时温州地区的蓝夹缬制作工业也达到鼎盛时期，乐清、苍南、瑞安等地的村庄几乎家家户户都有蓝夹缬家庭染坊，每个集镇和县城都有好几家染布店。然而，20 世纪末，随着我国纺织业工业化的发展，化纤等工业布艺凭借其花色、品种、价格等方面的优势走进了温州百姓的日常生活。蓝夹缬，作为温州民间妇女的嫁妆，以及整个制作蓝夹缬的民间行业逐渐退出了人们的生活舞台，温州人与蓝夹缬有关的生活民俗，以及制作蓝夹缬的古老民俗技艺面临失传的危机。此外，还有温州鼓词，永嘉昆剧，乐清黄杨木雕、细纹刻纸，泰顺药发木偶，苍南夹缬、瓯绣、瓯塑等，现已经入选国家和省级非物质文化遗产名录，其与最初表现民众各类民俗生活的文化价值、地域形式，或者说是承载一定民俗生活的内涵和外延，都发生了很大的变化。当前的非物质文化遗产保护运动，在一定程度上保护了这些即将消失的民俗的表现形式，对维系本土文化传承，保护本土文化多样性具有重要意义，但是与之相关联的旧民俗生活的消失是必然的。

① 邱国珍：《趣谈温州的民俗文化与生活》，《温州商报》2010 年 7 月 8 日第 10 版。

② 温州商会的功能有建立行业规矩、维护行业利益、沟通政府部门、组织行业展销等；2004 年温州市打火机企业组团远赴欧洲打赢反倾销第一案，不能不说与当时的烟具协会发挥的重要作用有关。

③ 蓝夹缬是以靛青为染料，用木版印制花布的一种民间工艺，是唐代复色夹缬技艺的遗存。明清以来，夹缬在以温州为中心的浙南地区，以单色——蓝夹缬的形式流传，被当时的温州人俗称为“夹被”“双纱被”“大花被”等。蓝夹缬纹样以戏曲人物为主，堪称我国古老雕版印染工艺的活化石，2011 年被列入国家级非物质文化遗产名目。

④ 新娘的嫁妆里至少要有两床蓝夹缬被子，即使是最贫寒的人家也会为出嫁女儿赶制一床相对单薄的“单纱”蓝夹缬，富裕人家甚至会在嫁妆中准备 30 多条蓝夹缬被子；此外，婚礼中蓝夹缬还被作为礼物馈赠给双方亲戚。

（四）新民俗不断产生

社会在发展，生活在更新，民俗也呈现了时代的色彩，旧民俗必然式微、消亡，新民俗或者传统民俗新的表现形式必然产生。如婚丧嫁娶、居住、交通等人们日常生活中的各类民俗，随着当代社会流动性的加强，更加个性化、多元化，并融入了互联网时代信息化的特点。而且一些与信息社会、大数据时代等现代生活相适应的生活和文化，如手机文化（手机文学、手机电影、手机电视、手机电台、手机广告等）、网络文化、博客文化、微信文化等，不断给温州传统民俗注入新的内容、新的内涵、新的表现形式，并促使温州产生新的习俗，如微信拜年、网上清明祭拜、独生子女家庭拼养孩子、跳广场舞、文化礼堂生活等。而温州的节庆民俗，也和当代社会旅游、休闲等理念相结合，在浓厚的传统节庆中不断地推出现代节庆和旅游节、民俗文化节等活动。这些品种多样的新兴旅游节庆，丰富了温州当地的节日风俗，也促进了社区共同体的发展。同时，受到外来文化的影响，圣诞节、情人节等西方的节日习俗也逐渐传入，并被民众所接受，为地域性的节庆民俗增添了奇光异彩。

二　温州民俗资源及其保护开发现状

当今世界，全球化催生了各个层面的传统文化保护运动，非物质文化遗产保护是其中的一个重要方面，而民俗文化和民俗生活是非物质文化遗产保护的重要内容，或者说大部分的非物质文化遗产项目是民俗传统项目。目前，民俗保护法规主要还是依据《非物质文化遗产保护法》，所以考察温州民俗的发展情况，必须要了解温州非物质文化遗产保护概况。

（一）温州民俗传承保护概况

1. 相关政策法规

2004 年 8 月，十届全国人大常委会第十一次会议通过了关于批准中国政府加入联合国教科文组织《保护非物质文化遗产公约》的决定，由此中国掀起了非物质文化遗产保护的热潮。2005 年国务院办公厅颁布《关于加强我国非物质文化遗产保护工作的意见》。2006 年 5 月，国务院批准文化部公布第一批国家级非物质文化遗产名录,① 这批名录包含了民众日常生活各层面的文化遗产，并在不同程度上渗透着民俗文化与民俗生活的内容，一一罗列了承载着民众日常文化与生活的民俗传统节日等，委婉地表达出国家在民俗传统保护与发展问题上的紧迫性与正面性。2007 年 12 月 14 日《国务院关于修改〈全国年节及纪念日放假办法〉的决定》，承载着民俗文化与民俗生活的三大传统节日被规定为国家法定节假日，从社会治理的角度肯定了“乡土中国”的“小传统”在现代社会治理中的功能体意义。② 2011 年第十一届全国人民代表大会常务委员会第十九次会议通过了《中华人民共和国非物质文化遗产法》，总则的第二条明确指出“传统口头文学以及作为其载体的语言，传统礼仪、节庆等民俗，传统美术、书法、音乐、舞蹈、戏剧、曲艺和杂技，传统技艺、医药和历法，传统体育和游艺”,③ 属于我国非物质文化遗产的保护范围，这就从法律上明确了当代社会以民俗为载体的非物质文化遗产保护性治理工作的严肃性和必要性。

2. 保护研究机构

温州文化系统已经形成了由市文化馆、县文化馆、乡镇综合文化站，以及各类图书馆、博物馆等组成的工作体系。同时，2008 年温州市文化馆增设温州市非物质文化遗产保护中心，专门负责非物质文化遗产保护工作相关事宜，而且隶属于温州市非物质文化遗产保护中心的温州市非物质文化遗产馆也于 2010 年 10 月成立。另外还有一些专门研究温州民俗的学术研究机构，如温州民俗研究会、温州大学民俗学研究所、温州市民间文艺家协会，在这些机构中有一大批来自不同领域和专业的学者和地方文化工作者，一直在不懈地进行温州民俗、民间文化的整理、调研工作，积累了很多的研究成果，为保护、传承和发展温州民俗奠定了学术基础。这些民俗机构在积极开拓温州民俗各方面工作的同时，也为保护、传承地方文化和生活传统做出了贡献。

3. 非物质文化遗产和非物质文化遗产传承人

温州市非物质文化遗产资源丰厚，现有人类非遗代表作名录 4 项，有 35

---

① 中国非物质文化遗产网:《国务院关于公布第一批国家级非物质文化遗产名录的通知》。

② 如清明节的法定节日化在很大程度上表达了国家层面对民间祖灵信仰合法化的肯定，也体现了国家对民间信仰的肯定。

③ 这些条目实质上归纳出了民俗文化和民间生活的一个系统性的知识谱系。

项被列入国家级非物质文化遗产名录，136 项被列入浙江省非物质文化遗产名录，771 项被列入温州市非物质文化遗产名录。另有国家级传承人 23 位，省级传承人 169 位，市级代表性传承人 612 位，代表性传承团体 10 个，代表性传承群体 18 个[①]。与此同时，确定了一批非物质文化遗产保护传承和教学基地，有省级非物质文化遗产传承教学基地、宣传展示基地、生产性保护基地、高校非物质文化遗产研究基地等共 20 个，还有市级非物质文化遗产传承基地 141 个。

（二）温州民俗资源开发利用现状

1. 民俗节庆

温州民俗活动活跃，传统温州民俗生活中在四季八节[②]都有节庆活动。据不完全统计，温州市一年中有 100 多个规模较大的民俗活动。随着时代发展，很多传统节庆活动也在变迁，在当前国家非物质文化遗产保护政策下，一些地方传统风俗节庆活动发展成现代社会的各类民俗文化节。[③] 近年来各地结合申报各级非物质文化遗产名录的要求，创造了一批国家级、省级的温州民俗文化节品牌。如龙湾区七月十五汤和节庆、洞头区七夕成人节庆、苍南县浙台陈靖姑信俗文化节、泰顺百家宴，还有温州市区拦街福节庆活动等。民俗节庆活动丰富，也正是温州民间大批百工艺人、非物质文化传承人产生的主要原因，这些兼具历史感和时代感的民俗活动更促进了当代温州民俗文化产业的发展、壮大。

2. 民间文学

以温州方言（瓯语）为载体的温州民间文化名目繁多，温州瓯剧（温州乱弹）、温州昆曲（永昆）、温州鼓词、温州道情、温州南戏等民间曲艺，以及温州歌谣、谚语、民间故事等门类的民间文学历史源远流长。温州民间文学

---

① 根据温州市文化馆 2015 年末的统计数据。

② 四季八节中的“八节”：一是指二十四节气中的“双分双至和四立”，也就是“立春”“春分”“立夏”“夏至”“立秋”“秋分”“立冬”“冬至”；二是指民间传统风俗中的“八节”，春节、元宵节、清明节、端午节、中元节、中秋节、重阳节、冬节。

③ 2011 年温州市政府发布的《开展温州市城区节庆民俗文化活动的实施意见》，指出要依托民俗传统节日发展特色民俗文化活动，建设具有温州地域特色的民俗活动，培育城市节庆特色品牌，力塑温州特色的地域文化。

保留着大量古老的吴越民俗遗存、古代温州社会的民俗传统文化印记。从20世纪80年代初开始，1987～1991年各地民协会员为配合中央、省民间文学“三集成”（即故事、歌谣、谚语）工作，深入村头巷尾，展开了拉网式的普查和搜集工作，温州市民协也开展了民间文艺搜集整理工作，各县也以本地著名历史人物或风景名胜为重点开展民间故事采风活动，组织了“张阁老采风小组”等，先后出版了《张阁老故事》《刘伯温传说》《高则成传说》《梦桂和紫罗女》《西施贝》《海洋动物故事》《雁荡山故事》《楠溪江传说》等一大批民间文学集子；共搜集整理各类民间文学作品达2000余万字，编辑出版了故事、歌谣、谚语卷38本，500余万字，蔚为大观。三集成工作之后，先后出版了《玉观音》、《遇仙桥》、《搭渡》、《钟馗借钱》、《黄大妈遇仙记》、《温州民间文化丛书》五套、《雁山鸿爪》、《雁荡山奇闻》、《金鸡山传说》、《塘河民间文学》[①] 等一大批温州民间文学集。

3. 民间工艺大师

丰富多彩的民俗活动，成就了大量民间艺术和工艺的产生。温州地区陶瓷、造纸、绣品、漆器等传统的工艺美术品种多达65种，这在全国甚至世界上也是不多见的，民间文艺工作者和民间百工大师云集。目前，有温州市级优秀民间文艺人才196名[②]，“浙江省优秀民间文艺人才”200名[③]，这些民间文艺人才，散布在民间文学、民间工艺与美术、民间舞蹈、民间戏曲和音乐等温州民俗领域，尤以温州民间工艺方面的人才为最多。入选第二批“浙江省优秀民间文艺人才”101人，有石雕、黄杨木雕、刻纸等方面的民间工艺从业者有20多名。

4. 民俗类博物馆

从1996年永昌堡博物馆在龙湾诞生至今，民俗类博物馆在温州已经有20多年的历史，温州登记在册的民办和国有博物馆共有31家，民俗类的就占了

---

① 在三集成普查后，2005～2008年，温州民协潘一钢先生组织若干人沿着塘河流城进行三次田野作业，调查塘河民俗和民间文学遗存状况，2012年出版了《塘河民间文学》。

② 2013年，根据《关于开展首批温州市优秀民间文艺人才推荐选拔工作的通知》要求，经各地各部门推荐、专家评议，市委宣传部研究确定196人入优秀民间文艺人才选名单。

③ 2009年浙江省委宣传部、省文化厅、省文学艺术界联合会公布的首批“浙江省优秀民间文艺人才”名单中，全省有988人上榜，温州有99人入选。2013年公布的第二批“浙江省优秀民间文艺人才”名单，全省共有949人，温州有101人入选。

一半多。其中民办性质的民俗类博物馆占的比重最大。据不完全统计，温州共有民俗类博物馆 18 家，其中国有的博物馆 4 家，民办博物馆 14 家。民办的民俗类博物馆有：龙湾永昌堡博物馆、中国鞋文化博物馆、乐清三科非遗博物馆、瑞安蓝夹缬博物馆、苍南瓦窑博物馆、龙湾白水民俗博物馆、瑞安维加斯服装文化博物馆、永嘉瓯渠民俗博物馆、温州矾矿博物馆、温州叶同仁中医博物馆、温州武术史馆、温州灯文化博物馆、温州石雕艺术博物馆（在建）等；国有的民俗类博物馆有：温州民俗博物馆、温州非遗馆、南戏博物馆、瓯海泽雅唐宅村传统造纸专题展示馆。这些民俗类博物馆展现了温州传统的服饰民俗、生产民俗、医药民俗、游艺民俗、居住民俗、曲艺民俗、建筑民俗等门类的重要内容。此外，温州瓯塑博物馆、温州叶氏雕艺（黄杨木雕）博物馆、温州彩石镶嵌博物馆等有关的温州民间工艺的民俗类博物也正在酝酿筹办之中。

5. 民间文化艺术之乡

目前温州市 6 个地区共拥有 9 个非物质文化遗产项目，泰顺县（泰顺木偶戏①）、平阳县（平阳木偶戏②、单档布袋戏）、乐清市（黄杨木雕项、细纹刻纸③）、温州市龙湾区（汤和信俗④、书法）、文成县南田镇（太公祭项）、温州市瓯海区泽雅镇（周岙正月十三挑灯）⑤，因此这 6 个地区获得“浙江省民间文化艺术之乡”称号；⑥ 其中，乐清市（乐清首饰龙、细纹刻纸）、乐清市象阳镇（黄杨木雕）、泰顺县（泰顺木偶戏）三个地区获得“中国民间文化艺

---

① 泰顺木偶戏，始于宋，是浙南最早传入的剧种之一，因其剧目丰富、提线水平高、音乐唱腔独特动听、木偶制作技巧精湛而深受人民群众的喜爱。

② 平阳县申报的木偶戏（单档布袋戏）始于清末民初，民间有 100 多个木偶戏班社，如今在水头、麻步、山门、南雁等地仍有为数不少的民间木偶戏表演团体。

③ 细纹刻纸是随着乐清龙船灯习俗发展起来的，艺人们仅凭薄竹片压出的经纬格子，就能刻出几十种图案花纹来；乐清市申报的黄杨木雕，是以黄杨木为材料的一种观赏性的圆雕艺术，始于宋、元，现今主要流行于乐清市的翁垟街道南街村、柳市镇、乐城镇一带。

④ 龙湾区海滨街道办事处申报的汤和信俗，是龙湾宁村百姓为了纪念 600 多年前明朝大将汤和的丰功伟绩、缅怀抗倭将士英勇事迹，在每年的农历七月十五都要举行的汤和信俗活动。

⑤ 参见文化部办公厅公布的“浙江省民间文化艺术之乡”（2014～2016 年度）名单。

⑥ 从 2011 年开始，“浙江省民间文化艺术之乡”名单实行动态管理，3 年评审一次，泰顺、平阳、乐清、龙湾 4 个地区（5 个项目）入选 2011～2013 年度“浙江省民间文化艺术之乡”，文成县南田镇（太公祭项）、温州市瓯海区泽雅镇（周岙正月十三挑灯）为 2014～2016 年度新增的两个“浙江省民间文化艺术之乡”。

术之乡”称号①，其中泰顺县（泰顺木偶戏）为2014~2016年度“中国民间文化艺术之乡”新增地区。

6. 乡村民俗旅游②

温州的乡村旅游，起步于20世纪90年代中期的农家餐馆、农家乐，经过近30年的发展，形成了包括乡土民俗传统和古村落等类型的乡村旅游模式③。从2006年开始，温州市委、市政府将乡村旅游作为重点工作，出台了系列扶持政策，引导乡村旅游产业逐步向规范化方向发展。④ 目前，温州有民俗特色的乡村旅游地有："技艺乡村”苍南印染村、“生态古村”泰顺村尾、“美味渔村”洞头东岙、“南戏古村”瑞安上泽、“人文名村”文成九都、“深山隐村”乐清黄檀硐、“听水山村”永嘉林坑等。近年来，随着温州生态市建设工作和美丽乡村⑤建设工作的不断推进，温州的乡村民俗旅游融入了生态理念。2014年，温州被评为“最美中国·生态旅游自然（养生）旅游目的地城市”，围绕着“民俗”“文化”“生态”等理念，设计了高楼杨梅文化节（瑞安）、湖岭乡村部落系列微旅节·鹿木生态美食节（瑞安）、“渔家乐”民俗风情旅游节

① 参见文化部办公厅公布的2014~2016年度“中国民间文化艺术之乡”名单。

② 乡村旅游起源于1885年的法国，19世纪80年代开始大规模发展，乡村旅游在德国、奥地利、英国、法国、西班牙、美国、日本等发达国家已具有相当大的规模，走上了规范化发展的轨道。乡村旅游推动了农村地区经济发展，本文所涉及的乡村民俗旅游是乡村旅游的一种类型。

③ 经过近30年的发展，温州乡村旅游形成了5种基本类型：一是以绿色景观和田园风光为主题的乡村观光旅游；二是以观光果园、茶园、花园、渔场、农业教育园、农业科普示范园等为主题的乡村生态旅游；三是以参观乡土民俗和传统（如民间传统节庆活动）为主题的乡村民俗旅游；四是以参观社会主义新农村美好生活为主题的美丽乡村旅游；五是古村落旅游。迄今为止，温州市培育了省级农家乐特色村10个、市级农家乐特色村37个，省级农家乐示范点20个、市级农家乐示范点156个；三星级以上农家乐经营户（点）306家，其中四星级18家、五星级2家，建成8个省级休闲观光农业示范园、34个市级休闲观光农业示范园。

④ 2009年出台《温州市乡村旅游发展规划》，将温州市乡村旅游总体空间布局定位为“一心一带三区”。“一心”主要是温州市区城郊范围内的城中村乡村旅游核心区域，即近郊乡村旅游中心；“一带”指乐清至苍南的黄金海岸乡（渔）村旅游带；“三区”包括以雁荡山－楠溪江为核心的山水古村落乡村旅游区，以泰顺、文成、平阳、瑞安和苍南为核心的生态风情乡村旅游区和以洞头和南北麂列岛为核心的海洋文化乡村旅游区。

⑤ 美丽乡村，是指中国共产党第十六届五中全会在明确建设社会主义新农村的重大历史任务时提出的“生产发展、生活宽裕、乡风文明、村容整洁、管理民主”等具体要求。

（洞头）、万种枫情节（文成）、石文化博览会（泰顺）、三月三畲族风情旅游节（泰顺）、元宵节·百家宴（泰顺）等20多个乡村民俗旅游节庆活动。

随着国内外非物质文化遗产保护热潮的到来，古村落旅游①成为当前温州乡村旅游的一个非常热门的类型。温州市是浙江省古村落分布最广的城市之一，有古建筑村落106个、自然生态村落14个、民俗风情村落26个。26个民俗风情村中县级以上非物质文化遗产有59项，乐清的黄檀硐村与永嘉县的芙蓉村、屿北村、茶园坑、埭头村、暨家寨及瓯海的水碓坑村等8个古村落被评为“中国景观村落”，楠溪江古村落建筑群被评为“中国景观村落建筑群”。古村落为温州当代乡村旅游发展提供了丰富的资源。

7. 民俗文化产业

文化产业在迅速崛起，并已成为国民经济和社会发展的重要组成部分，而民俗文化产业化开发已成为主流。② 温州市陆续成立了专门机构并推出了一系列政策措施，在资金扶持、园区培育、税收优惠、用地保障等方面扶持各类民俗文化产业的发展。③ 作为“百工之乡”的温州民间技艺、民俗工艺非常发达，有瓯塑、瓯绣、黄杨木雕、石雕、细纹刻纸等32个传统工艺美术品类，120多个工艺美术品种，温州民间工艺民俗（非物质文化遗产）资源之丰富，已引起国内外民俗学者们的关注，④ 并逐渐发展成独具地方特色的民俗文化产

① 古村落是物质与非物质文化遗产的综合体，包括独特的建筑与其他珍贵的物质遗产，地域性的无形的非物质文化遗存，如民间音乐、民间传说、谚语、歌谣等口头民俗，以及舞蹈、戏剧、民间工艺、手艺等；可以说中国的非物质文化遗产主要分布在村落，而古村落是传统非物质文化遗产的活态博物馆。

② 2015年14～15日，在国家文化产业研究中心举办的“文化科技创新与文化产业发展高峰论坛暨民俗文化产业发展研讨会”上，中国民俗学会副会长、中国民俗文化产业研究中心主任刘德龙的发言观点。

③ 2009年3月6日，温州市整合民间力量集聚文化产业发展优势，成立了温州文化产业促进会。市财政专门设立了每年（从2011年始）2000万元的文化产业发展专项资金，用于贷款贴息、配套资助、资金奖励和项目补贴。2013年9月温州市政府出台了《中共温州市委温州市人民政府关于支持和促进文化发展的若干意见》，同年11月温州市文化广电新闻出版局出台了《关于促进我市瓯瓷瓯塑石雕木雕产业发展的指导意见》，这些文化产业政策的出台为温州的民俗文化产业的兴盛起到了重要的作用。

④ 2015年12月6日由市委宣传部、市文联主办，市民间文艺家协会、市非遗保护中心承办的“工艺美术的温州现象”论坛在温州大学举行，来自国内的权威专家、学者和中国工艺美术大师为温州工艺美术的历史、传承和创作把脉。

业，成为温州市文化产业经济的重要支柱。

2015 年 1 月，温州文化创意学院与东瓯文化创意园·非遗广场合作，以温州非物质文化遗产工艺品销售为核心，打造温州最大的非遗工艺品交易中心，也将其作为温州石雕、木雕、瓯塑、瓯窑、瓯绣等民间工艺大师的创作生产基地、温州非遗工艺品传承人的集聚地，促进温州民间工艺美术和非物质文化遗产工艺品集约化销售市场的形成。2015 年 5 月，温州市政府出台了《温州市文化创意产业规划（2015～2020 年）》，瓯海区温州市工艺美术创意园、乐清市的中国民间文化艺术产业园、泰顺县的中国廊桥博物园等多个民俗类文化产业创意园项目即将投入建设，这成为温州文化创意产业快速发展的重要标志。

三　温州民俗发展前景预测

随着我国非物质文化遗产保护的深入开展，温州市政府和民间的保护传统民俗的意识日益增强。2016 年，温州市的民俗、非物质文化遗产的保护工作将进一步深入，民俗旅游业、民俗文化产业也将进一步发展，温州民俗的经济效益、社会效益将会日益凸显，并呈现传统与现代交融的发展趋势。

（一）一些传统民俗在国家非物质文化遗产保护语境下得以逐步恢复

在 30 多年的城镇化建设中，许多地方性的生活与文化的传统急剧变迁和消失，国家和政府关注到了这个问题，并出台了系统性的传承和保护传统的政策措施，为传统生活和文化的发展创造了现代性的生存空间和展示平台，一些濒临消亡的民俗和传统（如民间信仰）在这个过程中得以复苏，重新进入民众生活的领域，逐渐融入当代中国人现代性的生活中，在现代社会中得到适应性的传承和发展。

（二）非物质文化遗产保护工作继续推进，全民民俗意识不断增强

非物质文化遗产的经济效益和社会效益，使得传统民俗保护工作得以开展。2016 年温州非物质文化遗产保护工作将会进一步发展。国家、省、市、

县级非物质文化遗产申报工作继续推进，国家级、省级遗产项目代表性传承人推荐评审工作继续进行；同时，各项非物质文化遗产保护政策法规将会不断完善，保护力度也会加强，非物质文化遗产的发展也将会有更完善、全面的政策依据和法制保护。此外，非物质文化遗产博物馆、传习所和生产性示范基地建设将会进一步推进，非物质文化遗产保护工作部门将与农村和城市社区的文化礼堂合作，进一步宣传、推广、展示温州非物质文化遗产，继续挖掘、整理、出版系统化的非物质文化遗产专著等文献资料，温州的非物质文化遗产保护工作必将逐步得以完善。

（三）民俗休闲旅游业日益兴旺

随着温州旅游业的持续快速发展，温州民俗休闲旅游业也必然迅速崛起。都市民俗休闲、民俗节庆、乡村旅游等将成为温州地区旅游业发展的新方向。围绕“时尚温州”和“（两美）美丽温州、美好生活”建设目标，温州民俗旅游业、休闲业也将不断丰富发展。至 2015 年底，温州完成了《雁荡山 - 楠溪江旅游一体化发展规划》、《温州市历史文化街区旅游专项规划》、《温州休闲旅游新兴产业发展规划》及三年行动计划方案。进一步实施《温州市“十二五”旅游发展规划》《温州市海洋旅游发展规划》《温州市乡村旅游发展规划》《温州西部（飞云湖）生态休闲旅游区发展规划》等，这些方案中都对温州民俗的旅游资源的利用和引导进行了明确规划。2016 年，温州乡村旅游仍持续升温，且随着民俗休闲旅游业的发展，新的民俗产品、新的民俗休闲方式必将层出不穷，体验式的温州民俗旅游业发展将日益兴旺。

（四）民俗产品不断创新

现代人对商品的需求不再仅局限于用途，而是商品所带来的情感体验和文化内涵等附加价值，开发民俗产品正适应了现代人对“乡愁”的审美情趣和精神需求的追求。温州的瓯塑、百家宴民俗生活展演等民俗文化产品，就是根据市场需求，通过现代设计理念，提高娱乐性、参与互动性，并融入现代科技，满足客户精神生活需求等。所以温州民俗将通过适应性改造创新，赋予民俗产品新的价值和内涵，从而提高温州民俗产品的整体竞争力。

（五）民俗商业化、产业化趋势日益明显

在现代社会，民俗不再只是民众自娱自乐的生活和文化的方式，而是商品与市场经济发展的重要元素，民俗与市场结合可以衍生出符合当代社会百姓物质和精神生活需求的文化产品、服务与产业，提供百姓文化大餐和情感体验。现代商业和产业对传统民俗产业化起了巨大的推动作用，实体商店（场）和电子商务逐渐成为传播传统民俗的重要载体，民俗将作为一种有文化底蕴、地域背景的商品或者产品服务于地方经济。随着民俗商业化、产品化的纵深发展，温州将会发展出多种类的民俗文化企业，形成以地域为依托、民俗为导向、市场为载体，全方位满足民众文化和精神生活需求的民俗品牌文化经济，从而实现具有温州地域特色的民俗产业发展之路，这将为温州模式的转型升级提供可选择路径。

（六）民俗文化节继续凸显经济和社会效益

随着民俗休闲旅游业的兴起，人们对民俗传统的内涵与功能的认知加深，温州在保护传统民俗节庆的过程中，创造性地推出和民俗文化相结合的现代旅游节庆活动，通过大力挖掘地域性的民俗节庆活动（如洞头的七夕节、龙湾宁村的汤和文化节），彰显温州地方文化特色，发展各地民俗旅游业，带动当地旅游业、服务业等第三产业的发展。所以，温州民俗节庆活动的文化效益和经济效益，将为温州地方经济的发展创造新的路径；此外，温州民俗文化节在非物质文化遗产保护过程中也会不断升级，逐步走向都市化、国际化。

（七）民间主体的民俗保护与发展模式将逐步成熟

温州发达的民间社会组织、兴盛的民间金融资本，是引导民间主体的民俗和非物质文化遗产保护和发展的有利条件；但是目前温州民俗保护工作与发展利用工作主要还是政府推动的行为。近年来，除了政府资金支持外，民间资金在温州民俗保护资金中的投入比重在逐步加大，地方政府和民间资本协商合办的地方性的民俗文化节等活动模式逐步发展成熟。

（八）温州数字化的民俗资源建设将逐步启动并完善

现代传播技术迅速发展，网络将成为展示温州民俗的一个重要窗口。网络的技术覆盖面广、性价比高、交流便利等特点，将是温州民俗文化传播的重要媒介。目前介绍温州各文化机构的民俗专业性网站逐步完善，世界各地的人们可以通过互联网数据库深入地了解温州的地方民俗，一些民俗企业将会通过大数据来宣传和展示民俗产品，利用网络进行民俗产品的交易。所以温州民俗数据库资源的建设应当逐步启动并逐步完善，为温州民俗产业的网络业务发展提供更多的智力支持。

B.19
温州时尚产业发展研究

谢中榜*

摘　要：受轻工产业转型压力倒逼，加之具备局部的优势条件，温州成为浙江省发展时尚产业的先行先试城市，各项举措齐头并进。在较短的时间内，温州时尚产业的空间布局得到优化，瓯江口时尚新区建设开启大幕，老商圈、轻工业集聚区转型升级；通过整合创意营销环节、促进产业融合、建设自主品牌，时尚产业竞争力逐渐增强；此外，政府鼓励企业打造多维度时尚消费空间，开展多层次多种形式的时尚活动，来引导培育时尚消费热点，拓展时尚消费领域。但是，当前的政策外力远远大于市场本身的资源配置作用，温州发展时尚产业的可持续性还面临着不少问题，应重点解决产业边界泛化、后续政策不足、商业模式创新不足、人才资源匮乏等问题。

关键词：时尚产业　时尚消费　温州市

2014 年 7 月 21 日，温州市委第十一届七次全体会议通过了《关于发展时尚产业建设时尚之都的决定》，提出以服装、制鞋两大产业为核心，以眼镜、箱包、服饰配件、家具、打火机等产业为重点，推进传统轻工产业时尚化发展。2015 年 1 月 14 日，温州市委十一届八次全体（扩大）会议上的报告又提出了“五化战略”，“时尚化”是其中一项重要战略。在短短的一年多时间里，各类扶持政策密集出台，建设项目大举推进，时尚产业加速发展。但是，当前

* 谢中榜，中共温州市委党校讲师。

温州仍处在时尚产业发展的“政策哺育期”，市场还没有在资源配置中成为决定性要素，发展预期能否实现仍待进一步验证，还有许多问题需要进行重新审视。因此，有必要重新回顾和梳理温州时尚产业的发展路线，找出有益的经验和存在的短板，为下一阶段的发展提供参考依据。

一　温州发展时尚产业的背景

发展时尚产业是温州在经济、社会转型过程中的一种路径选择，政府做出这一战略决定是基于本地区的内在需求、优势条件等，因此，需要客观地考察温州发展时尚产业的背景，即这种路径选择的内生驱动力，以及将优势要素转化为发展成果的可能条件。

（一）发展时尚产业的内在需求

创新是产业升级的动力，但对于不同的产业集群来说，其效果要取决于创新的形式、方法。参照熊彼特“创新”的五种情况——生产方式创新、产品创新、市场创新、原料供应创新、组织形式创新，前两种创新对高新技术产业和战略新兴产业的推动作用较大，而后三种创新对于传统型产业集聚区的产业升级作用较为明显。温州的大规模技术创新和产业升级刚刚起步，因此还未能够很好地融入全球先进制造供应链，战略性新兴产业占主导产业的比重较低。劳动密集型加工制造业在温州的产业结构中长期占据主导地位，而产业转移和虚拟经济的“挤出效应”加剧了经济边缘化的程度。不断出现的产业升级断层、企业升级断层、人才升级断层与“半城市化”现象①，又倒逼温州的产业结构演进产生自我纠偏的新动力。有学者认为，温州的产业结构演进主要是在传统产业范围内，从低技术向高技术、从低加工度和低附加价值向高加工度和高附加价值发展。② 这是一种较为典型的功能性升级，从加工、制造、组装等低附加价值环节向设计、研发、品牌营销等价值链中高附加值环节等升级，即传统产业内部的产业综合素质的提高与产业效率的提升。

---

① 杜平：《重构温州经济发展微观基础》，《浙江经济》2015 年第 9 期。

② 张曙光：《对温州模式的若干思考》，《浙江经济》2011 年第 1 期。

迈克尔·波特提出过“零散型产业”——一种重要的结构环境，即由数量众多的中、小企业构成，不存在左右整个产业活动的市场领袖。他认为这类产业会存在壁垒低、效率低、同质化等问题，完全克服零散是不可能的，但可以通过差异化、集中差异化来产生变革。① 迈克尔·波特的这种策略又可以细化为产品细分、顾客类型专门化、订货类型专门化、后向一体化等，这同样也是发展时尚产业的典型策略。例如，在意大利东北和中部城市——皮鞋、家具、首饰等传统产业集聚区也曾出现过，正是通过完善产品设计、提升产业形象、塑造品牌战略、组建产品出口集团等手段加快了国际化进程，大批中小企业参与到国际分工、合作中来。② 国内城市如宁波市，原本是传统型的服装生产城市，通过对 OEM 企业品牌化战略、营销和管理创新，促进产业链的纵深化、扁平化，成功地融入了全球价值链的高点，已成为传统产业升级的一个标杆。轻工产业正是典型的零散型产业，如服装、家居装饰、鞋革、箱包等业态都在迈克尔·波特列举的范围内，而这些正是温州的传统优势产业。温州大部分企业是中小企业，低效率、同质化竞争的问题十分突出，因此温州以差异化为策略向时尚产业转型有强烈的需求。

（二）发展时尚产业的优势条件

首先，温州的轻工业基础良好，与时尚产业高度契合。时尚产业的主要业态有时装与服饰、鞋帽衬衫、箱包伞杖、美容美发、珠宝首饰和眼镜表具等③，因此与传统轻工业有高度关联性。轻工产业是温州的传统优势产业，早期的“温州模式”正是起步于纽扣、打火机、皮鞋等行业，通过低成本扩张加速完成了原始积累。进入 21 世纪后，温州开始致力于建设国际性轻工城市，逐渐形成了“小商品、大产业”的格局。但是，在金融危机等诸多外在因素的打击下，温州的轻工产业遭受了前所未有的重创。即便如此，温州的轻工产业仍然具备较强的基础和实力。从统计数据来看，2003～2013 年，皮革、毛皮、羽毛（绒）及其制品业、纺织服装业一直稳定占据温州市规模以上工业产值排

① 迈克尔·波特：《竞争战略》，华夏出版社，2013。

② 徐伟红：《先发地区产业集群升级与可持续发展研究》，浙江大学博士论文，2014。

③ 颜莉、高长春：《时尚产业国内外研究述评与展望》，《经济问题探索》2011 年第 8 期。

名前十的位置。2012~2013年，虽然温州鞋企从3800多家减至2761家，但全市鞋革全行业共完成工业总产值832.5亿元，仍保持同比略增0.21%。[①]

其次，温州的文化产业发展迅猛，创意氛围显现，奠定了时尚产业的要素基础。“十二五”期间，政府通过一系列的政策安排，大力调整、优化文化产业结构，着重推动文化内容产业发展，文化创新、创意的氛围十分浓厚。2010~2014年，温州市的文化产业增加值从100.58亿元增长到202亿元，年均增长率达到了19.1%，远远超过本地区GDP的年均增长率。截至2015年底，温州已建成文化产业园区19个，其中国家级广告产业园1个，省级文化产业园2个。在浙江创意园、智慧谷、黎明92等一批比较成熟的园区里，集聚了工业设计、广告设计等与时尚产业高度相关的企业，初步形成了时尚产业发展的创意资源。

此外，温商网络庞大，民间资本雄厚。改革开放以来，许多温州人远赴异地他乡寻求发展，因超强的市场敏感性和经营财富能力而被誉为“东方的犹太人”。不完全统计，有200万左右温州商人在全国各地经商、创业，近50万温州人在全世界各地经商。[②] 其中许多是从事服装、鞋革、娱乐以及美容美发等与时尚相关的行业，形成了以血缘、亲缘和乡缘为基础的商业网络与协作关系，并与温州本地存在较为密切的商业联系。因此，温州发展时尚产业具有独特的商业资源，如供货营销渠道、品牌推广方式等。此外，温州民间资本非常雄厚，虽然经历了金融风波、借贷危机，但分散在民间的资本依然丰富。温州民间投资有较强的倾向，其热衷于把资本投向在本土较为成熟的行业，这对于时尚产业发展极为有利。

二　温州时尚产业的发展状况

目前，温州时尚产业发展仍处在摸索阶段，主要是通过政策引导产业转型，形成时尚产业发展的大环境。从产业发展的动力构成来看，虽然政府的政策外力无法取代市场在资源配置中的主导作用，但在起步阶段能够集中力量解决一些关键问题。

---

① 陈一樑：《蛇年问鞋业——温州各鞋革行业协会看2013》，《中国皮革》2013年第8期。

② 张一力：《温州商人：从企业家集群到商帮》，《温州瞭望》2008年第21期。

（一）时尚产业空间布局逐步优化

1. 建设瓯江口“时尚新区”

瓯江口新区区位条件十分优越，北望七都港、乐清港，距温州永强机场仅9公里，有77省道贯穿辖内。政府对瓯江口新区定位、规划和布局进行了优化调整，计划在这里打造“东方时尚岛”，使其成为引领温州时尚之都建设的新龙头和发展极。在建围垦项目一期工程基本完成，围区堤坝施工，形成可开发建设围区3.6万亩，土地资源十分充裕。因此，这一区块的产业布局主要依靠新项目建设推动，已有不少项目签约落地、开工建设。瓯江口新区国际汽车文化园是最早签约的项目，总投资约33亿元，项目规划用地约848亩，规划总建筑面积约79万平方米，集汽摩配生产、汽车贸易、汽车赛事、会展于一体。① 温州韩国产业园是瓯江口新区已签约的最大项目，其中北园落户灵昆岛，规划总用地面积约17平方公里，以韩国时尚产品销售、交易为主，还将引进韩国医疗美容产业。此外，阿里巴巴菜鸟网络、南车修造基地等项目已经基本达成意向，“时尚新天地”“世界温州人家园”等项目已经进入招商引资阶段。

2. 再造城市中心区“时尚智造圈”

城市中心区老工业区和商业区的改造、提升是优化时尚产业布局的另一重要举措，旨在激活东部、中部、西部三大“时尚智造圈”，破除时尚生产、流通领域的制约性因素，破解温州传统产业、商圈发展与“商城”地位、产业转型升级方向、消费需求导向“三个不符合”的问题，深度挖掘时尚产业的高附加值。

黎明工业区、吴桥工业区、鹿城工业区等板块曾经是温州轻工业高度集聚的区域，为温州经济社会发展做出了巨大贡献。但近年来，服装、鞋类、眼镜、打火机等劳动密集型行业遭受巨大冲击，加之空间要素、环保门槛限制等问题，大部分企业搬离中心城区产业聚集区向沿海或郊区迁移，因此留下大量老厂房或仓库、办公楼。随着政府“退二进三”“强三优二”政策的持续推进，主城区的工业集聚区逐渐转向生产性服务业、文化创意产业、商贸服务产业。中国鞋都、轻工产业园区、炬光园等传统工业园区的拓容提质升级工程已经开启，转向定制化、个性化、智能化时尚产品生产，推动传统轻工产业与流

① 翁文：《国际汽车文化园将在瓯江口新区崛起》，《温州商报》2014年8月22日。

行时尚元素、科技元素深度融合。例如，鞋都已着手打造文化广场功能分区，设立鞋服设计、营销管理、电子商务等培训中心，建设知名鞋类企业产品展示展览厅，扩大企业品牌综合影响力。

城市中心区商业竞争力下滑、空间布局不平衡、购物环境不完善等问题越来越突出，传统商圈的改造提升呼声高涨。以五马商圈为例，虽然是温州最知名商贸集聚区，但受基础设施薄弱的限制较大，实际被分割成多个独立的条块，业态缺乏管理，零散低档产品较多。而大南、欧洲城这样的后起之秀，也没有集聚足够的人气，经营难以为继逐渐退出的商家为数不少。针对这些问题，政府围绕“时尚”主线，一方面加快硬件改造提升老商圈的能级；另一方面继续通过建设商业综合体扩大商圈范围。鹿城区做出了“三圈四带”的月光经济发展布局，计划实施30个重点项目，加快打造千亿级城市综合体和时尚消费集聚区。其中，大南－五马商圈、滨江商务区的整体提升是核心任务，连片改造、优化基础设施和配套服务等前期基础工作已经铺开。此外，政府还将依据《温州市商贸流通产业发展“十二五”规划》，逐步引导、调整商贸集聚区建设的方向，优先考虑时尚贸易、娱乐休闲的城市综合体建设。2015年，政府启动了《温州市加快推进时尚消费发展实施方案》，全年在建的时尚商业综合体有奥马尔国际购物中心、大象城等11个项目。

（二）时尚产业竞争力稳步提升

1. 有效整合创意、设计、营销环节

价值链的整合、重构对温州轻工产业时尚化发展具有重要意义，能从源头上帮助本土企业提升竞争力、挖掘高附加值。鹿城区已经初步打造成为温州时尚产业的上游价值链集聚区，浙江创意园、东瓯智库、鹿城科技与文化融合示范基地汇集了与时尚紧密相关的创意设计、研发、制作、展览、交流、培训、孵化、评估企业，有效整合了传统型服装、鞋类、箱包、眼镜行业的前端工艺，也带动了数码电子、软件开发、3D打印等一批新兴业态的发展。浙江创意园依托国家广告产业园和工贸职业技术学院的高层次人力资源，逐渐成为小家电、鞋革、服装、礼品等产品制造行业的“智造总部”，合作企业中省市级的龙头企业占园区企业总数的80%。入园企业“三生无形工业设计工作室”荣获德国IF设计大奖、红点EDIDA等设计大奖。

营销环节是温州传统轻工产业的薄弱环节，但在时尚产业发展的整体氛围影响下，不少企业开始尝试多元化的营销策略。一方面，时尚企业重视营销策略的整体氛围已经形成，并在这一环节投入大量资本。森马是温州时尚企业中创新营销方式最为成功的企业之一，在成功运作了国内头号童装潮牌“巴拉巴拉”之后，2015 年森马又推出了一项立体型营销策略，集儿童文化创意、生命安全体验、社会职业体验、早教培训、休闲购物以及游戏娱乐于一体，成功打造出儿童文化创意综合体“梦多多小镇”。另一方面，随着产业升级和互联网经济的蓬勃发展，温州出现了一批专业的营销机构，例如创意性综合类广告公司和新媒体传播公司。金融危机之后，温州不少服装、鞋类企业转战国内市场，品牌整体营销策略的诉求持续增加。思珀传媒、奥美力等一批较为成熟的本土广告、营销企业脱颖而出，针对温州时尚企业探索出许多行之有效的深度品牌服务。康奈、奥康、白鹿堡、卓尼斯等龙头企业将广告从营销环节单独剥离出来，交给专业化机构管理，寻求更加专业的解决方案，获得了不错的效果。

此外，网络销售逐渐取代传统销售渠道，为温州的时尚产业转型打了一剂强心针。据阿里巴巴发布的 2015 年“双十一”销售统计数据，销售额前十的“温籍”天猫店中，有 8 家销售服饰、鞋和包等时尚消费品。森马在男装类商品中同时列“品牌销售额”和“商家销售额”两个榜单的第 5 名，旗下子品牌巴拉巴拉勇摘母婴类商品“品牌销售额”和“商家销售额”两个冠军。鞋类“商家销售额”榜单中，温州鞋企红蜻蜓位居“榜眼”，直营销售首破亿元大关，同比增长 59.37%。①

2. 以产业融合促进附加值提升

除了传统轻工业的时尚化转型之外，温州政府还积极规划、引导时尚作为一种创新要素，与旅游、休闲娱乐等行业深度融合，充分发挥了其在生产要素配置中的优化和集成作用。

时尚与旅游业深度融合给温州旅游市场注入了新活力。温州旅游业的改革创新起步较早，一直坚持“商旅互动、融合发展”的理念，而时尚元素的集中注入更是起到了立竿见影的效果。2012 年开始，大量民间资本进入乡村旅

① 潘秀慧：《温州电商业绩骄人名列“琅琊榜”》，《温州日报》2015 年 11 月 13 日。

游、时尚特色民俗，带动了房车露营、游艇、低空飞行观光等一大批时尚项目。为了顺应这种发展态势，政府出台了《温州市乡村旅游发展规划》等一系列扶持政策，打造了相应的发展平台。温州率先制定了自驾游营地规范标准，命名了20个自助旅游营地驿站，并成功打造了“首届国际房车露营旅游高峰论坛”。洞头先后举办了5届国际矶钓节，泰顺举办了2届国际露营地旅游大会。平阳成功引入国际旅游小姐冠军总决赛，将赛场搬到了南雁荡山、南麂岛、西湾、碧海天城、顺溪古镇等景区，把时尚作为推介平阳旅游资源的窗口。2014年，温州全市累计接待入境游客91.08万人次，同比增长19.1%；实现国际旅游收入4.81亿美元，同比增长15.62%。

时尚与休闲娱乐业深度融合，催生了一批新兴业态。随着温州文化创意产业的发展，产能过剩的问题也伴随而来，经营效益差的园区面临着转型的巨大压力。不少园区主动向时尚娱乐领域拓展，将餐饮、艺术、创意有机融合，成就了文化产业园区另一道亮丽的时尚风景。东瓯智库是较早向时尚生活、娱乐休闲拓展的园区，汇聚了一棵树、小茶悦会、慢享咖啡等20多家个性门店。与传统餐饮、娱乐业不同，其盈利模式主要依赖时尚、文化元素产生的高附加值，将时尚体验作为商品和服务的一个重要环节。目前，东瓯智库入驻的企业有80%是文化创意类企业，其余20%都是时尚休闲、娱乐类企业。2015年投入运营的米房cei文创园则完全以时尚休闲、娱乐为主题，已有佐佑书坊、北山堂、THIS IS NOT CAFE香港发廊等知名品牌入驻，签售会、发布会、新车展示、服装秀、创意市集、广场音乐会轮番上阵。

3. 自主品牌集聚发力

温州传统轻工产品一直以国内外中低端市场为主，品牌影响力、行业知名度高的企业较少。近几年，奥康、康奈、红蜻蜓等一批企业在打造自主品牌方面投入了巨大的精力，但也有不少企业在探索过程中遭遇挫折，如庄吉、信泰等。在市场机制倒逼之下，企业逐步认识到打造自主品牌对于提升竞争力的重要作用。同时，温州政府加大了对本土时尚品牌的扶持和培育力度，引导企业在时尚产业发展的初期阶段走品牌化道路。截至2014年底，温州拥有38个中国名牌、58个中国驰名商标、232个浙江省名牌产品。在2015年8月举行的时尚品牌建设推进会上，政府明确提出要打造3～5个具有国际影响力、100个具有国内影响力的品牌，并决定每年评定20～30个温州时尚品牌。

在品牌策略的推动下，已有不少企业走出去，参与到国际、国内高端价值链的竞争。澳珀是温州时尚家具行业自主品牌培育最为成功的企业，已在国际上形成了一定影响力。澳珀家具主要通过大型的活动、项目推动品牌推广，多次为世博会场馆、鸟巢体育场等场所定制家具产品并被永久收藏。澳珀总设计师还是米兰家具展的中国策展人，作品多次获得国内外设计金奖。2015 年，澳珀还与意大利著名时尚家具制造商 Poltrona Frau 合作，共同打造本土高端家具品牌 Casanova，成功进入国内外高端家具市场。金牛工贸一直坚定不移地走自主创新之路，开拓了中国贵金属工艺品行业的新领域。2015 年，金牛工贸积极融入“互联网 +”，对公司结构及产品链进行变革及创新，还特别签约 10 余位传统国粹工艺美术大师、行业大师，组成企业强大的技术团队，实现线上黄金历史微店及线下文化金融体验店相结合，实现了产业链全流通。

（三）时尚消费水平不断提升

产业升级必然要求消费升级，温州政府通过打造多维度时尚消费空间，拓展时尚消费领域和方式，开展多层次多形式时尚活动，引导培育时尚消费热点。除了鞋服、汽车、家电、餐饮等传统消费热点外，文化、教育、旅游、娱乐、健身等新的消费热点正在形成，逐渐升温。

一方面，政府鼓励城市商业综合体引入品牌店、直营店、概念店等业态，转变原来以零售为主的单一商业功能，逐渐向品牌集聚的复合时尚功能发展。政府大力引导金融机构加强消费金融服务，鼓励银行和与商业综合体合作，拓展银行卡应用领域和支付范围，积极发展消费信贷和信用消费。温州的市民卡进行了多次功能升级，现可以在大部分购物中心、综合超市、百货公司、专门店、奥特莱斯、网络零售、“平价时尚”等时尚零售终端直接进行支付。另一方面，政府还通过创意节、时装周、文化展等一批大型时尚文化活动，营造时尚消费的整体氛围，让市民在家门口享受时尚盛宴。2015 年，温州举办了各种时尚会展 13 场，其中“亚洲国际（温州）青年微电影节”“温州国际时尚文博会”形成了较大影响力。“温州国际时尚文博会”春季展会成交额 2.53 亿元，观展人数达 10.82 万人次。鹿城的“五马街春季购物节暨五马街民俗文化 SHOW”“金秋购物节暨五马商圈时尚周”已打造成为季节性购物狂欢节，线上线下活动同时推进，让老商圈时尚产业重新焕发活力。

三　温州时尚产业的问题与对策

温州选择时尚产业作为产业转型的一种策略，在一定程度上突破了传统轻工产业发展的瓶颈，初期发展效果是值得肯定的。但是，当前的政策外力远远大于市场本身的资源配置作用，时尚产业发展的可持续性还面临着不少的问题，亟须政府做出相应的调整。

一是时尚产业边界泛化，发展重点不突出。目前，时尚产业的内涵和外延在我国还没有统一的标准，实践中普遍存在着边界泛化的问题。后发展城市往往借鉴北京、上海等先发展城市经验，再根据地区的产业基础、资源优势对时尚产业形态进行本土化。温州把时尚分为核心层、扩展层和延伸层，业态包括服装服饰、鞋帽衬衫、家纺用品、手机、动漫等十多类，边界泛化的问题较为突出。时尚产业边界泛化将导致发展重点不明确、政策导向效果差的问题，往往是政府想发力却无从下手，最终只能是“西瓜芝麻一把抓”。因此，政府应进一步梳理时尚产业的外延，明确时尚产业发展的界线，梳理出适合温州的典型业态。适当调整时尚产业的业态结构，集中力量发展传统优势业态和具有较大发展潜力的新兴业态，形成合理、有序、有力的产业格局。

二是扶持政策跟进滞后，提速换挡难推进。目前国家层面没有对时尚产业发展统一部署，只是个别省、市进行过区域性的探索与实践，扶持政策出台缺乏参照。当前，温州可直接套用的实施方案、扶持政策只有《浙江省时尚产业发展规划纲要（2014～2020年）》、《中共温州市委关于发展时尚产业建设时尚之都的决定》和《温州市时尚化战略2015年实施方案》，均偏重于宏观层面的产业导向，还没有细化到相应的财政、税收、土地等方面。虽然政府不能取代市场的作用，但是起步阶段政策的稳定性、可持续性对于温州时尚产业的发展至关重要。应充分借鉴上海、深圳、广州、厦门、武汉等大城市时尚产业发展经验，尤其是在发展规划制定、时尚产业园区建设、时尚潮流信息发布、时尚品牌培育等方面，形成长效可持续的发展机制。

三是商业模式创新不足。区别于传统的轻工产业，营销时尚产业的核心环节——商业模式就成为影响市场占有率、附加值的重要因素。项目运作新方式，市场推广新经验，已经成为时尚领域快速崛起的重要推动力。温州的大部分企业经营者仍将重心放在生产上，并不善于在设计、融资、品牌运作、衍伸产业产业链上做文章，也缺乏时尚领域独特的管理方法、人才培育机制等。建议对国内时尚企业进行统计、研究，重点关注企业的资本运作、创新经验、行业影响力，提炼出这些企业的经验样本、创新之处，供温州本土企业借鉴。建立相应的商界精英库，根据温州时尚产业发展、时尚之都建设的实际需求制订招商引资重点计划；在“温商大会”增设“时尚温商”板块，对这一领域的杰出温商进行表彰，并推动相关的项目合作。

四是人才资源依然匮乏。时尚产业价值链的整合关键是通过对设计、营销两个产业链环节的创新、创造，提升时尚产品的附加值。而这两个环节的提升必须依赖无形资源和主体资源的开发利用，高级人力资本、知识产权资本和文化资本等软性资本是时尚产业的核心驱动要素。然而，温州本土时尚领域人才及其无形资源的供应依然不足，缺乏一套高效的整合、转化机制。此外，还有一大批杰出的温籍时尚人才外流，在国内外创造出了巨大的财富价值和社会效益。现有的人才回归工作偏重于“地域层面的回归”，面临着“招不来、留不住”等诸多困难。因此，亟须对在外的时尚领域的温籍杰出人才进行全面的调查、研究，梳理出可以“为我所用”的资源类型。要根据实际需求进行政策的“专门定制”，提高人才回归针对性和有效性，实现人才背后的“资源回归”，深度对接温州的职业教育、就业培训。

B.20
温州工艺美术业发展现状与对策

董约武　董若慧　王经忠*

摘　要： 温州工艺美术业是传统的优势行业，在全省乃至全国都具有举足轻重的影响力。近年来，面临着周边城市的强势崛起和超越困境，本文从温州工艺美术行业的品种分布、重点产区、从业人员结构、2015年运行态势等方面切入分析，并提出相应对策。

关键词： 温州　工艺美术　传统工艺

近年国家高度重视工艺美术行业发展。2006年，《国家“十一五”时期文化发展纲要》将工艺美术明确为促进国民经济发展的文化创意产业，工艺美术成为国家文化产业的重要组成部分。2012年，文化部《“十二五”时期文化产业倍增计划》将工艺美术列入11个重点发展产业。随后，国家统计局修订了“文化及相关产业分类标准”，将工艺美术产业从过去的外围分类中，提升为十大类中的第七大类，发展工艺美术产业已经成为中央提升文化软实力的国家重要战略。

温州作为瓯越文化的发祥地，自古以来钟灵毓秀、人才辈出。温州的传统工艺美术历史悠久、种类繁多、技艺精湛、流派纷呈，是全国工艺美术的知名重点产区，素有“百工之乡”的美誉，长期以来声名在外、广受瞩目。改革开放之后，温州工艺美术行业经历了转型、提高、发展的历史时期，进入开拓创新、加快发展的新阶段。

---

* 董约武，中共温州市委党校高级讲师；董若慧，温州工艺美术研究院，工艺美术师；王经忠，温州工艺美术行业协会，浙江省工艺美术大师。

一　温州工艺美术基本概况

目前，温州工艺美术有雕塑工艺、抽纱刺绣、画花类工艺、玩具工艺、竹草麻编工艺、金属工艺、现代工艺、民间民俗、圣诞礼品、文房用品、日用工艺等11个大类，近150个品类，其中百年以上品类有50个、50年以上品类有30个。

温州现有黄杨木雕（乐清市）、细纹刻纸（乐清市）、龙档（乐清市）、瓯塑、瓯绣、彩石镶嵌、蓝夹缬技艺、泰顺木偶头雕刻、乐清首饰龙等9个品种被列入国家级非物质文化遗产名录；玻璃银光刻（龙湾）、十字花边绣（鹿城区）、米塑（鹿城区）、绸塑（鹿城区）、竹丝镶嵌（鹿城区）、贝雕（洞头）、平阳太平钿剪纸、矾塑（苍南县）、苍南点色剪纸、苍南夹纻漆器、乐清竹壳雕、彩泥塑、拼字龙灯（龙湾区）、平阳头发丝吊灯制作技艺、乐清金漆圆木工艺、温州发绣、石雕（泰顺、乐清、鹿城）、车木玩具之制作（泰顺）、瓯海百鸟灯工艺等19个品种技艺被列入浙江省非物质文化遗产名录。浙江省传统工艺美术品种7个，其中黄杨木雕、瓯塑、瓯绣、细纹刻纸、十字花5个品种于2001年被浙江省人民政府认定为“首批浙江省传统工艺美术品种”；彩石镶嵌、夹缬2个品种于2005年被认定为浙江省第二批省传统工艺美术品种。温州市传统工艺美术品种达到50个（含省级7个）。2006年，温州市人民政府认定了25个“首批温州市传统工艺美术品种”；2012年，温州市人民政府认定了18个“第二批温州市传统工艺美术品种”。

各县、市、区工艺美术园区、展示平台如表1所示。

表1　各县市区工艺美术园区、展示平台

县、市、区	园区分布、市场、展馆
鹿城	工艺美术大楼(研究院)、荷花路礼品一条街、东瓯智库非物质文化遗产广场
龙湾	文化用品市场温州非遗馆、亨嘉艺术中心
瓯海	温州市工艺美术创意园、鹅湖时尚产业园
乐清	柳市镇后横艺雕小镇、旅游小镇、温州工艺美术研究院第一分院
瑞安	蓝夹缬博物馆、东源木活字印刷村
永嘉	工艺美术文化创意产业园、桥下小京岙智能教玩具创业园

续表

县、市、区	园区分布、市场、展馆
苍南	龙港礼品城、苍南何氏夹纻漆器展示馆、矾山镇福德湾村微缩景观园
平阳	郑楼礼品街、青街漆器制作技艺的传承保护基地
泰顺	廊桥博物馆、竹里畲乡竹品、竹雕、竹器展示馆
洞头	东海贝雕艺术博物馆

二　温州工艺美术人才状况

截止到2015年12月，温州现有中国工艺美术大师8人，浙江省工艺美术大师52人，温州市工艺美术大师119人（见表2）；高级工艺美术师80人，工艺美术师约350人；国家级、省级非物质文化遗产代表性传承人近50人。还有众多的中青年艺术家，他们传承着温州工艺美术的优秀传统，创作出无数富有时代气息的惊世艺术品，有的被博物馆收藏，有的获国内外大奖，有的被选为出国礼品，成为温州建设文化大市的重要力量。但是近年来，周边城市在迅速崛起，大有后来者居上之势。

表2　全省各地市国家级、省级、市级工艺美术大师人数

城市	国家级	省级	市级
丽水市	12	89	210
温州市	8	52	119
金华市	9	36	92
杭州市	6	54	25
台州市	4	10	27
宁波市	1	18	80
绍兴市	1	8	30
湖州市	1	13	7
衢州市	0	7	12
嘉兴市	0	4	0
舟山市	0	3	0

资料来源：浙江省各市工艺美术行业协会秘书处，2015年数据。

三 当前温州工艺美术行业发展中存在的主要问题

温州工艺美术业发展中仍存在着种种问题，主要有以下几个。

1. 大师规模持续壮大，但后继人才严重缺乏

温州市目前现有中国工艺美术大师8人，浙江省工艺美术大师52人，温州市工艺美术大师119人。2009年，温州市工艺美术学校恢复办学。但总体上来看，温州市工艺美术从业者普遍学历较低，后期又缺乏系统而有效的职业专门教育和行业再教育等，因此行业整体创作创新能力欠缺。同时，由于传统工艺美术学业难、成就晚，造成大多数学徒难以坚持而半途而废，技艺承传困难。现大多品种如瓯绣、彩石镶嵌、细纹刻纸、黄杨木雕等后继无人，面临传承危机与品种枯萎趋势，亟待保护抢救，尤其需要吸收一批大专院校艺术系学生。

2. 平台建设初见成效，但运营实力仍然滞后

2010年，温州市将温州市工艺美术研究所升级为温州市工艺美术研究院，推动温州工艺美术开发、科研、人才培养等工作。2011年2月，市工艺美术大师楼正式落成，现已成为温州市对外宣传交流的重要阵地之一。此外，温州市成立了工艺美术大师创意园有限公司，确定了瓯海经济技术开发区东方路（原温州市船用挂机厂地块）作为工艺美术大师创意园项目的建设用地，现已经基本成形。但温州市平台的规模仍较小，资源整合与市场运作均不到位，研究机构运行经费短缺，研发投入不足。工艺美术大师园区、工艺美术产业创业园区、工艺美术博物馆、专业市场等平台的建设尚需进一步加大力度，亟须培育一批专业研究设计机构、营销策划机构。

3. 行业发展粗具规模，但产业化水平不高

温州市现有工艺美术企业400多家（未含个人作坊），其中规模以上企业11家，产值20多亿元。鹿城的瓯塑、瓯绣，乐清的黄杨木雕、细纹刻纸，瑞安的簇绒织物、工艺刀具粗具产业规模；苍南的工艺礼品市场发展较好；泰顺叶蜡石资源丰富，石雕人员较多（有400余人在青田谋生），石雕行业具有较好的发展前景。但是，温州市工艺美术生产大多还处在以小规模家庭作坊为主的阶段，产业化水平不高，品牌建设力度不够，在民众中的认知和

认可度不强。如何将工艺美术制造工业化、产业化，挖掘艺术的实在价值和现实效益，建立工艺美术发展的长效机制，是温州市工艺美术面临的一大挑战。

4. 激励政策见效明显，但扶持力度仍需加大

2006 年开始，温州市建立工艺美术保护专项资金，每年安排财政资金 100 万元，对传统工艺美术保护和发展项目进行补助，2009 开始，财政资金增加到每年 200 万元。专项资金的提供，扶持了一批重点工艺美术发展项目和平台建设项目，大大提高了工艺美术师的积极性和创造性，为工艺美术营造了良好的发展氛围。但与杭州市 1000 万元、宁波市 500 万元以及丽水、金华、台州等地的财政扶持力度相比较，温州市财政投入略显不足，扶持项目偏少，扶持力度不大，国内一些重点展会温州常因扶持资金不足，而无法组团参加。

四　对策建议

温州工艺美术基础优势明显，但是近些年正面临后发地区的追赶和超越困境。保护、传承和发展传统工艺美术，不仅是温州产业转型升级的需要，也是温州市建设历史文化名城的重要内容。特提出如下几点对策建议。

1. 改善人才扶持政策

要借鉴东阳等地的经验做法，创新人才培养模式，强化代际传承，编写专业教程，制定行业标准，出台针对高技能人才培养、补助的办法和政府津贴发放政策等，对高技能人才成长进行全面的激励，同时推出相应的竞争机制，实行优胜劣汰，促进工艺美术人才职称评聘规范化。建立工艺美术人才库，完善职业培训平台基地和职业培训制度、传统工艺美术人才的经纪人制度、人才评价和激励制度等制度体系，建设数量充足、结构合理、比例科学、素质优良的传统工艺美术专业技能、技艺、经营管理及后备人才队伍，实现工艺美术高、中、初级人才的梯次配备。倡导发展专业的运营机构，培养一支擅长文化企划管理、专注营销的行业中介人才、艺术评论人才。

2. 壮大特色产业集群

以加快产业化发展为主线，推进工艺美术产业特色化、集群化、品牌化发展。推动行业资源整合，加快培育工艺美术特色区域，壮大特色产业集群。以

地区传统资源优势为依托，以行业骨干龙头企业为抓手，按照“产城（区）一体”的思路，加快工艺美术特色区域建设。重点打造温州市工艺美术创意园、时尚产业园、乐清艺雕小镇、永嘉木雕产业园、泰顺石文化项目，形成有区域特色、温州地域优势的工艺美术产业集群，打造传统工艺美术产业的竞争力优势。

3. 接轨“互联网 +”

要打造贸易服务网络平台，改善经营环境。与政府、兄弟协会、行业巨头企业合作，建立全市性工艺美术贸易服务网络平台（互联网 + 工艺美术），改善工艺美术经营环境。平台包括商业性和公益性两个子网络平台，商业性子平台包括工艺品广告、推广、交易、售后服务等产品营销、销售所需板块；公益性子平台包括行业宣传、技艺传承、政策措施、人物介绍和作品展示等行业公益宣传和展示板块。平台运行以商业化为主，公益性为辅。配合市委市政府做好申报联合国教科文组织的全球创意城市网络“工艺与民间艺术之都”的工作。

4. 提升城市文化品牌

打造综合性工艺美术交流展示平台，打响产业“百工之乡”、“温州工艺美术”和“瓯”字等品牌战略。通过各类文化节、艺术节，在本地举办全国性的艺术品展会，做好品牌宣传，提高温州工艺美术品的影响力，打响知名度。同时，组织工艺美术企业、艺术家参加国际国内知名艺术类、工艺美术类专业展会，扩大工艺美术产品的展示与销售，扩大外界影响力。

5. 向时尚创意转型

多领域跨界合作，拓宽工艺美术的创新领域。探索与温州教玩具、礼品等产业的合作，使工艺美术品与现代工业产品相结合，可用于民生日用，扩大应用领域，走进百姓生活。实现工艺美术的生活化、时尚化、艺术化、创意化。

6. 增强行业内生动力

开展行业（企业）技术创新、设计创意等评比活动，增强行业（企业）内生动力。通过评比活动，鼓励在传统工艺美术产业化中，科学合理地引入新技术、新工艺对传统工艺品进行优化、改革、创新，从而提升工艺品的生产效率，加快现代化的进程；鼓励在传统工艺美术产品创新中，设计出引起人们消费欲望的、有高销售量和高利润的产品，引领工艺美术产品的时尚。

7. 夯实历史文化底蕴

关注弱势品种发展，记录历史文化。对那些难以产业化、商品化的，但又有文化保护价值的传统工艺美术品种，要通过用录音、录像、文字方式进行记录性保护，以免弱势品种永远失传。同时，要加大对工艺美术历史文脉、著名传承人的挖掘、保护及记录和整理，提升文化底蕴，夯实温州工艺美术的发展根基。

生 态 篇

Ecological Development

B.21 温州市“十二五”环境保护回顾与“十三五”展望

唐庆蝉　宋跃群　周固君*

摘　要：“十二五”期间，温州市在重污染行业整治、环境基础设施建设、环境管理水平、环境质量改善等方面取得了显著成绩，有效地推进了区域生态环境保护工作。同时受体制机制、历史遗留、产业结构、能力建设等制约，温州市环境保护工作仍存在环境监管机制滞后、工业污染问题突出、环境基础设施运行成效差、环境质量难以满足公众需求等问题。“十三五”期间，温州市环境保护工作要围绕环境管理机制建设、发展理念转变、污染治理方式转变、公众参与深入等方面进行推进。

关键词：温州　环境保护　污染整治

* 唐庆蝉，浙江中蓝环境科技有限公司科研中心副主任，硕士；宋跃群，浙江中蓝环境科技有限公司副总经理、教授级高级工程师；周固君，温州市环境保护局，硕士。

良好的生态环境是最公平的公共产品，是人民群众最基本的权益。随着公众环境意识的增强，环境保护已成为社会关注的热点问题。面对资源约束趋紧、环境污染严重、生态系统退化的严峻形势，党的十八大提出要深入贯彻科学发展观，大力推进生态文明建设。随着新环境保护法和“水十条”“大气十条”的实施，环境保护被提高到前所未有的地位，加大环境保护工作得到政府和公众的一致认同。温州有山有水，自然条件优越，改革开放30多年来温州经济社会发展取得了令世人瞩目的成就，但经济社会的发展在一定程度上以牺牲生态环境为代价，给区域的生态环境造成了严重的破坏。深入总结“十二五”期间温州市环境保护工作取得的成绩，剖析区域存在的主要环境问题，提出“十三五”期间区域环境保护工作的建议，为温州市环境保护工作提供参考。

一　“十二五”期间环境保护工作取得的主要成绩

“十二五”期间，温州市环境保护工作结合“创建环保模范城市”，通过实施“五水共治”、大气污染防治，大力推进环保基础设施建设、深化重污染行业整治、加大环境监管力度，环境质量总体稳中有升，较好地推进了区域环境保护工作。

（一）行业污染整治有效缓解了突出问题

通过强势推进重污染行业整治提升工作，建设专业园区，加大行业淘汰关停，严格非法排污执法，行业整治有效地缓解了污染突出的问题。先后制定实施《温州市“十二五”期间重污染高耗能行业深化整治促进提升实施方案》《温州市电镀行业污染整治提升方案》等文件和方案，全面启动电镀、印染、造纸、制革、化工、合成革等六大重污染高耗能行业整治提升工作，按照“关停淘汰一批、整合入园一批、规范提升一批”的思路，推进全市六大重污染行业1151家企业的整治提升工作。加大重污染行业淘汰关停力度，通过倒逼入园等措施，完成淘汰关停电镀、造纸、化工等重污染行业企业508家（占全省的1/3）、整合入园企业432家、原地整治提升211家，建成投用重污染行业园区14个，其中电镀园区12个、制革园区1个、造纸集聚区1个，在建印染园区3个。结合重污染行业整治，开展重点行业执法监察，加大了对违法排污窝点的查处取缔。通过深化行业整治提升，倒逼企业入园生产，实现污染物集中治理，促进行业规模的集聚和产业档次的提升，重污染行业的污染问题得到了明显的改善。特别是曾被列为“国字号”污染的平阳县水头制革业，经过两轮“811”整治以及近三年的整合提升，实现全县转鼓数量48.5%的削减，彻底淘汰制革生皮铬鞣以及相关的开皮机生产等重污染生产工序，整治后鳌江水质得到明显提升，鳌江入海监测断面江口渡“十二五”期间从劣Ⅴ类提升到Ⅲ类。

（二）环保基础设施建设取得显著进展

通过加大污水、废气、污泥、垃圾处置设施建设，进一步提高污染物的处置水平，降低了污染物的排放量。相继建成投运温州市南片污水处理厂、西片污水处理厂二期工程、乐清虹桥污水厂、苍南龙港污水处理厂、瑞安江北污水处理厂等污水处理设施24座，改造提升现有污水处理厂5座，完善已建污水处理厂配套管网建设，提高污水收集率，不断强化污水处理厂运行管理，实现城镇污水处理能力由63.2万吨/日提升至150万吨/日。实施农村生活污水全覆盖工程，完成1623个行政村的农村生活污水治理设施建设与改造提升，占总行政村的比例为49.5%。相继建成温州市西向生态填埋场工程等垃圾处置设施8座，实现生活垃圾处理能力从6000吨/日提高到1.5万吨/日。建成温州市中心片污泥集中干化焚烧工程等污泥无害化处置设施4处，实现污泥处理能力从2400吨/日提高到4500吨/日。建成温州市综合材料生态处置中心工程、温州合成革固废残液无害化处理中心及集中供热工程等危废医废处置设施，填补了区域内危废处置中心的空白。先后完成浙江浙能温州发电有限公司、浙江温州特鲁莱发电有限责任公司和浙江浙能乐清发电有限责任公司所有机组脱硫脱硝工程改造，分别减少二氧化硫、氮氧化物排放量10525吨和24407吨。

（三）环境管理水平稳步提升

通过健全环境管理机制、强化环境执法力度等措施，环境管理水平得到不断提升。完善生态环保考核机制，落实环境管理目标责任制，将环境指标纳入党政领导干部政绩重点考核内容，取消了泰顺、文成等生态敏感区域的GDP考核要求。建立网格化环境监管网络，形成以重点企业、行业单元网格为主、乡镇单元网格为辅的三级网格模式，设定单元网格，并实行网格责任追究制度，全面负责网格内日常环境监察工作。不断加大环境执法力度，完善环境执法机制，通过建立健全部门联动执法、微信直播、执法通报机制，加大对环境执法的司法惩治力度，自2013年以来温州环境执法案件数量和刑拘人数居全省首位。开展涉铅行业专项执法检查、绿箭系列行动、百日环境大排查、学校周边污染源大排查大整治等专项行动，有效地解决了一些突出环境问题，保障环境安全。积极开展环境管理信息化建设，全市已建成地表水环境功能区断面水质自动监测站9座、饮用水水源自动监测站8座、大气复合污染自动监测站18座，并建成230多套污染源在线监测监控系统。结合环保模范城市创建等工作，进一步加大环保宣传力度，开启“环境治理”全民模式，成立环保监督团，开通“温州环保”官方微博和微信公众号，形成120多个环保社团20000多名环保志愿者队伍，不断创新公众参与环保活动新平台、新机制。

（四）环境质量取得明显改善

通过大力实施“五水共治”、重污染行业整治、污水处理设施建设等措施，区域内水环境质量总体趋于好转，与2010年相比，江口渡、长潭、钱库等7个市控及市控以上断面水质提升实现达标，外垟、方岩渡、仙门等7个站点水质消除劣V类，水质达标率由46.3%提升至53.9%，劣V类水体比重由46.3%下降为35.5%，平原河网其他断面主要超标污染物超标比例均呈现下降。环境空气主要污染物中二氧化硫、二氧化氮、可吸入颗粒物（PM10）浓度持续下降，2015年空气质量指数（AQI）的优良天数达到85.7%，空气质量长期处于全国和全省的前列。酸雨污染程度持续减轻，其中瑞安从重污染程度减轻为轻污染程度，温州市区、苍南分别从重污染程度减轻为中污染程度。声环境质量趋于好转，区域噪声保持稳定，道路噪声显著好转。

二 存在的主要问题及原因分析

“十二五”期间温州市环境保护工作在工业污染整治、水环境整治、环保基础设施建设等方面都取得了显著的成绩，较好地推动了区域内环境质量的改善和生态建设的推进。但受体制机制、历史遗留、产业结构、能力建设等多方面的制约，温州市仍存在环境监管机制滞后、工业污染问题突出、环境基础设施成效不足、环境质量改善速度难以满足要求等问题。

（一）环境监管机制严重滞后

环境保护作为综合性工作，涉及部门和社会的方方面面，但长期以来政府、企业、公众等各自为政，部门间职责不清，环境管理机制严重滞后于环境保护工作的需求。在以 GDP 为导向的政府考核机制下，循环经济、低碳经济等绿色发展理念难以落实，政府对环境保护工作的重视性和积极性不足，使得环保工作的有效性大打折扣。受国家法律法规和制度机制不完善的影响，环境保护管理体制不系统不完整导致环境管理中部门职责不清，越位、缺位、不到位等问题突出。环保部门作为环境保护的监督性部门，既是规则制定者也是实施者，难以充分发挥其监督的职能。现有基层环境监管部门监管能力薄弱、监测能力不足，也难以保障环境保护工作的推进。同时，现有环境监管机制未能充分发挥企业和公众作为环境保护主体的作用，亟待通过提高公众环境保护意识来提高环境保护的效率。

（二）工业污染问题仍然突出

“十二五”期间温州基本完成了六大重污染行业的整治要求，但仍存在重污染行业园区建设滞后、污染防治水平较低、深化整治难度大、产业转型升级缓慢、VOCs 治理亟待开展等问题。区域内产业结构以传统产业为主，“低小散”问题长期存在。2014 年环境统计数据分析显示，被列入环境统计的温州单位企业产值仅 0.86 亿元，为全省最低。虽然近年来温州不断推进传统产业转型升级，但受区位优势不突出、产业层次较低、创新能力弱等影响，产业转型升级缓慢，产业结构带来的污染问题长期存在。特别是重污染行业整治受园区建设滞后、企业布局不合理、污染防治水平较低等影响，重污染行业性污染问题仍然突出。随着工业污染治理的深入推进，工业污染治理难度将不断加大，治理成本问题将更加突出。除现有六大重污染行业继续深化整治外，温州矾矿等历史遗留的区域性污染问题，苍南卤制品等区域特定污染行业，制鞋、印刷、涂装等行业的 VOCs 污染问题也亟待解决。受基层监察能力不足、环境管理技术手段落后、企业治理设施不足、环境违法成本较低的影响，企业违法非法排污问题也仍然突出。

（三）环境基础设施运行成效不足

近年来，全市大力推进环境基础设施建设，但受设施建设周期缓慢、配套设施建设不足、建设运行资金短缺、考核监管机制不完善等影响，环境基础设施运行成效难以达到预期目标。瑞安市高楼污水处理厂等7家城镇污水处理厂建设严重滞后，影响了城镇污水处理厂投入运行。受污水处理设施建设滞后的影响，温州市中心片污水处理厂等处于满负荷运行状态，城镇污水设施处理能力不足问题仍然突出。同时，受配套污水管网建设滞后和截污纳管“最后一米”的影响，大量城镇污水处理厂运行负荷率均较低，特别是苍南县临港污水处理厂等5家城镇污水处理厂基本闲置，严重影响污水处理设施运行的成效，导致大量污水进入周边环境。现有污水处理设施排放标准普遍较低，随着“水十条”的实施，区域内污水处理厂面临的提标改造问题十分突出。农村生活污水处理设施大量新建和改造提升，但受配套管网覆盖不完全、常态化运维管理机制不健全和运行维护资金难以保障的制约，农村生活污水处理设施的环境成效亟待提升。除污水处理设施外，生活垃圾、污泥、工业固废处置能力问题也亟待解决，市区、苍南、泰顺等垃圾处理能力严重不足，垃圾处理设施严重超负荷运行。随着环境基础设施的进一步建设完善，受环境基础设施公益性质制约，环境基础设施建设与运行维护的资金需求缺口将不断扩大，在经济下滑、财政收入增加缓慢的情况下，资金使用效率与投入保障问题日益突出。

（四）环境质量改善速度难以满足要求

虽然近年来环境质量有了一定的改善，但在平原河网、饮用水源、近岸海域、雾霾等方面难以达到公众要求。现有76个地表水市控及市控以上断面，水质达标率仅为53.9%、劣V类水质占35.5%，不达标断面污染特征既有因城镇生活污染和农业污染造成的氨氮、总磷等超标问题，也有因工业污染造成的pH、阴离子表面活性剂、氰化物等超标问题，水环境质量亟待改善。特别是平原河网水质问题尤为突出，以劣V类水质为主，部分河段污染严重，已丧失使用功能，39个监测断面中劣V类水质占69.2%。部分整治河道存在督查不力、治理效果反弹等问题，难以满足公众的预期。同时，区域内现有部分饮用水水源地存在藻类爆发问题，威胁区域供水安全，使公众产生恐慌心理。全市近岸海域海洋环境状况不容乐观，水质呈现恶化趋势，大部分海域无机氮和活性磷酸盐为第四类或劣四类海水水质标准，鳌江口、乐清湾等区域污染问题严重。环境空气质量受气候影响难以稳定达标，PM2.5、二氧化氮和臭氧超标明显，雾霾问题仍比较突出，影响公众健康。受公众的环境期待度、关注度提升影响，信息公开和公众参与渠道较少，公众对环境质量改善的忍耐度下降，环境质量改善速度和公众需求差距较大。

三 “十三五”期间环境保护对策

“十三五”期间，温州市环境保护工作要围绕机制体制创新、发展理念转变、环境治理手段优化、公众参与深入等途径推进，促进区域内突出环境问题的解决和环境质量的提升。

（一）从机制创新上寻求环境保护工作的突破

在依法治国和全面深化改革的大背景下，“十三五”期间温州市环境保护工作要结合国家、省的顶层设计和工作部署加快区域内环境保护管理体制的改革创新，进一步强化改革意识，通过机制体制的改革来寻求环境保护工作的突破。通过梳理政府、企业和公众的职责，建立政府与市场双手发力，政府、企业、公众三足鼎立的环境保护新机制。强化地方政府对辖区内生态环境保护与污染治理的责任制，编制自然资源资产负债表，并逐年提升环境保护在党政领导实绩考核中的比重，实行领导干部自然资源资产离任审计，提高地方政府和领导干部对环境保护工作的积极性。结合环境监测监察执法垂直管理制度，推进环境监管、环境监测、环境宣教等能力建设，确保环境管理能力与环境保护要求相适应。

（二）从发展理念上推进区域产业的转型升级

随着党的十八届五中全会将绿色发展作为“十三五”时期的五大发展理念之一，绿色发展将是温州“十三五”期间经济社会发展的主要方向和产业转型升级的主要途径。各级政府要主动寻求绿色发展，通过推动产业转型、发展绿色经济等方式，促使绿色发展成为区域经济发展主流。针对温州产业结构层次低的特点，在国家、省产业淘汰政策的基础上，要进一步强化环保倒逼产业转型升级的机制，出台更加严格的关于落后产能、技术的淘汰政策和产业绿色转型升级的引导扶持政策，将产业转型升级要求纳入政府和主要领导干部的考绩范围。通过环保倒逼，促进区域布局合理化、生产过程清洁化、环境管理规范化、污染排放减量化，推进环境保护与转型升级的良性互动。

（三）通过市场手段提升环境治理的成效

市场是一种高效的资源配置方式，是提升环境治理成效的重要手段，应积极推进环境污染第三方治理、治理效果第三方评估制度。推广政府和社会资本合作（PPP）治理方式，创新完善各类环保投融资方式，鼓励社会资本进入环保市场，引导社会资金参与河道治理、污水处理、垃圾处置等政府环保公共服务等领域。重点在环境公共设施、工业园区、重点行业等领域引入第三方公司进行集中式、专业化治理和运行，提高区域污染治理水平。积极发挥行业组织作用、规范市场秩序、完善监管体系，强化治理效果的第三方评估，促进第三方市场的发展和专业化水平的提升，营造良好的第三方治理市场环境，提升环境治理的成效。

（四）通过公众参与深入推进环境保护工作

使公众满意是环境保护的最终目标，公众参与是环境保护工作的重要推动力量。扩大 PM2.5、雾霾、空气质量指数、黑臭河、土壤等环境信息的公开力度，让公众获取准确的环境信息，了解环境污染治理的过程，提高公众对环境保护工作的理解，提升公众对环境保护的参与热情，建立环境保护最广泛的“统一战线”。围绕公众反映最突出的环境问题，以环境质量改善为导向，改变环境保护的手段、层次、重点、方式，使有限的财政资金、行政力量发挥出最佳的成效。加大公众环境意识的教育，强化公众环境责任和监督意识，通过节水节电、垃圾分类、绿色出行、志愿服务等个人环保行为和违法举报等监督行为，深入推进环境保护工作。

B.22

温州市“五水共治”实施以来水环境治理情况报告

娄一青　李红健　雷蕾*

摘　要：　2013年，温州在全省率先启动实施“五水共治”，建设美丽浙南水乡，坚持系统治理，建立体制机制，以治水为突破口推进转型升级。经过两年的治理，河道垃圾、黑臭现象基本消除，河网水质不断改善，但受产业转型升级缓慢、城中村截污纳管困难、污水处理能力不足、工程长效管理薄弱、治理经费短缺等影响，水环境质量进一步提升困难。为此，要抓住“大众创业、万众创新”的战略机遇，加快园区建设，扶持科技型环境友好型企业成长，引导产业结构转型升级；要实施水岸同治、宏微观统筹治理，以治水倒逼城中村改造，加强科学、依法治水力度，营造全民监督氛围；要加强治水工程运行维护，开展标准化、专业化、市场化管理，发挥长期效益；要探索建立多元化的筹资渠道，吸引民间资本参与治水。

关键词：　五水共治　水环境治理　转型升级

温州是一座“因水而生、因水而名、因水而兴、因水而美”的城市，境内河网密布、纵横交错，共有大小河道14465条，河网总长度18935公里。改

* 娄一青，温州科技职业学院园林水利工程系高级工程师，博士；李红健，温州市治水办副主任，温州市水利局副书记、副局长，教授级高工；雷蕾，温州市水乡建设促进中心，硕士。

革开放以前，温州平原河网水清流畅，家家户户临水而居，构成一幅人水和谐的美丽水乡景象。近年来，由于产业模式落后、环境基础设施投入不足，民众环保意识淡薄，水环境污染十分严重，部分河道垃圾遍地、黑臭严重，极大地影响了经济社会的可持续发展和周边群众的身心健康。

2013 年 10 月，温州市委市政府出台了《关于建设美丽浙南水乡的实施意见》《美丽浙南水乡总体规划纲要（2013～2020 年）》，并召开全市美丽浙南水乡建设动员大会，坚持“绿水青山就是金山银山”的发展道路，全面启动实施系统治水工作，以治水为突破口推进转型升级，开创了全省“五水共治”的先河。两年多来，温州以治污水为抓手，突出重点、全民发动、铁腕治水，水环境得到明显改善，但在工作中也暴露出产业转型升级缓慢等问题。如何解决这些问题，对于下阶段水环境治理工作的开展至关重要。

一　“五水共治”实施以来水环境治理的主要措施及成效

两年来，温州各级党委政府高度重视水环境治理工作，将“五水共治”作为“一号工程”，以党政一把手为治水“第一责任人”，成立专门的领导小组和办公室统筹协调治水，采取各种措施推进水环境治理，取得了较好的成效。

（一）主要措施

一是建立并完善水环境治理的各项制度，以此来保障治水责任的落实。出台《温州市“河长制”实施方案》等文件，按照管理层级和“纵向到底、横向到边”的要求，实现“河长制”全覆盖，并为所有镇级以上河道配备“督察长”和“河道警长”，切实履行河道“三长”职责，及时协调解决各种问题。印发《温州市河道整治工作责任追究暂行办法》，将各级政府、部门及村居有关人员列为追责对象，对于履职不到位的单位或个人追究相应的责任。定期组织督查和明察暗访，发现问题及时督办并限期整改。将“五水共治”列入温州市委市政府重点督查工作，加快推进水环境治理工作。强化考核引导，将垃圾河黑臭河治后反弹、城镇污水收集处理率、市控断面水质达标率等设定为“五水共治”专项考绩的一票否决指标。

二是采取较为系统的水环境治理措施，努力实现标本兼治、水岸同治。制定“五水共治”规划和治污水实施方案，明确近、中、远期规划目标和治理措施，确保一张蓝图干到底。在宏观层面坚持治源控污，大力推进城镇污水处理设施、城镇污水收集系统、农村污水处理设施、农业面源污染防治、产业整治提升、两岸污染源监管、环境执法等措施，减少污染入河。在微观层面坚持精准治理，在全面排查的基础上，按照“一河一策”原则逐条分析河道黑臭成因，制定详细方案有针对性地进行治理。加强科技治水，聘请两位院士为“治水顾问”，建立治水院士工作站和设立“水专项”，组织地方科研机构和环保企业开展科技攻关。启动实施“水岸同治”重点片区攻坚行动，通过旧村改造、产业整治、截污纳管、清淤疏浚、活水畅流、生态修复、亲水绿道、亮丽景观、文化提升、旅游开发等系统治理措施，阻断外源污染、提升河道水质、改善沿线环境、发展水乡经济，打造美丽水乡核心区。

三是发动全社会力量参与水环境治理，营造全民爱水、护水、治水的氛围。“五水共治”是一场政府主导、全民参与的攻坚战。广泛发动和依靠社会力量，“汇民智、集民资、聚民力”，引导全民参与治水。组建“五水共治”技术服务团，发动各行各业为科学治水建言献策，汇集专家和民间智慧共商治水大计。发挥民间公益组织特长使其参与治水文化传播，并通过政府购买服务承接河道保洁和沿河宣传工作。建立“五水共治”社会捐助激励机制，发动温商和群众捐资治水。鼓励企业直接参与水环境治理，建设园区污水处理设施、整治企业周边河道、参与河道管理维护等。

（二）主要成效

通过两年多的治理，全市登记在册的344条666.42公里的垃圾河已全面消除，471条573.14公里的黑臭河已全部达到省治水办印发的黑臭河清理验收标准（浙治水办发〔2014〕5号），并已通过验收，各地垃圾河、黑臭河治理情况详见图1。在此基础上深化提升整治河道265公里，水环境质量得到明显改善，特别是全省八大水系中污染最严重的鳌江出境断面江口渡水质由劣Ⅴ类提升到了Ⅲ类，文成县、洞头区、泰顺县、瓯海区创成“清三河”达标县（市、区），温州成为第二批国家水生态文明试点城市。此外，在河道生态建设方面也取得了显著成效，建成生态河道594公里、滨水公园·亲水绿道557个，连续两年位居全省首位，其中2014年9条河道被评为省级河道生态建设示范工程（共30条），2015年11条河道被评为省级河道生态建设示范工程（共37条），均占据全省总数的30%。

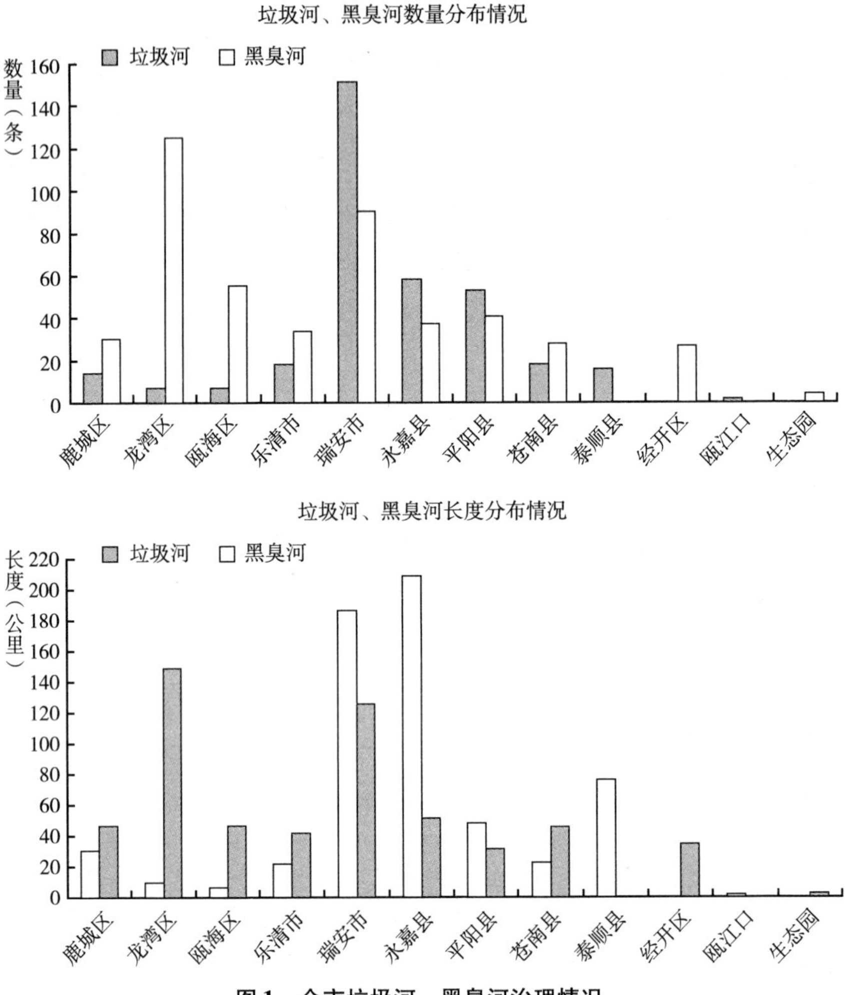

图1　全市垃圾河、黑臭河治理情况

全市76个市控以上地表水检测断面中（湖库断面8个，平原河网断面39个，其他河流断面29个），劣V类水断面数量逐年减少①，其变化情况详见图

① 《温州市环境状况公报》（2012年、2013年、2014年），《温州市环境质量月报》（2015年12月）。

2。其中，平原河网水质改善尤其明显，劣Ⅴ类水质断面由 32 个减少到 26 个，具体如图 3 所示。

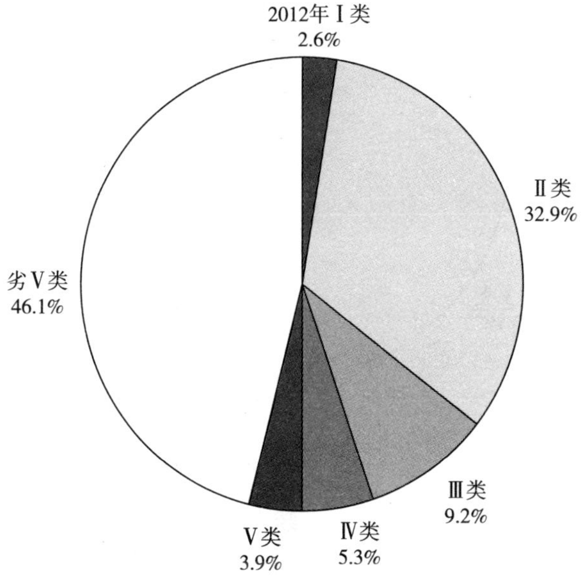

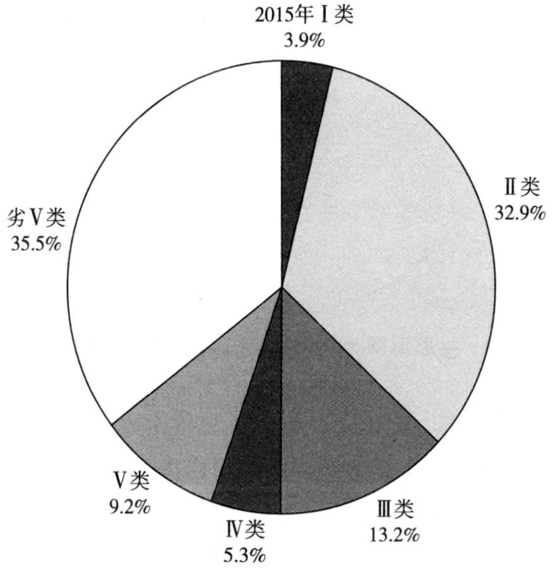

图 2　全市 76 个市控以上断面水质变化情况

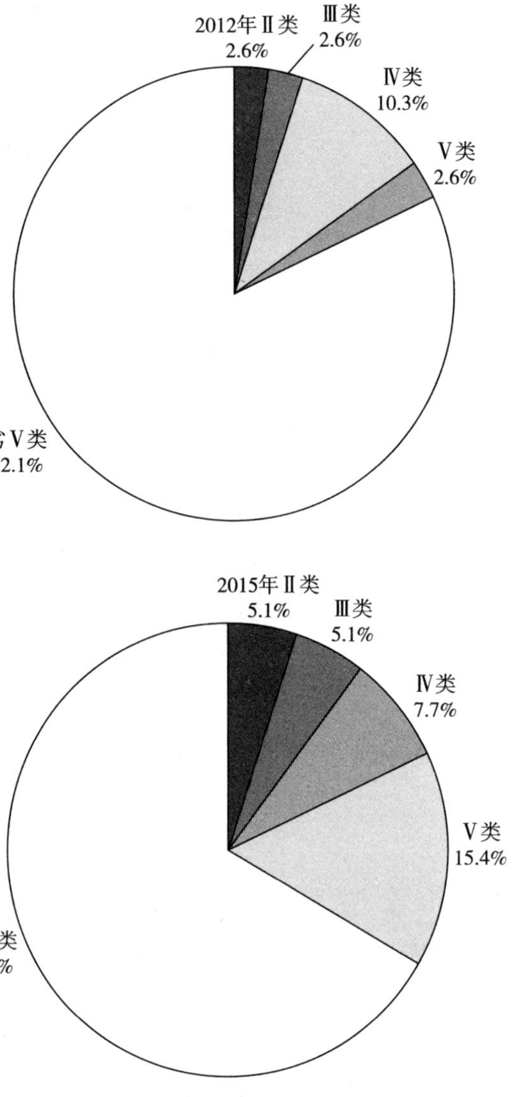

图3　平原河网39个市控以上断面水质变化情况

各水质监测断面氨氮、总磷等主要指标总体上逐年下降，其中温瑞塘河流域23个市控以上水质断面平均氨氮、总磷指标见图4、图5①。

① 瑞安市白岩桥站位受河道驳坎工程施工（2014年11月至2015年4月）围堰断流影响，年均水质指标偏高，工程完工后已恢复正常。

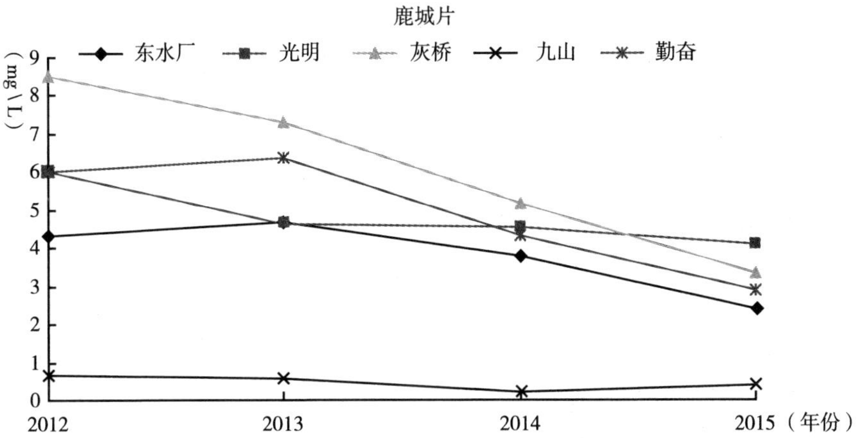
鹿城片
东水厂
光明
灰桥
九山
勤奋
（mg\L）
9
8
7
6
5
4
3
2
1
0
2012
2013
2014
2015（年份）

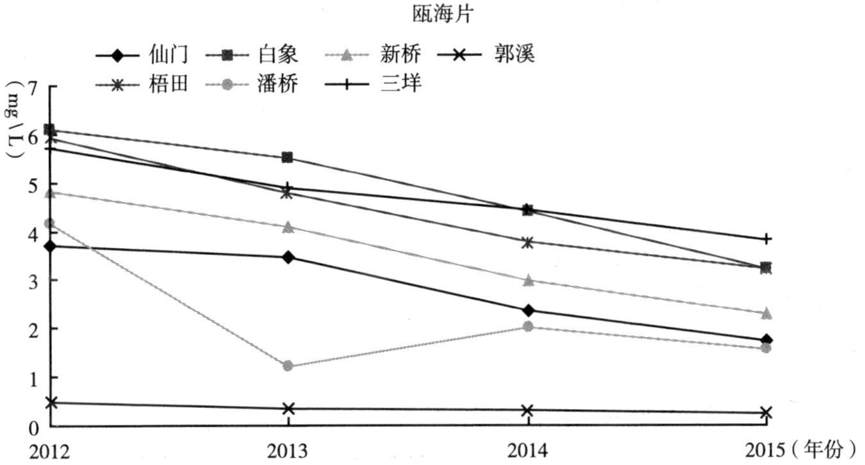
瓯海片
仙门
白象
新桥
郭溪
梧田
潘桥
三垟
（mg\L）
7
6
5
4
3
2
1
0
2012
2013
2014
2015（年份）

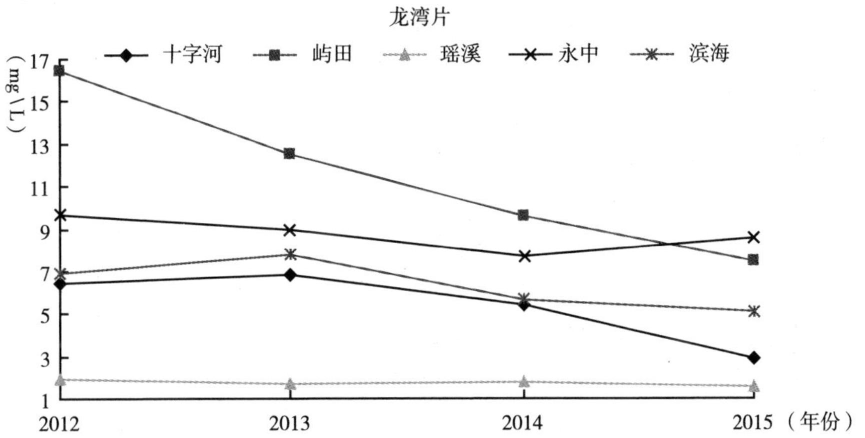
龙湾片
十字河
屿田
瑶溪
永中
滨海
（mg\L）
17
15
13
11
9
7
5
3
1
2012
2013
2014
2015（年份）

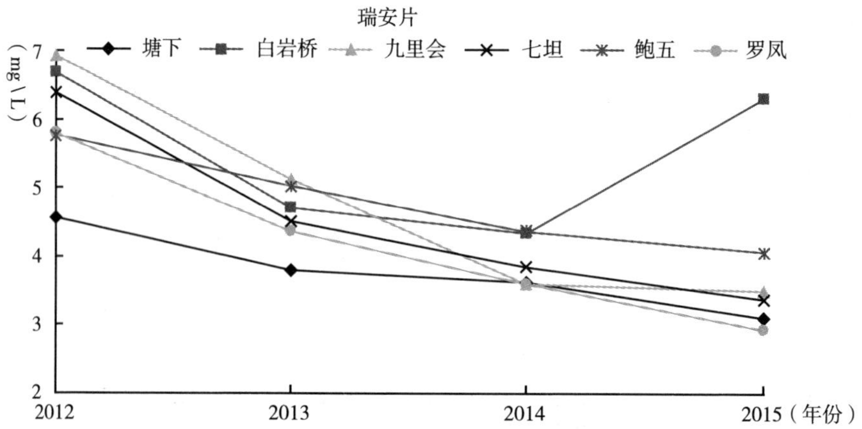

图4　温瑞塘河各站位年均氨氮指标变化情况

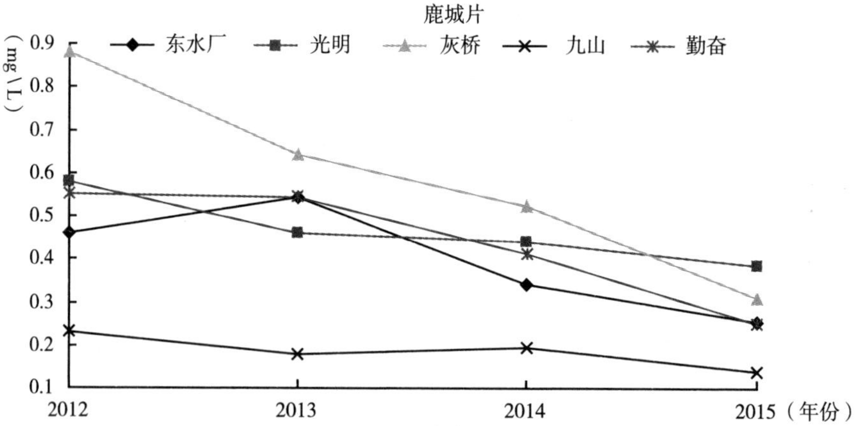

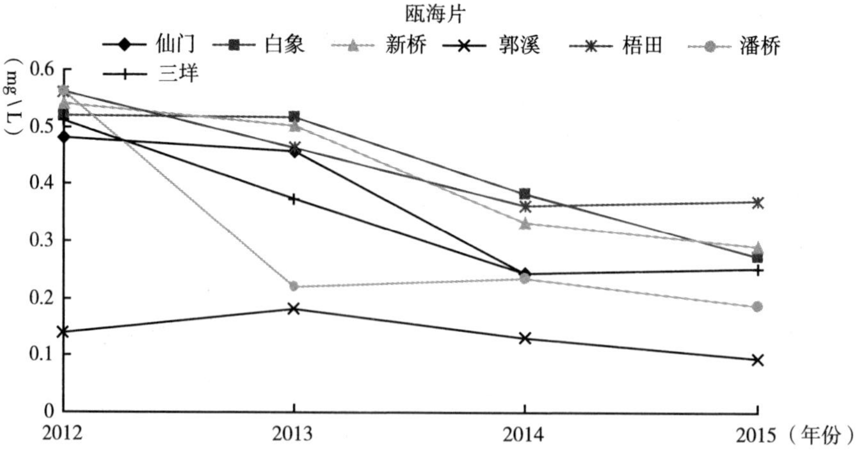

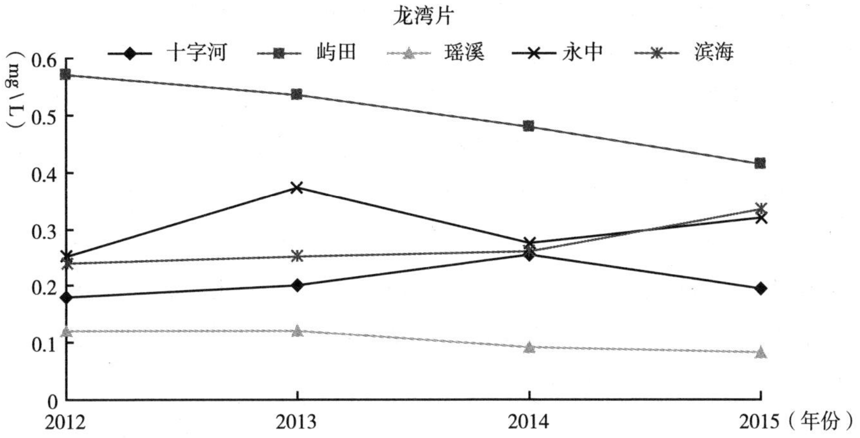

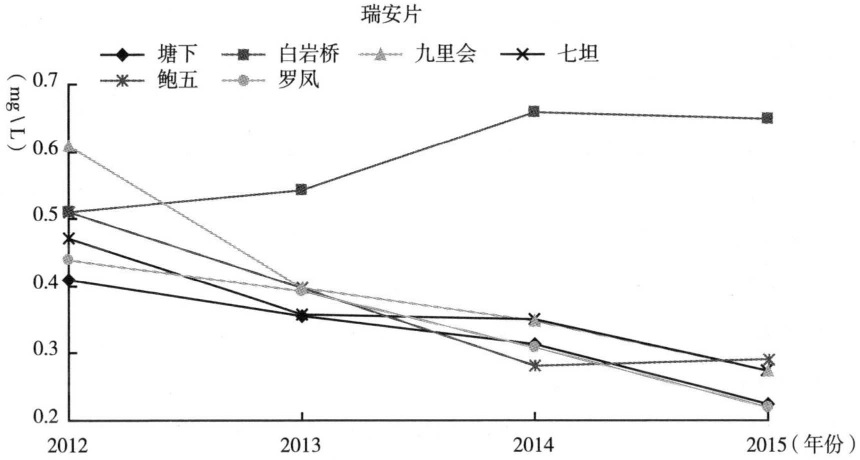

图5　温瑞塘河各站位年均总磷指标变化情况

二　水环境治理中存在的主要问题

温州市“五水共治”实施以来，尽管在水环境治理方面已经取得了较好的成效，但是仍然存在着不少问题。

（一）以治促转工作需进一步加速

温州传统产业结构呈“低小散”特征，全市现有的15.7万家工业企业中，大中型企业仅581家（大型41家、中型540家），其余均为小微企业（占99.6%），其中有许多为电镀、印染、造纸、制革、化工、合成革等行业企业，规模小、能耗高、污染重，且环保设施投入不足，对水环境造成严重的危害，亟须加快推进转型升级。“五水共治”实施以来，尽管已经淘汰关停、整合入园、整治提升了1000多家重污染企业，并淘汰了一批重点行业落后产能，极大地削减了废水排放总量，但是形势依然严峻，距离“以治水为突破口推进转型升级”的目标还有较大差距，主要表现在重污染行业整治园区建设缓慢、重污染企业转型升级力度有待加强（已完成整治的重污染企业中，真正实现转型升级的仅占16%）等。

（二）河道水质进一步提升工作面临诸多困难

经过两年的整治，全市河道已基本告别黑臭，但劣V类水质河道仍普遍存在。特别是城中村河道和断头河，两岸情况复杂、截污纳管困难，各种污水直接排入河道，再加上水体流动性差、自净能力严重不足，水质提升难度极大。同时，城乡污水处理能力依然严重不足，仅温州市区每天还有10万吨污水直排；2014年建成的24个城镇污水处理厂，由于配套污水收集管网建设滞后，基本还未发挥作用。正在运行的污水处理厂排放标准普遍偏低，大多数为二级或一级B标准，仅新建成的温州市南片污水处理厂一期以及少数几个已完成提标改造的污水处理厂达到一级A排放标准。老城区管网雨污混流普遍，改造困难，降雨期间雨水、污水一起流入增加污水处理厂的负荷，而雨量过大时还容易造成雨水、污水漫出溢流井污染河道。沿河部分企业以及餐饮等“六小行业”存在污水偷排、直排现象，沿河百姓随手往河里扔垃圾倒污水的现象还比较普遍。所有这些，都导致已经治理的河道容易出现垃圾、黑臭反弹，河道水质进一步提升的难度巨大。

（三）水环境治理的长效管理问题

城镇污水管网由于常年埋在地下，工程管理及运行维护极为不便，再加上温州地区软土地基不均匀沉降等自然因素影响，管网老化和漏损现象较为严重。农村生活污水处理设施往往规模较小而且点多面广，检查、巡视不方便，长效运行维护机制还未健全，且部分村庄缺乏稳定的运行经费来源，容易导致污水处理设施不能正常运行。河道底泥成分复杂，部分淤泥污染严重，清除后难以及时得到分类处置，容易造成二次污染。近年来，越来越多的河道在治理过程中引入生态修复等措施，但是由于缺乏相对统一的地方规范标准，治理方案五花八门、市场报价混乱无章、效果评定缺乏依据、验收标准和规程不够科学，乡镇（街道）在具体实施时往往无从下手，同时后期运行管理不规范、维修养护不到位，河水水质不仅无法改善，甚至可能还会变得更差。

（四）水环境治理的经费保障问题

两年来，全市已累计完成“五水共治”投资568亿元，其中“治污水”项目投资241.83亿元（包括城镇生活污水生活垃圾收集和处理设施71.84亿元、农村生活污水处理设施及农业面源污染治理44.85亿元、工业污染治理48.65亿元、“两河”整治16.31亿元、河道综合整治51.63亿元、其他“治污水”项目8.55亿元），资金需求量大，除城镇污水处理厂、垃圾焚烧厂等少数项目具有收益来源外，其余多为纯公益性项目，难以吸引社会资本的投入。同时，中央和省级“治污水”建设经费补助额度较低，温州地方各级财力有限，难以连续保持高强度的水环境治理投入。

三　关于水环境治理工作的对策和建议

经过两年多的实践，温州已经建立了较为完善的“五水共治”体制机制，接下来应重点就如何进一步以治水倒逼产业转型升级、倒逼城中村改造，如何进一步提升并维持河道水质，如何发挥工程长期效益，如何保障治水资金来源等方面进行深入探索。

（一）加快推进污染产业的转型升级

总结推广平阳县水头制革基地转型升级的成功经验，通过关停、搬迁、整合、提升等综合措施，进一步加大全市重污染行业整治力度。加快各地印染、制革、电镀等园区建设，对不能完成搬迁入园的污染企业予以关停处理。把握“大众创业、万众创新”的国家战略机遇，以温州“三个城市”建设为契机，加快老厂区改造和小微园建设，推进六大重污染行业以及酸洗、卤制品、塑编等区域性污染行业整治提升，重点扶持科技型、少污染低能耗型企业成长，通过要素市场化配置改革，引导经济结构转型升级。加大涉水工业污染源排查整治和监管力度，针对重污染行业、危废、涉水企业等重点领域和区域，集中查处典型环境违法案件，进一步扩大环境执法效果。

（二）采取综合措施进一步提升河道水质

一是加强系统治水的力度。在加快推进城镇环保基础设施建设、农村生活污水治理、工农业污染防治等宏观层面统筹治理的基础上，突出针对具体流域（或区域）微观层面的系统治理，以温瑞主塘河“一环三线”及各地县级美丽水乡核心区建设为示范，加快城中村改造，推进镇级“水岸同治”工作；尽快完成配套管网建设，及时发挥24座新建镇级污水处理厂的作用。二是加强科学治水的力度。真正发挥高级“治水顾问”智慧，在战略咨询的基础上引入专家团队，建设院士工作站以项目合作形式直接参与水环境治理，打造若干具有国家级影响力的示范流域、精品流域；充分发挥本土治水专家和平台优势，加快“水专项”科研成果的转换，并因地制宜制定温州市《美丽浙南水乡评价标准》《“水岸同治”技术导则》《河道生态治理适用技术导则》《河道淤泥处置技术规范》等地方标准，指导基层科学治水。三是加强依法治水的力度。用好地方立法权，完善“接地气”的地方治水法规体系，使各项治水工作有法可依；加强环境执法力度，保持对环境违法行为“零容忍”的高压态势，开启铁腕治水模式。四是加强长效治水的力度。推进河长制工作常态化，完善河长巡查、日常保洁、长效管理等工作机制，落实《温州市河道整治工作责任追究暂行办法》，提高各级“河长”的履职效率，防止河道治后反弹。五是营造全民监督的氛围。建立水质通报制度，定期在市级主流媒体公布各检测断面的氨氮、总磷等主要水质指标，接受公众监督。

（三）加强对水环境治理工程的运行维护

制定温州市《城镇污水管网设施运行养护技术规范》《农村生活污水处理设施运行养护技术规范》《河道生态治理工程管理与维护规范》等地方标准，开展工程标准化、规范化管理。完善镇级污水收集和处理设施运行管理制度，建立健全农村生活污水处理设施长效管护机制，通过政府组建污水处理设施运营公司、成立村级污水处理设施管理团队、采用公开招投标引进有资质的第三方环保企业等方式，明确运行管护责任主体，推行“市场化、专业化、社会化”管理，实现全市农村生活污水治理村长效运行维护全覆盖。成立专业机构加强对运营单位进行监督管理，并加强镇、村级环保管理人员的业务培训和考核，提高基层污水处理设施的管理水平，保障工程正常运行和达标排放。

（四）探索建立多元化的水环境治理资金筹集渠道

深入研究中央和省级水环境治理相关政策，优化河道综合整治、农村生活污水处理设施建设等项目，积极争取上级资金补助。制定市场准入和激励机制，鼓励群众和企业自发“抱团”治水。借鉴“蓝海股份”“幸福股份”等模式，探索发行“五水共治”基金或股份，如“水乡基金”“塘河股份”“城改基金”“美丽乡村基金”等，发挥各级财政资金的撬动作用，吸引民间资本投入水环境治理。总结推广“伟明环保”成功上市经验，重点扶植本土高科技环保企业，做大做强并争取进入资本市场，反哺温州水环境治理工作。通过PPP、BOT等模式，积极引进国内外大型环保企业，引进资金和技术，服务温州市水环境治理。

B.23 温州市区居民生活垃圾分类处置对策研究

薛设 朱彬*

摘　要： 近年来，温州市区生活垃圾产生量以平均每年7%的速率递增，市区垃圾处理设施已处于超负荷运行状态，市区生活垃圾处置管理问题愈发严峻。目前市区生活垃圾处置存在处理能力严重不足、垃圾分类转运体系尚未建立、居民生活垃圾分类意识较低、垃圾分类后续产业链不完善等问题，建议通过立法、经济、管理、宣传等手段来推进生活垃圾分类，实现生活垃圾的减量化和资源化，解决当前温州市区生活垃圾处理困境，促进温州低碳城市建设。

关键词： 生活垃圾分类　垃圾围城　垃圾处置

随着温州市城镇化进程的加快，温州市区的生活垃圾产生量与日俱增，随之产生的环境污染问题也日趋严重，生态居住环境已成为温州市全面建成小康社会的短板。生活垃圾剧增不仅给温州市“十三五”期间环境质量的改善造成巨大压力，同时也阻挡了美丽温州的建设步伐，如何有效解决市区生活垃圾处理问题已成为社会关注的焦点问题。生活垃圾是多种废弃物的混合体，要实现生活垃圾的资源化和减量化，实行生活垃圾分类势在必行。

为了解市区生活垃圾产生量、生活垃圾主要成分及转运处置现状，课题组从2015年8月至11月，在温州市区永强垃圾焚烧发电厂、临江垃圾焚烧发电厂和东庄垃圾焚烧发电厂进行了关于生活垃圾入库量与设备运行情况的调研；

---

* 薛设，浙江中蓝环境科技有限公司，硕士；朱彬，浙江中蓝环境科技有限公司总经理、高级工程师。

走访了温州市城市管理执法局、温州市区垃圾分类管理办公室和温州市环境卫生管理处等相关部门，了解市区垃圾分类管理工作推进情况以及存在的问题。在此基础上，提出市区生活垃圾收集、分类及处理对策。

一 生活垃圾处理现状

（一）市区生活垃圾产生量及主要成分

根据2010～2014年生活垃圾产生量统计数据分析（数据来自温州市城市管理与执法局），温州市区生活垃圾产生量增长迅速，其中2012年增长率最大，达到15.0%，“十二五”期间平均增长率达7%。2010～2014年温州市区垃圾产生量变化趋势如图1所示。

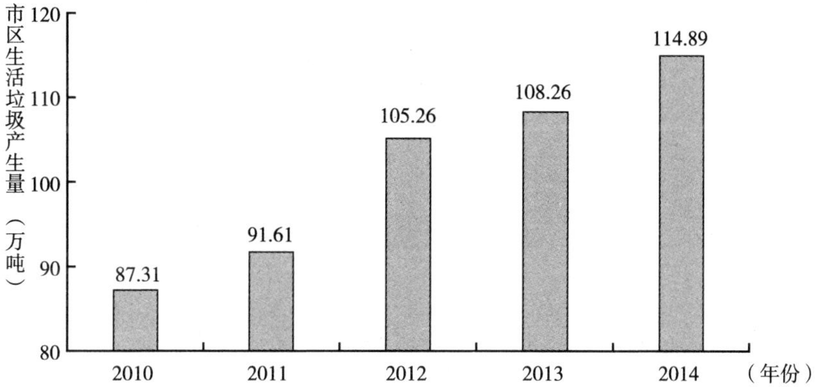

图1 温州市区2010～2014年生活垃圾产生量

生活垃圾的成分通常分为可回收物、厨余垃圾、有害垃圾和其他垃圾四大类，其中可回收物主要包括废纸类、废塑料、纺织品类、废金属、废玻璃等；厨余垃圾主要包括食品制作过程废弃和剩余的食物，如鱼肉类、果蔬类、食品类、茶叶渣及植物残枝落叶等；有害垃圾主要有废旧电池类、电子产品类、废灯管类和过期化妆品、过期药品等日用品类；除可回收物、厨余垃圾、有害垃圾以外的其他垃圾均纳入其他垃圾类，包括渣土、无法再生的生活用品、受污染与无法再生的纸张等。根据《温州永强垃圾发电厂（垃圾焚烧技术与设备的示范工程）环境影响报告书》中关于市区城市生活垃圾成分的调查数据显示，温州市区生活垃圾成分中含量较多的为食品垃圾，占 53.4%；其次为其他垃圾（渣土、塑料、金属、玻璃等），占 33.4%；纸张纸板等可回收垃圾占 10.1%。温州市区生活垃圾成分占比如图 2 所示。

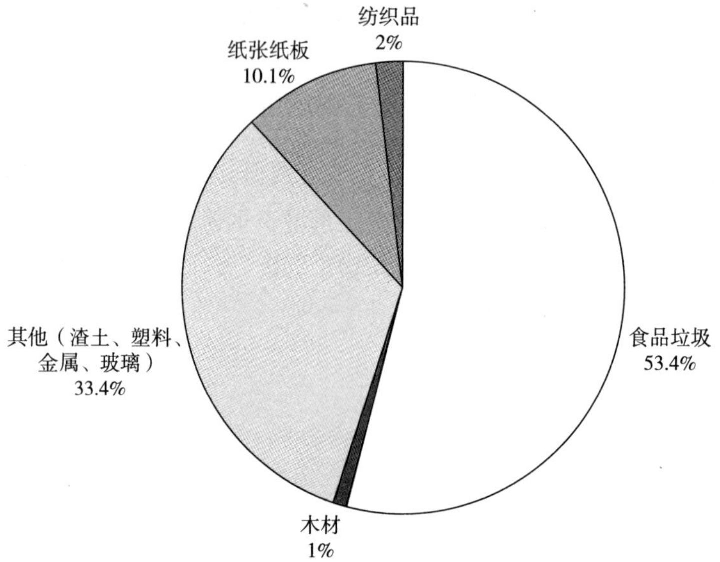

图 2　温州市区生活垃圾主要成分占比

（二）市区生活垃圾收集、转运及处置现状

目前温州市区居民生活垃圾由各小区保洁员或者居民自己将生活垃圾送到各垃圾收集点（垃圾收集点一般设置有垃圾桶或垃圾坞），各街道社区的环卫工人负责用保洁车对各垃圾收集点进行收集后将垃圾运送至垃圾中转站，通过统一的垃圾转运车混装送往生活垃圾焚烧厂进行焚烧处理。据相关部门统计数据，截至 2014 年温州市区有垃圾坞约 8300 座，已建成投用的垃圾中转站 79 座并全部配备垃圾压缩设施，在用垃圾运输车辆 275 辆。

温州市区生活垃圾末端处理以焚烧发电为主，也是市区生活垃圾实现“无害化、减量化、资源化”的主要途径。2010 年温州市区建成生活垃圾焚烧发电厂 3 座，分别为永强垃圾焚烧发电厂（位于龙湾区渡山村，设计处理能力

600 吨/日）、临江垃圾焚烧发电厂（一期）（位于鹿城区藤桥镇临江沙头村，设计处理能力 600 吨/日）和东庄垃圾焚烧发电厂（位于瓯海区南白象街道东庄村，设计处理能力 385 吨/日），市区生活垃圾总处理能力达 1585 吨/日，满负荷处理能力达 57.85 万吨/年；2011 年底临江垃圾焚烧发电厂二期工程投入使用（位于鹿城区藤桥镇临江沙头村，设计处理能力 1200 吨/日），截至 2014 年底温州市区生活垃圾焚烧发电厂总设计处理能力为 2785 吨/日，满负荷处理能力达 101.65 万吨/年。

（三）市区生活垃圾环境管理现状

1. 生活垃圾无害化处理管理方面

为全面推进市容环卫“科学化、精细化、数字化”管理，温州市环境卫生管理处建立相应考核机制，组织人员每月对市区各垃圾焚烧发电厂进行常态化考核，进一步强化垃圾处置的监管工作；市城市行政管理与执法局制定《温州市生活垃圾焚烧发电厂 BOT 项目运营监管细则》（温城法发〔2011〕113 号），明确要求对市区垃圾焚烧厂（填埋场）渗滤液、大气、飞灰项目等实施定期检测，以确保生活垃圾焚烧处置设施的规范运行和污染物达标排放；市环境保护局督促垃圾焚烧发电厂建成在线数据监控系统，开展垃圾处置污染物排放日常监测，同时督促各垃圾焚烧发电厂制定应急预案并定期进行演习，以有效应对设施故障、安全生产等突发事件。

2. 垃圾减量化措施方面

温州市运用经济手段促进垃圾源头减量，于 2005 年出台了《温州市区城市生活垃圾处理收费管理暂行办法》，规定征收垃圾处置费，并制订市区城市生活垃圾处理收费标准（温发改费〔2005〕425 号），全面实行社会单位生活垃圾有偿收运、处置制度，鼓励市民自觉参与到环境卫生保护工作中来，为垃圾处理尽自己应尽的责任。

3. 垃圾资源化利用方面

为进一步加强餐饮业和单位餐厨垃圾分类收集管理，2013 年温州市成立市区餐厨垃圾处置管理领导小组，制定出台了《温州市区餐厨垃圾处置管理实施方案》（温城管办〔2013〕20 号），建立了餐厨垃圾联席会议制度，定期研究相关工作，并投入一批专门运送餐厨垃圾的转运车，收集市区各类餐饮店、企事业单位食堂的餐厨垃圾，以畜禽养殖消纳为主，而废弃油脂则交由温州中科新能源科技有限公司处理，处理后产生生物柴油进行循环利用。

4. 垃圾分类及回收宣传方面

温州市利用广播、电视、互联网等现代化的宣传工具，结合垃圾分类收集试点推广工作，广泛开展垃圾分类收集的宣传教育。2013 年 3 月 17 日临江垃圾焚烧发电厂作为环卫科普基地正式挂牌，环卫科普基地配备讲解员、宣传片，以主题教育为载体，每月定期向市民及中小学学生开放，积极宣传垃圾分类以及垃圾回收、标识与处置知识，教育市民科学产生垃圾、处理垃圾。环卫科普基地开放以来，共宣传教育 50 批 4000 余人次。大力宣传生活垃圾对人体健康的危害性和垃圾资源化的重要意义，号召广大市民积极投入生活垃圾分类收集和无害化处理的工作中。通过采取各种措施鼓励公众从源头减少生活垃圾的产生，如积极推广净菜上市，在各大超市设专柜销售净菜和洁净农副产品；提倡商品绿色包装，重复利用；在大型商场、超市、书店、药房等主要商品零售场所推行“限塑令”等。

二　生活垃圾处置存在的问题

近年来温州市区生活垃圾处置能力有了较大的提高，生活垃圾收集和转运体系相对完善，在生活垃圾分类收集方面也进行了一些尝试，但是仍不能满足生活垃圾分类处置需求。目前温州市区在生活垃圾分类、收集及处置方面仍存在许多问题和困难。

（一）生活垃圾处理能力严重不足

温州市区生活垃圾处理以混合处理为主，除部分纸制品、废塑料、废金属等可回收成分被收集进入再生资源回收系统外，其他绝大部分生活垃圾均混合收集进入垃圾终端处理设施。“十二五”期间，温州市区的生活垃圾产生量以每年 7% 的速度增长，增长速度较快。温州市区生活垃圾日产量已达 3200 吨左右，而全市现有的三个垃圾焚烧发电厂实际日处理能力仅为 2700 吨左右，生活垃圾处理缺口已达近 500 吨，且市区部分工业垃圾混入生活垃圾中，更增加了生活垃圾焚烧处理设施的处理压力。目前市区部分超处理负荷的生活垃圾被统一调度转运至乐清、瑞安、永嘉等周边县市的生活垃圾处理设施消纳，但是周边县市的生活垃圾处理设施处理能力也日趋饱和，届时超出市区垃圾处理能力的生活垃圾将无处可去。一旦遇到设备正常维护、检修或者故障停运，极易造成生活垃圾围城现象。例如 2015 年 3 月 19 日，五马街商圈因临江垃圾焚烧发电厂检修遭遇垃圾围城；同年 8 月 19 日，南浦社区南浦垃圾中转站也因临江垃圾焚烧发电厂检修出现两次垃圾“一夜围城”的现象。

（二）生活垃圾分类物流体系尚未建立

尽管温州市区生活垃圾分类工作已推进多年，但受财政投入不足、用地性质等因素制约，分类转运及分类处置等整体物流系统建设推进缓慢。完善的生活垃圾分类物流体系是实施生活垃圾分类工作的基础，生活垃圾在源头进行初分类后通过不同的分类转运设施进入不同的垃圾末端处理设施，分别得到妥善处置后方能真正实现生活垃圾的无害化、资源化和减量化。如有害垃圾进入无害化处置设施，可回收物进行资源化利用，果皮厨余进入厨余垃圾堆肥处理设施，无法利用及回收的日常生活垃圾进入焚烧、填埋等生活垃圾末端处置设施等。缺乏详细的垃圾分类标准及相应的末端分类处置设施支撑，导致温州市区部分生活垃圾虽然在源头进行了粗分类，但最终仍混合进入生活垃圾焚烧发电厂处理，没有达到减量化的目的。

（三）生活垃圾分类政策尚未发挥作用

我国目前与生活垃圾分类相关的法律规定有《城市市容和环境卫生管理条例》《城市生活垃圾管理办法》《中华人民共和国固体废物污染环境防治法》《中华人民共和国循环经济促进法》等。它们偏重于垃圾的运输、收集和污染防治，而对垃圾的分类仅停留在规范性文件上，还未上升至立法的高度。尽管温州市近年来陆续出台了部分与垃圾分类相关的地方性规章，例如《温州市区餐厨垃圾处置管理实施方案》（2013 年）、《温州市城区生活垃圾分类工作实施方案》（2015 年 10 月）等，这些地方性的规章文件细化了生活垃圾分类的具体规定，在制定垃圾分类标准、明确相关管理责任等方面起到了一定的积极作用，但通过政策、规章等措施来督促居民开展生活垃圾分类，难以提高居民自觉分类的意愿，进而影响生活垃圾分类效率。

（四）生活垃圾分类试点工作推行成效不佳

为减少生活垃圾产生量，减轻生活垃圾末端处理的负荷，温州市区早在2003年，在当时的鹿城区洪殿街道夏屋社区（现江滨街道洪殿社区）试点推行生活垃圾分类，当时主要垃圾分类方式为可回收和不可回收两类。2012年，又分别在鹿城区、龙湾区、瓯海区的13个住宅小区里开展了生活垃圾分类试点工作，分类方式分为餐厨垃圾、可回收垃圾和其他垃圾等三类。纵观垃圾分类试点推广工作成效不佳，原因在于公众对垃圾分类的认知度、自觉参与分类投放率不高，更深层次的原因在于温州市公众的环保意识普遍不强，生活垃圾分类习惯较难形成。且大多数垃圾分类的宣传只是提倡垃圾分类，而对于如何进行正确的垃圾分类及相关分类标准介绍得较少，导致部分居民即使有垃圾分类意识，也因缺乏专业的指导以及相应分类基础设施，导致垃圾分类投放准确率较低。

三　对策建议

根据温州市区生活垃圾收集、处理现状与存在的问题，借鉴国内外垃圾分类的成功经验，提出以下居民生活垃圾分类处置对策。

（一）探索制定温州市生活垃圾分类地方性法规

温州市现已享有地方立法权，可研究制定以循环经济为核心的地方性城市垃圾处理法律体系，确立生产者责任制度，规定生产企业使用先进的环保技术，制造易处理的生产包装，同时标明具体构成成分，在使用后严格进行回收利用，对不可回收垃圾也要进行环境友好处理。确立地方垃圾分类制度，将垃圾分类规定为每个企事业单位和市民必须履行的义务，明确垃圾分类方法，强化垃圾分类执法，丰富执法手段，加大处罚力度，提高违法成本。同时政府要强化生活垃圾的环境管理和环境侵权后公民权益的保护，提高企业和个人的环保意识和环境侵权的维权意识。

（二）加强分类收运处置体系建设

完善的垃圾分类收运处置系统是实现垃圾分类减量的基本条件，且垃圾分类收运处置能力建设应先于垃圾分类场所覆盖，确保分类后的垃圾能被稳步而有序地消纳，减少生活垃圾末端处置量。因此，需要加大对分类垃圾桶、可降解垃圾袋、垃圾清运车辆、垃圾中转站和垃圾末端处理等配套设施建设的财政投入力度，在各居住小区、公共场所按照可回收垃圾、厨余垃圾、有害垃圾和其他垃圾等设立四个不同颜色的分类容器。定期向居民发放可降解的垃圾袋，以不同的颜色来进行垃圾的初分类，可在不同颜色的垃圾袋上印制明显的入袋垃圾类别要求说明或相关的图片以便于居民识别；对现有的垃圾运输车进行分隔式改造或购买分厢式垃圾转运车辆来实现垃圾的分类装载；加快推进温州市区餐厨垃圾处理厂、工业垃圾和建筑垃圾消纳场建设，真正实现从垃圾产生源头到处理末端全过程的分类。

（三）开展互联网+垃圾分类试点工作

利用互联网和大数据技术，创新垃圾分类方法，探索使用“互联网+分类回收”的新模式，通过环保理念宣传、垃圾分类指导和积分回馈体系，降低垃圾分类回收门槛，引导和鼓励居民对垃圾进行分类回收和定点投放，最终实现垃圾的减量化和资源化。率先选择温州市区的中高档住宅小区开展垃圾分类试点工作，实时监控试点小区的居民参与度和投放准确率等数据，建立温州市区垃圾分类大数据库，并开发建立垃圾分类指导系统。例如，推出垃圾分类APP，加入垃圾识别功能，在市民不知道如何正确分类时，可通过手机、平板电脑的摄像头拍下垃圾实物，再和后台数据库中的图像资料进行精准匹配，以最直观的方法知晓如何投放。还可以设计专门的通信工具，让居民能将垃圾分类中所遇到的问题、难题第一时间以文字、图片、语音、视频等多种方式反馈给工作人员，尽快解决或转介给相应的部门。垃圾分类的宣导工作也可深入地和互联网结合，如政府通过互联网进行图文视频的投放、小游戏的推广以及问卷的发放等，可开发体验感更强、参与度更高的在线小游戏，让市民在玩乐中学会垃圾分类。

（四）完善再生资源回收体系建设

加快完善温州市区再生资源回收体系建设，优化市区废旧商品回收网点布局，强化温州市区再生资源回收系统与生活垃圾分类转运系统的融合，畅通两个系统之间的物流渠道，为市民提供便捷的可资源回收渠道。通过市场引导，加强回收企业与资源化利用企业对接，制定相应的税收优惠、土地等政策措施，鼓励和扶持当地固体废弃物资源化环保企业的发展，提升市区生活垃圾资源化水平，真正实现生活垃圾的减量化，促进经济和环境的双赢。

（五）建立多层次的激励机制

探索建立市区垃圾分类激励机制，可考虑将生活垃圾分类和减量考核结果作为市级拨付生活垃圾分类和减量工作补助经费的主要依据。对成绩显著的城区、镇街和大型企、事业单位给予表彰与奖励；对超额完成年度生活垃圾减量目标的城区，其减量所节余的垃圾处理费予以全额奖励，专门用于生活垃圾分类和减量工作。对生活垃圾分类和减量工作不到位的城区、镇街和大型企、事业单位实行效能监察；未达到年度减量目标的城区，其超量部分的生活垃圾处理费由各区政府自行承担。社区对民众的垃圾分类可以给予一些经济上的奖励，吸引民众参与垃圾分类，逐渐使他们养成良好的垃圾投放习惯。例如给社区居民每个月定量发放可降解的各色垃圾袋，要求居民必须使用专用垃圾袋按照垃圾分类要求进行投放，在此基础上实行有效的经济奖励，若居民使用的垃圾袋数量有结余，或者生活垃圾分类得当获得社区好评的，则可获得一定的积分并存入“垃圾分类积分卡”，“垃圾分类积分卡”里的积分可以用于电话费充值、水电费的缴纳等，市级财政部门对相关企业进行一定的补贴。

（六）强化垃圾分类宣传，促进生活垃圾分类常态化

强化垃圾分类宣传，将垃圾分类的基本知识以通俗易懂的方式传递给居民。以社区或行政村为单位，通过开展垃圾分类知识讲座、垃圾分类趣味竞赛等多种形式的活动来动员全民参与垃圾分类。可联合热心于公益事业的企业，印制带有生活垃圾分类标准、生活垃圾的收运模式、作业频率、监督电话等信息的“特殊日历”，在年底免费向城镇居民发放，指导居民进行有效的垃圾分类和监督垃圾分类工作。在幼儿园及中小学，开设垃圾分类实践课程，将垃圾分类、低碳生活、资源节约等教育纳入日常教学活动中，从小培养孩子的垃圾分类意识，以此带动整个家庭参与垃圾分类，促进生活垃圾分类常态化。

B.24

温州市环境执法现状与存在问题研究

叶舒帆　蔡 克　缪鹏远*

摘　要：“十二五”以来，温州市环境执法取得了成效，尤其是在打击环境污染犯罪方面取得了成果。本文剖析了温州环境污染犯罪问题的区域经济和行业特征，结果表明：当前社会经济发展和环境保护压力之间仍然呈现明显的正相关，经济转型有利于降低环境污染犯罪率。从温州实际出发，加快经济转型升级，降低环境违法犯罪的原动力；充分使用地方立法权，完善环境执法基础；加大环境违法处罚力度，震慑环境污染行为；提升环境执法综合能力，解决执法压力过大矛盾等四个方面提出了预防环境污染犯罪，强化环境执法的对策建议。

关键词：环境执法　环境污染　温州市

环境执法是环境保护工作的一个主要方法和手段，也是环保部门日常监管的基础性工作，是环境综合管理与宏观决策的基本支撑力量和重要依靠。从性质上剖析，环境执法是一种具体的、直接的、“微观”的环境保护行为。

近年来，在法律法规层面上，新的《环境保护法》于2015年起实施，环保部连续出台了《环境保护主管部门实施按日连续处罚办法》《环境保护主管部门限制生产、停产整治办法》《环境保护主管部门实施查封、扣押办法》《企业事业单位环境信息公开办法》四个配套办法，环境执法力度日趋加大。

* 叶舒帆，浙江中蓝环境科技有限公司，博士、高级工程师；蔡克，温州市环境监察支队支队长；缪鹏远，温州市环境监察支队办公室主任。

在机制层面，中国共产党第十八届中央委员会第五次全体会议提出“实行省以下环保机构监测监察执法垂直管理制度”，标志着环境监察执法在机制体制创新上取得了重要进展。在工作层面上，2014 年 11 月 12 日，国务院办公厅印发《关于加强环境监管执法的通知》（国办发〔2014〕56 号），全面加强环境监管执法，严惩环境违法行为，加快解决影响科学发展和损害群众健康的突出环境问题，着力推进环境质量改善。

本文立足于温州实际，总结环境执法取得的成效，尤其是在打击环境污染犯罪方面取得的成果；深入剖析环境污染犯罪的区域经济和行业特征；提出预防环境污染犯罪，强化环境执法的策略，推动环境执法体制和环境监管体制的不断完善。

一　严格环境执法，打击环境污染犯罪取得的成绩

“十二五”以来，温州市环境保护局及下属环境执法机构以“两高”司法解释[①]和新的《环境保护法》出台和实施为契机，紧紧围绕“国模创建”“五水共治”等中心工作，持续加大环境监管执法力度，重拳打击环境污染犯罪，取得了显著的成绩。

（一）环境监管机制不断完善

“十二五”以来，温州市环境监管机制不断完善，为环境执法奠定了坚实的基础。一是全市共划分 249 个基层网格，基本实现环境监察网格化、精细化管理；二是建立并完善部门联动机制，加强联合执法，形成了环境监管执法合力；三是完善公众参与机制，不断扩宽公众环境权益诉求、参与环境监督渠道，开辟微博、微信等受理途径，推行“有奖举报”制度，强化与媒体沟通互动，在媒体设立环境违法“曝光台”，发布“黑名单”，通过媒体向社会公布典型违法案例；四是完善企业自我监督机制，强化企业治污主体责任，推进重点企业环境监督员建设，推进 220 家重点企业向社会公开环境信息，2015 年环保组织发布全国 120 个城市环境信息公开状况报告，温州以 69.3 分跃居

① 《最高人民法院、最高人民检察院关于办理环境污染刑事案件适用法律若干问题的解释》。

榜首；五是推进边界联动监管机制，与宁德、丽水、台州等地建立跨界环境污染纠纷联动协作机制。

（二）环境执法力度不断加大

在逐步完善的环境监管机制下，以确保环境安全改善环境质量为目标，以维护群众环境权益解决突出环境问题为导向，以环境敏感和安全隐患点、社会关注和群众投诉热点问题为重点，通过环保专项执法行动，全市环保部门不断加大环境执法查处力度，持续保持高压执法态势，取得显著成绩。“十二五”期间，共出动环境执法人员 653250 人次，检查企业 241566 家次，查处环境行政处罚案件 9976 起，行政处罚总额 33485.192 万元，较“十一五”增长 8.6%，行政处罚案件数、处罚金额始终保持在全省前列。其中，2012 年、2013 年环境行政处罚金额均突破 7000 万元，居全省第一。强化以镇（街）为主、各部门协作配合的联合打非机制，2012 年以来，全市共打击取缔各类非法环境污染窝点 8357 个。2014 年 7 月经省人事厅批准同意，温州市环境监察支队被省环保厅授予集体二等功。

（三）打击环境污染犯罪成绩显著

“两高”司法解释发布以来，温州市环境执法机构建立健全环保与公安执法联动协作机制，切实强化环保行政执法与刑事司法衔接，重拳打击涉刑环境违法。2014 年，温州环境监察支队专门成立环保重案大队，负责跨区域或重大环境涉刑案件的办理，指导、协调各地环保部门涉刑案件的办理，与市公安、中级人民法院和人民检察院沟通解决案件办理中遇到的问题；各县、市、区环保局抽调精干人员负责环境涉刑案件的侦查、办理工作；温州市公安局成立了食品药品与环境犯罪侦查支队，直接侦办环境污染涉刑案件工作。

2014 年全市环保部门向公安部门移送涉刑环境案件 284 起、刑拘 495 人，刑拘人数约占全国的 1/5、全省的 1/3，居全国地级市之首，被誉为“温州力度”。2015 年 1 ~ 5 月，环保部门向公安机关移送涉嫌环境违法犯罪案件 88 件，行政拘留 16 人，刑事拘留 132 人。在较大的打击环境污染犯罪力度之下，社会迅速形成了“环境污染会坐牢”的舆论氛围。

二　温州环境污染犯罪问题特征和案例分析

（一）环境污染犯罪的区域经济特征

全市2014年环境涉刑案件数和刑拘人数的区域分布特征如图1所示；2014年全市各县（市、区）的亿元GDP环境污染犯罪刑拘人数如图2所示（其中开发区纳入龙湾区、生态园纳入瓯海区计算）。

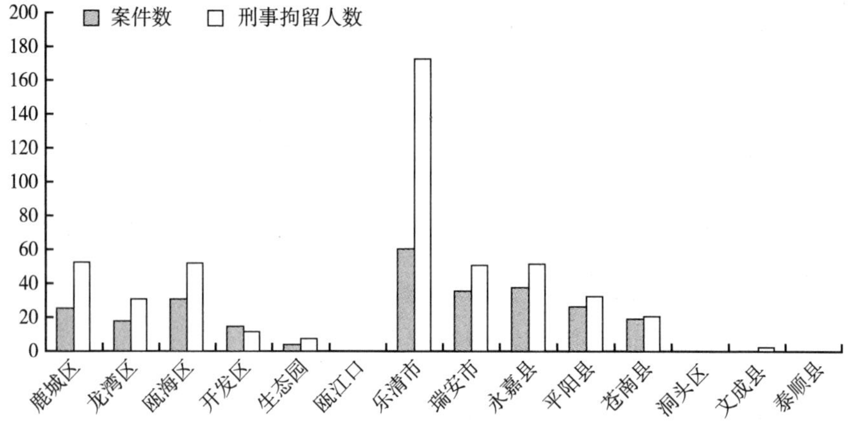

图1　2014年全市环境涉刑案件数和刑拘人数的区域分布特征

全市环境涉刑案件多发在市区、乐清、瑞安、永嘉、平阳、苍南等地，全市亿元GDP环境污染犯罪刑拘人数以乐清、永嘉、瓯海、平阳等地较多。由此可见，当前社会经济发展和环境保护压力之间仍然呈现明显的正相关，环境污染犯罪集中爆发在工业经济发达区域。经济转型有利于降低环境污染犯罪率，例如鹿城区GDP排名全市第一，但亿元GDP环境污染犯罪刑拘人数明显低于乐清、永嘉等地。

（二）环境污染犯罪的行业特征

据了解，温州市环境涉刑案件多属于“两高”司法解释中的：“非法排放含重金属、持久性有机污染物等严重危害环境、损害人体健康的污染物超过国

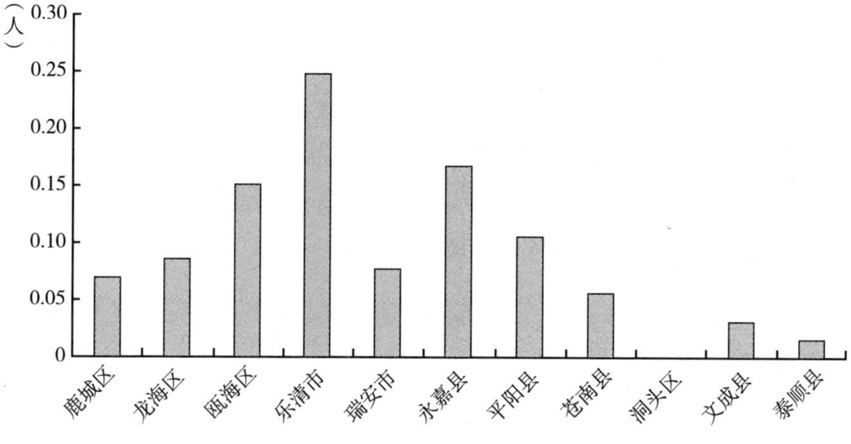

图2　2014 年各县（市、区）亿元 GDP 环境污染犯罪刑拘人数

家污染物排放标准或者省、自治区、直辖市人民政府根据法律授权制定的污染物排放标准三倍以上的”情形。2014 年全市环境涉刑案件的行业分布特征如图 3 所示。

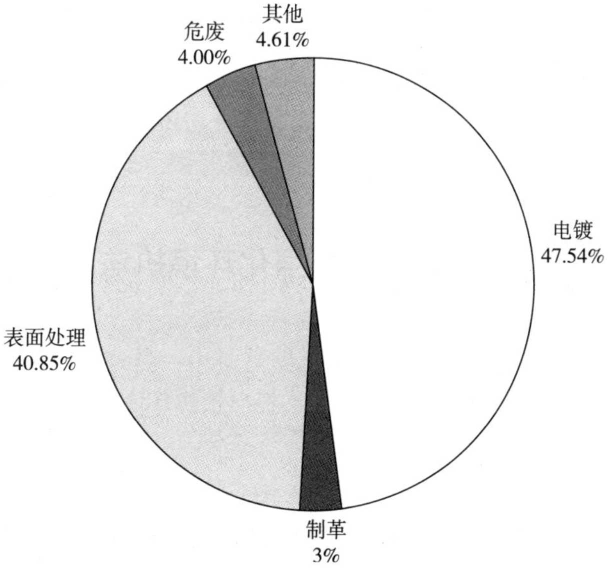

图3　2014 年全市环境涉刑案件的行业分布特征

由此可见，温州市环境污染犯罪和产业结构相关，具有明显的行业特征，绝大部分集中在电镀和表面处理行业，占比接近90%。电镀和表面处理是温州市主导产业轻工制造业的重要配套行业，具有“低、小、散”的特点，同时又是重污染行业。在经济利益的驱使下，部分工艺简单、设备简陋、投资较少的电镀、酸洗等企业为降低环保成本，铤而走险，造成环境污染犯罪。

（三）典型环境污染犯罪案例分析

温州市某区环保部门联合公安部门对辖区内某加工厂进行了突击检查。该单位电镀车间生产废水直接排入南首卫生间 PVC 管内。经查，该加工厂未经环评审批，废水处理设施未建成就擅自投入生产，生产过程中产生的废水直接排入环境。现场采集的废水水样经监测，总铬浓度为 48.3mg/L、总镍为1800mg/L、总锌为602mg/L，超过国家污染物排放标准三倍以上。依照“两高”司法解释，涉嫌“严重污染环境”，根据有关规定，环保部门将该案件移送公安部门处理。

此案在温州市的环境污染犯罪中颇具代表性，即犯罪嫌疑人存在较大的环境污染犯罪不易被察觉的侥幸心理，加之巨大利益驱使，直接将污染物排入环境，造成环境污染犯罪。“两高”司法解释中明确规定了“非法排放含重金属污染物超过标准三倍以上”涉嫌刑事犯罪。这一规定情形对于温州市产业现状来说是“一条架在低空的高压线”。相关企业若不加大环保投资、加强污染治理、强化环境管理，很容易触碰法律底线。

三　预防环境污染犯罪，强化环境执法的对策建议

在党和国家大力推进生态文明建设的背景下，结合温州市区域、行业特征，分析新环保法颁布实施等政策因素，提出预防环境污染犯罪，强化环境执法的对策建议。

（一）加快经济转型升级，降低环境违法犯罪的原动力

在宏观方面，资源环境的约束迫使国家制定法律维护生态环境安全，保障公共利益。环境违法犯罪行为本质是不法者不顾资源环境约束，破坏生态环境

安全、损害公共利益。国内外研究表明，加快转变经济发展方式是破解资源环境约束的必由之路。温州市环境污染犯罪的区域经济特征分析结果也表明：当前社会经济发展和环境保护压力之间仍然呈现明显的正相关，经济转型有利于降低环境污染犯罪率。从温州的产业基础来看，可重点通过以下途径实现经济转型升级，降低环境违法犯罪的原动力。

一是发展循环经济，建立静脉产业集群。将“资源→产品→废弃物”的传统线性模式转变成“资源→产品→废弃物→资源”的闭环式经济系统，促进资源综合利用。环境违法犯罪的原始驱动力主要为经济利益，一旦污染物（废弃物）在闭环式经济系统中成为资源要素，环境违法犯罪的驱动力自然消失，环境违法犯罪行为可以得到有效遏制。当前，温州市在循环经济中的静脉产业发展较为落后，各级政府应统筹考虑社会经济发展和城市建设的需求，以实现环境保护和经济增长双赢为目标，提出建设大容量、高层次、多方面的静脉产业园计划并择机实施。

二是调整和优化产业结构，实现“腾笼换鸟”。当前存在的重污染行业从长远来看，既是“环境毒瘤”，频发环境污染犯罪事件，又会影响全局的经济发展潜力。根据温州实际，“十三五”及未来的一段时间内，温州产业因努力向环境友好的现代服务业、战略性新兴产业转型，并加快淘汰落后产能。

三是创新机制体制，推行绿色供应链管理体系。环境违法犯罪多发的一个原因在于企业对政府的监管存在侥幸心理。在当前形势下，结合温州市经济转型需求，建议推行绿色供应链管理体系。由政府、企业、公众等多方面主体参与共建一个围绕供应链流程的监管系统，根据产品全生命周期环境管理要求，通过对产品设计、原料采购、生产制造、贸易（进出口）、物流、使用、回收和再制造等各个环节的绿色改造，将生态文明的理念融入整个产业链条，实现资源能源消耗最小化、环境污染最低化、污染防控最优化、环境风险防控系统化。

（二）充分使用地方立法权，完善环境执法基础

根据2015年3月新修订的《立法法》，经省十二届人大常委会第二十一次会议决定，温州市人大及其常委会获准行使地方立法权，权限和范围包括：城乡建设与管理、环境保护、历史文化保护三个方面。在此机遇之下，预防环境

污染犯罪，强化环境执法工作，最有效的方法就是充分使用地方立法权，加快温州市环境立法工作，完善污染防治与生态保护法规体系。通过发布相关条例，形成统一的环境执法主体、程序、范围、处罚标准等，将污染型工业企业环境执法和垃圾（秸秆）禁烧、畜禽养殖污染、生活娱乐噪声、小型三产企业、建筑工地和固体废物遗撒倾倒等行政处罚及其相关的监督监察、强制职责，纳入统一的环境综合行政执法范围；强化环境行政处罚与刑事处罚无缝衔接，重拳打击环境违法行为；落实环境监察制度，研究设立环境监察专员，推进环境行政执法与司法、公众、舆论监督相结合的环境监管机制建设。

（三）加大环境违法处罚力度，震慑环境污染行为

“按日计罚”制度是新环保法的一个重大突破，赋予了环境执法工作强有力的武器。然而在实际操作过程中，“按日计罚”并不普遍。用好“按日计罚”制度可以有效地加大环境违法处罚力度，震慑环境污染形为。发挥“按日计罚”制度的作用，环境执法人员需要重点把握适用情形、准确理解法律内涵、切实增强制度自信。除了用好法律规定的处罚制度以外，在环境执法过程中贯彻落实“谁污染、谁治理”的基本原则，也是加大环境违法处罚力度的一个重要手段。对环境造成不利影响的危害者，应当支付环境损害费用或者治理修复费用。近年来，温州市政府在河道治理、土壤修复等方面投入了大量的人力、物力、财力，究其原因在于污染责任不明，导致政府为环境质量恶化埋单。因此，建议逐步建立一套“环境执法—损害评估—治理修复”联动机制，将环境成本内部化，倒逼排污企业准守环境保护相关法律。

（四）提升环境执法综合能力，解决执法压力过大矛盾

环境问题一直以来是一个综合性的问题，与生态、生产、生活所有领域都密切相关。新环保法的出台和实施，使得环境政策更加严厉，追责更加严格，社会各界更加关注，群众解决环境问题的要求更加迫切，媒体的监督也更加严苛。但是温州经过 30 多年的快速发展，黑臭河、雾霾、固体废物尤其是危险废物难以妥善处理等环境问题集中爆发，并非一朝一夕能够彻底解决。温州包含家庭小作坊式的加工场在内，大大小小的排污单位约有 40 万家，而环境执法力量有限，难以应对如此巨大的环境执法压力。因此，迫切需要提升环境执

法综合能力，主要体现在以下几个方面。

一是统一环境执法主体。按现行的管理体系，环境保护的执法主体并不只是环保部门，而且还有发改、工信、工商、城管、公安、水务等诸多职能部门。为提高执法效率，树立政府形象，有效打击环境违法犯罪行为，应逐步理顺机制，统一环境执法主体。

二是加强环境监察机构能力建设。温州市各级环境监察机构能力建设多年来一直较为滞后，为应对复杂的环境违法犯罪问题，应尽快解决环境执法人员身份问题，统一环境执法制服，强化执法车辆、取证设备、应急装备、移动执法装备的配置，调整执法队伍专业结构并加强业务培训。

三是完善环境执法网络，建立上下协调、主体统一、职能联合的环境执法机制，破解“执法难、执行难”的困境，研究成立“环保法庭”“环保警察”，提高环保行政效能和环境案件查处力度。

四是广开公众参与渠道，营造全民监督氛围，大力宣传“12369”环保热线，聘任企业环境监督员，建立环境问题论坛和环境保护问卷调查制度，形成全民参与、全民监督的氛围，有利于全天候、全方位打击环境违法行为。

专 题 篇

Special Topics

B.25

领导干部对温州2015年经济社会发展评价和2016年趋势的判断

郑少东*

摘　要：调查结果显示，领导干部对2015年温州经济发展形势和社会发展状况的满意度相对于2014年略有回升，“互联网经济发展”与“城市环境卫生明显好转”被认为是2015年经济社会发展最有成效的工作。其中，“人才支撑不足”与“信用缺失导致的经济纠纷增多”被认为是2015年最为突出的经济社会问题。为推进新常态下温州赶超发展，调查对象认为2016年温州政府保持经济健康发展的重点是“发展实体经济”、“强化政府服务意识”和“优化经济发展环境”，“食品安全形势严峻”、“交通拥堵严重”和“教育资源配置不合理”被列为温州社会发展亟待关注的民生问题。而“保持经

* 郑少东，中共温州市委党校副研究员。

济稳步增长”、“建设公共服务型政府”和“促进社会公平正义”等被列为需要多加关注的问题。

关键词： 领导干部 经济发展 社会发展 温州

作为党和国家路线方针政策的具体组织者和执行者，领导干部在我国经济社会发展过程中起着预测、决策、组织、调控、应变和激励等重要作用，在改革发展的大局中扮演着关键性的角色。身处经济社会发展的第一线和领导岗位的领导干部对当前经济社会发展状况的看法和基本建议，不仅影响着相关部门政策的制定和执行，而且在很大程度上反映了政府的行为方式。为了解领导干部对 2015 年温州经济发展和社会发展总体状况的判断以及对 2016 年经济社会发展的预期，课题组于 2015 年 10 月、11 月对在中共温州市委党校学习的部分学员进行了一次问卷调查。本次调查共发放问卷 261 份，收回有效问卷 261 份，有效回收率为 100%，其中，县处级领导干部 50 份，乡科级干部 211 份。

一 对2015年温州经济发展和社会发展的总体评价

（一）领导干部对2015年温州经济社会发展状况的满意度略有回升

随着经济进入新常态，2015 年的温州面临着赶超发展与转型发展的双重任务，温州政府坚持以“八八战略”为总纲，深入实施“五化战略”，深化落实“十大举措”，以“八大攻坚”为抓手，各项改革和建设取得了新成效。就经济发展的总体状况而言，在被调查的领导干部中，1.15% 的人认为“很好”，9.20% 的人认为“好”，二者合计占被调查者的 10.35%；64.75% 的人认为“一般”，占比最大；20.30% 的人认为“差”，占比排第 2；1.53% 的人认为“很差”，3.07% 的人则“无回应”。就 2015 年社会发展的总体状况而言，只有 0.38% 的人认为很好，21.46% 的人认为“好”，满意度为 21.84%；68.20% 的人认为“一般”，占比最大；6.51% 的人认为“差”，0.38% 的人认为“很差”，3.07%的人则“无回应”（见表1）。

2014年领导干部对经济社会发展状况的满意度分别为8.45%和18.31%，比较而言，领导干部对2015年经济社会发展状况的满意度略有回升，分别为10.35%和21.84%，其中，对经济发展形势的满意度上升了1.90个百分点，对社会发展状况的满意度上升了3.53个百分点。

表1　2015年对温州经济社会发展状况的总体评价

单位：%

总体评价	很好	好	一般	差	很差	无回应
经济发展总体状况	1.15	9.20	64.75	20.30	1.53	3.07
社会发展总体状况	0.38	21.46	68.20	6.51	0.38	3.07

（二）“互联网经济发展”被认为是2015年经济发展最有成效的工作

从领导干部对2015年经济发展过程中比较富有成效的工作的选择来看（见表2），共有123人选择了“互联网经济发展”，选择占比达47.12%，位居第1，相较2014年上升了6.27个百分点。领导干部认为，互联网经济快速增长的态势与温州市委市政府的高度重视和政策支持有着很大的关系。作为温州赶超发展的“一号新产业”，温州市2015年实现网络零售额893.55亿元，同比增长50.32%，居民网络消费568.39亿元，同比增长44.05%，总量均居全省第3；“一馆四带”初显成果，淘宝特色中国温州馆入驻商家达2425家，阿里巴巴温州（瓯海）、苍南、乐清等产业带分别建成运营，其中，乐清“八米网”和鹿城大数据支撑的中国鞋都鞋革产业链O2O平台项目被列入2015年度省级创新项目，为实体企业拓展新蓝海提供优质平台。

“温商回归”被认为是2015年经济发展最有成效的工作之一，排名第2，有122人选择，选择占比46.74%。从2012年启动温商回归“一号工程”以来，温商回归已成为温州扩大有效投资的重要手段，为温州经济走出低谷做出了积极的贡献。2015年温商回归实际到位内资1110亿元，首次突破“千亿大关”，对全市固定资产投资贡献率达32%，这些投资项目不但产业结构日趋合理，而且质量也不断提高，其中，超50亿元的特别重大项目6个，超20亿元的特别重大工业项目 4 个，超额完成省定任务。

“固定资产投资”在 2015 年经济发展最有成效的工作中排序第 3，有 109 人选了该选项，占比 41.76%，比 2014 年上升了 3.26 个百分点。投资成为拉动温州经济增长的一个重要途径，从 2015 年前两季度的数据来看，温州限额以上固定资产投资 1351 亿元，增长 13.5%，同比增长 13.5%，比上年同期回落 7.3 个百分点，居全省第 4 位。入选国家和省首批 PPP 项目库 35 个，居全省第 1；集中开工 6 批“百亿项目”，开展重点项目征地拆迁“清零”百日攻坚专项行动，重点建设项目投资增长 18.1%。

在给予排序的选择中，固定资产投资被列为第一选择的，占比 25.71%，互联网经济发展成了第二选择，占比为 22.29%，二者差异不大。值得一提的是，这与未进行排序的选项顺序略有不同。在对问卷设计的有关经济发展富有成效工作的其他各选项的关注度上，除乡科级干部对“实体经济振兴”“金融综合改革”两个选项的关注度分别高于县级干部 3.99 个与 4.95 个百分点，县级干部在“固定资产投资”“温州回归”两个选项的关注度分别高于乡科级领导干部 7.46 个与 4.19 个百分点外，二者对其他选项的关注度区别不大。

表 2　2015 年温州经济发展过程中最富有成效的工作

调查选项	2014 年各项选择占被调查者比重（%）	2015 年各项选择				
		总数（人）	占被调查者比重（%）	与 2014 年相比（个百分点）	排序	各项第一选择占所有选择比重（%）
固定资产投资	38.50	109	41.76	↑3.26	3	25.71
商贸服务业发展	28.17	63	24.14	↓4.03	4	7.43
产业转型升级	13.62	59	22.61	↑8.99	5	7.43
实体经济振兴	23.94	44	16.86	↓7.08	8	5.71
产业平台建设	21.13	54	20.69	↓0.44	6	4.57
互联网经济发展	40.85	123	47.13	↑6.28	1	22.29
温商回归	—	122	46.74	—	2	18.29
外贸出口	14.08	9	3.45	↓10.63	9	1.71
时尚之都建设	26.29	53	20.31	↓5.98	7	2.86
金融综合改革	23.47	44	16.86	↓6.61	8	3.43
“四换三名”	—	8	3.07	—	10	0.00
其他	0.94	2	0.77	↓0.17	11	0.57

（三）“城市环境卫生明显好转”被认为是2015年社会发展最富有成效的工作

根据领导干部对2015年社会发展过程中比较富有成效的工作的调查结果（见表3），“城市环境卫生明显好转”被认为是2015年社会发展最富有成效的工作，共有196位领导干部选择了该项，选择占比为75.10%，比2014年上升了7.49个百分点。“五水共治”排名第2，共有166位领导干部选择，占比63.60%，相比2014年下降了3.54个百分点。从实际情况来看，温州深入实施“五水共治”“四边三化”“三改一拆”等专项行动，环境整治取得了新进展：上半年完成城中村改造712.8万平方米，改造旧住宅区249.6万平方米、旧厂区392万平方米，完成拆违445万平方米，实施“三改”1354万平方米；大力度推进“五水共治”，突出“水岸同治”，完成治水投资146亿元；扎实推进“六城联创”，创成全国文明城市、国家卫生城市，建设美丽乡村精品线11条、精品村116个，实现由点及面拓展。

就不同群体而言，乡科级干部与县级干部对选项的关注度较为一致。两者对上述所有调查选项的看法差异率均在5%以内，差异不显著。在给予排序的选择中，“城市环境卫生明显好转”工作被列为第一选择，占比达32.39%；“五水共治”工作被列为第二选择，占比达27.27%；“社会治安形势好转”工作被列为第三选择，占比为16.48%。

表3　2015年温州社会发展过程中最富有成效的工作

调查选项	2014年各项选择占被调查者比重(%)	2015年各项选择				
		总数(人)	占被调查者比重(%)	与2014年相比(个百分点)	排序	各项第一选择占所有选择比重(%)
城乡居民收入增长	7.98	16	6.13	↓1.85	11	3.41
卫生医疗事业稳步发展	18.31	37	14.18	↓4.13	5	7.39
城市环境卫生明显好转	67.61	196	75.10	↑7.49	1	32.39
就业形势稳定	10.33	17	6.51	↓3.82	10	1.14
民办教育稳步发展	—	33	12.64	—	7	2.84
城镇保障房建设	10.80	25	9.58	↓1.22	9	2.84
养老事业发展顺利	13.62	30	11.49	↓2.13	8	2.84

续表

调查选项	2014 年各项选择占被调查者比重(%)	2015 年各项选择				
		总数(人)	占被调查者比重(%)	与 2014 年相比(个百分点)	排序	各项第一选择占所有选择比重(%)
社会治安形势好转	48.83	132	50.57	↑ 1.74	3	16.48
文化事业稳步发展	12.21	55	21.07	↑ 8.86	4	1.70
“五水共治”	67.14	166	63.60	↓ 3.54	2	27.27
社会组织发展	19.25	35	13.41	↓ 5.84	6	1.70
其他	1.41	2	0.77	↓ 0.64	12	0.00

二　温州经济社会发展存在的问题及制约因素

（一）近六成领导干部认为“人才支撑不足”是温州2015年最突出的经济问题

问卷调查结果显示，“人才支撑不足”是 2015 年温州经济发展过程中最为突出的问题（见表 4），有 153 位领导干部选择了该选项，选择总数占总人数的 58.62%，位居第 1，“用地紧张”位居第 12 位，“有效投资不足”占 13 位。经济增长是一个结构——包括技术、产业、基础设施、制度安排等不断变迁的过程，经济发展的本质是技术的不断创新和产业的不断升级，而技术创新和产业转型的主体在于企业，关键在于人才，如何打造一批创新型人才队伍和科技领军人才队伍，以高端人才引领带动技术创新、组织再造和管理变革是当前温州产业结构转型面临的一大难题。

企业“低小散”与“产业结构转型难”分列 2015 年温州经济发展过程中突出问题的第 2、第 6 位，占比分别为 57.09% 和 49.04%。与 2014 年比，企业“低小散”选项占比增加了 18.59 个百分点，“产业结构转型难”选项占比上升了 3.97 个百分点。温州经济转型的主体在于企业，企业“低小散”与“产业结构转型难”制约了企业的自身发展和规模扩张，同时也表明温州中小企业整体发展水平还比较落后，亟须进行结构调整、技术创新和转型升级。

“企业担保链危机”和“企业融资难加剧”分列 2015 年温州经济发展过

程中突出问题的第3、第4位，占比非常接近，分别为55.94%和55.56%。与2014年比，这两个选项占比分别下降了4.62个、3.13个百分点，但是，2015年“两链”处置难度加大，金融风险仍然存在，金融形势仍然较为严峻：一方面，不良贷款余额仍然较大。6月末全市有不良贷款309亿元，不良率为4.04%，关注类贷款余额476亿元，关注率为6.23%，对“控新化旧”形成较大挑战。另一方面，新发借贷案件持续高位运行。2015年上半年新收民间借贷案件8716件，同比增长13.2%，比上年同期高24个百分点；新收金融借贷案件9039件，增长38.1%，持续高位增长，比同期金融借贷结案数多3031件。

就不同领导群体而言，乡科级干部对“产业空心化”和“产业结构转型难”两选项的关注度分别高于县处级领导干部18.55个和11.18个百分点；而县处级领导干部则更关注人才不足的问题，他们对“人才支撑不足”选项的感受度高于乡科级领导干部11.60个百分点。对于其他选项，两者的关注度差别不大，差异数在10个百分点以内。

表4　2015年温州经济发展过程中突出的问题

调查选项	2014年各项选择占被调查者比重(%)	2015年各项选择				
		总数(人)	占被调查者比重(%)	与2014年相比(个百分点)	排序	各项第一选择占所有选择比重(%)
企业融资难加剧	58.69	145	55.56	↓3.13	4	10.16
企业“低小散”	38.50	149	57.09	↑18.59	2	10.43
资金外流	18.31	62	23.75	↑5.44	15	3.52
企业外迁	31.92	89	34.10	↑2.18	10	4.61
企业担保链危机	60.56	146	55.94	↓4.62	3	9.89
基础设施薄弱	34.27	113	43.30	↑9.03	7	4.88
民间资金投资难	15.96	44	16.86	↑0.90	16	2.30
产业空心化	55.40	107	41.00	↓14.40	8	5.83
产业结构转型难	45.07	128	49.04	↑3.97	6	5.42
企业过度扩张	—	21	8.05	—	17	1.76
用地紧张	16.90	79	30.27	↑13.37	12	4.88
社会信用缺失	61.03	139	53.26	↓7.77	5	8.40
资本错配	—	19	7.28	—	18	0.81

续表

调查选项	2014 年各项选择占被调查者比重(%)	2015 年各项选择				
		总数(人)	占被调查者比重(%)	与2014 年相比(个百分点)	排序	各项第一选择占所有选择比重(%)
人才支撑不足	—	153	58.62	—	1	8.67
企业家信心不足	—	91	34.87	—	9	6.50
有效投资不足	—	78	29.89	—	13	3.93
企业用工成本高	—	82	31.42	—	11	3.39
地方政府债务过重	—	66	25.29	—	14	4.61
其他	—	1	0.38	—	19	0.0

（二）“企业自主创新能力不强”成为制约温州经济发展的最主要瓶颈

制约温州经济发展的主要因素，本问卷共设置了14个选项，调查结果显示，共169位领导干部选择了“企业自主创新能力不强”选项，选择人数占领导干部总人数的64.75%，排名第1，相较2014年下降了0.51个百分点（见表6）。创新是引领发展的第一动力，绝大多数领导干部认为，温州经济发展的根本途径在于创新而非高投资，这里的企业创新不仅包括技术创新、科技创新，还包括制度创新、模式创新、战略创新、流程创新、标准创新、观念创新、风气创新和结构创新等方面。经济的发展只有从要素驱动、投资驱动向创新驱动转型才能形成新的经济发展方式。

排在第2位的是“产业结构不合理”选项，选择该项的领导干部共164人，选择总数占比62.84%，比2014年上升了5.09个百分点。“高端人才平台短缺”“高新技术产业和新兴产业发展缓慢”和“经济发展环境不佳”分别列第3、第4、第5位，分别有156位、151位和150位领导干部选择，选择总数占比分别为59.77%、57.85%和57.47%。

在给予排序的相关调查中，有109位领导干部将“产业结构不合理”列为第一选项，占比19.16%，而将“企业自主创新能力不强”和“经济发展环境不佳”列为第二、第三选项的分别有75人和72人，第一选择占比分别为13.69%和13.14%（见表5）。

就不同领导群体而言，乡科级干部对“产业结构不合理”选项的关注度高于县处级领导干部 10.93 个百分点；而县处级领导干部则更关注房市低迷的问题，他们对“房市低迷”选项的感受度高于乡科级领导干部 15 个百分点。对于其他选项，两者的关注度差别不大，差异数在 10% 以内。

表 5　制约温州经济发展的主要因素

调查选项	2014 年各项选择占被调查者比重(%)	2015 年各项选择				
		总数(人)	占被调查者比重(%)	与 2014 年相比(个百分点)	排序	各项第一选择占所有选择比重(%)
产业结构不合理	57.75	164	62.84	↑5.09	2	19.16
政府政策支持不够	45.07	82	31.42	↓13.65	7	6.75
高新技术产业和新兴产业发展缓慢	—	151	57.85	—	4	11.13
房市低迷	—	31	11.88	—	11	2.92
企业用工用地成本过高	52.11	100	38.31	↓13.80	6	8.03
企业自主创新能力不强	65.26	169	64.75	↓0.51	1	13.69
经济发展环境不佳	77.93	150	57.47	↓20.46	5	13.14
高端人才平台短缺	64.79	156	59.77	↓5.02	3	12.04
民营企业税收负担重	—	57	21.84	—	9	3.47
投资效率不高	38.50	75	28.74	↓9.76	8	5.11
外需不足	—	23	8.81	—	13	1.09
中国经济慢增长	—	26	9.96	—	12	2.01
商业环境不佳	—	60	22.99	—	10	1.46
其他	2.35	0	0.00	↓2.35	14	0.0

（三）“信用缺失导致的经济纠纷增多”被认为是影响社会运行最突出的问题

温州现正处在金融危机的萧条期，信用机制的崩溃使得许多企业深陷连锁担保链危机，民间的融资遭遇空前困难，由此导致的经济纠纷时常发生。在对 2015 年温州社会发展存在的突出问题的看法上，县处级领导干部与乡科级干部将第一关注点放在了“信用缺失导致的经济纠纷增多”上，共 174 位领导干部选择了“信用缺失导致的经济纠纷增多”选项，选择总数占领导干部总人数的 66.67%，排名第 1，比 2014 年占比下降了 11.73

个百分点。

由于监管职能的缺失，各类隐患量大面广，消防和安全生产事故时有发生，出现了食品药品安全性差、环境遭到污染、资源被破坏等一系列问题。其中，“食品安全问题”被列为影响2015年温州社会运行的突出问题的第2，有157人选择了此选项，选择总数占比60.15%，相较2014年上升了8.51个百分点。

2015年，温州政府以全面改善民生为出发点和落脚点，环境整治取得了新进展，都市区建设展现了新风貌，平安建设呈现了新局面，民生社会建设迈出了新步伐，但是，改善民生和维护社会和谐稳定任务繁重，上好学校难、看病难等民生热点问题没有得到根本解决，“环境污染问题严重”、“城市管理能力滞后”和“优质教育资源供给严重不足”分别列为影响2015年温州社会运行突出问题的第3、第4、第5位，分别有138位、135位和119位领导干部选择（见表6）。

在2015年温州社会发展存在的突出问题的看法上，县处级领导干部与乡科级干部将第一关注点放在了“信用缺失导致的经济纠纷增多”上，但同时调查结果显示，不同领导群体在不同选项的感受度上有所不同。在对“优质教育资源供给严重不足”和“看病难看病贵”选项的关注度上，乡科级干部分别高于县处级领导干部14.34个百分点和22.02个百分点。然而，在对“食品安全问题”关注度上，县处级领导干部则高于乡科级干部12.18个百分点。

表6　2015年温州社会发展存在的突出问题

调查选项	2014年各项选择占被调查者比重(%)	2015年各项选择				
		总数(人)	占被调查者比重(%)	与2014年相比(个百分点)	排序	各项第一选择占所有选择比重(%)
就业形势严峻	14.08	43	16.48	↑2.40	10	5.26
信用缺失导致的经济纠纷增多	78.40	174	66.67	↓11.73	1	19.65
社会不公现象较为普遍	43.19	111	42.53	↓0.66	6	7.89
征地拆迁导致的矛盾增多	34.27	108	41.38	↑7.11	7	7.54

续表

调查选项	2014年各项选择占被调查者比重(%)	2015年各项选择				
		总数(人)	占被调查者比重(%)	与2014年相比(个百分点)	排序	各项第一选择占所有选择比重(%)
食品安全问题	51.64	157	60.15	↑8.51	2	14.21
腐败现象严重	11.74	37	14.18	↑2.44	11	2.46
安全生产形势严峻	13.15	77	29.50	↑16.35	9	4.91
环境污染问题严重	57.28	138	52.87	↓4.41	3	9.65
优质教育资源供给严重不足	40.38	119	45.59	↑5.21	5	7.89
外来人口融入难	15.02	35	13.41	↓1.61	12	2.28
看病难看病贵	24.41	83	31.80	↑7.39	8	5.96
城市管理能力滞后	55.87	135	51.72	↓4.15	4	9.65
文化事业发展滞后	19.72	34	13.03	↓6.69	13	2.46
其他	0.94	1	0.38	↓0.56	14	0.18

三　对2016年温州经济社会发展趋势的判断

（一）超六成领导干部对温州2016年经济发展前景表示乐观

在关于2015年温州经济发展前景的调查中，有0.38%的领导干部认为经济将“大幅上升”，有5.75%的领导干部认为经济将稳步上升，有59.00%的领导干部认为经济将平稳发展。同时，有82位领导干部认为经济将“略有下滑”，占比31.42%；有4位领导干部认为经济前景将“大幅下滑”，占比1.53%。此外，5位领导干部对此问题没有做出回应（见表7）。

超六成领导干部对温州2016年经济发展前景表示乐观，显然受到2015年前三季度经济增长超过全国、全省平均水平的鼓舞。GDP增速达8.1%，无疑对提振温州干部发展经济的信心具有重要意义。

在温州经济发展前景的预期上，不同群体的领导干部呈现了不同的感受。乡科级干部认为经济“平稳发展”的占比要明显高于县处级领导干部；而乡科级干部认为发展前景“略有下滑”及“大幅下滑”的比例明显低于县处级领导干部。

表7　对温州2016年经济发展前景的总体评价

单位：%

总体评价	大幅上升	稳步上升	平稳发展	略有下滑	大幅下滑	未表态
县处级领导干部	2	6	52	36	2	2
乡科级干部	—	5.69	60.66	30.33	1.42	1.90
平均数	0.38	5.75	59.00	31.42	1.53	1.92

（二）仅两成的领导干部对温州2016年社会发展前景充满信心

在问卷设计的2016年温州社会发展前景的所有选项中，选择“很好”与“好”选项的共有57位领导干部，占被调查总人数的21.84%。另有68.20%的领导干部认为2015年温州社会发展的前景“一般”；6.89%的干部则认为发展前景“差”和“很差”（见表8）。对于温州2016年社会发展前景，县级干部比乡科级干部乐观一些。

表8　对温州2016年社会发展前景的总体评价

单位：%

总体评价	很好	好	一般	差	很差	未表态
县处级领导干部	2	28	60	6	0	4
乡科级干部	—	19.91	70.14	6.64	0.47	2.84
平均数	0.38	21.46	68.20	6.51	0.38	3.07

（三）“发展实体经济”、“强化政府服务意识”和“优化经济发展环境”被认为政府促进经济健康发展的工作重点

对2016年“温州经济持续健康地发展，政府将工作重点放在哪些方面”这一问题的调查结果显示，“发展实体经济”选项位列榜首，有167位领导干部选择该项，总数占比达63.98%。“强化政府服务意识”排在政府工作重点的第2位，占比63.60%，比2014年上升了1.57个百分点。“优化经济发展环境”被认为是制约温州经济发展的第3位因素，占比为58.62%，比2014年下降8.84个百分点。“优化经济发展环境”“提供良好的环境条件”毫无疑问将成为温州政府今后的工作重点。

对“温州经济持续健康地发展，政府将工作重点放在哪些方面”这一问题，县处级领导干部与乡科级干部呈现了不同的看法，在对“强化政府服务意识”“加快产业平台建设”两选项的关注度上，县处级干部分别高于乡科级领导干部7.91个和13.14个百分点；然而在对“区域金融改革与创新”“发展文化产业”两选项的关注度上，乡科级干部则分别高于县处级领导干部10.96个和7.85个百分点。在对其他选项的认识上，两领导干部群体认识较为接近，差距不大（见表9）。

表9　2016年温州经济持续健康地发展，政府将工作重点放在哪些方面

调查选项	2014年各项选择占被调查者比重(%)	2015年各项选择				
		总数(人)	占被调查者比重(%)	与2014年相比(个百分点)	排序	各项第一选择占所有选择比重(%)
加快城乡一体化发展	37.09	120	45.98	↑8.89	6	9.42
加快培育新兴产业发展	59.15	152	58.24	↓0.91	4	9.70
破解中小企业融资难	67.61	127	48.66	↓18.95	5	6.05
推进骨干企业上市	10.33	39	14.94	↑4.61	18	1.83
发展实体经济	—	167	63.98	—	1	11.67
强化政府服务意识	62.03	166	63.60	↑1.57	2	9.14
加快产业平台建设	51.53	108	41.38	↑10.15	8	4.92
加强对外经济合作	10.51	47	18.01	↑7.50	13	2.11
优化经济发展环境	67.46	153	58.62	↓8.84	3	8.86
政府审批制度改革	38.64	95	36.40	↓2.24	9	5.06
推动“温商回归”	30.85	74	28.35	↓2.50	11	3.66
发展互联网经济	18.98	109	41.76	↑22.78	7	4.92
现代农业园区建设	5.42	18	6.90	↑1.48	20	0.98
时尚都市建设	—	43	16.48	—	15	2.95
区域金融改革与创新	—	44	16.86	—	14	1.83
化解担保链危机	—	86	32.95	—	10	5.77
“两美”建设	—	41	15.71	—	16	2.39
“五水共治”	—	40	15.33	—	17	2.67
简政放权	—	74	28.35	—	12	4.36
发展文化产业	—	27	10.34	—	19	1.69
其他	2.71	0	0	↓2.71		0

（四）“食品安全形势严峻”、“交通拥堵严重”和“教育资源配置不合理”被认为是2016年温州社会发展最需关注的民生问题

在社会民生方面，上学难、看病难、安居难、行路难、停车难、环境污染等问题成为政府亟须解决的难题。这些不仅要求政府注重民生保障、增加社会民生领域的投入，而且也对政府行为方式提出了新的要求。也就是说，“新常态为政府的改革提供了一个契机，政府必须适应新的形势来转变职能，建立新的规范和行为准则”。①

问卷调查结果显示，“食品安全形势严峻”“交通拥堵严重”和“教育资源配置不合理”居2016年温州社会和谐发展最需关注的民生问题的前三位。“食品安全形势严峻”选项有170位领导干部选择，他们认为保持温州社会的和谐发展，应更多关注食品安全问题，占比为65.13%，列首位。“交通拥堵严重”选项有159位领导干部选择，占比60.92%，位列第2，相比2014年，选项占比下降了6.22个百分点。另有146位领导干部选择了“教育资源配置不合理”选项，占比55.94%，位居第3，比2014年上升了4.15个百分点。紧随前三个选项之后的是“停车难”和“环境污染”选项，两项选择总数占比分别为47.13%和45.59%，分列第4、第5位。在给予排序的相关调查中，79人将“食品安全形势严峻”列为第一选项，占比13.91%（见表10）。

表10　2016年温州社会发展亟须关注的民生问题

调查选项	2014年各项选择占被调查者比重(%)	2015年各项选择				
		总数(人)	占被调查者比重(%)	与2014年相比(个百分点)	排序	各项第一选择占所有选择比重(%)
房价过高	38.50	111	42.53	↑4.03	7	13.38
居民收入增长水平低于物价上涨幅度	46.95	118	45.21	↓1.74	6	11.80
安全生产	18.78	72	27.59	↑8.81	9	5.46
交通拥堵严重	67.14	159	60.92	↓6.22	2	13.20

① 竺乾威：《经济新常态下的政府行为调整》，《中国行政管理》2015年第3期，第34页。

续表

调查选项	2014 年各项选择占被调查者比重(%)	2015 年各项选择				
		总数(人)	占被调查者比重(%)	与 2014 年相比(个百分点)	排序	各项第一选择占所有选择比重(%)
食品安全形势严峻	62.91	170	65.13	↑2.22	1	13.91
药品安全形势	15.49	49	18.77	↑3.28	10	3.17
看病难看病贵	43.19	97	37.16	↓6.03	8	5.63
教育资源配置不合理	60.09	146	55.94	↓4.15	3	9.33
保障性住房建设不足	21.13	43	16.48	↓4.65	11	2.46
就业困难	22.07	42	16.09	↓5.98	12	2.82
停车难	—	123	47.13	—	4	9.51
环境污染	79.34	119	45.59	↓33.75	5	8.98
其他	0.47	2	0.77	↑0.30	13	0.35

调查结果显示，县处级领导干部与乡科级干部在此问题不同选项的关注度上，区别较大。县处级领导干部对“交通拥堵严重”“停车难”等选项的关注度分别高于乡科级干部 16.18 个和 15.94 个百分点。而乡科级干部对“房价过高”、“看病难看病贵”和“教育资源配置不合理”等选项的关注度分别高于县处级领导干部 20.45 个、13.81 个和 12.29 个百分点。

（五）为加快推进赶超发展，政府需对“保持经济稳步增长”、“建设公共服务型政府”和“促进社会公平正义”等问题更加注重

问卷调查结果表明，“保持经济稳步增长”被认为是今后温州加快推进赶超发展，政府最需要多加关注的问题，有 156 人选择，占比 59.77%，位列第 1，比2014 年上升了 6.72 个百分点。“建设公共服务型政府”和“促进社会公平正义”两选项分别有 150 人和 134 人选择，选择总数分别占比为 57.47% 和 51.34%，与 2014 年相比占比分别下降了 10.61 个和 1.71 个百分点。“健全社会保障体系”选项和“大力推进城乡统筹”选项分别有 129 人和 112 人选择，选择总数分别占比 49.43% 和 42.91%，分列第 4 和第 5 位。在选择排序的问卷中，有 79 人将“保持经济稳步增长”作为第一选择，占比 14.03%，位居第 1。“建设公共服务型政府”选项有 73 人将其列为第一选择，占比 12.97%，

位居第2。

调查结果显示，县处级领导干部与乡科级干部在此问题不同选项的关注度上，区别较大。县处级领导干部对“改善弱势群体的生活”、“促进社会公平正义”和“建设公共服务型政府”等选项的关注度分别高于乡科级干部13.46个、13.18个和10.55个百分点。而乡科级干部对“健全社会保障体系”和“加大保障性住房建设力度”两选项的关注度分别高于县处级领导干部9.18个和8.59个百分点。

表11　2016年温州赶超发展，政府的工作重点应放在哪些方面

调查选项	2014年各项选择占被调查者比重(%)	2015年各项选择				
		总数(人)	占被调查者比重(%)	与2014年相比(个百分点)	排序	各项第一选择占所有选择比重(%)
缩小贫富差距	30.52	94	36.02	↑5.50	8	9.95
大力推进城乡统筹	33.33	112	42.91	↑9.58	5	9.77
加大保障性住房建设力度	13.62	39	14.94	↑1.32	12	3.02
促进就业	22.07	48	18.39	↓3.68	11	3.55
加强社会治安综合整治	25.35	109	41.76	↑16.41	6	7.46
加强社会管理创新	42.72	103	39.46	↓3.26	7	6.93
改善弱势群体的生活	32.39	76	29.12	↓3.27	9	5.68
惩治腐败	23.94	69	26.44	↑2.50	10	4.80
做好对外宣传及舆论引导	14.55	33	12.64	↓1.91	13	2.49
促进社会公平正义	53.05	134	51.34	↓1.71	3	9.95
健全社会保障体系	51.17	129	49.43	↓1.74	4	7.99
发展社会组织	15.02	19	7.28	↓7.74	14	1.07
建设公共服务型政府	68.08	150	57.47	↓10.61	2	12.97
保持经济稳步增长	53.05	156	59.77	↑6.72	1	14.03
其他	0.94	2	0.77	↓0.17	15	0.36

B.26
2015年温州市农村改革试验区进展报告

徐 炯*

摘 要： 温州市作为获批的新一轮首批全国农村改革试验区，具体承担“农村产权制度改革”试验任务。2015 年，温州市在推进农村改革工作过程中，紧抓土地承包经营权、农村集体资产产权两个要点，全面深化农村“三权”改革取得显著成效，通过一系列的制度安排和机制创新，实现完整、清晰的现代农村产权制度体系和产权价值实现体系，同时应清醒地认识到当前农村改革正在蹚“深水区”，许多困难和问题不同程度地存在，究其原因，既有法律政策的束缚及滞后，也有工作体制的不完善不到位。2016 年是温州农村改革试验区的收官之年，在做好工作总结同时，对下一步温州市农村产权制度改革进行统筹考虑并继续深化，探索农村集体股份制新型组织法人治理和运营机制，加大农户承包地确权登记颁证工作，积极促进土地经营权和农民股权的权能显现，实现农村产权要素自由流动和市场化配置，从而有力地推动温州市城乡融合发展。

关键词： 三权改革 农村产权 温州市

温州市作为获批的新一轮首批全国农村改革试验区，具体承担“农村产权制度改革”试验任务。2015 年，温州市以城乡发展一体化为引领，围绕农

* 徐炯，温州市委农办（市农业局）农村改革处处长，中国县镇经济交流促进会常务理事，温州市决咨委研究员。

村土地承包经营权和集体资产产权两个载体，全面推进以“确权、赋权、活权”为主要内容的“三权”改革，通过明晰农民财产权利、发挥农村产权权能、促进要素自由流动等一系列体制机制的改革创新，充分保障农民合法权益，有效增加农民财产和财产性收入。温州市农村改革成效及经验受到中农办、农业部和省委、省政府领导充分肯定，在2015年12月24日汪洋副总理主持的全国农村改革试验区会议上，市委书记徐立毅代表温州做典型发言；省政府黄旭明副省长对温州农村产权制度改革批示“三权齐抓、做得很好”。

一 2015年“三权”改革进展情况

2015年，温州市在深化农村产权制度改革进程中，坚持以“赋予农民更多财产权利”为导向，以“确权、赋权、活权”为主线，加快实现“产权到人（户）、权随人（户）走”，通过一系列的制度安排和机制创新，基本构建了从农地到集体资产完整、清晰的现代农村产权制度体系和产权价值实现体系。

1. 以确权为基础，明晰农户承包地和集体资产权属

按照权属合法、确权精准、登记完整、权证适用、信息管理的要求，积极推进农村土地承包经营权确权登记，目前全市完成承包地“确权登记、入册上图”的村社比率达60.5%。一是把好摸底调查关。以土地承包关系稳定为基础，收集现有承包台账、合同及相关证书，掌握承包地坐落、面积、等级和共有人等资料，核实村组内农户间承包地调整记录，调查承包地征用、占用及补偿资金分配情况。二是把好勘测编绘关。利用第二次土地调查资料和数字地理信息系统1∶500～1∶2000的基础地形图，通过“图解＋实测”等农户认可的技术方法，对承包地现状进行地块编号、图上标注、信息登记等，做到面积、四至、权证、合同“四到户”，证地、证户、证簿“三相符”，并建立相关电子信息库，便于调阅查询。三是把好登记公示关。规范确权登记工作流程，设立专门的信息公开栏，对摸底统计表、测量测绘结果、确权登记公示图表进行张榜公布，同时充分尊重事实和民意，对存在争议的土地，先解决争议再登记；对农户不配合确认登记的，予以暂缓登记。

全面推进农村集体资产股份制改革，通过将村集体经营性资产量化到人（户），明确集体经济组织成员权，从产权模糊的“共同所有”转变为产权明

晰的“按份共有”，实现对集体资产产权长久化、定量化享有，目前全市村集体经济组织股改完成率达99.75%，量化集体资产170亿元，持股社员690万人，村股份经济合作社账户变更率达98.27%。一是在股权设置上，原则上不设集体股，只设个人股，个人股一般由人口福利股和劳动贡献股构成，人口福利股占比不低于60%，倡导股权“生不增、死不减”静态管理，股权可继承、转让和赠予。二是在量化对象的确认上，强调不能借村规民约、村民会议的名义违反法律法规，防止多数人剥夺少数人的合法权益，严格规定一人不能在两个以上的村享有股份；重点落实妇女权益保护，温州中院制定了有针对性的指导意见，规定“在册农业户口的农嫁女、丧偶妇女、离异妇女、入赘女婿及其子女等群体同样享有与本集体经济组织成员同等的分配权”。三是在具体操作上，尊重农民主体地位，确保农民知情权、决策权、参与权和监督权；区分集体经济状况不同类型，采用“一村一策”分类指导，制定不同的股改方案；规范股改具体操作步骤，规定“任一程序未经通过，不得进入下一步骤”。

2. 以赋权为重点，促进权能显化发挥

按照所有权、承包权、经营权“三权分置”要求，进一步完善土地经营权权能，促进权能显化发挥。一是引导农户以经营权入股参与农业产业化经营。主要有两种方式，一种是作价入股，如苍南县雅中村106个农户以68亩土地经营权入股雅发果蔬专业合作社，通过当地近三年种植年平均收入乘以承包剩余年限折算每亩5000元，采取租金保底和利润分红结合的收益分配方式；另一种是收入入股，如泰顺县上地村220个农户以172亩土地经营权（新垦造地）入股跃顺农业开发公司，从事优质猕猴桃种植，合同约定销售收入按49∶51的比例分成，3年后产出每亩分红800元左右，是当地同等土地流转租金的4倍。据统计目前全市土地经营权股份合作4.12万亩4.61万户，组建土地股份合作组织182个。二是开展土地经营权抵押试点。此项工作于2014年开始试点，目前共发放贷款4笔28.5万元。从试点看主要有两种方式，一种是流入方将流转土地的经营权用于抵押，如永嘉县惠宝农庄，将已流转的200亩土地经营权做抵押，向永嘉县恒升村镇银行贷款10万元；另一种是承包户将经营权用于抵押，如瑞安市塘渔村农户钱顺旺，将家庭承包的7.2亩农地经营权做抵押，拿到了瑞安农商银行3.5万元的贷款。

在基本完成村集体资产股份制改革基础上，积极推进股权赋权改革工作，探索权能显现新形式。一是赋予农民对集体资产股份占有、收益权能。目前有稳定经营收入的村社逐渐从传统福利分配向实行按股分红转变，一些城中村和经济发达村分红效益较为可观，如鹿城区龙方村、瓯海区净水村人均年分红超过1万元，乐清市东街村人均年分红5000元左右。二是开展股权流转交易试点。乐清市长虹村开展股权内部转让，规定个人股权转让不能超过50%，股东个人持股不得超过全社总股本的10%，规定股权转让必须经董事会研究决定后方可生效，目前该村社已发生流转交易9起。三是鼓励开展股权抵（质）押试点。2015年初，苍南县河底高村以社员股权及村集体安置房为标的物进行抵（质）押，获得苍南县农商银行授信2.5亿元，用于村民安置房建设和村集体农贸市场提升改造。四是探索股权增值新途径。洞头县岙仔村1025个社员股东，以量化集体资产股份300万元组建资金互助会，明确互助资金用于本社社员海产养殖及捕捞、发展渔家乐等，在两年半时间内通过投放资金获得利息收入120万元，股权增值40%。

3. 以活权为导向，推进农村产权交易流转

一是建立农村产权交易体系。2013年4月组建温州市农村产权交易管理委员会，设立市农村产权服务中心，明确其信息发布、产权交易、法律咨询、资产评估、抵押融资等基本功能。下辖县（市）也相应成立农村产权交易分中心，其中，苍南、永嘉、平阳3县探索政府购买社会化服务，通过竞争评审，选择苍南金融超市公司、温州嘉诚拍卖行、温州八方拍卖行三家民营企业组建农村产权交易平台，苍南县、永嘉县、平阳县分别于2015年6月、9月、11月挂牌运作。同时依托乡镇公共资源管理中心、农村“三资”管理中心、土地流转服务中心等平台，在全市108个乡镇（涉农街道）建成了农村产权交易服务站。

二是健全农村产权交易机制。出台《温州市农村产权交易管理暂行办法》，制定农村产权交易规则、转让拍卖办法及交易资金结算、经纪会员管理等一系列配套制度，开发具有供求信息发布和流程管理功能的农村产权交易网站。同时编制转让意向书、信息发布申请书、交易意向书和确认书、委托书、登记表、鉴证书等一系列格式化文本。积极培育各类中介服务组织，鼓励引导拍卖机构、评估机构、招投标代理机构、金融机构、担保机构及经纪人进驻农村产权中心。目前市、县两级产权服务机构已吸收17家拍卖机构、6家招投

标机构、5家评估机构、3家律师事务所、4家会计师事务所、200多个农村经纪人参与农村产权交易服务。

三是组织农村产权交易流转。按照“总体规划、分步实施、由点到面、由易到难”的工作要求，从农村集体经营性资产、土地承包经营权入手，制定相应的流转交易实施细则，特别是针对当前农村存在的腐败现象、“三资”管理不规范等问题，市纪委出台针对性文件，规定“村集体经营性资产交易，应在依法设立的农村产权交易服务机构中公开进行”，在中农办召开的农村产权交易平台建设座谈会上，受到陈锡文主任的充分肯定。从2014年正式营业至2015年底，全市农村产权交易平台共完成交易3445宗，金额达15.06亿元，其中土地经营权流转1188宗，面积19.7万亩，金额4.13亿元；村集体经营性资产交易2257宗，金额10.93亿元。经对比统计发现，村集体经营性资产租金收入通过平台公开交易后平均溢价18%，最高的上涨2.34倍。

二　改革中面临的困难及原因

在肯定农村产权制度改革成效的同时，应清醒地认识到当前改革正在蹚“深水区”，一些政策法律方面的束缚及滞后，严重影响了改革的全面深化和推进，许多源于地方实践的改革创新没有被授权认可而“步履维艰”，同时，工作机制的不完善、不配套也往往造成改革“事倍功半”，农民权益没有得到有效保障。

1. 农村集体资产股改方面

一是村股份经济合作社法律主体地位缺失，目前国家层面没有此方面的相关法律法规及政策，股份合作社工商登记、税务登记上的“两难”问题突出，税务部门将股份合作社视同公司企业，其物业租赁收入要交房产税、营业税、企业所得税及水利建设基金、教育费附加等，税率合计为租赁收入的21%左右，就目前实际看，股份合作社并不是一个纯粹的市场经济实体，还承担着相应公共服务职能，按照纯市场主体对其征税不尽合理。二是村股份经济合作社的管理方式没有根本改变，股改目的不仅仅是解决农村利益分配问题，更重要的是改变原有的经营模式，实行现代化企业管理，但是从总体上看，改制后的农村集体经济的管理和运行方式并未发生变化，股改后的董事长、总经理以及监事会负责人都由村两委领导担任，原有的村级管理和组织结构被平移到了股份合作社这一新的组织之中，村两委与集体经济组织并未脱钩，另外股改后普遍存在着股权过于分散、股东之间持股平均化的现象，经营决策效率低下，从而在一定程度上导致集体经济组织无实际控制人，不利于形成现代企业管理制度。三是股权权能不完整，农民量化的股权实质是集体资产的收益分配权，由于资产的集体属性，并且量化的多数是经营性资产，所以股权流转包括有偿退出是受限制的，欲从“封闭”走向“开放”。就目前法律政策看股权流转是受制约的，股权的抵押担保也因其不完整属性，金融机构害怕风险处置没有什么积极性。

2. 农村土地确权赋权方面

一是土地确权工作有待进一步合力推进，由于历史遗留问题较多，如承包地四至边界不清、土地权证与实际情况不符、分户引发土地调整等，许多工作需要多部门同步化解，但技术力量、政策指导等没有充分整合协同，使得确权进度和质量都存在差距，另外一些镇村干部怕难、怕烦、怕乱，不尊重农户意愿，欲以简单的“确权不确地”形式实施，实际是考虑今后征地的便利。二是农地流转规范性有待进一步提高，农地流转规模效应不明显，未达到温州市规模经营标准（10 亩）的比例达 35. 2%；经营稳定性差，流转合同签订率低，面积和农户数分别为 45. 1% 和 51. 8%；流转周期短，5 年以下的短期流转占 81. 7%，1 年的占 25%，一些流转协议条款不规范，内容简单，流转双方的权利得不到有效保障，另外，工商资本流转耕地后的“非粮化”现象也不同程度的存在。三是土地经营权权能有待进一步发挥，早在 20 世纪 90 年代温州市就开始探索土地经营权入股，但是成效不明显，对入股承包户而言，由于载体不对称和信息不透明，面临作价方式、参与形式以及风险防范等实际问题，而另一方的农业产业开发主体，考虑更多的是因承包户入股而引发的管理经营及利益分配方式问题；对于经营权抵押担保，主要是金融机构担心违约后抵押担保的土地无法处置，目前开展此项业务的金融机构，其目的仅是完成上级考核任务。

3. 农村产权交易平台方面

一是民营资本参与农村产权交易平台组建问题，这是温州市农村产权改革的创新举措，目前国内尚未有此方面的探索，最大的问题是如何解决民营资本逐利性和农村产权平台的公益性，尽管我们在其监管方面制定了相应措施，如交易保证金存入市农村产权中心账户、县产权平台不得限制其他拍卖机构进驻经营、交易品种的拓展需报备审批等，但是这些改革探索没有先例可循，存在许多不确定性，需进一步完善。二是农村产权平台的业务开展问题，尽管温州市在组建农村产权平台的同时，就出台办法将涉及农业农村的12类产权品种纳入交易范围，但是目前全市层面开展的业务仅为农村集体经营性资产、土地承包经营权两大类。另外，林权、海域使用权、集体建设用地使用权等，因为主管职能部门有各自平台而未将它们纳入，与此相配套的资产抵押登记业务在各级农村产权交易平台也未开展，今后有待于各部门职能及资源进行有效整合。

三　下一步改革的重点和方向

2016年是温州农村改革试验区的收官之年，也是“十三五”的开局之年，在做好温州农村改革试验区工作总结的同时，更要对下一步温州市农村产权制度改革进行统筹考虑，继续深化，持续推进，确保改革成效稳定、长久为农民所享有，为城乡融合发展打下扎实基础。

1. 农村集体资产产权改革

一是完备股权权能。赋予农民对集体资产股份占有、收益、有偿退出及抵押、担保、继承权。在尊重农民意愿基础上，明确条件和程序，积极探索并扩大股权抵押、担保改革试点，赋予股权更大的处分权能。积极开展村股份合作社内部股权的流转，考虑到目前公共财政尚未覆盖农村公共基础设施的事实，选择具备“撤村建居”条件的村股份合作社，探索内部股权对外转让试点，打破封闭格局，更大程度实现股权价值。二是转变经营方式。根据集体资产类型和分布，引导村股份合作社通过项目制、BOT、股份合作等方式，组织农民股东、市场主体参与物业等项目开发，发展混合所有制，提高资产经营效益。三是加强规范管理。抓好村股份合作社组织、财务、议事等各项制度建设，妥善处理好分配与积累、发展的关系，实现按股分红常态化，大力推进规范化建设，使有条件的股份合作社组织向企业转变。四是完善政策扶持。针对村股份经济合作社法人登记、税费缴纳减免、产权手续不齐备的集体资产及公益性资产处置等问题，因地制宜地出台相关政策措施加以明确并解决。

2. 农村土地确权赋权

一是加快推进承包地确权登记颁证。以农村第二轮土地承包工作为基础，全面调查土地承包及权证到户、土地承包关系及承包地块变动、权证登记簿编制等情况，以确权确地为主、确权确股为辅，加快推进土地承包经营权确权工作。同时适应农业规模化建设需要，绘制农户承包地块空间定位图，对通过招标、拍卖、公开协商等非家庭承包方式承包农村土地的，经申请和依法登记，颁发相应权证。二是强化以处分权为重点的土地经营权权能。赋予农民对承包地占有、使用、收益、流转权能，在总结各地试点基础上，积极引导农民以承包经营权入股发展农业产业化经营，推进土地承包经营权抵押担保改革试点，并建立配套的抵押担保登记办法和抵押担保资产处置机制。三是规范土地承包经营权流转。适应农村人口转移、承包主体与经营主体分离的新趋势，坚持尊重农民意愿、有利于发展农业规模经营的原则，引导采用稻谷等实物计价、委托流转、股份合作等方式开展土地流转，探索建立土地流转风险保证金制度，完善土地流出农户的社会保障体系。对于流转给工商企业的，要引导其雇用当地农村劳动力，发展现代农业和粮食生产，防止“非粮化”，严禁“非农化”。

3. 农村产权交易平台建设

一是完善交易组织体系。在健全市、县、镇三级农村产权交易平台的基础上，组建联网对接的数据库系统，实现产权登记、鉴证、交易等信息资源共享。总结民营主体参与农村产权交易平台建设的经验做法，切实加大监管力度。加快培育农村产权信息、评估等中介组织和经纪人队伍，并开展培训、管理、监督，引导他们为农村产权交易提供规范服务。拓展农村产权交易品种、范围，完善农村产权交易和监管等办法细则。二是完善产权交易制度。强化农村产权交易平台功能建设，形成链条式的一体化运作模式，在积极推进农村土地承包经营权、农村集体物业交易流转的同时，在品种、范围等方面继续拓展集体经济股权、农房财产权、农村集体经营性建设用地使用权等。同时完善农村产权登记、评估、交易等办法细则，探索农村产权收储机制，切实加强市场运行监管，确保农村产权流转交易公平、公正、规范运行。

B.27
2015年温州工业企业生产经营状况分析

温州市经济和信息化委员会课题组 *

摘　要：　通过对1200多家重点工业企业的跟踪监测，对重点地区、重点行业和重点企业的实地调研，本报告分析了2015年温州工业企业生产经营状况，认为2015年温州工业经济总体呈现稳中有进的发展态势，转型发展步伐加快，但企业订单不足、产品价格下降、企业效益下滑、资金紧张等问题仍然较为突出。同时，对2016年工业企业生产经营环境进行了预判分析，认为温州工业企业生产经营的困难和压力仍然较大，促进工业经济平稳发展需要多措并举。

关键词：　温州　工业企业　生产经营　监测分析

课题组深入有关县（市、区）、行业协会和重点企业进行广泛的座谈交流和实地调研，对1200多家重点企业进行网上问卷调查。研究认为，2015年，温州市工业运行延续上年的平稳增长态势，产业结构趋优，创新动力增强。但是，工业用电量、出口交货值和企业利润明显回落，互保联保问题仍然较为突出，工业经济平稳较快增长的基础仍不稳固。

一　全市工业企业生产经营中的积极因素

2015年以来，全市工业经济运行总体呈现“稳中有进”的良好态势。

* 温州市经济和信息化委员会课题组组长：周启政，温州市经信委书记、主任；副组长：赵斌，温州市经信委副主任；成员：杨雄文、陈博、林剑、计献伟，温州市经信委经济运行综合处。

2015 年全市实现规模以上工业增加值 1091.32 亿元，同比增长 6.3%，增幅比上年同期提高 0.1 个百分点，比全省高出 1.9 个百分点，近 4 年来首次超过全省平均水平，居全省第 3 位。从增长趋势来看，2015 年全市规模以上工业增加值基本上在6%左右波动，下半年呈缓慢回升态势（见图1）。主导行业增长平稳，市经信委监测的 1200 多家重点企业中，电气、鞋业、服装、汽摩配和泵阀等五大传统支柱产业分别实现规模以上增加值 212 亿元、138 亿元、84 亿元、59 亿元和 47 亿元，同比分别增长 7.9%、4.6%、6.4%、10.2%和 6.7%，合计实现工业增加值540.26 亿元，占规模以上工业的49.5%，同比增长7%，高于规模以上工业 0.7 个百分点，对规模以上工业增长贡献为53.7%。

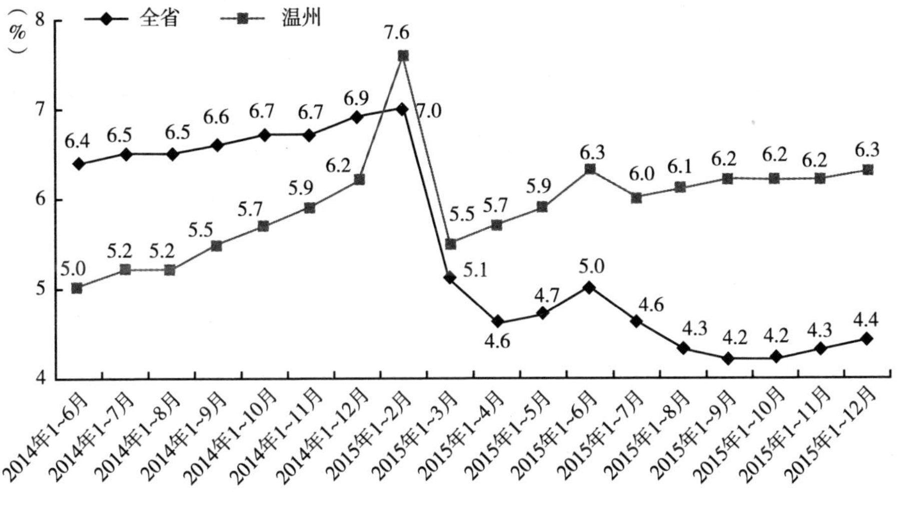

图 1　温州市与浙江省规模以上工业增加值增速

从企业生产经营情况来看，主要呈现以下五方面的积极变化。

一是企业开复工较早。市经信委监测重点企业中，截至 2015 年 2 月 28 日（正月初十），企业名义开工率（行政人员正式上班）达 62%，企业实际开工率（生产工人正式上班）达 40%，比上年同期均提高 3 个百分点。行政人员计划在正月十五前正式上班的占九成，生产工人计划在正月十五前上班的占 84%。特别是汽摩配、电气、轻工机械、泵阀等行业，企业开复工情况良好，正月初十前开工的企业分别占 78%、49%、48% 和 42%。受调查的企业中，与上年相比，开复工时间提早的占5%。

二是产业结构进一步优化。全市规模以上高新技术产业、装备制造业、战略性新兴产业增加值同比分别增长8.5%、8.1%和7.7%，增幅均高出规模以上工业增加值2个百分点左右，其中仅高新技术产业就拉动全市规模以上工业增加值增长2个百分点，占规模以上工业增加值比重达到36.8%，同比提高1.8个百分点。高能耗行业增速明显放缓，占比持续下降。市经信委监测重点企业中，金属冶炼（40家）、合成革（49家）、塑编（27家）等高能耗行业增加值合计下降3.8%，占规模以上工业比重合计约下降0.6个百分点。

三是创新动力进一步增强。在宏观经济环境趋紧的大环境下，工业企业自主创新的意愿明显增强，创新投入持续加大。全市规模以上工业企业科技活动经费支出总额48.5亿元，同比增长4.5%，增幅比全省平均水平高出1.7个百分点。全市规模以上工业新产品产值达到1195.01亿元，同比增长27.8%，增幅比全省平均水平高出14个百分点，居全省第1位；新产品产值率达到23.9%，同比提高3.3个百分点。

四是“机器换人”步伐进一步加快。面对招工难、用工成本持续上升的压力，企业主动加快“机器换人”步伐，减员增效成果进一步显现。全市实现工业性投资886.76亿元，同比增长18.1%，增幅居全省第2位；其中技改投资672.04亿元，同比增长24%。全市规模以上工业从业人数减少3.4万人，规模以上全员劳动生产率达到14.7万元/人，同比提高12%。

五是产业集群化程度提高。全市10个省级以上工业园区（开发区）实现产值3500多亿元，占全市比重达到46.5%。规模以上企业、超亿元、超10亿元和高新技术企业分别为2200多家、500多家、30多家和400多家，分别占全市的五至六成。省级以上工业园区平均产出效率为313万/亩，同比提高6%左右。

二　工业企业生产经营中存在的困难和问题

虽然当前全市工业经济运行较为平稳，但在市场需求不足、产品价格持续下降等外在因素，以及企业成本上升、资金紧张等内在因素交织影响下，企业生产经营仍然面临较大的困难和问题。主要表现在以下四个方面。

（一）企业产能发挥不足

当前全市工业经济运行呈现明显的“两头快、中间慢”的特征，“两头”的超10亿元企业（51家）和上年新投产企业（68家）产值同比分别增长6.5%和73%，对规模以上工业增长贡献率合计达到61%。若扣除超10亿元制造业企业和新投产企业，其余4600余家规模以上企业产值同比仅增长2.5%，大部分中小企业生产线开工不足。

（二）部分行业产品价格大幅下降

2015年以来，国际油价等大宗商品价格持续下降，全市化工、塑编、人造革等行业受产品价格波动影响较大，部分企业产量虽然持平或增长，但产值明显下降。全市工业品出厂价格（PPI）同比下降2.5%，连续50个月下降，且近几个月下降幅度有扩大的趋势。受此影响，市经信委监测的重点企业中，化工、制革、金属冶炼产值同比均下降4%以上。

（三）企业效益持续下滑

全市规模以上工业企业利润总额254.22亿元，同比仅增长1%，增幅同比回落12个百分点，比全省平均水平低4个百分点；亏损企业亏损额18.8亿元，同比增长53%。虽然全市工业企业利润略有增长，但主要是靠电力行业带动，传统制造业利润普遍下降。全市电力行业实现利润32.44亿元，同比增长22.7%。若扣除电力行业，其余制造业利润同比下降2.6%。电气、鞋业、服装、汽摩配、泵阀等五大支柱产业合计实现利润141亿元（占规模以上利润总额一半以上），同比下降1.4%。

（四）企业资金风险仍然存在

2015年以来央行3次降准、4次降息，在一定程度上缓解了企业资金压力，但龙头企业慎贷和银行惜贷现象并存，中小企业贷款难的问题仍然比较突出。截至12月底，全市企业贷款余额3343亿元，比年初减少103亿元。同时，企业库存和拖欠账款持续增多，进一步加剧了中小企业资金紧张情况。全市规模以上企业应收账款和产成品存货两项资金合计占流动资产的45.3%，比上年同期提高1.8个百分点。

三 2016年工业企业生产经营预测

从国际看，2016 年及今后一段时期，国际金融危机深层次影响仍将继续，世界经济仍然处在深度调整期，新旧增长动能交替接续，世界经济复苏总体呈现乏力、脆弱和不确定态势，发达国家加快“制造业回归”和新兴产业发展，东南亚等国家依靠低成本优势加快对劳动密集型产业的国际承接，中国的全球化红利正进入终结期。特别是随着 TPP 等自由贸易协定的签署，亚洲经贸格局将发生改变，成员国依靠零关税等优势，预计将进一步加大我国企业的外贸出口压力。

从国内看，我国经济发展长期向好的基本面没有变，经济韧性好、潜力足、回旋余地大的基本特征没有变，持续增长的良好支撑基础和条件没有变，经济结构调整优化的前进态势没有变，但多年发展沉积下来的一些结构性、素质性矛盾，特别是供给侧创新能力低下的问题没有得到根本缓解，在市场需求总体疲弱情形下，产能去化缓慢、资环约束加剧、创新能力薄弱、实体成本高企、企业赢利艰难、发展后劲乏力、两链风险显性化等新老问题交互交织，短期经济下行压力较大，影响工业平稳较好可持续增长。

从温州自身看，温州工业同样处于新旧增长动能交替期，危机并存，分化加剧，承压沉重。中长期看，全市工业增长动力和结构调整趋向积极变化，创新创业热度不减，“四换三名”组合拳深化显效，信息经济发展方兴未艾，成为支撑引领工业提质增效升级的新动能新亮点。但从短期来看，企业生产经营面临的订单不足、产品价格下降和投资意愿不足等问题短期内难以有明显改变。总的来看，2016 年温州市企业生产经营的困难和压力仍然较大，亟待供给侧改革创新发力显效，以此推动工业平稳较快发展。

（一）有利因素

一是重点企业带动力有望增强。目前，温州市已经出台了《领军企业培育实施方案》和《高成长型企业培育实施方案》，针对企业不同发展阶段，强化需求导向，建立要素资源高效配置协调机制，推进企业扶持方式由单纯的企业、项目普惠制，向与绩效挂钩的特惠制扶持方式转变，引导要素、政策和服务资源向优质企业倾斜。2016 年，全市 101 家领军工业企业和 224 家高成长型工业企业，有望成为拉动工业增长的主导力量。

二是企业成本压力有望减轻。中央经济工作会议将降成本列为 2016 年五大任务之一。目前，温州市正在制定出台《关于降低企业成本促进工业经济稳中向好的若干措施》，重点从制定涉企收费目录清单、适度降低企业社保费缴费比例、减免城市基础设施建设配套费、严格执行国家工商业销售电价下降政策、对优质企业执行贷款优惠利率、构建公共物流信息平台、推广中小企业服务券、加快宽带网络提速降费等方面，努力降低企业的制度性交易成本、用工成本、资源要素成本和生产运营成本。总的来看，一系列降成本“组合拳”的出台，将有望降低企业生产经营成本压力，扩大利润空间，激发企业的积极性。

三是“互联网 +”和创业创新的带动力有望增强。目前，以互联网为代表的新一轮科技革命浪潮来临。浙江省正大力推进“中国制造 2025 浙江行动纲要”，温州以传统劳动密集型为主的产业结构、以终端消费品为主的产品结构，若能抓住这一轮互联网产业革命带来的生产模式和商业模式变革机遇，则有望重新成为温州新的竞争优势。同时，“大众创业、万众创新”将成为经济发展的新动能，温州人在创业创新方面具有先天的优势和丰富的底蕴。特别是随着小微企业园、众创空间等一批创业创新平台建设加快，创业创新将成为温州产业转型的生力军、工业经济新的增长点。

（二）不利因素

一是市场需求难以明显回暖。2015 年，全市外贸出口持续低迷，外贸进出口总额同比下降 7.1%，其中出口总额同比下降 9.1%，鞋类、服装及泵阀等主要出口产品出口额同比分别下降 12.9%、18.5% 和 13.9%。2016 年世界经济复苏的脆弱性、不确定性将总体不利于全市工业品出口增长。在市经信委调查的重点企业中，认为 2016 年订单比 2015 年增多的仅占 16.5%，认为持平的约占六成，还有两成多的企业预测订单比 2014 年有所减少。

二是产品价格难以明显回升。2015 年，全球大宗商品特别是原材料的价格持续下跌。目前大部分机构预测 2016 年全球大宗商品价格难以出现明显回升，特别是原油、大宗农产品价格、大宗矿产品价格等，各方面普遍判断疲软还会持续相当一段时间。因此，2016 年全市化工、塑编、人造革等受产品价格波动影响较大的行业，仍然有可能会出现产量虽然持平或增长，但产值明显下降的现象。

三是新投产项目明显减少，带动力难以持续。2015 年，全市新投产并直接纳入规模以上统计的项目有 68 个，包括苍南华润电厂（全年新增产值 31 亿元）等重大项目，全年新增产值约 65 亿元。2015 年上半年，68 个企业拉动全市规模以上总产值 1.7 个百分点，贡献率达到 33%。但随着基数逐渐加大，这批企业带动力逐渐减弱，目前贡献率为 20%。根据市经信委近期对各地的摸底调查，2016 年温州市新投产并纳入规模以上统计的项目约 30 个，明显少于上年同期的 68 个，且缺乏像苍南华润电厂对全市起到明显带动作用的重点项目。预计 2016 年，新投产并纳入规模以上统计的项目带动力将明显减弱。

四　促进工业企业健康快速发展的对策建议

从工业发展趋势来看，发展方式必然要以规模速度型转向质量效率型，经济结构调整要从增量扩能为主转向调整存量、做优增量并举，发展动力要从主要依靠资源和低成本劳动力等要素投入转向创新驱动。因此，立足当前，着眼长远，提出以下对策建议。

（一）以小微园和省级产业集聚区为重点，提升产业平台承载力

一是抓好小微园建设提速提质。强化要素支撑，力争 2016 年小微园新竣工面积 500 万平方米。规范入园管理，争取入园企业新增产值 150 亿元。完善配套服务，打造永兴南园等一批示范园区，争取列入国家、省级小微企业创业创新基地。

二是抓好省级产业集聚区项目谋划招商。依托浙南先进装备产业集聚区和省级以上产业集聚区，结合“十三五”规划，重点抓好乐清智能制造装备产业园、华峰产业园等重大平台建设，对接引进南车轨道、百威啤酒等一批重大产业项目。

三是抓好工业强镇分类培育。制定工业强市建设 2016 年度工作计划，建立全市工业强镇竞争机制，力争乐清北白象、柳市、苍南龙港等强镇在全省综

合评价中继续名列前茅。

四是抓好特色小镇等创业创新平台建设。加快推进瓯海时尚智造特色小镇等省级特色小镇试点工作，组织培育8个市级工业类特色小镇试点。围绕“五一〇”产业，结合小微园建设和旧厂房改造，打造一批集孵化、服务、科研为一体的众创空间。

（二）以“机器换人”和技术创新为重点，提升工业发展新动力

一是全力扩大工业有效投资。推进企业“机器换人”，抓好“百项百亿”重点技改项目，完善“机器换人”竞争性补助方案，分类科学制定各行业的技改补助门槛。加快培育示范行业，重点抓好乐清电气、永嘉泵阀、瑞安汽摩配和鹿城鞋业等四大省级“机器换人”分行业试点培育。强化技术服务支撑，重点扶持20家以上技术改造工程技术服务公司，组建50个以上专家指导组。推进重大项目建设，争取推进20个超5亿元以上重点项目，50个亿元以上重点项目。推进“空间换地”，加快推进企业“零地”技改项目审批制向承诺验收制改革，争取全市推进“空间换地”项目1000个以上。

二是引导鼓励企业强化技术创新。组织实施“双百”新产品新装备开发计划，力争规模以上工业新产品产值率同比提升2个百分点。加快企业技术中心梯队建设，争取新增省级企业技术中心3家、省级产业技术联盟1家以上。强化行业公共服务平台建设，抓好国家工业电器质量监督检验中心等行业公共服务平台，引导平台从单一的产品检测平台向产学研一体的实验型研究院转型，参与企业新产品开发、制造和提升的全过程。加大企业创新人才培育力度，实施企业人才素质提升工程，全面提升重点骨干企业的高层管理和技术人员素质。

（三）以培育领军企业和高成长型企业为重点，提升经济增长带动力

一是大力培育领军工业企业。制定2016年度领军工业企业培育工作计划，力争全年培育省级“三名”示范企业2家，新增销售产值超百亿元、超50亿元企业（集团）各1家，新增超10亿元企业（集团）5家以上。

二是加大对高成长型工业企业的扶持力度。制定2016年度高成长型工业企业培育工作计划，从土地、资金、人才等要素方面加大倾斜力度，力争全年新增超5亿元企业15家、超亿元企业30家。

三是提高“小升规”企业增长稳定性。完善考核方式，由重点考核升规数量转为考核规模以上企业净增数量，并适当考虑对规模以上工业增加值增长贡献率。完善扶持政策，扩大企业服务券使用范围，增加服务内容，按照产值增长情况确定服务券金额。完善倒逼措施，强化统计、税务等执法，切实解决规模以上企业不如规模以下企业“实惠”的问题，形成规下企业自愿主动升规机制。

四是全面推进企业分类管理。深化要素市场化改革，全面开展工业企业综合评价工作，通过资源要素差异化供给政策，倒逼工业企业转型升级。

五是强化企业融资支持。完善企业资金风险评估数据库，结合企业综合评价、信用体系建设，推荐优质类企业作为金融机构放贷的主要客户，加强企业资金风险评估预警。提高应急转贷金使用效率，抓好企业风险分类处置。

（四）以传统产业提升和新兴产业培育为重点，提升产业竞争力

一是加快传统产业提升发展。制定2016年“五一〇”产业提升发展工作计划，强化电气、汽摩配、泵阀等产业配套，突出鞋服等行业品牌设计，促进全产业链式发展。强化基础配套产业支撑，重点抓好模具、锻铸造、紧固件、电镀、印染等五个关键配套产业。强化研发设计和品牌建设，抓好省级特色工业设计基地扩容提升，组织服装、鞋业等产业积极申报“浙江制造”品牌试点。推进企业整合重组，搭建全市企业整合重组信息平台，为整合重组企业提供资产评估、战略咨询服务、法律财务服务等。

二是加快新兴产业引进培育。强化项目招引，依托浙南先进装备产业集聚区，重点在通用航空、生命健康等新兴产业对接引进一批重大项目。强化重点项目建设，加快推动发展在温州市有一定产业基础和优势的新能源、新材料、激光光电等新兴产业，力争培育50家战略性新兴产业的高成长型企业。

三是完善产业转型倒逼机制。抓好“腾笼换鸟”，推进主城区工业制造业企业向浙南沿海先进装备产业集聚区有序转移，抓好“低小散”块状行业整治和旧厂房改造。科学合理推进节能降耗。通过用能配置市场化改革、电能替代、节能技改等途径，切实提高企业能源利用效率和可持续发展水平，为“十三五”节能降耗打下良好基础。

（五）以对接“互联网+”和智能制造为重点，提升信息经济推动力

一是加快发展“互联网+”新业态。培育发展信息经济，抓好电子信息和软件服务业等信息经济核心产业，推进蓝江软件园一带企业“退二进三”和旧厂房改造，打造信息经济亮点区块。推进传统特色产业电商化发展，支持鼓励传统产业对接“互联网+”发展电子商务，重点推广奥康OTO、报喜鸟网上个性化定制等销售模式。实施“互联网+”协同制造专项计划，培育发展中津研究所等大数据、云计算等服务企业，推广基于互联网开展故障预警、远程维护、质量诊断、远程过程优化等在线增值服务，实现从制造向“制造+服务”转型升级。

二是加快推进智能制造模式。培育智能制造示范试点，推进两化深度融合“登高计划”，力争培育“两化”深度融合示范试点企业20家以上。培育智能制造“小专精”企业，以瑞安金石、龙湾百信等机器人生产企业，恒丰泰等机器人精密减速器生产企业、苍南维融等“机联网”企业为重点，打造一批社会效益好、产业带动性强的“小巨人”企业。培育智能制造服务平台，推进中国（温州）智能制造暨工业机器人应用服务中心建设，为企业智能制造提供全方位服务。

三是加快推进“智慧城市”建设。强化信息基础设施建设，制定通信设施建设规划，引导通信运营企业加快降费。抓好“智慧城市”重点项目，加快推进智慧旅游、智慧交通等一批智慧专项建设，提升养老、社保等领域的信息惠民成效。

B.28
温州领导干部社会心态调查研究

杨美凤*

摘　要：　调查显示，2015 年温州领导干部对自身的生活满意度保持在较高水平。近六成领导干部社会压力感大，教育资源不均衡、环境污染、贫富分化是领导干部最为关注的社会问题。领导干部存在阶层地位主观认同偏低、安全焦虑和社会信任不足等问题。为培育健康的社会心态，本文提出在提升领导干部使命意识和担当能力的同时，通过建立科学的考绩和问责机制，增强领导干部自我效能感，为领导干部提供心理疏导和相关培训等路径，促进领导干部健康社会心态的形成和发展。

关键词：　温州　领导干部　社会心态

在社会转型背景下，随着经济和社会体制的变革，人们的价值观念和意见态度也面临着旧与新、传统与现代的碰撞，社会心态呈现复杂多元的形态。总的来看，社会心态正处于发展变化期、矛盾多发期与转型关键期，需高度重视社会心态问题。对社会心态的研究，可以折射出社会变迁过程中的各种社会问题，也有助于了解社情民意、社会热点和社会情绪。本研究选取扮演社会领导与管理者角色的领导干部作为研究对象。鉴于该群体特殊的社会身份与责任，我们认为有必要了解其心理状态与特征，以便于更好地把握当前社会心态的特点和发展态势。研究主要从领导干部的生活满意度、社会压力感、社会安全感、社会公平感、社会信任感、社会问题感等方面着手。调查共发放问卷 650

---

* 杨美凤，中共温州市委党校文化与社会学教研部助教、硕士。

份，回收有效问卷619份，回收率为95.23%。调查对象为参加进修培训的县处级和乡科级领导干部。其中，县处级领导干部发放问卷190份，乡科级领导干部460份，最终回收县处级领导干部176份，乡科级领导干部443份，有效回收率分别为92.63%、96.30%。

一 2015年温州领导干部的社会心态情况

（一）生活满意度

领导干部对自己2015年的生活状况满意度保持着较高水平。根据调查，领导干部回答生活状态“很满意”和“比较满意”的比例分别为11.0%和71.1%，占总人数比例的82.1%。具体如表1所示。

表1 领导干部生活状态满意度

变量	个数(n=619)	职级		百分比(%)
		县级	科级	
很满意	68	32	36	11.0
比较满意	440	128	312	71.1
不太满意	72	9	63	11.6
不满意	12	2	10	1.9
说不清	27	5	22	4.4

不同级别的领导干部回答结果显示，县处级领导干部对“自己的生活状态”满意度明显高于乡科级干部，他们的满意度比例分别为90.34%、78.55%。其中县处级领导干部认为“很满意”的比例为18.2%，乡科级干部认为“很满意”的比例是8.1%。而县处级领导干部认为“不满意”的仅2人，比例为0.3%；乡科级领导干部认为“不满意”的仅10人，比例为1.6%。

在满意度的测量指标中，我们对领导干部收入状况、医疗条件等满意度进行了测量。调查数据表明，与个人生活、收入、住房等相关的微观层面指标的满意度分值较为平稳。第一，家庭关系满意度在微观层面中处于较高水平。第二，住房条件、工作状况、休闲状况、经济秩序和公共安全等方面满意度处于中等水平。第三，收入状况、医疗条件、社区状况和物价状况等方面满意度处于较低水平，尤其是社会风气满意度处于最低水平（见表2）。

在相关性方面，生活满意度的各项指标与总体满意度皆存在正向相关。各项指标的提高，都有助于社会生活满意度的增加。在调查中，社会风气指标与生活满意度指标之间相关性最强，相关性比例为0.225。其次是公共安全指标、社区状况指标、工作状况指标，相关性数据分别是0.215、0.197、0.188。

表2　社会生活满意度评价及相关性数据

变量	相关性	极小值	极大值	满意度	标准差
收入状况	0.135	1.00	5.00	2.6678	1.10333
住房条件	0.087	1.00	5.00	3.1289	1.12809
医疗条件	0.148	1.00	5.00	2.8455	1.09360
社区状况	0.197	1.00	5.00	2.9413	1.02890
工作状况	0.188	1.00	5.00	3.3899	0.98503
休闲状况	0.009	1.00	5.00	3.2930	3.46246
家庭关系	0.044	1.00	5.00	4.0132	0.93587
经济秩序	0.164	1.00	5.00	3.0099	1.02449
物价状况	0.160	1.00	5.00	2.7405	1.07674
社会风气	0.225	1.00	5.00	2.6096	1.06432
公共安全	0.215	1.00	5.00	3.1252	1.07513

注：表中数据是基于5级量表的得分。对于收入状况指标，分值越高则表示满意度越高，对于其他指标，也是如此类推。对于相关性而言，相关性分值在1%水平（双侧）上显著相关。

（二）社会生活压力感

在过去的一年里，领导干部社会生活压力感较大。根据领导干部对“自己的生活压力”调查结果显示，有9%的受访者回答“很大”，有49.3%的人回答“比较大”，有34.7%的人回答“一般”，回答“较小”的比例为6.1%，回答“毫无压力”的比例为0.8%。这样，倾向于压力大的比例为58.3%，倾向于压力小的比例为6.9%，而一般的比例为34.7%。而从不同级别的领导干部情况来说，县处级干部和乡科级干部回答压力较大及以上的比例分别为54%、60%。

在访谈中，领导干部认为压力的主要来源是工作任务压力、家庭生活压力、子女就学压力，这三项的比例分别为81%、60.6%、44.3%。而选择社会监督压力、纠纷案件压力、高压反腐压力的较少，比例分别为5.6%、3.9%、1.6%（见表3）。

表3 温州领导干部压力指标

单位：%

变量	个数（n =612）	百分比	排序
家庭生活压力	371	60.6	2
工作任务压力	496	81.0	1
情感和人际交往压力	148	24.2	4
职业升迁压力	132	22.2	5
高压反腐压力	10	1.6	10
社会负面心理影响	121	19.8	6
子女就学压力	271	44.3	3
社会监督	34	5.6	8
纠纷案件	24	3.9	9
其他	37	6.0	7

注：该题是限选三项，应答比例大于100%。

（三）社会问题感

根据温州领导干部对“今年哪些社会问题比较严重”的回答显示，当前社会问题和矛盾较为复杂和突出。领导干部所关注社会问题的前三位分别是教育资源不均衡、环境污染、贫富分化，所占比例分别是67.5%、65.5%、63.9%。领导干部对住房价格过高、看病难和看病贵、道德滑坡和社会风气差等问题的关注度位列四至六位，选择比例分别为63.1%、61.7%、44.8%。最后，领导干部对于养老、就业、贪污腐败、宗教事务管理等方面的关注度较低。

表4 温州领导干部关注的社会问题比较

单位：%

变量	个数（n =612）	百分比	排序
看病难和看病贵	377	61.7	5
就业和失业问题	123	20.1	9
贫富分化	391	63.9	3
贪污腐败	116	19.0	10

续表

变量	个数(n =612)	百分比	排序
养老难	149	24.3	8
教育资源不均衡	413	67.5	1
住房价格过高	386	63.1	4
社会治安问题	83	13.6	12
环境污染	401	65.5	2
道德滑坡和社会风气差	274	44.8	6
宗教事务管理问题	101	16.5	11
违法行政	73	11.9	13
社会不公	166	27.1	7
其他	5	0.8	14

注：该题是多选题，应答比例大于100%。

而就不同级别的领导干部群体而言，县处级领导干部所关注社会问题的前三项分别为：教育资源不均衡、环境污染、贫富分化，选择比例分别是67.8%、66.7%、61.5%。乡科级领导干部所关注社会问题的前三项分别为：教育资源不均衡、住房价格过高、环境污染，选择比例分别是67.4%、66.2%、65.1%，贫富差距的选择结果排在第4位，所占比例为64.8%。在对比中发现乡科级干部群体把住房价格过高纳入了最为关注的社会问题之一。

（四）社会公平感

调查结果显示，领导干部的社会公平感有待加强。在“您觉得目前的社会公平吗”的回答结果中，有51.6%的受访者认为社会不公平，其中认为社会“不大公平”的比例为46.9%，认为社会“非常不公平”的比例为4.7%。而认为“比较公平”的比例为41.5%，认为“非常公平”的比例为0.5%。就不同级别的领导干部群体而言，县处级领导干部认为“不大公平”和“非常不公平”的比例分别为47.0%和3%，倾向于认为不公平的比例为50%；其认为“非常公平”和“比较公平”的比例分别为1.2%和43.3%，倾向于认为公平的比例为44.5%。乡科级领导干部认为社会“不大公平”和“非常不公平”的所占比例分别为46.9%和5.4%，倾向于认为不公平的比例为52.3%，而认为“比较公平”和“非常公平”的比例分别为40.8%和0.2%。在相关性测量中，劳动就业、收入分配等皆与总体社会公平感正向显著相关。

各项指标与社会公平感总指标的相关性比例分别为：劳动就业 0. 441、收入分配 0. 590、公共医疗 0. 474、义务教育 0. 374。

表 5　温州领导干部公平感各项指标得分及其对总体社会公平感的影响力

变量	相关性	极小值	极大值	公平程度	标准差
劳动就业	0. 441	1. 00	5. 00	3. 3107	0. 93814
收入分配	0. 590	1. 00	5. 00	2. 7620	1. 01620
公共医疗	0. 474	1. 00	5. 00	2. 8050	1. 03177
义务教育	0. 374	1. 00	5. 00	2. 8496	1. 10935

注：表中数据是基于 5 级量表的得分。对于劳动就业指标，分值越高则表示公平程度越高，对于其他指标，也是如此类推。对于相关性而言，相关性分值在 1% 水平（双侧）上显著相关。

（五）社会安全感

调查结果表明，领导干部社会安全感在不同指标上呈现较大不同。对于人身安全、财产安全、劳动安全的安全感基本上处于“比较安全”的水平，安全感在 4 分以上。而对于食品安全、个人信息和隐私安全、环境安全则呈现担忧状态。不同的领导干部人身安全感系数相差不大，人身安全、财产安全等居于较高水平，安全系数较低的分别为：食品安全、个人信息和隐私安全、环境安全，选择比例分别为有 66. 1%、62. 5%、42. 2%。就不同级别的领导干部群体而言，县处级干部认为安全感低的前三项分别为：食品安全、个人信息和隐私安全、环境安全，所选比例各自是 58. 3%、53. 3%、34. 7%；而乡科级领导干部为安全感低的前三项分别为：食品安全、个人信息和隐私安全、环境安全，所选比例各自是 69. 2%、66. 6%、45. 2%。

表 6　温州领导干部的社会安全感指标

变量	个数	极小值	极大值	安全感	标准差
人身安全	616	2. 00	5. 00	4. 1429	0. 59732
财产安全	616	1. 00	5. 00	4. 0779	0. 69172
环境安全	614	1. 00	5. 00	3. 0831	0. 11841
劳动安全	611	1. 00	5. 00	3. 8085	0. 84018
交通安全	616	1. 00	5. 00	3. 3003	1. 00198

续表

变量	个数	极小值	极大值	安全感	标准差
医疗安全	615	1.00	5.00	3.2650	0.98009
食品安全	614	1.00	5.00	2.3909	1.06723
个人信息和隐私安全	616	1.00	5.00	2.4643	1.10521

注：表中数据是基于5级量表的得分。得分越高，安全感越高。

二　温州领导干部社会心态呈现的特征及问题

调查结果显示，六成领导干部对未来生活变化持乐观态度，其中有52.4%的受访者认为“有所变好”，有7.6%的人认为“会很美好”。领导干部最为关心和看重的前四项是身体健康、家庭生活美好、国家稳定发展、公平正义。但调查也显示，温州领导干部社会心态发展中也呈现一些特征和问题，以及值得关注的社会心态走向。

（一）生活满意度高和压力感大并存

领导干部所表达出的满意度和压力感，尽管是从个人的角度出发对自己现状所做的选择和评价，但是在一个个随机选择和评价中，可能也从侧面反映出领导干部社会生活的总体状况。从调查结果来看，领导干部的满意度高的占总人数的82.1%，而有压力感的占总人数的58.3%。在对满意度和压力感进行进一步相关分析中，生活满意感和压力感呈现显著的负相关，相关性比例为-0.254。而为何在现实生活中会出现生活满意度高而压力感却大这样的现象？解答这个问题还首先要分析领导干部的满意度是怎样形成的。领导干部的满意度是多种因素共同作用的结果。数据表明教育水平和收入水平等客观因素皆有助于满意度的提升。从相对满意感角度来看，领导干部压力大和生活满意度高相背离的现象之所以产生，主要是领导干部在客观的发展中获得了相对满意感。相对满意感主要是领导干部将自己目前的发展情况与之前状况、自身条件、群体对比中而产生的满意感。因此即使在负荷较大的工作压力下，相对满意感仍旧可以让他们接受和认可这种压力源。而从另外一个角度看，目前领导干部压力感大之所以没有导致满意度低现象的存在，其重要原因还在于压力感并没有大到严重影响整个生活满意度的状况发生。不过领导干部压力感大仍是我们不可忽视的问题。温州领导干部压力源主要是工作任务压力、家庭生活压力、子女就学压力，尤其是工作任务压力。干部实际绩效和个人升迁相挂钩、一系列的考核指标、“领导责任问责制”、“一票否决制”等皆无形中增加了干部的心理压力。在调查数据中发现，机关干部和基层干部的压力强度并不相同，基层干部承受着更大的压力。打个比方说，同在县处级位置，身在基层的县委书记所承受的压力大于同一级别的机关干部，他们对于考绩与问责有着更加深刻的认识。基层领导干部坦言，部分考绩压力大到可以用“PK”来形容，考绩结果直接影响仕途和收入分配，甚至会连累自己同区域的干部。而对于问责机制，他们也感觉压力很大，在有些任务面前乡镇干部只得选择“打太极”的方式，如此一来极其影响工作效能，并且影响了领导干部的自我效能感。

（二）社会公平感和社会问题感呈正相关

社会公平感反映的是人们根据现有的资源分配、经济状况等所做出的价值判断，是对政治经济社会权益平等与否和利益分配是否合理做出的评价。问卷统计结果显示，51.6%的领导干部认为社会不公平。就不同级别的领导干部群体而言，县处级领导干部中认为社会不公平的比例为50%，乡科级领导干部中认为社会不公平的比例为52.3%。二者所选比例较为相近。而在社会问题感的调查中，领导干部认为教育资源不均衡、贫富分化是比较严重的社会问题，所占比例分别为67.5%、63.9%。通过调查，我们发现领导干部社会问题感和社会公平感存在交互相关，呈正相关的比例关系，而这恰好也反映了转型期社会不公这一深层次的问题。有学者表示由于家庭背景、出生与生活地域不同以及个人自然禀赋的差异，人们的社会地位与生俱来就是不平等的，但通过公平的教育机会与健全的社会保障对收入分配的调节，这种社会地位又是可以改变的。[①] 可现实的状况是：虽然改革开放30多年来，中国公民的社会不平等现象得到了缓解，但是还并未消除社会权益不公的现象。我国社会分化还

① 郑功成：《中国社会公平状况分析——价值判断、权益失衡与制度保障》，《中国人民大学学报》2009年第2期。

在加剧，地区差异还在扩大，不公平的教育机会和社会保障体系还不健全，由此又带来了新的社会问题，而社会问题不断增加，人们在“共享现实”中，又再次加剧了公民的社会不公平感。

（三）安全焦虑和社会信任不足问题突出

调查结果显示，领导干部有安全焦虑和社会信任不足的现象，尤其是食品安全和生态环境、信息安全问题较为突出。不断发生的药品、食品等安全事件引发民众的不安全感和焦虑，现代社会与过去相比，社会风险和不确定性增加了，原本应对这种安全风险和不确定性的重要途径就是信任。而这又恰是问题之所在，当前社会正处在不信任的氛围之中。社会的不信任感有两个特征。一个特征是人与人之间交往的不信任化；另一个特征是公民对群体或组织的不信任感。针对政府机构或组织的信任度调查结果显示：第一，“中央政府”被认为是信任度最高的政府机构，选择比例达76.5%。第二，44.9%的领导干部选择了“省级政府”；32.3%的领导干部选择了“地方政府”。第三，对于公众媒体、村级组织、消费者协会等社会组织，信任水平很低。领导干部对于各级政府的信任程度随着层级的下降而递减。组织信任表现出“央强地弱”的层级结构。在访谈中发现领导干部有对当前社会公信力下降的担忧，公信力下降导致的信任危机，以政府、专家及媒体最为严重。不相信政府，不相信媒体，更不相信专家，已构成了当前社会中一堵亟待被推倒的“信任墙”。

（四）领导干部阶层地位主观认同偏低

如果将领导干部主观阶层认同划分为上层、中上层、中层、中下层、下层5个阶层。在经济地位层面，领导干部认为自己是上层、中上层和中层的比例分别为0.7%、4.6%、49.5%，相加比例达54.8%；在政治地位层面，认为自己是上层、中上层和中层的比例分别为0.7%、10.8%、56.5%，相加比例达68.0%；在社会地位层面，认为自己是上层、中上层和中层的比例分别为0.3%、12.3%、59.9%，相加比例达72.5%。

就不同级别的领导干部群体而言，调查结果显示，县处级领导干部在经济地位上选择中层及以上的比例为70.2%，选择下层的有1.2%；在政治地位上选择中层及以上的比例为90.0%，无人选择下层；在社会地位上选择中层及以上的比例为89.4%，无人选择下层。而乡科级干部在经济地位上选择中层及以上的比例为48.7%，选择下层的有5.5%；在政治地位上选择中层及以上的比例为59.3%，选择下层的有3.7%；在社会地位上选择中层及以上的比例为65.9%，选择下层的有2.8%。

陆学艺等学者的五大社会等级划分理论，将社会经济等级划分为5个：社会上层、中上层、中中层、中下层、低层。将领导干部归属于中上层，中下层成员主要是个体服务者、工人、农民。在其当代中国社会阶层研究报告中，国家与社会管理者阶层，指在党政、事业和社会团体机关单位中行使实际的行政管理职权的领导干部，具体包括：中央政府各部委和直辖市中具有实际行政管理职权的处级及以上行政级别的干部；各省、市、地区中具有实际行政管理职权的乡科级及以上行政级别的干部。领导干部这一群体享有其他群体所没有的社会资源和社会地位，比如乡镇一把手，即使其仅仅只是正科级，其享有的社会地位和社会认知度也较高。但是我们的研究发现，本该在经济地位、社会地位、政治地位归属于更高阶层的领导干部，却存在着比较普遍的阶层认同向下层移动现象。领导干部群体出现了阶层地位认同偏差①，地位认同呈现“向下偏移”现象。

阶层地位认同程度在个体间存在差异，行动者会同时受到客观性因素和主观建构的双重作用。为了更好地探究领导干部阶层地位偏差的影响因素，本文运用线性回归分析，将领导干部年龄、工作时间、教育程度、年收入等客观性因素纳入回归模型分析。统计结果显示客观阶层地位的不同维度影响着领导干部的阶层地位认同。在其他条件保持一致的情况下，年龄、教育程度、年收入对领导干部阶层认同偏差存在正效应。工作时间对领导干部阶层认同存在负效应。也就是说，年龄越大，领导干部低估自己阶层地位的程度可能性越低；受教育程度越高，领导干部低估自己阶层地位的程度也随之降低；与之相同的是，年收入越高，阶层地位认同向上偏移的可能性也会随之提高。而工作时间这一客观性因素则呈现相反的状态（具体见表7）。此外，数据分析还发现市

① 所谓阶层地位认同偏差，是指个体所处的客观阶层地位与其主观社会地位的不一致程度（仇立平、韩钰，2014）。

场化背景下教育程度和年收入等客观结构性因素与阶层主观认同也存在相一致的现象，进一步佐证了客观性因素对阶层认同偏差的影响。

表 7　回归模型统计结果

模型		非标准化系数		标准系数	t	Sig.
		B	标准误差	试用版		
1	（常量）	1.198	0.318		3.770	0.000
	年龄	0.022	0.009	0.226	2.497	0.013
	工作时间	-0.005	0.007	-0.065	-0.732	0.465
	教育程度	0.112	0.060	0.080	1.864	0.063
	年收入	0.180	0.034	0.244	5.320	0.000

注：因变量为社会地位。

另外，针对领导干部自身的社会流动感知进行测量显示：领导干部在被问及“您的个人发展机会如何”时，有1.6%的人认为“很好”，21.3%的人认为“较好”，69.3%的人认为“一般”，认为“较差”和“很差”的比例分别为5.9%和2.0%。在领导干部的阶层主观认同中，倾向于认为未来自己的社会地位会实现向上流动的选择比例较少。数据测量显示社会流动感和阶层地位认同偏差存在着较大相关性。不过，对体制内社会流动不足是否会制约领导干部阶层认同还需进一步的研究。

三　建构良好领导干部社会心态的建议

（一）提升领导干部使命意识和担当能力

“十三五”时期，温州从全国发展中寻找“新坐标”，确定了“三个城市”战略目标，即建设民营经济创新示范城市、东南沿海重要中心城市、迈入全面小康社会标杆城市，提出了经济转型、城市转型、社会转型三大转型任务。并正在制订实施“系列三年行动计划”，赶超发展，争做标杆，成为温州各级领导干部的任务使命。在建设全面小康社会的决胜阶段，各级领导干部必须强化使命意识，提升担当能力，同时对于自己所承受的压力有更好的心理准备和应对能力。

（二）建立科学的考绩和问责机制

由于温州发展正处在特殊的关键期，领导干部在提升自己的使命意识和担当能力的同时，心里可能会承受着比较大的思想负担。在调查数据中发现，机关干部和基层干部的压力强度并不相同，基层干部承受着更大的压力。在基层管理中部分考绩压力大到可以用“PK”来形容。虽然针对领导干部的考绩和问责制度，其初衷是更好地促进工作的开展以及对干部的监督。但是如果没有根据当地实际情况设置过多的考核，可能导致事倍功半，甚至导致干部出现“多干、多责任，少干、少责任，不干、就没责任”的思维观念。就拿乡镇来说，在机构改革后，其权力被缩小，人事权、土地权、财权等权力几乎都划归县级，很多小事都需上级批准，不能自行拍板，但是中央、省、市、县等任何一项工作却层层下压到乡镇。最终乡镇只能硬着头皮扛，但是工作一旦出现问题，却要由乡镇来担责。如此一来不仅违背了设置考核的初衷，还影响工作效率和领导干部的健康心态。因此政府需要建立科学的考绩和问责机制，明确职责分工，在干部提升能力和责任意识的同时，能够更有效地开展工作。

（三）提高领导干部阶层主观认同，增强自我效能感

正如前文针对温州领导干部阶层主观认同所做的分析，客观性结构因素如教育程度、年收入等与阶层主观认同存在正相关的关系。在经济地位、政治地位、社会地位三者对比中，领导干部在经济地位层面的主观阶层认同是最低的。将领导干部的年收入、教育程度与经济地位、政治地位、社会地位认同分别做相关分析，年收入和经济地位相关性为0.327，年收入与政治地位认同相关性为0.293，年收入和社会地位认同相关性为0.287，皆存在正向相关，而且是比较显著的相关关系。根据调查情况，要建立稳定的领导干部阶层主观认同，政府可以根据温州实际为积极肯干的领导干部提供适当的物质激励，增强领导干部职业地位的认同感，进而提升领导干部的自我效能感。再者，数据显示地方政府和社会组织的信任度低，也影响着领导干部的自我效能感和主观阶层认同。政府公信力不足，会引发民众对政府的不信任感，而民众的这种不信任感又容易再次降低领导干部

的自我效能感，因此提升政府和社会组织的公信力也是提高领导干部阶层认同的重要途径。

（四）为领导干部提供心理服务和相关培训

政府相关部门为领导干部提供心理服务和相关培训是改善领导干部心理健康状况的有效途径。第一，相关部门可以开展定期和不定期的心理健康讲座。领导干部在接受培训的过程中，要学习心理学等相关知识，用正确的行为方式来应对内心的“亚健康”，重视以往被忽视的心理问题。第二，在领导干部群体中倡导一种有利于减压的生活方式。领导干部在自然而然的状态下对自己的心理进行调适，从而能够更好地应对压力和进行情绪管理。第三，上级领导学会与干部开展“双谈”活动：谈工作、谈生活。真心贴近干部的现实生活，了解他们的压力和需要，统筹和分配好工作，发挥每个干部的特长，进而更好地缓解干部群体的心理压力和提升他们的自我效能感。

参考文献

王俊秀、杨宜音：《中国社会心态研究报告（2014）》，社会科学文献出版社，2014。

王俊秀、杨宜音：《中国社会心态研究报告（2012～2013）》，社会科学文献出版社，2013。

杨宜音、王俊秀：《当代中国社会心态研究》，社会科学文献出版社，2011。

裴志军：《家庭社会资本、相对收入与主观幸福感：一个浙西农村的实证研究》，《农业经济问题》2010 年第 7 期。

范晓光、陈云松：《中国城乡居民的阶层地位认同偏差》，《社会学研究》2015 年第 4 期。

马向真：《基于人口学变量研究的当代中国社会心态观察》，《南京师大学报（社会科学版）》2011 年第 6 期。

邱吉、孙树平、周怀红：《当前社会心态的考察分析与实践引导》，《中国特色社会主义研究》2012 年第 2 期。

甘乐：《2011 年中国青年的社会心态》，《当代青年研究》2012 年第 3 期。

古斯塔夫·勒庞、冯克利译：《乌合之众》，中央编译出版社，2014。

滕尼斯、林荣远译：《共同体与社会：纯粹社会学的基本概念》，商务印书馆，1999。

B.29
外地人在温创业情况调查

中共温州市委党校课题组*

摘　要：　温州社会经济的发展，既需要内外温商的积极响应，也需要在温外地人的共同参与。尽管大部分在温创业的外地人企业主对温州的发展环境表示满意，但大多也表示到政府办事比本地企业主更为困难。为此，建议温州在宣传上，要弱化地域认同，树立区域开放形象；在发展战略上，要淡化招商引资，重视区域环境优化；在公共服务上，要坚持依法依规，不分内外，公平对待；在政策导向上，降低在温州创业的成本，鼓励在温州安家落户。

关键词：　外地人　温商回归　温州创业

近年来，温州地方政府积极实施了“温商回归”战略，采取各种政策和措施鼓励在外温商回乡创业。温州社会经济的发展，既需要内外温商的积极响应，也需要非温州籍外地人的共同参与。在全国上下积极倡导“大众创业，万众创新”之时，温州要成为万众乐业的热土，首先需要一个良好的创业环境。在温州创业的外地人是对当地发展环境最为敏感的群体。温州创业环境的好坏，从某种程度上看是要由外地人在温州创业是否便利来考量。为此，温州市委党校特地组织课题组从非温州籍外地人在温创业的情况为切入点，在2015年暑期进行了为期数月的调查。除了对重点对象的访谈调查外，还采用

* 中共温州市委党校课题组负责人：朱康对，中共温州市委党校经济学教研部主任，教授。课题组成员：夏择民、朱呈访。本文由朱康对执笔，夏择民完成问卷统计汇总和整理，朱呈访负责问卷设计和调查。中共温州市委党校陈秋、陈忠谊等共同参与问卷调查。

了随机抽样的方式，发放调查问卷（问卷内容见附件），最后合计回收155份，除去答题数不足的问卷，有效问卷共149份，回收问卷有效率为96.1%。通过调查分析，形成本报告。

一　外地人在温州创业的基本情况

本课题调查样本是选择在温州创业的原籍非温州的外地人，包括私营企业或者个体工商户（下统称样本企业）的业主。

从调查对象的籍贯看，128个有效回答中（以下均为有效回答的占比，不再说明）样本企业负责人来自17个省、市、自治区。其中省内占15.6%，省外占84.4%。性别比例看，男性占80.43%，女性占19.57%。年龄则在20~60岁，中位数是37岁，比较接近正态分布。学历最低为小学，最高为硕士。其中学历为初中和高中的人数最多，分别占有效问答的40.3%和24.6%。高中及以下学历占78.4%。

表1　外地人企业业主的籍贯统计

单位：%

籍贯	人数	百分比	有效百分比	累计有效百分比
浙江	20	13.4	15.6	15.6
江西	19	12.8	14.8	30.4
河南	13	8.7	10.2	40.6
湖南	12	8.1	9.4	50.0
湖北	12	8.1	9.4	59.4
安徽	11	7.4	8.6	68.0
山东	11	7.4	8.6	76.6
四川	9	6.0	7.0	83.6
江苏	6	4.0	4.7	88.3
贵州	6	4.0	4.7	93.0
重庆	3	2.0	2.3	95.3
天津	1	0.7	0.8	96.1
福建	1	0.7	0.8	96.9

续表

籍贯	人数	百分比	有效百分比	累计有效百分比
广西	1	0.7	0.8	97.7
陕西	1	0.7	0.8	98.5
云南	1	0.7	0.8	99.3
青海	1	0.7	0.8	100.0
缺失	21	14.1	—	—
合计	149	100		

样本企业的基本情况如下。

（1）从创立年份看，创立时间在1984～2015年，集中分布在2006年以后，占样本数的86.7%。其中63.3%的外地人企业是在2011年后创立。可见，2011年尽管温州爆发了区域金融危机，但是并没有阻止外地人在温创业的步伐。

（2）从所属行业看，较多集中在制造业、批发零售、住宿与餐饮三大行业。在制造业中，制鞋与制衣占58.7%。67.79%的样本企业属第三产业①。这与温州区域产业结构特点高度吻合。

（3）从企业规模看，员工数最少1人，最多583人。70%以上企业员工总数在15人以下。从营业收入看，仅收到84次有效回答。最高为5000万元。中位数为10万元。60.7%企业营业收入在15万元以下。220万元以下企业占75%。可见，温州外地人企业基本以小规模个体私营企业为主。

（4）从企业性质看，142次有效回答中，私营企业35家，股份合作企业2家，股份有限公司2家，有限责任公司26家，个体户82家②。

（5）从经营场所看，147次有效回答中，自有厂房（或经营场所）的只有11家，仅占7.4%，其余138家厂房或经营场所都是租赁的，占92.6%。

调查中发现，外地人在温州创业许多是从打工开始，转而寻找机会自己创业。很多创业者选择为在温州的外地人服务的餐饮服务和为温州主导产业配套的零配件生产服务项目。大多数企业起步低，规模小，植根性差。

① 温州郊区农村许多耕地都由有外地农民租种，本调查范围主要是个私企业，没涉及外来农户。

② 包括连锁加盟店等。

二　在温州创业的外地人对企业经营情况的评价

从在温州创业的外地人对自身企业经营情况的判断看，2014 年总体上发展正常，但是 2015 年的预期略有下降。由于受到生产成本上升和市场增长乏力的双重挤压，企业经营困难。

（一）2014年企业经营情况回顾

总体来说，样本企业在 2014 年发展平稳中略有放缓。样本企业中，选择“快速增长”“平稳增长”“增速放缓”“出现亏损”的比例依次为 6.8%、55.4%、24.3%、13.5%。半数以上企业能够保持平稳增长，但也有近四成企业出现了增长率下降甚至亏损的情况。具体来说，2011 年以前成立的企业、员工人数在 30 人以上的企业、私营企业、自有厂房的企业、女性企业主、35~40岁的企业主、受过高等教育的企业主，其自我评价要好于总体。而来自浙江省内或来自东部地区的企业主，其自我评价差于总体，仅分别比远离浙江的省份和西部地区略好。

（二）2015年经营情况预期

与 2014 年实际经营情况相比，企业主们对 2015 年的预期略显悲观，选择四个选项的比例分别为 4.7%、55.0%、25.5%、14.8%，认为 2015 年增速放缓和出现亏损的比例略有升高。第二产业企业主在 2014 年自我评价略好于第三产业，而在对 2015 年的预测中，第二产业企业主显得比第三产业悲观。女性企业主相对于男性企业主更为悲观。

（三）企业经营困难的原因分析

什么原因造成了企业生产经营的困难？外地人企业中 49.3% 选择了“生产成本上升”，45.8% 选择了“市场增长乏力”，这两个困难分别代表了温州经济增长所面临的最重要的内部阻力和外部阻力。其余阻力分别是“税收负担重”（25.0%）、“企业人才缺乏”（23.6%）、“企业融资困难”（16.7%）、“自主创新能力薄弱”（11.8%）、“企业用地困难”（10.4%）。企业成立越晚、规模越大、企业主学历越高，感受到越多样化的困难。自有厂房者、男性企业主比对照组感受到更多样化的困难。一个值得注意的现象是，来自省内或东部地区的企业主，其感受的困难和来自远离浙江省份、西部地区的企业主一样，都相对中间地区、中部地区的企业主更多。

“企业融资困难”排在较后的位置，融资难问题对于样本企业来说是否严重？样本企业中，存在融资缺口的占67.8%。其中略有缺口的占73.3%，有很大缺口的占26.7%；融资较难的占87.2%，融资较易的占12.8%。总体来说，2/3的企业存在融资缺口，虽然融资缺口不大，但大部分企业感觉融资较难。在担保链化解、银行贷款延期、银行授信等融资方面，只有15.2%的企业得到过政府相关部门的帮扶。早期创立的企业因为在温时间长，受到的融资帮扶较多。省内的企业主融资缺口的比例最高，获得政府融资帮扶的比例却最低。东部地区企业主受到的帮扶较中西部少。

那么样本企业的融资渠道有哪些？银行贷款（45.7%）和同乡借款（45.1%）是样本企业最主要的融资渠道。在银行贷款中，在温州本地银行贷款和籍贯地银行贷款占绝大部分，分别有23.2%和21.8%的样本企业主选择（在其他地方银行贷款的仅0.7%）。此外，样本企业的融资渠道还有小额贷款公司（19.7%）、民间借贷（9.9%）、租赁典当融资（3.5%）、企业拆借（2.8%）。具体来说有以下几方面内容。

（1）按创立时间看，越是新成立的企业，越倚重同乡借款，越是老企业，选择银行贷款的越多，温州本地银行贷款的作用上升得尤其明显。从所属行业看，制造业企业更多选择从银行贷款，尤其是从温州本地银行贷款。而批发零售、住宿餐饮更多选择同乡借款。制造业选择从小贷公司贷款的比例明显高于批发零售与住宿餐饮。

（2）从产业划分看，第二产业企业更倾向于银行贷款，而第三产业企业更倾向于同乡借款。在银行贷款方面，第二产业更倾向于从温州本地银行贷款，第三产业略倾向于从籍贯地银行贷款。

（3）从员工规模看，员工规模越大的企业，越倾向于银行贷款，尤其是温州本地银行贷款，而规模越小，越倾向于同乡借款。

（4）从营业收入看，营业收入越高，越倾向于银行贷款，尤其是从温州本地银行贷款；营业收入越低，越倾向于同乡借款。

（5）从企业性质看，股份合作企业和股份有限公司，因为抵押品相对充足，都选择温州本地银行贷款或租赁典当。私营企业和有限责任公司，银行和小额贷款公司贷款是其两个主要的融资渠道。而对个体工商户来说，同乡借款是其主要融资形式，银行贷款的比例不高，特别是从温州本地银行贷款的比例很低。

（6）从经营场所性质看，有厂房的企业来说，银行贷款是其主要的融资方式，特别是从温州本地银行贷款。而对于租赁厂房的企业来说，从籍贯地银行贷款的较多，而同乡借款是其最主要的融资渠道。

（7）从企业主籍贯的地理距离看，省内企业主，银行贷款是其主要融资渠道，其次是同乡借款。银行贷款中，从温州本地银行贷款和从籍贯地银行贷款比例一样。省外企业主中，越是远离浙江，选择同乡借款的比例越低，而银行贷款（尤其是温州本地银行贷款）、小额贷款公司、民间借贷等都呈现上升趋势。其原因可能是来自远离浙江的省份的企业主，在温州的同乡数量少于邻近省份，而同乡借款外的融资渠道就显得更为重要。从企业主籍贯地理位置看，东部地区企业主更喜欢银行贷款、民间借贷、租赁典当等融资渠道，而中西部地区更喜欢同乡借款。

（8）从性别上看，男性、女性企业主的主要融资渠道都是同乡借款和银行贷款。女性除了银行贷款和同乡借款，几乎没有其他的融资渠道，在融资多样性上不如男性。

（9）从年龄上看，随年龄增长，银行贷款的倾向上升，年龄越小，越偏好同乡借款、小贷公司和民间借贷。

（10）从学历看，学历越高，同乡借款的倾向下降，银行与小贷公司贷款的倾向上升。高学历者在温州本地银行贷款、小额贷款、民间借贷的倾向都相对较强。

样本企业在融资中遇到的首要困难是“利率高①”（48.6%），其余依次是“缺抵押②”（35.2%）、“不信任③”（26.1%）、“缺担保④”（23.9%）、“评级

① 贷款利率和其他成本太高。

② 缺乏银行愿接受的抵、质押资产。

③ 不信任外地人。

④ 缺乏第三方提供的保证。

低①”（12.7%）。具体来说，越是新创立企业，越是不被信任，同时也越少面临抵押品的约束（可能是发展过程中遇到的融资难问题还未凸显）。制造业及第二产业面临的不信任程度相对低，但是缺乏抵押品的状况也相对严重。随着员工规模或营业收入上升，受到的不信任程度呈减少趋势，而对抵押品的需求也上升了。自有厂房的企业主不再缺乏抵押和被不信任。省内企业主、东部企业主面临相对更少的不信任。从年龄看，除缺担保一项是随年龄上升外，其余基本都呈U形或倒U形。原因可能是年龄大的企业主其企业规模也大，在扩张规模时需要的融资额也高，因而融资的困难也越发凸显出来。一个印证是在融资缺口方面，中等年龄者面临融资缺口的比例低于大龄者。高学历者在不信任这一项上，选择的倾向远低于中低学历者，这说明温州人对高学历外来者的信任程度较高。

生产成本中，有一个很重要的部分是用人成本。近年来，用工成本快速上涨，企业的用人需求是否能得到满足呢？认为“能满足”和“较能满足”的样本企业主分别占16.2%和43.9%，“不太能满足”和“不能满足”的占33.8%和6.1%，说明近60%的企业用人需求基本能得到满足。具体来说，企业最紧缺的是“技术人才”（44.4%），其余依次是“熟练工”（39.6%）、“管理人才”（29.2%）、“营销人才”（28.5%）和“普工”（23.6）。从创立年份看，越早成立的企业，越感觉到人才需求无法满足，而新企业感受到的人才压力较小。从所属行业与产业划分看，制造业的人才短缺问题较批发零售、住宿餐饮业严重，第二产业的人才短缺问题较第三产业严重。从企业规模来看，员工人数越多，营业收入越高，越感觉到人才缺口。从企业性质来看，除了个体工商户，都感受到较大的人才缺口压力。从经营场所性质看，自有厂房者感觉到更大的人才缺口。从企业主籍贯地理位置看，省内企业主和东部企业主面临更大的人才缺口。年龄越大，学历越高，人才缺口越大。

三　在温州创业的外地人对温州创业环境的评价

作为在温州创业的一个外来群体，外地人选择了在温州创业，本身说明了温州有其创业所需的土壤，那么他们对温州的创业环境评价又如何呢？

---

① 信用评级无法达到银行标准。

（一）对温州创业环境的总体评价

从总体评价看，大部分在温州创业的外地人对温州的投资环境表示满意，但非常满意的寥寥无几。选择非常满意、比较满意、满意的比例分别为2.0%、26.8%、43.0%，共计71.8%。选择不太满意和不满意的比例分别为20.8%和7.4%，共计28.2%。

具体来说，从创立年份看，企业成立越早，不满意的倾向越明显。从所属行业和产业看，住宿和餐饮的不满意程度超过制造业和批发零售业，第三产业满意度不如第二产业。从企业规模来看，随着员工人数和营业收入增加，满意度有下降趋势。从企业性质看，私营企业满意度最低，而个体工商户的满意度最高。从经营场所性质看，自有场所者的满意度高于租赁者。从企业主籍贯的地理分布看，中部企业主的满意度最高，东部企业主的满意度明显低于中西部地区。从企业主籍贯的地理远近看，省内企业主和较远地区企业主的满意度均低于中间地区企业主，省内企业主的满意度最低。从学历来看，中等学历者满意度最低。这或许同样可以用预期机制和现实机制共同作用来解释。义务教育学历者受到的待遇虽低，但是他们的期望更低，而高学历者受到的待遇较高，这两者的满意度都较高。

（二）对政府职能和服务能力的评价

政府职能是否高效健全是影响外来企业主对温州整体投资环境满意度的一个因素。79.3%的企业主认为，相比于本地企业主，外地企业主到政府部门办事较为困难，其中有接近一半（48.2%）的企业主认为政府审批服务需要提升。值得注意的是，2014年后成立的企业认为政府办事难的比例相对较低（63.6%），而2011～2013年和2011年以前成立的企业比例较高（分别为82.2%和82.6%），这可能是因为近两年温州政府的办事效率已经有所提高。但是在认为政府办事难的企业主中，2014年后成立企业的企业主有57.1%认为审批服务需要提升，明显高于2011～2013年组和2011年以前组（分别为38.9%、39.5%）。

从所属行业看，按政府办事相对从难到易排列为，批发零售、住宿餐饮、制造业。从产业划分看，第三产业要难于第二产业。

从企业性质看，私营企业办事相对难于有限责任公司和个体工商户。

当具体问到对职能部门行政审批过程是否满意时，72.3%的企业主选择了不满意。

“办事要找关系”是企业主认为最严重的问题（66.0%），可见温州政府审批过程中人情化色彩较明显。其余问题依次是“程序复杂、手续烦琐”（45.3%）、“办事效率低下”（28.3%）、“存在推诿扯皮现象”（23.6%）。2014年后成立的企业，选择“推诿扯皮”“要找关系”和“效率低下”的比例都要明显小于其他组，而对“程序烦琐”的评价则与其他年份相仿。可能最近几年温州政府机关除“程序烦琐”外的其他问题上均有所改观。从所属行业、产业来看，制造业/第二产业的主要问题是“程序烦琐”，而其他行业/第三产业都是“要找关系”，制造业要找关系的问题明显不如其他行业严重。从员工规模看，随着员工人数的上升，“程序烦琐”的严重程度上升，而“要找关系”相对于“程序烦琐”的重要性越来越下降。从营业收入看，随营业收入上升，各项问题的严重程度均上升。尤其是“要找关系”一项，营业收入100万以上的企业主有86.7%都选择了该项，明显高于总体。因此政府应将重点首先集中于稍具规模的企业，从“程序烦琐”和“要找关系”两方面解决审批难的问题。

温州政府部门及服务机构提供公共服务的能力又如何？超过一半（58.8%）的企业主选择未享受过政府的公共服务。在享受过的企业主中，享受最多的是“信息服务”（21.6%）。其余依次是“管理咨询服务”（12.2%）、“人才培训服务”（9.5%）、“创业服务”（8.8%）、“融资担保服务”（6.8%）、“技术和质量服务”（3.4%）、“市场开拓服务”（3.4%）、“法律服务”（3.4%）。从创立年份看，越近成立的企业，选择未享受过公共服务的比例越低，说明这几年政府的公共服务的确有进步。接受了服务的企业中，除了“信息服务”，新成立企业选择“创业服务”的比例明显高于其他组，可见政府近年来在创业服务上下了功夫。

从营业收入看，营业收入超过100万元、未享受过服务的比例显著降低。可见企业稍具规模是一把双刃剑，既提高了审批难度，同时也更容易享受到公共服务。从学历来看，高学历者接受过公共服务的比例最高，特别是创业服务，高学历者接受比例明显高于其他两组。

只有少数企业享受过政府的税收优惠政策和财政补贴、资助。81.4%的企业主选择没有享受过税收优惠。“个转企”税收优惠是享受最多的（7.6%）。其余依次是“小升规”（4.1%）、“网络经济企业税收返还”（2.8%）、“企业整合重组税收优惠”（2.8%）、“企业研发费加计扣除政策”（1.4%）、“土地使用税减免”（0.7%）。从地理位置看，省内企业主或东部企业主反映享受到的税收优惠比例明显高于其他地区。从学历看，高等教育者接受税收优惠的比例明显高于其他组。

绝大多数企业主“没有获得过政府补贴”（91.2%）。“技术改造补贴”和“企业节能技术改造奖励”是享受最多的（均为2.7%），其余依次是“主动关停限制类产能补贴”（2.0%）、“企业引进高级人才财政奖励”（1.4%）、“新认定的国家、省、市级企业技术（研发）中心奖励”（1.4%）、“网络经济企业租金补贴”（0.7%）。从企业规模看，随着员工人数和营业收入的增加，接受过补贴的比例上升。从企业性质看，私营企业和个体工商户接受补贴的比例都较低（8.6%、3.7%），有限责任公司明显高于前两者（28.0%）。从地理位置看，省内企业主或东部企业主享受财政补贴、资助的比例明显高于其他地区。从学历来看，高等教育者接受补贴比例最高。

（三）对社会融入程度的评价

影响外来企业主对温州整体投资环境满意度的另一个因素是社会融入程度。总体来说，外地人对自身的社会融入与认同度持略肯定的态度，选择“很好”“较好”“一般”“较差”“很差”的比例依次为6.0%、24.8%、55.0%、12.8%、1.3%。员工规模越大，社会融入度越高，当营业收入达到100万元时，社会融入度明显升高。学历越高，融入度越高。

尽管如此，“新温州人”还是能感觉到一定程度的歧视。选择“不严重”的仅占27.7%，“一般严重”的占52.0%，“比较严重”的占13.5%，“很严重”的占6.8%。也就是大约3/4的外地企业主感觉到有歧视。但随着企业规模扩大，歧视程度下降。

在生活方面，样本企业主最关心的是子女教育的问题（66.9%），其余依次是住房（57.4%）、社保（35.1%）、维权（20.3%）。企业成立越晚、企业主年龄越小、企业员工规模越小、营业收入越低，则住房问题越发显得重要，反之，则子女教育显得更为重要。对于高学历者来说，子女教育（53.6%）反而不如住房问题（71.4%）重要，为吸引高学历人才，解决住房可能是最重要的手段。

相较于“新温州人”对住房问题的关心，绝大多数样本企业主并无在温州购买住房的计划（74.5%），已经购房的占16.8%，而有计划购房的占8.7%。在无购房计划的人中，86%因为房价太高而不打算购房，因为不打算定居而不购房的仅占14%。高学历者买房比例高，计划买房比例也高，如果没有购房计划，只是因为房价太高，而不想定居的比例为0。

当遇到困难时，样本企业主中有68.5%会向在温同乡中寻求帮助，19.9%会向温州本地熟人求助，11.6%向温州相关政府部门求助。

比较有意思的是，这几年温州地方政府倡导使用“新温州人”提法来替代百姓俗称的“外地人”，其出发点是减少外地人的受歧视感。但是，调查过程中许多外地人对“新温州人”的称呼十分反感，有的甚至一看“新温州人”的标题就要拒绝填写表格。可见，政府过度关注“新温州人”之类的称呼，并没有让外地人获得地域认同感。

四 改善温州创业环境的建议

近年来，越来越多在温州打工的外地人重复着温州老板当年的创业故事，开始自主创业。调查中发现，外地人在温州投资创业的人数极少，转移投资性更没有碰到。由于10年前温州大规模招商引资中实质性的外地资本极少，金融危机期间更有不少外地人在温州做老板时跑路，扔下全厂的工人要地方政府“擦屁股”①，以至于近年来温州把注意力转向“温商回归”这一有强烈地域认同特色的战略。然而，温州的发展离不开在温所有人的共同努力，温州要摆脱产业发展的路径依赖，更需要多元资本的带动。因此，温州要成为万众创业的热土，尤其需要优化创业环境，树立开放形象。

第一，在对外宣传上，可以强化区域认同，但要弱化温州人群体认同，树

① 据对温州一鞋料企业主的调查，金融危机期间欠他货款跑路的20个温州鞋企老板中，有7个是在温创业的外地人。这1/3“跑路”的外地企业主所欠的债务较难追讨。

立区域开放形象。

政府在对外宣传策略上，不要围绕温州人做文章，也无须区分“老温州人”和“新温州人”。因为给予“新温州人”的命名更容易让人产生恩赐的感觉，反而强化了区域歧视性的印象。所以，调查中外地人大多表示对这个称呼十分反感。有的甚至一看到这个题目就拒绝填写问卷。可见，对出生地和籍贯地的认同是与生俱来的。真要让外地人形成对温州的区域认同，需要切实全方位消除歧视感，让他们真正融入当地社会。为此，政府要弱化温州人对群体认同，强化温州的区域认同。树立温州区域开放形象，鼓励五湖四海的人来温州创业。

第二，在发展战略上，要淡化招商引资，重视招商引智，更要重视区域环境优化。

不应把注意力过于集中于招商引资上。高流动性和高逐利性决定哪里有更高的投资回报，资本就往哪里流动。地方发展环境是本，地方投资是末。如果地方发展环境好了，有了更高的投资回报，招商引资就水到渠成。相反，如果舍本逐末，直接追求引资数量，则任何优惠政策都将给投机商人带来寻租的良机，从而导致资源的无效配置。尤其在改革开放 30 多年后的今天，温州的资本原始积累已经完成，低端制造业又面临转型升级的关键时期，更应该把政策聚焦在招商引智上。为此，首先应该脚踏实地地重视区域社会经济发展环境的优化。栽好梧桐树，引得凤凰来。

第三，在公共服务上，要坚持依法依规，不分内外，公平对待，政府彻底扭转没有熟人难办事的局面。

没有熟人难办事是温州地方政府的顽疾。缺少社会关系的外地人对此感受尤其强烈。尤其在税收和优惠政策等带来实质性利益的政策处置方面，本地人占有绝对的优势。因此，“十三五”期间温州创业环境的优化，一个艰巨的任务就是要根治政府部门的这一顽疾。通过权力清单的公开化，减少自由裁量权；通过制度设计，加强相互的监督；建立公开化的监督机制，强化事后监督和责任追究，打击权力寻租。

第四，在政策导向上，要降低在温的创业成本，鼓励外来创业者在温州安家落户。有恒产者有恒心。外来创业者在温州买房置产，安家落户后，有利于避免短期行为。为此，应采取积极政策，一方面降低在温州创业的生产成本。

调查中，32.9%的样本企业主认为政府对企业发展的支持应侧重于“加大对企业技改、转型升级的财税支持力度”，29.5%认为应“及时发布政策信息，并加以引导”，20.1%认为应“加强土地供应效率、企业人才等要素保障”，17.4%认为应“建立健全产业集聚区及配套公共服务平台”。员工规模越大、营业收入越高、企业主籍贯越接近浙江或东部地区，企业主学历越高，相对于“及时发布政策信息，并加以引导”，“加大对企业技改、转型升级的财税支持力度”显得越重要。他们最希望政府出台的经济支持措施是“税收减免”（63.8%），其次是“取消不必要审批手续”（57.0%），其余依次是“取消不合规收费”（51.0%）、“融资支持”（32.9%）、“培训支持”（32.2%）、“信息和管理咨询服务”（21.5%）、“市场开拓支持”（18.1%）、“节能减排支持”（14.8%）、“研发和创新支持”（12.8%）。从地理分布看，企业主籍贯越远离浙江、越靠近西部越要求“取消不合规收费”，越看重乱收费是否也存在地域歧视。越年轻的企业、越年轻的企业主、员工规模越大、营业收入越高、企业主学历越高，越看重“研发和创新支持”。另一方面，要降低在温州创业者的生活成本，鼓励优秀人才来温工作。样本企业主认为，“落实企业高级人才的子女就学和安居政策”是政府最应该做好的配套工作（53.4%），其余依次为“营造适合人才施展才能的发展环境”（44.5%）、“加大企业技能型人才培训的资助和补贴力度”（37.7%）、“加大企业引进高级人才的奖励力度”（28.1%）。

此外，还要注意歧视规避，无论在办公场所还是在社交场合，如果有外地人在场就倡导讲普通话，不讲温州话。尤其是公务人员，均应讲普通话。

B.30

温州地方金融控股平台构建研究*

——金融综合改革视角下的探索与实践

吕金记　王秀福**

摘　要：基于金融对区域经济的带动和辐射效应，金融控股平台建设越来越受到地方政府的重视。温州构建地方金融控股平台，既是对金融综合改革的深化和探索，也对温州形成东南沿海金融中心起到至关重要的作用。可以依托温州金融投资集团构建地方金融控股平台，在深度参与金融综合改革、推进地方金融资源整合、构建区域资本市场区域中心、打造政府基金管理平台和创新互联网金融综合服务等方面着力，通过存量的整合以及增量的拓展，形成多元化金融服务、高质量资产管理的市场化、综合化、专业化地方金融控股集团。

关键词：金融改革　实体经济　金融控股

金融控股平台，是指在多个金融机构之上组建一个金融控股公司，并将其作为集团公司，各金融机构作为成员公司相对独立运行，集团公司和成员公司通过产权关系或管理关系相互联系。各成员公司为独立法人，承担独立民事责任，风险管理和投资受集团公司控制和影响。各成员公司之间以控股公司的方式进行业务、人员的相互渗透和融合。目前国内文献对“金融投资集团”“金融控股集

* 本课题系温州市哲学社会科学规划立项课题一级重点课题(14wsk373)。

** 吕金记，工商管理硕士，高级经济师，温州市金融投资集团党委副书记、常务副总经理；王秀福，高级会计师，温州市金融投资集团总会计师。

团”在战略管理领域的理念与实务研究还比较匮乏。虽然国际国内关于金融控股平台的界定不尽一致，但其基本模式大同小异，其核心特征是：实现金融综合经营服务一体化，构建紧密、多元、高效的管理模式，是专业化和全能多元化的统一，对管理能力要求非常高，并形成一定程度的规模经济、范围经济、协同效应。①

金融控股平台从组建模式上讲，主要有以金融机构为主体组建的金融控股集团、以大型国有企业为主体组建的准金融控股集团和以民营资本为主体组建的准金融控股集团。当前，地方金融控股平台作为整合和强化地方金融资源的标志性模式，已经成为地方政府控制和联合金融市场的主要手段和渠道。我国地方性金融控股平台的几种代表模式主要有以天津泰达控股为代表的天津模式、以上海国际集团为代表的上海模式、以重庆渝富为代表的重庆模式和以合肥兴泰控股为代表的合肥模式。地方金融控股平台的经验表明，其在当地基础设施建设、产业结构调整升级、地方金融业布局发展等方面发挥了重要作用，较好地服务了地方经济。

温州市作为全国首个金融综合改革试验区，依托现有资源，借鉴全国各地成功经验，构建和做强地方金融控股平台，可以更好地服务实体经济发展。与其他省市相比，温州虽然借金改之机于 2012 年成立了温州市金融投资集团，但国有金融控股集团的建设相对滞后。目前，温州市属国资持有地方金融机构的股权很少，在温州国有资产中占比极低，而且市属金融国资“规模小、分布散、集聚能力弱”的现状，与金融在温州国民经济发展中所起的作用极不相称。在温州启动新一轮金融综合改革试验区建设中，金融国资应当通过构建地方金融控股平台发挥关键作用。

一　温州构建金融控股平台的可行性

（一）构建金融控股平台的现实意义

1. 有助于深化温州金融综合改革

在国务院给温州的 12 项主要任务中，明确提出要“加快发展新型金融组织、深化地方金融机构改革、探索建立多层次金融服务体系、培育发展地方资本

① 罗韵轩：《国有金融集团战略管理研究》，中国金融出版社，2012，第 23 页。

市场、积极发展各类债券产品和建立金融综合改革风险防范机制”等。《关于进一步深化浙江省温州市金融综合改革试验区建设的若干意见》（浙金改〔2015〕5号）提出金改“新十二条”，明确要做强做实做优地方法人金融组织、创新优化金融产品和服务、支持互联网金融创新发展、大力发展多层次资本市场、优化区域金融生态环境等①，除引导民间资本进入外，更需要一个国有综合性金融服务平台参与、承载与实施。金融控股集团在地方经济发展中有着特殊作用，可以开展跨行业金融服务和运营模式创新，也可以探索发展金融服务方面一些亟待突破的领域，同时更能增强温州与国内领先城市在金融合作方面的深度以及话语权。从省级层面来讲，明确表示支持温州发展金融控股公司。②

2. 有助于把温州打造成为东南沿海金融中心

温州市处于长三角和珠三角的交界区，是海峡西岸经济区的组成部分。从地理位置来说，有劣势也有优势。其劣势在于“两不靠”，既不靠长三角的中心，也不靠珠三角和海西区的中心；其优势在于可以避开几大中心的中心城市虹吸效应，在节点处构建一个新的大型城市中心。而温州市能否建设成为东南沿海中心城市，核心在于温州能否成为长三角南部和海西区北部实力最强的经济体。要实现这一目标，使金融业成为温州的支柱产业，把温州打造成长三角南部和海西区北部的金融中心，务必要对全市金融资源进行整合，构建温州地方金融控股集团。虽然温州被列为浙江省三大金融集聚区之一，但是浙江省层面更多关注的是打造杭甬金融核心区域以期发挥长三角带动辐射作用。构建地方金融控股集团能助推温州建设成为东南沿海金融中心，进而对周边形成带动和辐射。

3. 可以助力实体经济促进解决中小企业融资难

近些年来，温州经济存在一定程度的“脱实向虚”现象，大量资金脱离实体经济，没有形成产业资本。如何引导经济“脱虚向实”，使金融为地方经济更好地服务是目前和以后温州要解决的重大问题。从金融改革角度来说，温州金改是要通过推进地方金融组织体系、区域资本市场体系、地方金融服务体系、地方监管体系“四大体系”建设达到“引金融之水，浇实业之田”的目的。正如引水浇田需要建设水渠一样，体系建设也需要平台承载，而创新的金

① 《关于进一步深化浙江省温州市金融综合改革试验区建设意见》（浙金改〔2015〕5号）。

② 丁敏哲：《浙江万亿金融产业新格局》，《浙商·金融家》2015。

融类平台的用途发挥空间非常大。地方金融控股平台的组建，可以实现区域内资金资源的整合，深入了解企业的实际情况，比较有效地解决信息不对称的问题，为广大中小企业创造良好的融资环境，也促进金融服务向下扎根。

（二）构建地方金融控股平台的现实基础

政府的支持是金融控股集团能够成功组建的重要因素，因此，地方国企是组建地方性金融控股平台的主体。目前温州全市14家国有企业中，金融类的地方性国有企业仅温州市金融投资集团有限公司一家。温州构建地方金融控股平台具备了依托现有的金投集团组建地方性金融控股公司的基础。

1. 金融主业清晰，具有金融类投资基础

温州市金融投资集团有限公司（下称“温州金投集团”）于2012年9月25日由温州市国资投资集团有限公司更名设立。2013年7月，集团实行增资扩股，由国有独资公司变更为国有全资有限公司，注册资本由人民币10.2亿元增至12.8亿元，其中温州市国资委占股95%，浙江省金融控股有限公司占股5%。截止到2015年12月31日，集团（合并）资产总额为40.95亿元，负债总额为22.13亿元，净资产为18.82亿元，资产负债率54.04%。集团（合并）营业收入6446万元，投资收益9801万元，净资产收益率2.78%。集团旗下所属主要成员公司共计25家，有全资公司9家，其中有5家涉及金融类业务；控股公司4家，旗下的温州股权营运中心占股70%；参股公司12家，光大金瓯资产管理公司（占35%）、浙江股权营运中心有限公司（占20%）、温州农村产权服务中心有限公司（占49%）、温州市知识产权交易公司（占15%）、温州银行（占13%）、温州文化金融产权交易中心（占9%）等。温州金投集团积极参与银行等金融服务业，参与和承办担保、创投、股权托管、基金和各类区域性金融工具，发展壮大金融主业，服务温州实体经济发展。

2. 积极参与金改，在搭建金融综合服务平台、创新金融服务模式、助力温州实体经济发展方面初见成效

一是组建全国首个地级市金融资产交易平台——温州金融资产交易中心，中心定位为构建市场化的综合性交易服务平台，积极探索各类金融资产交易业务，包括不良资产挂牌转让、中小企业直接融资、各类金融及其衍生品交易、各类创新专业化产业投资基金等金融产品。二是筹建全国首家地级市金融资产

管理公司，这是降低区域银行不良率、提高金融资源的配置效率、稳定全市金融市场的重大举措。三是启动温州政府创业投资引导基金，在组建46.2亿元金兴名晨保障房基金投入温州保障房建设后，启动规模2亿元的温州海汇金投创业投资基金。四是培育和发展了区域资本市场，在推动企业在地方股权交易平台挂牌、创新企业融资产品方面都取得了突破。五是国有担保业务迈出实质性步伐，集团下属的融资担保公司积极创新开展了政保贷、微保贷、科保贷、网保贷、直融保、国保函等系列担保产品。六是开创互联网金融服务实体经济新路径，集团旗下国有公益性互联网金融平台——温州中小企业金融综合服务网，秉承普惠金融和服务小微、服务实体的理念，致力于满足广大中小企业和民众的投融资需求，并努力打造成为温州具有代表性的互联网金融综合服务品牌。

二　构建地方金融控股平台的战略方向

（一）总体思路

温州构建地方金融控股集团要紧扣温州经济发展方式转变和企业转型升级主线，着力创新融资手段，做大金融资产规模，构建地方金融高地及高效国有资本运营平台。要以多元金融服务平台为支撑，在服务温州实体产业转型升级、服务城市建设及国有企业改革过程中实现金控平台做大做强的目标，为温州经济社会持续健康快速发展提供强有力的金融支撑。

（二）发展目标

1. 近期发展目标（2016～2018年）

利用三年时间，依托现有平台资源，着力夯实已有战略业务单元（银行、基金、担保、金融交易、互联网金融等），在温州金投集团的基础上构建温州地方金融控股集团，初步搭建地方法人银行、产业投资基金、创业投资基金、信用担保、金融资产交易、金融资产管理、互联网金融等业务平台，资产规模超100亿元。

2. 中期发展目标（2019～2025年）

资金规模实力再上一个新台阶，注册资本金超100亿元，在所投资的平台业务中不良资产处置规模超100亿元、产业基金规模超100亿元、直接融资规模超100亿元，担保融资规模超100亿元。计划到2020年，通过存量的整合以及增量的拓展，基本完成金融服务全业经营平台的构建，形成多元化金融服务、高质量资产管理的市场化、综合化、专业化地方金融控股集团。

3. 长期发展目标（2025年以后）

金融创新持续推进，金融规模不断做大，服务实体经济能力不断增强，实现金融综合服务一体化，形成一定程度的协同效应和规模经济，构建完善的企业金融综合服务生态圈。

（三）构建原则

1. 政府推动、市场运作

组建地方金融控股集团，将对全市的金融结构形成较为深远的影响，需要市委市政府在推进阶段进行引导，在政府和地方金融资源整合上给予支持，在监管和风险防范方面加以落实。这样，才能逐步建立符合温州本土具体情况、能切实改善温州金融环境的地方金融控股集团。同时，在确保国有控制权的前提下，应该严格按照现代企业制度进行组建，进一步完善股权结构，以市场为最重要的导向，发挥市场配置资源的基础性作用。

2. 产业导向、服务实体

组建地方金融控股集团，是为了整合温州有限的地方金融资源，为区域内实体企业服务，强化区域和地方产业集群。因此，在设计组建思路时，一方面，应充分考虑到本土企业的困难和实际需求。当前温州中小企业与民间资本凸显“两多两难”（中小企业多、融资难，民间资本多、投资难）问题，制约实体经济转型升级；另一方面，“两链问题”斩不断理还乱，严重影响了温州资本的流动性，牵制了温州地区金融企业的发展。温州的地方金融控股集团应以这两个问题为突破口，有效解决本地实体企业的投融资难题。

3. 循序渐进、稳步推进

坚持渐进式方针，对金控集团的发展可以先进行总体的改革设计，依据具体的条件有序推进，并在实施过程中不断修正和完善，确保金融控股集团的稳健发展。同时，在选择具体的业务综合经营时，先选择风险相对较小、协同效应较强的业务，经营一段时间取得较好的成效后根据发展需要和风险控制能力，再进入其他领域。可首选从资产管理、产业基金、融资担保、金融交易等领域实现综合经营为突破口。

4. 专业运营、严控风险

金融业作为当代的尖端行业，要求专业的人才各司其职。地方金融控股集团旗下虽然涵盖各类金融业务，但不同业务需要通过专业子公司进行独立运营。一方面各子公司有各自的体系、制度和业务细则；另一方面集团进行内部资源整合和调配以实现资源的有效利用。同时，各子公司之间应设立防火墙机制，避免风险在不同公司之间扩散。集团应强调对各公司的风险监管，进行风险集中管控，实现信息的及时上报，提高各公司运营的透明度和合规性。

三　构建地方金融控股平台的具体思路

温州市地方金融控股平台在金融业务基本框架上，通过汇聚资源，丰富和优化投资布局，探索金融主业的良性循环与科学发展，依托温州金投集团已有的基础做强参股金融、产业基金、金融交易、融资担保、资产管理、互联网金融和实体产业等“N 个业务板块”，并形成管理子公司、战略持有机构和财务类投资项目“三个矩阵式管理体系”。同时，在现有温州金投集团基础上重点打造控（参）股地方金融组织平台、金融要素交易平台、政府基金管理平台、互联网金融服务平台等主业大平台，形成“1 + X”金融综合服务体系，为实体经济提供综合的金融一体化服务。

1. 全面深度参与新一轮金融综合改革

温州金融综合改革实施三年来，温州市按照国务院部署的 12 项改革任务和省政府批复的方案，围绕金融改革试点的体系建设，取得了一定的成果，形成了一些可供借鉴的“温州经验”。在温州金改的实施过程中，作为因金改而生的国有金融平台公司，温州金投集团积极参与其中，建设金融改革广场、搭建小微企业融资综合服务中心、打造区域资本市场平台等，初步形成了地方金控平台的架构。在新一轮深化温州金改启动之时，温州金投集团已经具备了一定的更深入参与的基础。一是要积极参与地方法人金融机构建设。积极参与设立和发展证券公司、信托、金融租赁、消费金融等地方法人金融机构，做强做实地方金融产业。二是要积极创新金融综合服务。温州金投集团旗下已经有了相关企业金融服务平台，构建了一体化服务中小微企业的组织框架，初步具备了为企业提供创新的直接融资服务功能。要在新一轮金改中，整合集团内外部资源，打造中小微企业的综合服务链。三是要积极参与多层次资本市场建设。除考虑成熟的平台公司谋求新三板或借壳等方式上市打造自身资本运作平台外，还要充分发挥自身已有的未上市公司交易平台和浙江省股权交易中心平台，在场外市场交易中有所作为。四要积极参与风险化解和区域金融生态优化。积极参与设立地方金融资产管理公司、小微企业信用保证基金，发挥国有担保应有的作用等。

2. 积极推进地方金融资源整合

目前温州地方金融和准金融资源管理分散，隶属关系不同，要在市政府统一协调下，统一归到温州金控集团名下进行管理和运作。具体来讲，温州市地方金融相关资源的整合，主要是温州银行股权整合。在温州银行股权结构中，温州国有资本占其比重为25. 49%，虽然最大但较为分散，其中温州金投集团占10. 33%，温州市名城建设投资集团占7. 98%，浙江东方集团占4. 9%，温州市城投集团占2. 8%；民营第一大股东新湖中宝占15. 78%。整合后，根据企业会计准则，温州金投集团可对温州银行股权实施权益法核算，从而实现盈利，为构建金控平台奠定扎实基础。在操作上，可借鉴其他地方的成功经验，由持有银行股权的公司共同出资，各公司以所持金融股权入股地方金控集团。不能立即实现股权转让的，以股权管理信托方式交由集团统一管理，条件成熟时再进行股权划转。

3. 构建区域资本市场中心

主要依托股权和金融资产交易构建区域性场外交易市场（“OTC市场”）。一要做好未上市公司股权交易平台。温州市股权交易平台要利用金融改革政策和本地资源优势，做大夯实挂牌企业基础，构建服务本地中小微企业融资的“小微板”，创新探索投融资新机制和新产品，嫁接互联网金融，为广大中小微企业提供综合股权融资服务，形成在全国有一定影响力的区域性场外交易市场。二要加快金融资产交易平台建设。建立市场化的金融资产处置和交易平台，帮助优质项目和中小企业获得直接融资，通过产品创新与设计降低风险的同时，本着盈亏自负的原则由市场通过价格等指标化解、分散金融风险。要着力发挥温州金改政策优势，通过资产证券化等创新金融手段服务中小企业融资，建立市场化的金融市场。三要调整温州产权交易市场业务方向。作为为温州及浙江中小企业投融资服务平台，产权交易市场的目标是把服务平台打造成一个聚集银行、担保、证券、风投、基金、会计、审计、评级、评估、法律等各类投融资资源，提供投融资、价值提升、项目交易、股权托管、产权流转和上市培育等个性化服务，发展成为立足温州、辐射周边、在国内有一定影响力的产权流转与融资业务联动的资本运作业务平台。

4. 打造政府基金管理平台

主要依托政府性资金的杠杆和引导作用，撬动温州民间资金和全球温商资本，设立产业投资基金，形成助力实体产业的政府和社会资金池。当前温州面临着大量民间资金亟待政策引导和产业结构亟待转型两大问题，设立和整合政府财政性专项资金，成立温州产业投资基金，并将其作为资本和产业对接的桥梁和纽带推动本地产业升级换代。按照财税改革的方向，把企业传统的财政无偿补助的支持方式，转变为股权投资基金的形式。温州市可以探索建立“三个百亿基金”。一是建立百亿规模的温州市转型升级产业引导基金，以政府各专项资金为依托，统一整合归集到金控平台，争取浙江省产业转型基金配套支持，针对温州市的“五化战略”和优势传统产业及新兴产业，分别成立相应子基金。二是建立百亿规模的城市发展基金。以政府财政资金为引导，吸引金融机构和社会投资人参与，通过市场化运作，重点支持温州市重点工程和重大项目，如市域铁路、高速公路、瓯飞工程以及城市基础、新型城镇化等的资本金需求，补充政府投资项目的巨大资金投入缺口。三是建立百亿规模的温商基金母基金。借力全国温州商会总会，在全市“温商回归”的良好环境下整合全国各地温州商会金融资源，引温商资本之水回归，进入实体经济领域。

5. 创新互联网金融综合服务

主要依托互联网金融创新构建中小企业“大数据”信用融资服务渠道，打造温州地方“互联网银行”。互联网平台作为核心，提供网络撮合功能，并通过收集各方面数据建立信息库，逐步推开“大数据”信用融资服务。就资源整合而言，温州地方金控平台依托金融资综合改革试点深入推进的契机，探索开启区域“企业用数据融资”的金融创新示范路径，让“互联网+”成为传统产业借助金融平台转型升级的新引擎。要充分利用大数据平台，逐步形成除央行征信系统数据、政府部门数据、民间信用机构数据之外的中小企业融资金融云大数据服务库。要以互联网金融服务平台为集点，以普惠金融为导向，依托互联网平台但不局限于互联网金融业务，将金控集团能提供的综合性服务依托互联网手段，打造成集广义投资、广义融资、配套金融服务等综合性、全要素“多位一体”的服务实体经济综合金融网络，形成“金融+互联网+服务”的金控格局。对于需要金融服务的广大中小企业，逐步覆盖从企业创业到上市成长链条的主要资本环节，提供信股权交易、创投基金、信用担保、资产交易和互联网金融等多种金融服务，形成多维度金融服务链，实现金融资本与中小企业有效对接，切实做到“引金融之水，浇实业之田”。

参考文献

罗韵轩：《国有金融集团战略管理研究——金融进化观下制度适应与市场博弈的效率、稳健视角》，中国金融出版社，2012。

夏斌等：《金融控股公司研究》，中国金融出版社，2001。

孙芙蓉、高翔：《中国金融改革之温州解法》，中国金融出版社，2014。

凌涛、张红梅：《金融控股公司经营模式比较研究》，上海人民出版社，2007。

黄强：《中国金融控股公司发展模式研究——基于效率与风险视角》，中国金融出版社，2013。

王国刚：《运作机理：控股公司与金融控股公司》，人民出版社，2006。

谢平：《金融控股公司发展与监管》，中信出版社，2004。

张春子等：《金融控股集团管理实务》，机械工业出版社，2010。

杨明辉：《金融控股公司实务与操作》，中信出版社，2004。

邵靖、杜彦坤：《地方金融控股集团发展模式》，《中国金融》2014 年第 2 期。

张春子：《金融控股集团组建与运营》，机械工业出版社，2005。

杨明辉：《金融控股公司实务与操作》，中信出版社，2004。

熊波等：《金融控股公司理论与实践》，经济管理出版社，2002。

Jordi Canals，*Universal Banking*，*International Comparisons and Theoretical Perspectives*’，

Oxford University Press, 1997.

Kevin J. Stiiroh, "How did Bank Holding Companies proper in the 1990s", *Journal of Banking & Finance*, 2004.

Charles V Trappey, Tsui Yi Shih, Amy J. C Trappey, "Modeling International Investment Decisions for Financial Holding Companies ", *European Journal of Operational* Research, 2007.

附　录

Appendix

B.31

1978～2015年温州经济社会发展主要指标

年份	地区生产总值（万元）	第一产业（万元）	第二产业（万元）	第三产业（万元）	人均 GDP（元）	财政一般预算总收入（万元）	人民币储蓄余额（万元）	年末户籍人口（万人）	
								城镇	农村
1978	132150	55744	47361	29045	238	13477	4511	55.98	505.28
1979	150186	62498	55400	32288	265	13781	7242	57.70	513.93
1980	179689	68437	73121	38131	312	17089	10783	59.04	522.38
1981	191755	69904	78928	42923	327	18076	14367	61.73	531.10
1982	213686	88608	75839	49237	358	19100	18482	64.32	537.81
1983	243432	93190	91797	58445	401	23067	24912	65.95	545.51
1984	302064	112740	116447	104420	490	27352	31717	69.51	551.01
1985	378045	128045	160970	89030	605	40579	36044	85.10	544.09
1986	449140	140772	194156	114212	710	50329	59761	88.86	547.35
1987	549554	175792	233083	140679	859	60944	76291	91.99	552.00
1988	692077	205865	290740	195472	1067	75419	94946	95.42	557.55
1989	728378	207848	316565	203965	1110	87672	199361	97.11	562.63
1990	778977	213424	347959	217594	1174	88929	311059	98.28	568.70

续表

年份	地区生产总值（万元）	第一产业（万元）	第二产业（万元）	第三产业（万元）	人均 GDP（元）	财政一般预算总收入（万元）	人民币储蓄余额（万元）	年末户籍人口（万人）	
								城镇	农村
1991	929184	243483	412663	273038	1387	99391	415505	99.66	572.89
1992	1268594	237351	663989	367254	1877	118946	554207	102.08	576.91
1993	1960634	261792	1144698	554144	2874	186767	680182	104.53	581.04
1994	2958650	306284	1726585	925781	4294	216837	987766	107.53	584.87
1995	4016636	414154	2311076	1291406	5778	264921	1420469	111.24	586.66
1996	5070549	473725	2952381	1644443	7232	321986	1994759	114.31	590.06
1997	6018516	516825	3444436	2057255	8520	387066	2556952	119.76	588.59
1998	6720564	531329	3810420	2378815	9423	459864	3229434	123.90	594.14
1999	7290748	523703	4048362	2718682	10128	551533	3795863	127.16	594.46
2000	8220172	532070	4556311	3131791	11276	738727	4641487	130.93	605.39
2001	9243037	561894	5022548	3658594	12532	961088	5829091	134.13	604.68
2002	10523525	544913	5688237	4290376	14241	1262601	7459660	138.26	600.86
2003	12124850	556719	6604186	4963946	16369	1517719	9203153	142.95	599.33
2004	13889065	626205	7461479	5801381	18662	1824359	10040379	148.15	598.04
2005	15963530	648867	8668845	6645818	21335	2049213	11613127	152.61	597.67
2006	18375038	655084	10064859	7655095	24390	2410894	14763429	156.98	599.50
2007	21589094	680862	11704211	9204020	28387	2932606	16380211	161.06	603.51
2008	24242923	766843	12867606	10608473	31403	3397842	20850242	164.44	607.55
2009	25273442	803100	13142400	11327942	32588	3607243	26172245	167.12	611.99
2010	29250426	936932	15334626	12978868	37359	4114300	29161226	170.2	616.60
2011	34185315	1078751	17607162	15499402	43132	4856156	33422645	171.34	627.02
2012	36691832	1142171	18529900	17019761	45906	5178928	36169626	169.50	630.70
2013	40038617	1153905	20154845	18729866	49817	5656347	38212517	169.73	637.51
2014	43030500	1179400	20297000	21554100	53094	6124400	38831144	176.38	637.32
2015	46198400	1232400	21015300	23950700	50809	6779200			

年份	城镇居民人均可支配收入(元)	农村居民人均纯收入（元）	城镇居民恩格尔系数（%）	农村居民恩格尔系数（%）	城镇居民住房建筑面积(m)	农村居民住房建筑面积（平方米）	初中毕业生升学率（%）	卫生医疗机构床位数（个）
1978	—	113	—	—	—	—	—	5826
1979	—	—	—	—	—	—	—	6449
1980	—	165	—	—	—	9.5	—	6951
1981	477	270	59.95	—	—	10.1	—	7186

续表

年份	城镇居民人均可支配收入(元)	农村居民人均纯收入(元)	城镇居民恩格尔系数(%)	农村居民恩格尔系数(%)	城镇居民住房建筑面积(m)	农村居民住房建筑面积(平方米)	初中毕业生升学率(%)	卫生医疗机构床位数(个)
1982	514	298	56. 89	—	—	13. 1	—	7372
1983	536	313	63. 47	—	11. 46	13. 6	—	7737
1984	605	345	56. 64	59. 45	11. 88	15. 4	28. 1	8289
1985	819	447	54. 63	57. 34	—	17. 1	19. 2	8428
1986	1020	508	53. 24	54. 13	11. 56	18	26. 71	8881
1987	1176	626	51. 71	54. 73	—	19. 5	22. 13	9207
1988	1602	832	56. 84	53. 67	—	20. 4	19. 42	9841
1989	1895	924	57. 51	51. 82	14. 84	21. 3	28. 48	9935
1990	2007	929	58. 47	54. 84	15. 41	21. 4	27. 67	10135
1991	2354	1044	59. 16	54. 6	—	22. 3	26. 19	10202
1992	3156	1200	51. 88	57. 22	13. 82	22. 3	24. 7	10261
1993	4369	1474	49. 34	53. 89	14. 27	23. 2	32. 42	10661
1994	5625	2000	53. 95	57. 77	16. 37	25. 3	68. 66	11249
1995	7507	2801	54. 41	51. 26	17. 16	28. 4	50. 69	11303
1996	8277	3371	51. 89	56. 28	17. 06	29. 4	52. 81	11288
1997	9034	3658	48. 92	60. 21	20. 04	30. 7	54. 23	11655
1998	8968	3833	47. 44	54. 08	20. 68	28. 6	54. 4	11905
1999	10339	4024	42. 65	51. 2	23. 28	31	58. 7	12381
2000	12051	4298	43. 45	49. 43	25. 63	33. 7	66. 9	12411
2001	13200	4683	39. 22	46. 43	26. 92	34. 1	72. 96	12946
2002	14591	5091	38. 13	43. 66	27. 7	38. 2	79. 47	14131
2003	16035	5548	37. 13	44. 65	28. 67	38. 4	83. 47	15481
2004	17727	6202	37. 43	45. 13	29. 16	39. 4	85. 72	16309
2005	19805	6845	32. 61	44. 63	31. 3	40	88. 1	16839
2006	21716	7543	35. 22	42. 55	31. 51	41. 3	89. 83	18223
2007	24002	8591	36. 38	44. 52	33. 52	42. 3	95. 32	18612
2008	26172	9469	38. 36	47. 55	30. 16	42. 1	96. 07	19304
2009	28021	10100	36. 34	46. 32	30. 93	44. 1	95. 51	20380
2010	31201	11416	35. 2	43. 11	30. 5	43	95. 8	22617
2011	31749	13243	36. 2	44. 9	32. 3	43. 8	96. 1	22783
2012	34820	14719	37. 8	45. 7	33. 2	45. 8	96. 5	26159
2013	37852	16194	38. 8	46	41. 7	42. 2	97. 3	29729
2014	40510	19394	31	37. 7	42. 1	42. 1	97. 6	31464
2015	44026	21235	31. 9	39. 4				

法律声明

权威报告·热点资讯·特色资源

皮书数据库

ANNUAL REPORT(YEARBOOK) DATABASE

当代中国与世界发展高端智库平台

WWW.PISHU.COM.CN

皮书俱乐部会员服务指南

1. 谁能成为皮书俱乐部成员？

- 皮书作者自动成为俱乐部会员
- 购买了皮书产品（纸质书/电子书）的个人用户

2. 会员可以享受的增值服务

- 免费获赠皮书数据库100元充值卡
- 加入皮书俱乐部，免费获赠该纸质图书的电子书
- 免费定期获赠皮书电子期刊
- 优先参与各类皮书学术活动
- 优先享受皮书产品的最新优惠

3. 如何享受增值服务？

（1）免费获赠100元皮书数据库体验卡

第1步 刮开附赠充值的涂层（右下）；

第2步 登录皮书数据库网站（www.pishu.com.cn），注册账号；

第3步 登录并进入“会员中心”—“在线充值”—“充值卡充值”，充值成功后即可使用。

（2）加入皮书俱乐部，凭数据库体验卡获赠该书的电子书

第1步 登录社会科学文献出版社官网（www.ssap.com.cn），注册账号；

第2步 登录并进入“会员中心”—“皮书俱乐部”，提交加入皮书俱乐部申请；

第3步 审核通过后，再次进入皮书俱乐部，填写页面所需图书、体验卡信息即可自动兑换相应电子书。

4. 声明

解释权归社会科学文献出版社所有

皮书俱乐部会员可享受社会科学文献出版社其他相关免费增值服务，有任何疑问，均可与我们联系。

图书销售热线：010-59367070/7028
图书服务QQ：800045692
图书服务邮箱：duzhe@ssap.cn

数据库服务热线：400-008-6695
数据库服务邮箱：database@ssap.cn
兑换电子书服务热线：010-59367204

欢迎登录社会科学文献出版社官网（www.ssap.com.cn）和中国皮书网（www.pishu.cn）了解更多信息

社会科学文献出版社 SOCIAL SCIENCES ACADEMIC PRESS (CHINA) 皮书系列

卡号：755465557671

密码：

S 子库介绍
Sub-Database Introduction

中国经济发展数据库

涵盖宏观经济、农业经济、工业经济、产业经济、财政金融、交通旅游、商业贸易、劳动经济、企业经济、房地产经济、城市经济、区域经济等领域，为用户实时了解经济运行态势、把握经济发展规律、洞察经济形势、做出经济决策提供参考和依据。

中国社会发展数据库

全面整合国内外有关中国社会发展的统计数据、深度分析报告、专家解读和热点资讯构建而成的专业学术数据库。涉及宗教、社会、人口、政治、外交、法律、文化、教育、体育、文学艺术、医药卫生、资源环境等多个领域。

中国行业发展数据库

以中国国民经济行业分类为依据，跟踪分析国民经济各行业市场运行状况和政策导向，提供行业发展最前沿的资讯，为用户投资、从业及各种经济决策提供理论基础和实践指导。内容涵盖农业，能源与矿产业，交通运输业，制造业，金融业，房地产业，租赁和商务服务业，科学研究环境和公共设施管理，居民服务业，教育，卫生和社会保障，文化、体育和娱乐业等 100 余个行业。

中国区域发展数据库

以特定区域内的经济、社会、文化、法治、资源环境等领域的现状与发展情况进行分析和预测。涵盖中部、西部、东北、西北等地区，长三角、珠三角、黄三角、京津冀、环渤海、合肥经济圈、长株潭城市群、关中—天水经济区、海峡经济区等区域经济体和城市圈，北京、上海、浙江、河南、陕西等 34 个省份。

中国文化传媒数据库

包括文化事业、文化产业、宗教、群众文化、图书馆事业、博物馆事业、档案事业、语言文字、文学、历史地理、新闻传播、广播电视、出版事业、艺术、电影、娱乐等多个子库。

世界经济与国际政治数据库

以皮书系列中涉及世界经济与国际政治的研究成果为基础，全面整合国内外有关世界经济与国际政治的统计数据、深度分析报告、专家解读和热点资讯构建而成的专业学术数据库。包括世界经济、世界政治、世界文化、国际社会、国际关系、国际组织、区域发展、国别发展等多个子库。